Entre o Passado e o Futuro

Coleção Debates
Dirigida por J. Guinsburg
(*in memoriam*)

IMAGEM DA CAPA: desenho de Luisa Moritz Kon/Bicho Coletivo, 2022.
IMAGEM DE ABERTURA: © Alfred Bernheim
ILUSTRAÇÕES: Julia Vannucchi/Bicho Coletivo

EQUIPE DE REALIZAÇÃO:
Coordenação textual Luiz Henrique Soares e Elen Durando
Edição de texto Adriano C.A. e Sousa
Revisão Manuela Azi
Produção Ricardo W. Neves e Sergio Kon.

hannah arendt
ENTRE O PASSADO E O FUTURO

NOVA EDIÇÃO REVISTA

TEXTOS
José Sergio Fonseca de Carvalho
Celso Lafer

TRADUÇÃO
Mauro W. Barbosa

REVISÃO DA TRADUÇÃO
Adriano C.A. e Sousa

Título do original em inglês
Between Past and Future
© 1954, 1956, 1957, 1958, 1960, 1961, 1963, 1967, 1968 by Hannah Arendt

Publicado por acordo com The Viking Press

CIP-Brasil. Catalogação na Publicação
Sindicato Nacional dos Editores de Livros, RJ

A727e
9. ed.
Arendt, Hannah, 1906-1975
    Entre o passado e o futuro / Hannah Arendt ; textos José Sergio Fonseca de Carvalho, Celso Lafer ; tradução Mauro W. Barbosa ; revisão da tradução Adriano C. A. e Sousa. - 9. ed., rev. - São Paulo : Perspectiva, 2022.
    424 p. ; 21 cm. (Debates ; 64)

    Tradução de: *Between past and future*
    Inclui índice
    ISBN 978-65-5505-106-3

1. Arendt, Hannah, 1906-1975 - Visão política e social. 2. Filosofia alemã. I. Carvalho, José Sergio Fonseca de. II. Lafer, Celso. III. Barbosa, Mauro W. IV. Sousa, Adriano C. A. e. v. Título. VI. Série.

22-77399	CDD: 193
	CDU: 1(430)

Meri Gleice Rodrigues de Souza - Bibliotecária - CRB-7/6439
26/04/2022   27/04/2022

9ª edição revista

Direitos reservados à

EDITORA PERSPECTIVA LTDA.

R. Augusta, 2445, cj. 1
01413-100 São Paulo SP Brasil
Tel.: (11) 3885-8388
www.editoraperspectiva.com.br

2022

Para Heinrich
vinte e cinco anos depois.

SUMÁRIO

APRESENTAÇÃO
Uma Luz Que Emana do Pórtico de Jano
José Sérgio Fonseca de Carvalho
11

Cinquenta Anos da Publicação de Hannah Arendt no Brasil
Celso Lafer
21

PREFÁCIO
A Lacuna Entre o Passado e o Futuro
45

1 A Tradição e a Idade Moderna
63

2 O Conceito de História: Antigo e Moderno
91

3 Que é Autoridade?
155

4 Que é Liberdade?
221

5 A Crise na Educação
257

6 A Crise na Cultura: Sua Importância Social e Política
287

7 Verdade e Política
321

8 A Conquista do Espaço e a Estatura Humana
369

POSFÁCIO
Da Dignidade da Política: Sobre Hannah Arendt
Celso Lafer
391

Índice Onomástico
415

APRESENTAÇÃO
UMA LUZ QUE EMANA DO PÓRTICO DE JANO

> *Mesmo no tempo mais sombrio temos o direito de esperar alguma iluminação, e tal iluminação pode bem provir, menos das teorias e conceitos, e mais da luz incerta, bruxuleante e frequentemente fraca que alguns homens e mulheres, nas suas vidas e obras, farão brilhar em quase todas as circunstâncias e irradiarão pelo tempo que lhes foi dado na Terra.*
>
> HANNAH ARENDT

Entre o Passado e o Futuro é, em muitos aspectos, um livro singular na trajetória do pensamento de Hannah Arendt. Como destaca Celso Lafer, nele pulsam os principais temas pelos quais ela se interessou ao longo de uma década de reflexão. Mas há também nessa obra um aspecto talvez pouco explorado e acerca do qual gostaria de tecer algumas reflexões: a escolha de seu título. Para Jerome Kohn, ao escolhê-lo Arendt evoca o deus romano Jano que, com suas duas faces (uma voltada para trás e a outra para frente) é a divindade que encarna o vínculo entre o passado e o futuro; que transforma o legado da tradição em princípio operativo capaz de iluminar e guiar as ações do presente, ligando o devir à fundação de Roma. Jano é, assim, concebido como o deus dos inícios e das transições, das decisões e escolhas que se operam no tempo. A admiração que Arendt nutria pela estabilidade política da Roma republicana e seu profundo conhecimento dessa civilização tornam essa hipótese interpretativa plausível e elucidativa. Há, contudo, um outro aspecto que, creio, merece atenção e reflexão: dentre os títulos que Arendt atribui às suas obras, *Entre o Passado e o Futuro* é, seguramente, o mais enigmático e simbólico. E o símbolo, nos lembra Ricoeur, "dá a pensar" e, assim, nos convida a interpretar uma imagem que, ao mesmo tempo, oculta e revela. O que se situa, pois, nessa "lacuna" entre o "não mais" e o "não ainda"; entre o espaço das experiências que nos precedem e o horizonte de expectativas em relação ao que ainda está por vir?

A resposta parece ser simples, quase banal: o presente. Mas Arendt era uma atenta leitora de Agostinho, de Heidegger, de Faulkner e, portanto, sabia das aporias e dos enigmas da experiência do tempo; tinha consciência de que em nossa experiência da passagem do tempo, tanto o passado como o futuro só existem como dimensões do presente. O passado só pode existir na medida em se faz presente na memória e na recordação (daí sua evocação de Faulkner: "o passado nunca está morto, ele nem mesmo é passado"), enquanto o futuro, ao menos em sua dimensão humana e não cosmológica, só existe como expectativa que nutrimos no presente em relação ao porvir. Como afirma Agostinho nas *Confissões* há três tempos: o presente do passado, o presente do presente e o presente do futuro. Mas, enigmaticamente, o núcleo comum desses três tempos – o *presente* – figura como o terceiro ausente no título da obra, como o oculto que se dá ver ao mesmo tempo que se esconde.

Assim, o presente, simbolizado como um tempo-entre, impulsionado ao futuro pelo passado e remetido ao passado pelo futuro, insinua-se como um tempo no qual se abre um espaço potencialmente privilegiado: o da reflexão sobre os sentidos históricos do agir e do padecer humano, considerando-os não como partes de uma totalidade – a história –, mas como fragmentos contingentes de fenômenos singulares que desafiam o pensamento: a crise da cultura ou da educação; o esvanecimento da autoridade ou as mutações nas relações entre verdade e política. Trata-se, pois, de situar-se em um presente histórico e tomá-lo como objeto de um exercício: o de compreender, atribuindo um sentido aos acontecimentos mais recentes à luz de um passado que nos afeta e de um futuro que antecipamos com esperança, mas também com temor. Sempre na busca de lhes imputar um sentido e nos reconciliar com o mundo que habitamos. Sempre na esperança de, a despeito de tudo, cultivar uma disposição amorosa para partilhar seu legado histórico, fazendo do mundo comum não apenas uma condição da existência humana, mas um lar imortal capaz de abrigar o fluxo contínuo de vidas mortais que lhe imprimem durabilidade e renovam seus significados a cada geração.

E o desafio de habitar esse presente se revela, para Arendt, como a experiência de viver, pensar e agir em um tempo de *crise*. Tal é a condição básica da qual padecemos no mundo moderno. Mas, é preciso ressaltar que em seus escritos a noção de "crise" não se confunde com a de um estado patológico ou degenerativo, a indicar um processo de decadência ou ocaso. Diferentemente desses usos mais correntes em nossa linguagem cotidiana, a noção de "crise" em Arendt nos remete a seu significado na língua grega antiga, ao indicar menos um declínio do que a eclosão de um momento crucial – que em si mesmo não é negativo nem positivo – no qual faz-se necessário e urgente decidir, julgar ou escolher um caminho (a medicina hipocrática, por exemplo, concebe a crise como um momento crucial de intervenção e cujos resultados podem ser tanto a cura como o agravamento da doença). Porque "dilacera fachadas" e "oblitera preconceitos", a crise "põe a nu" a realidade que enfrentamos e, portanto, exige repostas. A emergência de uma crise impele-nos, assim, a voltar às questões mesmas, uma vez que, com sua eclosão, "perdemos as respostas em que de ordinário nos apoiávamos", sem que sequer soubéssemos que eram respostas às nossas inquietações e dilemas. Trata-se, pois, de um momento no qual perdemos as referências – sejam elas éticas, políticas, estéticas etc. – a partir das quais organizávamos nossas crenças, nossos julgamentos, nossos critérios e orientávamo-nos em um mundo comum.

Nesse sentido, identificar, por exemplo, a existência de uma crise ética no mundo contemporâneo não implica asseverar que necessariamente vivemos uma decadência (ou inversão) de valores, costumes ou princípios aos quais recorremos para julgar e escolher o certo ou o errado, o nobre ou o vil. Significa, antes, que perdemos os critérios e as respostas que até então nos serviam como parâmetros seguros de avaliação e orientação, de forma que o legado de princípios éticos que recebemos do passado se mostra insuficiente para compreender e agir no presente. Nesse sentido, a crise nos obriga a voltar às questões mesmas (o que é uma ação justa, nobre etc.?); nos convida a pensar "sem corrimãos". Os questionamentos de Sócrates, por exemplo, indicam a emergência de uma crise na sociedade ateniense, na medida em que põem em questão um legado de princípios, valores e crenças que eram tomados como referências éticas seguras e transcendentes. Uma crise implica, pois, a destruição de uma parte do mundo comum, de um aspecto do legado que recebemos do passado e ao qual conferíamos autoridade para a compreensão do presente e para a ação que o renova, projetando-o, ainda que sob novas formas, no futuro. Em outras palavras, uma crise põe em xeque a autoridade de uma tradição em sua tarefa de transmitir e preservar, nomear e renovar os tesouros de um passado que se fazia vivo e presente. O surgimento de uma crise implica que a herança que recebemos do passado se apresente a nós despojada de um testamento a indicar seus usos e significados para o presente. Assim, o presente se encontra ameaçado em sua dimensão histórica, porque potencialmente reduzido a um mero marco cronológico entre duas extensões temporais infinitas, mas desconexas: "desde que o passado deixou de lançar sua luz sobre o futuro, a mente do homem vagueia nas trevas", afirma Tocqueville em uma passagem frequentemente citada por Arendt.

Mas a constatação dessa ameaça na obra de Arendt não deve ser tomada como um traço nostálgico de seu pensamento, pois tanto o esvanecimento da tradição como a emergência da crise representam, a um só tempo, riscos e oportunidades. Em seu ensaio sobre autoridade, por exemplo, Arendt destaca que, por um lado, "com a perda da tradição perdemos o fio que nos guiou com segurança pelos vastos domínios do passado", ou seja, perdemos um conjunto sólido de referências que nos guiam na interpretação dos significados de um legado simbólico tido como capaz de orientar nossas ações e escolhas, sejam elas de ordem política, religiosa, ética ou estética. Mas, por outro lado, Arendt nos lembra que a tradição, com sua pretensão de verdade e legitimidade transcendentes, nos aprisiona em suas narrativas e valores, já que "esse fio [da tradição] foi também o grilhão que encadeou cada sucessiva geração a um aspecto predeterminado do passado". Impondo-se, pois, como um caminho compulsivo, a tradição, embora ilumine o presente, o faz sempre a partir dos mesmos referenciais, tal como um corrimão que evita quedas, ao mesmo tempo que impõe um percurso. Porque destrói as referências seguras, a ruptura da tradição também abre oportunidades até então inusitadas: "poderia ocorrer que somente agora [com o esvanecimento da tradição] o passado venha a se abrir para nós com inesperado frescor".

Assim, se, por um lado, a perda da tradição nos despoja de referências e critérios imperativos, por outro, ela nos faculta abrir um novo percurso pelos vastos domínios do passado, desvelando cenas, acontecimentos e personagens até então obliterados pelo peso da tradição. Imprimir um "inesperado frescor" ao passado implica nele buscar pérolas esquecidas, trazendo-as à luz do presente como fontes de iluminação. Com os olhos limpos da tradição, podemos errar pelo passado e nele vislumbrar tesouros eventualmente esquecidos, escutar vozes potentes que foram emudecidas, reavivar promessas que jamais foram cumpridas ou expectativas de futuro que acabaram abandonadas. E Arendt não só proclama essa possibilidade, mas a atualiza, por exemplo, ao recuperar a dignidade da política na Atenas pré-filosófica. Uma dignidade até então soterrada pela tradição do pensamento político. Ora, também entre nós, foi a derrocada das narrativas identitárias tradicionais que abriu espaço para revisitar o passado e nele vislumbrar figuras notáveis e inspiradoras, mas até então obliteradas, como Luiz Gama; para ressignificar eventos soterrados pela tradição historiográfica, como as revoltas republicanas ao longo do Império ou a fecundidade da ontologia das culturas indígenas da Amazônia. Assim, é a partir do esvanecimento da tradição que o espaço das experiências do passado pode se reabrir para que nele se tracem novos percursos. Percursos que, a um só tempo, ressignificam o presente e abrem novos horizontes de expectativa para o futuro.

Tomemos um breve exemplo da literatura contemporânea – essa prática cultural tão presente nas reflexões de Arendt – a fim de ilustrar a mútua fecundação entre as dimensões do passado e do futuro que se engendram como possibilidades de um presente marcado pela dissolução da tradição. Que efeitos pode ter, por exemplo, em um jovem negro da periferia das grandes cidades brasileiras, a leitura e a interpretação de uma obra como *O Mundo se Despedaça*, na qual Chinua Achebe reconfigura a experiência de desintegração social dos Imbos a partir da chegada dos colonizadores britânicos na Nigéria? Ao trazer para o presente do século XXI uma experiência distante no tempo e no espaço – mas que poderia ser muito próxima à experiência de seus antepassados – a leitura dessa obra pode ter efeitos em todas as dimensões temporais da existência de um jovem do século XXI. Ela é potencialmente capaz de reconfigurar sua identidade narrativa, ao criar vínculos afetivos e sociais com a comunidade de seus ancestrais. Pode ainda ter efeitos em suas ações no presente, ao lhe oferecer um novo horizonte de expectativas quanto ao lugar social das pessoas de pele negra na sociedade brasileira. Mas, é preciso também ressaltar que, para aqueles que pouco se movem no espaço de experiências pregressas, o presente tende a ser tomado como necessário, inevitável, e não contingente. E um presente raso tende a estreitar o horizonte de expectativas em relação ao futuro. Nesse caso, tudo se passa como se o curso da história fosse tecido em uma linha contínua, imune às rupturas trazidas pela ação política, e no qual a existência humana, reduzida aos esforços de sobrevivência, perde seu significado histórico. Sem uma ancoragem segura da tradição ou sem uma reconfiguração significativa do passado, alerta Arendt, encontramo-nos ameaçados pelo esquecimento e "um tal ouvido – além dos conteúdos que se poderiam perder – significaria que, humanamente falando, nós nos privaríamos de uma dimensão, a dimensão da profundidade na existência humana. Pois memória e profundidade são o mesmo, ou antes, a profundidade só pode ser alcançada pelo homem por meio da recordação".

Podemos, agora, voltar à questão que desencadeou esta breve reflexão: o que a escolha desse título revela acerca do pensamento de Arendt e da forma pela qual ela se posicionou no mundo? Em primeiro lugar, essa disposição para se situar entre o passado e o futuro a fim de tecer exercícios de pensamento desvela uma perspectiva teórico-metodológica que marca a obra de Arendt:

lançar-se em um exercício contínuo e infindável de compreender o presente à luz das rupturas históricas, sem poder contar com as categorias herdadas da tradição. Trata-se, pois, de refletir acerca da experiência política – do *viver-uns-junto-aos outros* – em suas mais recentes configurações, procurando delas extrair não só informações e conhecimentos, mas um significado que nos permita seguir vivendo, pensando e agindo nesse mundo. Noutras palavras, compreender o presente em sua historicidade implica assumir a responsabilidade de se conceber como um *ser do mundo* e não apenas como um *ser no mundo*.

E aqui já penetramos numa segunda camada de significação impressa na escolha do título. Isso porque a compreensão para Arendt ultrapassa o plano epistemológico para se constituir também em uma ontologia: compreender o humano como um ser que busca compreensão e significado para sua existência. E, nesse sentido, seu trabalho intelectual ganha uma dimensão existencial e mesmo política. Para ela a perda da própria busca de significado e da necessidade de compreensão é um sintoma do mundo moderno, que se espraia a partir da emergência dos regimes totalitários. Sem deitar raízes no mundo comum, sem se questionar acerca de seus sentidos, os seres humanos boiam na superfície do presente e se deixam arrastar pelos acontecimentos. Assim, o exercício do pensamento, movido pela busca de compreensão e sentido, é um poderoso aliado ético (na relação de cada um consigo mesmo) e político (na relação junto aos outros). Não porque ele nos forneça armas ou estratégias para lutar, mas porque, muito mais do que a informação ou o conhecimento, a busca incessante pela compreensão tem o potencial de impedir a adesão aos movimentos totalitários que nos ameaçam. Embora a compreensão jamais seja capaz de nos dizer *como agir*, ela nos ajuda a compreender *em nome de que agimos*.

Ao partilhar sua compreensão de fenômenos e acontecimentos de seu presente, Arendt procurar ainda preservar alguma humanidade em um mundo que se tornou inumano. Em seu ensaio sobre Lessing, ela nos adverte:

o mundo não é humano simplesmente por ser feito por seres humanos e nem se torna humano simplesmente porque a voz humana nele ressoa, mas [só se humaniza] quando se torna objeto de discurso. Por mais afetados que sejamos pelas coisas do mundo, por mais profundamente que possam nos instigar e estimular, [elas] só se tornam humanas para nós quando podemos discuti-las como nossos companheiros[1].

Ler, reler e discutir os exercícios de pensamento de Arendt é uma forma de aceitar seu convite para humanizar o mundo; para propor, julgar e partilhar sentidos que atribuímos aos acontecimentos e personagens que nos precederam e legar aos que nos sucederão o desafio de o fazerem à luz de seu presente. É nesse preciso sentido, creio, que podemos esperar da vida e da obra de Arendt aquela iluminação a que todos temos direito, mesmo em tempos de densa escuridão. E essa luz emana não só do conteúdo de seus pensamentos, da fecundidade de suas categorias ou da relevância dos temas sobre os quais ela se propõe a refletir. Ela emana sobretudo de sua atitude em face do mundo: a coragem de pensar o presente sem corrimãos. Como se, a exemplo da imagem de Jano, Arendt se colocasse no pórtico do presente, iluminando-o à luz do passado e tecendo compromissos e expectativas em relação ao futuro.

José Sérgio Fonseca de Carvalho
Professor titular de Filosofia da Educação
da Faculdade de Educação da Universidade de São Paulo

---

1. *Homens em Tempos Sombrios*, São Paulo: Companhia das Letras, 2008, p. 31.

CINQUENTA ANOS DA PUBLICAÇÃO DE HANNAH ARENDT NO BRASIL

1

Entre o Passado e o Futuro é o primeiro livro de Hannah Arendt editado no Brasil. Em 1972, foi acolhido pela Perspectiva na sua coleção Debates, dirigida com o discernimento intelectual com o qual Jacó Guinsburg, no correr das décadas imprimiu à casa que é um marco em nossa vida cultural. À época, integrante do Conselho Editorial da coleção, com o respaldo de Jacó Guinsburg, tomei a iniciativa de sugerir a publicação.

Esta nova edição celebra os cinquenta anos da publicação em nosso país de *Entre o Passado e o Futuro* e assinala o ponto de partida da recepção da obra arendtiana no mundo intelectual brasileiro. Creio que, por isso mesmo, cabe rememorar os antecedentes que levaram à sua edição e à continuidade da sua relevância no *corpus* da obra arendtiana.

2

Como é sabido, fiz os meus estudos de pós-graduação em Ciência Política na Universidade de Cornell, nos Estados Unidos, e tive o privilégio de ter sido aluno de Hannah Arendt em 1965 no seu curso de pós-graduação "Experiências Políticas do Século XX". Escrevi mais circunstanciadamente sobre esta vivência deslumbrante em 2006 com remissões a *Entre o Passado e o Futuro*, retomando meus apontamentos das aulas e consultando seus arquivos, hoje acessíveis na Biblioteca do Congresso dos EUA. O meu texto intitula-se "Experiência, Ação e Narrativa: Reflexões Sobre um Curso de Hannah Arendt" e aprofunda o que comentei no texto introdutório à primeira edição de 1979 de meu *Hannah Arendt, Pensamento, Persuasão e Poder*. Ambos estão inseridos na terceira edição, revista e ampliada deste livro, que é de 2018.

Registro que Hannah Arendt voltou a esse curso, com ajustes, no *spring term* de 1968 na New School for Social Research. Teve como alunos Elizabeth Young-Bruehl e Jerome Kohn. Elizabeth Young-Bruehl foi a sua primeira biógrafa e seu *Hannah Arendt, For Love of the World* (Hannah Arendt, Por Amor ao Mundo), de 1982, continua sendo, no meu entender, o melhor livro sobre as interseções entre a sua vida e seu pensamento. Jerome Kohn foi o seu último assistente e é hoje o seu testamenteiro literário. A ele se devem a seleção, organização e qualificada apresentação de textos dispersos e inéditos de Hannah Arendt, publicados após seu falecimento. Entre eles destaco, na ordem cronológica de suas edições no Brasil: *Responsabilidade e Julgamento*, de 2004; *Compreender, Formação, Exílio, Totalitarismo, Ensaios 1930-1954*, de 2004; *Escritos Judaicos*, de 2016; *Pensar sem Corrimão: Compreender – 1953-1976*, de 2021.

Jerome Kohn escreveu e comentou pessoalmente comigo em mais de uma oportunidade que Elizabeth Young-Bruehl e ele, assim como eu, ao compartilharmos esse curso em distintas, mas próximas ocasiões – 1965 e 1968 – fomos duradouramente impactados ao ouvir de viva voz a instigação heurística do pensamento de Hannah Arendt.

Jerome Kohn apontou na sua introdução a textos inéditos, que organizou com o título *The Promise of Politics* (A Promessa da Política), em 2005, a importância desse curso na trajetória arendtiana.

"As janelas do espírito se abrem por dentro", dizia Miguel Reale, comentando as aspirações do papel de um professor empenhado em ampliar os horizontes dos seus alunos. No meu caso, assim como no deles, foi o que impulsionou a dedicação a Hannah Arendt e pessoalmente me levou a buscar a recepção de sua obra em nosso país.

Relembro, assim, retomando o que já escrevi, como se deu esta abertura das janelas do espírito por dentro, pela ação do magistério arendtiano que não doutrinava, mas suscitava e despertava o interesse dos seus alunos.

Hannah Arendt era uma professora de memorável presença, que me marcou desde a primeira aula do curso. Este se estruturava na forma de seminários semanais conduzidos numa simpática sala do andar térreo da Olin Library, a grande biblioteca de pós-graduação da Universidade de Cornell. Tinha uma elegância sóbria e europeia no vestir e no interagir, que se casavam bem com a sua aparência, ao mesmo tempo forte e feminina de uma senhora de 59 anos. Era vigoroso o seu modo de ser pessoal em sala de aula, cabendo destacar que o respeito pelos seus alunos não abafava a exteriorização de uma personalidade rica e original na condução do curso, voltado com muito engenho na escolha dos textos para expor as experiências políticas do século XX. Era o que transparecia nos seus comentários sobre as exposições que fazíamos, como seus alunos, num curso no qual tratou de muitos do seus temas recorrentes. A sua palavra era efetiva, não comprometida pelo torneio de sua frase que revelava em inglês a presença latente do alemão.

Hannah Arendt não era uma professora distanciada de seus cerca de quinze alunos da pós-graduação. Permitia e incentivava o contato e o convívio. Foi o que me deu a oportunidade de antecipadamente ouvir suas considerações sobre a relação entre arte e política; mas também, cultura e política, matéria de muitos de seus ensaios recolhidos em *Men in Dark Times* (Homens em Tempos Sombrios), de 1968. Ouvi também o início de suas reflexões sobre a Guerra do Vietnã, que ela subsequentemente elaborou em *Crisis of the Republic* (Crises da República), de 1972.

Escutei alguns relatos do percurso de sua vida, que se configurou pela política da era dos extremos do século XX, que era o tema de nosso curso. Narrou as peripécias da sua saída em 1940 como refugiada da França, ocupada pelos nazistas, para os Estados Unidos, passando por Lisboa. Mencionou a capital lusitana para mim, destacando que foi o seu primeiro e único contato com o português, cujo sentido, inclusive pela leitura dos jornais, ela procurava decifrar por meio do seu abrangente conhecimento do latim.

Registro estas lembranças de Hannah Arendt para pontuar que, na biografia de Elizabeth Young-Bruehl –, que comentei com admiração quando de sua publicação –, identifico e reconheço a inteireza da professora que conheci.

Em Cornell, Hannah Arendt autografou o meu exemplar de *On Revolution* (Sobre a Revolução), de 1965 e a primeira edição, ainda não ampliada, de *Between Past and Future* (Entre o Passado e o Futuro), de 1961. Foi a partir dessa época que me dediquei ao estudo de sua obra. Verifico pelos meus apontamentos que li com cuidado em 1966 a segunda edição ampliada de *The Origins of Totalitarianism* (As Origens do Totalitarismo), de 1958; em 1967, *The Human Condition* (A Condição Humana), de 1958 e também em 1967, *Eichmann in Jerusalém: A Report on the Banality of Evil* (Eichmann em Jerusalém: Um Relato sobre a Banalidade do Mal), na edição de 1965.

Fiquei em Cornell até 1967, completando os cursos e créditos de doutoramento e retornei ao Brasil para ultimar a pesquisa da minha tese. Voltei a Cornell em 1970 para concluí-la e defendê-la. Encontrei-me naquela ocasião com Hannah Arendt em Nova York, na New School of Social Research e foi aliás quando me avistei pela primeira vez com Jerome Kohn, que era seu assistente. Com ela, tinha mantido alguma correspondência. Em carta que a ela enviei em 28 de agosto de 1968, mencionei primeiras tratativas relacionadas à publicação de suas obras no Brasil. Destaquei a prioridade que cabia dar a *Entre o Passado e o Futuro*, recordando conversas em Cornell sobre a importância que ela atribuía ao livro no conjunto de sua obra e indiquei que a Perspectiva e Jacó Guinsburg, seu editor-chefe, tinham manifestado interesse pela sua publicação.

Faço o registro de que Hannah Arendt ouviu em Cornell com boa vontade o que pretendia elaborar na minha tese, bastante distante dos seus temas, posto que iria tratar do governo Juscelino Kubitscheck e o que significava efetivar o Programa de Metas num regime de plenitude democrática. Na introdução ao texto final da tese, evocando Hannah Arendt, mencionei que tinha sido redigida em "dark times" – os do regime autoritário no Brasil. A ela enviei um exemplar da tese, publicada nas *Dissertation Series* da Latin American Studies Program de Cornell.

Lembro deste registro para mencionar a importância pessoal de que se revestiu uma ida minha aos Estados Unidos em fevereiro de 2017. Foi quando participei no Bard College das atividades do seu Centro Hannah Arendt, dirigido por Roger Berkowitz, um destacado arendtiano. A seu convite, proferi a palestra: "Hannah Arendt como Professora: A Experiência de um Antigo Aluno".

Hannah Arendt está enterrada em Bard, ao lado de seu segundo marido e parceiro de vida, Henrich Blücher, que lecionou durante muitos anos naquela instituição. Naturalmente, como seu devoto, fiz uma visita ao seu singelo túmulo e nele coloquei uma pedrinha para marcar a visita, como ensina a tradição judaica. A biblioteca de Bard abriga a biblioteca pessoal de Hannah Arendt. É claro que me detive na análise do recado intelectual dos livros que a acompanhavam. Eram significativas as abrangências das suas leituras, mas evidentemente o que mais me tocou, foi verificar que num canto de uma estante encontrei a minha tese de Cornell que a ela tinha enviado em 1970.

3

Este é o pano de fundo que levou à publicação em 1972 pela Perspectiva de *Entre o Passado e o Futuro*, na sua edição ampliada de 1968. Um antecedente muito relevante foi o processo decisório da escolha deste livro na obra arendtiana para dar início à sua presença no mundo intelectual brasileiro.

Hannah Arendt, num importante colóquio sobre a sua obra realizado em novembro de 1972, hoje inserido em *Pensar sem Corrimão*, observou: "I somehow don't fit" (De certo modo, eu não me encaixo). É por essa razão que quando comecei a me dedicar, com a devoção de antigo aluno, à recepção de sua obra em nosso país, verifiquei que prevalecia na época, em surdina, um certo desconforto em relação a uma assertiva intelectual que pensava com coragem pela sua própria cabeça e cuja obra não se amoldava aos âmbitos das tradicionais disciplinas acadêmicas (teoria política, história, filosofia) nem a sua *persona* se enquadrava nos cânones políticos usuais (esquerda/direita; conservadora/libertária). Além do mais, eram acesas as controvérsias suscitadas pelo seu relato sobre o Processo Eichmann e o tema da banalidade do mal. É o que relato num ensaio de 2000, que, ao tratar da recepção de sua obra em nosso país, celebrava o 25º aniversário de seu falecimento. Este ensaio está hoje inserido na já mencionada terceira edição revista e ampliada de 2018 do meu *Hannah Arendt, Pensamento, Persuasão e Poder*.

Foi neste contexto que renovei a avaliação que o melhor ponto de partida para dar início ao apropriado conhecimento da obra de Hannah Arendt, inclusive para aplainar a opacidade das resistências, seria a publicação de *Entre o Passado e o Futuro*. Fundamentei-me nesta escolha em várias razões. A primeira, que norteou as demais, foi uma conversa com a própria Hannah Arendt em Cornell na qual, como mencionado na carta a ela enviada em 28 de agosto de 1968, acima citada, ela mesma observou que se tratava de um livro que considerava dos mais representativos e importantes das características de sua reflexão política.

No prefácio de *Entre o Passado e o Futuro*, evocando aforismo do poeta francês René Char, "Notre héritage n'est précédé d'aucun testament" (Nossa herança nos foi deixada sem nenhum testamento), aponta que o livro retoma o seu tema recorrente do alcance das rupturas que levaram à lacuna entre o passado e o futuro. Destaca que o conjunto dos ensaios reunidos são exercícios de pensamento político, voltados para a reconstrução de conceitos que se diluíram com a abrangência dessa lacuna. Pontua que os exercícios têm componentes críticos, estão lastreados no peso representado pela experiência de eventos do século XX e buscam, na interpretação do passado, descobrir as origens de conceitos tradicionais de palavras-chave da linguagem política, como: liberdade, autoridade, razão, virtude, poder. O seu objetivo foi desvendar a efetiva propriedade desses conceitos que se tornaram ocos com as rupturas de um século de extremos.

A unidade do conjunto de ensaios – eram seis na primeira edição; tornaram-se oito na segunda edição definitiva – assemelha-se, diz ela, a uma sequência de momentos que, "como uma suíte musical, são escritos em um mesmo tom ou em tons relacionados". Estes tons reverberam em toda a sua obra. É por isso que considerei o livro um grande e substantivo ponto de partida para compreender seu pensamento.

Uma resenha de Michael Oakeshott publicada no *Political Science Quarterly* de março de 1962 foi uma confirmação adicional da relevância de *Entre o Passado e o Futuro*. Nela, Oakeshott destaca o brilho de Hannah Arendt no seu modo de pensar e de lidar com as ideias e como as suas observações são bem sucedidas ao esclarecer luzes e sombras do panorama dos temas que trata. Realça que uma das suas virtudes reside na profundidade das distinções elaboradas e no brilho das conexões que perpassam suas páginas. Também destaca que contribui para aclarar a admirável construção que é *A Condição Humana*.

No prefácio, Hannah Arendt observou que os seus exercícios de pensamento político guardam uma afinidade natural com o ensaio como forma literária. Como sabemos, desde Montaigne, que se tornou o paradigma desta forma, o ensaio como gênero literário para ser bem-sucedido requer cultura. Uma pessoa culta – diz Hannah Arendt evocando os ensinamentos dos romanos na conclusão do ensaio "A Crise da Cultura", – é alguém que sabe "como escolher sua companhia entre homens, entre coisas e entre pensamentos, tanto no presente como no passado." É o que ela soube fazer em *Entre o Passado e o Futuro*.

Os seus exercícios em pensamento político têm algo do mergulho do pescador de pérolas, que ela aponta no modo como Walter Benjamin, por meio dos fragmentos de pensamentos de suas citações, escuta o presente na lida com a ruptura da tradição. É uma faceta de Benjamin, de quem foi próxima, que destaca em belo ensaio recolhido em *Homens em Tempos Sombrios*.

Uma palavra adicional e pessoal sobre a escolha de *Entre o Passado e o Futuro*. No prefácio, ela aventa que uma possibilidade de escrever uma história intelectual do século XX seria a construção de uma biografia imaginária de uma única pessoa que se viu na contingência, por obra das rupturas, de escapar do pensamento para a ação e, a seguir depois de ter agido, viu-se impelida a voltar para o pensamento. Ora, no seu curso em Cornell, foi isso que empreendeu, em "Experiências Políticas do

Século XX". Foi um dado adicional que pesou na minha preferência por *Entre o Passado e o Futuro*, cujos textos que reverberam nos seus exercícios os desafios inerentes à vida de um personagem dessa biografia imaginária, cuja narrativa ela elaborou – como examinei circunstanciadamente no meu já mencionado ensaio "Experiência, Ação e Narrativa".

4

A publicação de *Entre o Passado e o Futuro* pela Perspectiva representou para mim o desafio e a responsabilidade de elaborar um prefácio que destacasse sua relevância com as remissões cabíveis ao conjunto da sua obra e ao qual me dediquei com o maior empenho. Intitula-se: "Da Dignidade da Política: Sobre Hannah Arendt". Está reproduzido nesta celebração dos cinquenta anos de *Entre o Passado e o Futuro*, e foi inserido desde a primeira edição, de 1979, de meu *Hannah Arendt, Pensamento, Persuasão e Poder*. Foi o primeiro de muitos trabalhos que no correr dos anos dediquei à obra arendtiana. Registro que os ensaios reunidos na primeira edição de 1979 de meu livro que tratou de sua trajetória, do antissemitismo e seu postumamente publicado *The Life of the Mind* (A Vida do Espírito), foi o segundo livro publicado inteiramente dedicado a Hannah Arendt. O primeiro, que antecede ao meu, foi o de Margareth Canovan, de 1974, *The Political Thought of Hannah Arendt* (O Pensamento Político de Hannah Arendt), e indica que Hannah Arendt ainda não tinha se tornado uma figura pública, reconhecida como uma das grandes pensadoras do século XX, cuja obra vem instigando tantos estudiosos em múltiplos quadrantes culturais.

Margareth Canovan foi uma destacada arendtiana, que aprofundou e retomou sua reflexão sobre o legado da pensadora no seu *Hannah Arendt, a Reinterpretation of her Political Thought* (Hannah Arendt, uma Reinterpretação do seu Pensamento Político), de 1992. Escreveu a introdução à aprimorada e póstuma segunda edição de *The Human Condition*, de 1998, que assinalou os quarenta anos de sua primeira edição. Pontuo que a devoção dos arendtianos de primeira hora se prolongou no tempo, inspirados pelo heurístico de seu pensamento.

Naturalmente, na condição de antigo aluno, quis compartilhar as linhas de elaboração do meu prefácio com Hannah Arendt. A ela enviei em 28 de dezembro de 1971 o meu texto em português. Almejando uma *captatio benevolentiae* lembrei-lhe de seu contato com a língua em Lisboa, como me contara em Cornell, e recordei, como escrevi a ela em carta de 18 de abril de 1968, evocando sua condição de latinista, que uma das razões pelas quais em *Os Lusíadas* Vênus defende os portugueses deriva do fato de que "the language which, if one lets fancy range/ one takes for Latin with but little change"[1]. É claro que fiz um sumário em inglês, bastante circunstanciado. Ela apontou em carta de 7 de janeiro de 1972, com razão como latinista, que não eram apropriadas as aproximações filológicas que eu havia feito entre *agere* (agir) e *augere* (aumentar), o que eu corrigi na versão final.

Em carta que me enviou de 23 de fevereiro de 1972, manifestou que embora não tivesse condição de ler minha introdução, considerava-a adequada e lamentaria se não estivesse presente na edição em português de *Entre o Passado e o Futuro*.

Em 15 de outubro de 1972, acusou o recebimento da edição da Perspectiva nos seguintes termos, que reproduzo abaixo, com duradora emoção:

Dear Dr. Lafer

It was a great pleasure to receive the Portuguese edition of *Between Past and Future*. I tried my best to stumble through your introduction but, though I can do a bit with the help of my Latin,

[1] *The Lusiads of Luis de Camoes*, 1, 33, trad. Leonard Bacon, New York: Hispanic Society of America, 1950.

it is of course not enough to really understand a text. But I have full confidence and I thank you.
With kind regards, sincerely
Hannah Arendt.[2]

Agradeci a carta em 15 de dezembro de 1972. Em 1º. de março de 1973 a ela escrevi enviando a versão em espanhol do prefácio que tinha sido publicado no México na revista *Plural* de janeiro de 1973, de Octavio Paz. Mencionei que o pulo do português para o espanhol não a ajudaria na inteligibilidade do texto, pois são duas línguas latinas distintas do francês que ela dominava desde o seu exílio na França nos anos 1930. Ponderei, no entanto, que ela gostaria de tê-lo em seus arquivos.

Abro um parênteses para explicar o contexto da acolhida de Octavio Paz. Em Cornell, no semestre subsequente à presença de Hannah Arendt, Octavio Paz também foi "visiting professor". Fui seu aluno e me deslumbrei com o curso que deu sobre a criação poética a partir do simbolismo. Os vagares de Cornell permitiram o convívio e a amizade com Octavio Paz e Marie Jo, sua esposa. Conversamos sobre muitas coisas e numa ocasião mencionei as afinidades entre o que ele havia escrito em seu "Revolta, Revolução e Rebelião" e as análises de Hannah Arendt em *On Revolution*. Esta é aliás uma das razões pelas quais esse texto de Paz integra *Signos em Rotação*, uma coletânea de seus trabalhos organizada em parceria com Haroldo de Campos, que também foi publicada pela Perspectiva em 1972.

Octavio Paz conhecia a obra de Hannah Arendt e há convergência e afinidades entre os dois que foram

---

2 Caro Dr. Lafer

Foi um grande prazer receber a edição em português de *Entre o Passado e o Futuro*. Eu tentei o meu melhor, ao ir tropeçando na sua introdução e pude alcançar um pouco com a ajuda do meu latim, mas isto é claro, não é suficiente para verdadeiramente compreender um texto. Mas eu tenho total confiança e lhe agradeço. Com os melhores cumprimentos,
Hannah Arendt.

superiormente analisadas com muita sensibilidade e conhecimento por Eduardo Jardim em *A Duas Vozes, Hannah Arendt e Octavio Paz*, de 2007. Ao receber e acolher o meu texto, Octavio Paz me escreveu em 12 de novembro de 1972: "conocí en Nova York hace unas semanas, a Hannah Arendt y me encantó su vitalidad como antes me habia conquistado, al leerla sua inteligência y rectitud filosófica."

Em 2 de janeiro de 1973, mencionei em carta a Hannah Arendt que, no correr do ano enviaria a edição da Perspectiva de *Crises da República*, que a ela efetivamente encaminhei, com uma pequena nota de Boas Festas em 13 de dezembro de 1973.

Em 10 de janeiro de 1974, ela agradeceu afetuosamente a edição de *Crises da República* e essa foi a última correspondência que dela recebi.

6

Decorridos cinquenta anos da publicação de *Entre o Passado e o Futuro* pela Perspectiva, e de seus antecedentes, que relatei, a primeira observação a ser feita é que consolidou-se um generalizado consenso em torno da figura de Hannah Arendt como uma das mais eminentes pensadoras do século XX, pois sua obra reúne, como tenho dito em inúmeras oportunidades, os atributos de um "clássico". É uma interpretação autêntica e válida do mundo em que viveu e guarda permanente atualidade que instiga releituras, pois seus conceitos, categorias e narrativas retêm validade para a compreensão de uma realidade distinta da época em que foram elaborados. Tais atributos, elencados por Bobbio, explicam por que Hannah Arendt é, na formulação de Italo Calvino, um clássico: sua obra nunca termina de dizer o que tem para dizer.

Daí a sua excepcional fortuna crítica e a indiscutível irradiação de seu pensamento como atesta a sempre crescente bibliografia dedicada à sua obra, inclusive no Brasil, e também as inúmeras biografias dedicadas à sua vida e de como se entrecruza com o seu pensamento. Sucessivas gerações de estudiosos vêm se debruçando sobre os seus textos e os caminhos da sua vida, em função da variedade dos interesses que suscitam. São muitas e distintas as leituras da obra arendtiana nas quais estão igualmente presentes, em diferentes contextos, a agenda de sensibilidades ortegeana de muitas gerações.

Explicitado este panorama, que é diferente da época da publicação em 1972 do seu livro, cabe perguntar, para concluir este prefácio, como se situa *Entre o Passado e o Futuro* no conjunto de sua obra. Hannah Arendt, numa conhecida entrevista à TV alemã em 28 de outubro de 1964, conduzida por Gunther Gaus e recolhida no volume *Compreender*, de 2004, logo no início, quando ele pergunta sobre o seu papel no círculo dos filósofos, deu a seguinte resposta: "estudei filosofia, mas dela me afastei. O meu ofício, para exprimir-me de maneira geral é a teoria política". Pontua que esta se diferencia da filosofia política, que está sobrecarregada pela tradição. Parto dessa afirmação da própria Hannah Arendt para destacar que são altamente representativos de sua contribuição à teoria política, como algo distinto da filosofia política, os ensaios reunidos em *Entre o Passado e o Futuro*.

Na excelente introdução de Jerome Kohn publicada em 2006 na edição da Penguin de *Between Past and Future*, celebratório dos cem anos de nascimento de Hannah Arendt, ele destaca que todos os ensaios do livro dizem respeito ao tema da ruptura da tradição filosofia-política ocidental. Conectam-se assim ao alcance e significado das grandes rupturas que emergiram no século XX com o advento do totalitarismo e por ela elaborados com ímpeto e originalidade no seu grande livro inaugural de 1951, *Origins of Totalitarianism*.

Numa carta de 1970 ao editor de *The New York Review of Books* (recolhida em *Pensar sem Corrimão*), comentando resenha de *Entre o Passado e o Futuro*, Hannah Arendt explicou o que é para ela tradição e como se diferencia do passado: "a tradição ordena o passado, transmite (*tradere*), interpreta, omite, seleciona e enfatiza de acordo com um sistema pré-estabelecido de crenças. A tradição é um constructo mental e como tal sempre sujeito a um exame crítico."

Foi este exame crítico que ela empreendeu em *Entre o Passado e o Futuro*, esclarecendo na carta acima mencionada: "se digo que nenhuma tradição pode reivindicar validade nos dias de hoje, não estou dizendo que o passado está morto, mas que já não temos um guia confiável para ele, de onde se conclui que a própria tradição se tornou parte do passado."

Os ensaios de Hannah Arendt em *Entre o Passado e o Futuro* respondem ao desafio que assumiu como teórica da política, não como filósofa da política. A sua revisão da tradição da filosofia política que a levou à reformulação de conceitos e categorias, teve como objetivo explorar e desvendar o significado das experiências de que a tradição não dá conta e que a ruptura magnifica. Explicar e preservar o alcance destas experiências que se dão no espaço público na pluralidade da condição humana foi o seu objetivo, enfrentando o repto do pensar sem o apoio do corrimão de conceitos consagrados – o "thinking without bannister" da sua conhecida formulação.

A palavra-chave deste pensar é "experiência", pois, como diz no prefácio de *Entre o Passado e o Futuro*, numa época de universais fugidios que resultaram da ruptura, parte do pressuposto "que o próprio pensamento emerge dos incidentes da experiência viva e a ela devem permanecer ligados, já que são os únicos marcos por onde obter orientação."

O valor epistemológico da experiência permeia a reflexão de Hannah Arendt, pois é o que permite captar a inescapável interdependência entre homem e mundo. Permite conceitualizar os modos de conceber e compreender experiências. Foi o que realcei no meu livro de 1988, *A Reconstrução dos Direitos Humanos: Um Diálogo com o*

Pensamento de Hannah Arendt, destacando como seu inovador conceito do "direito a ter direitos" tem como uma das fontes de inspiração o fato de ter sido uma refugiada, uma deslocada no mundo, destituída dos benefícios de acesso à legalidade.

Bikku Parekh, importante e consistente estudioso da obra arendtiana, destaca em seu *Hannah Arendt and the Search for a New Political Philosophy* (Hannah Arendt e a Busca de uma Nova Filosofia Política), de 1981, o alcance da distinção que ela estabelece entre filósofos da política e pensadores da política. Ele se baseia nas notas de aula do curso de graduação que ela deu, para um amplo número de alunos, em Cornell em 1965, parte das quais assisti como ouvinte. Consultei estas suas notas de aula, que estão acessíveis entre os seus arquivos na Biblioteca do Congresso dos EUA. O curso se intitulou: "From Machiavelli to Marx" e na primeira aula ela apontou que dos dez personagens de que iria tratar, uma parte se inseria na tradição dos filósofos da política; outros, ela qualifica como sendo de pensadores da política. A diferença é a de que os filósofos da política tratam da política "de fora", na perspectiva do dever ser de suas finalidades e dos critérios de um bom governo. Em contraste, os pensadores da política como Maquiavel, Montesquieu, Tocqueville, tratam da política "de dentro", a partir das suas experiências políticas no mundo do espaço público. As suas obras enriqueceram e alargaram o entendimento do mundo em que vivemos. Têm um fio terra com a realidade, que capta a sua complexidade e diversidade.

Alessandro Dal Lago na introdução à edição italiana de 1991 de *Entre o Passado e o Futuro* sublinha que o desconforto de Hannah Arendt com o trato filosófico da política é a sua *worldlessness*, a sua incapacidade de compreender o mundo, o que requer levar em conta a experiência do que ocorre no mundo da vida.

O valor epistemológico da experiência, e aqui vale a referência, é sublinhado por Camões em *Os Lusíadas*, ao aconselhar o soberano português:

> Tomai conselho só d'experimentados,
> Que viram largos anos, largos meses,
> Que, posto que em *cientes* muito cabe,
> Mais em particular o *experto* sabe.[3]

Camões também pontua o papel da experiência para o entendimento:

> Destarte se esclarece o entendimento,
> Que experiências fazem repousado.[4]

Valho-me destas citações de Camões para realçar a sugestividade heurística da distinção arendtiana entre filósofos da política e pensadores da política. Estes, a partir de uma perspectiva de "dentro" da vida política levando em conta o valor epistemológico da experiência, foram para ela uma instigação no seu ofício de teórica da política. Daí a presença na sua obra de Cícero, Maquiavel, Montesquieu, Tocqueville, os *founding fathers* da independência norte-americana – Jefferson, Adams, Madison. O apreço de Hannah Arendt por autobiografias, biografias, romances, contos, poemas de que se valeu na escolha dos textos do já referido curso "Experiências Políticas do século xx", no qual fui seu aluno e que permeiam a sua obra, desde *Origens do Totalitarismo*, explica-se, pois são uma destilação de experiências políticas, inclusive as que se deram em situação-limite, como as dos homens da Resistência Europeia ao nazismo que viveram o acesso ao exercício da liberdade e da ação, como pontua em *Entre o Passado e o Futuro*.

Não é o caso de retomar as considerações de meu prefácio de 1972, com as quais, passados tantos anos sinto-me à vontade e em sintonia. O que quero, finalizando, sublinhar é que *Entre o Passado e o Futuro* é um significativo repositório do inovador vocabulário com o qual

---

[3] Canto x, 152.
[4] Canto vi, 99.

Hannah Arendt, pensando sem corrimão, alargou os horizontes da teoria política.

Cabe observar nesse sentido que, para Hannah Arendt a palavra é sempre reveladora da realidade e que o apreço pela filologia, esclarecedor quanto ao significado originário dos termos, foi um caminho de sua reflexão, sustentado pelo seu abrangente domínio do grego e do latim.

No já mencionado colóquio de novembro de 1972 sobre sua obra, respondendo a Macpherson, observou ela: "Na minha opinião, uma palavra tem uma relação muito mais forte com o que denota ou com o que ela é, do que como você e eu a empregamos. Ou seja, você está olhando apenas o valor comunicativo da palavra. Eu olho para a qualidade desveladora dela."

No seu ensaio sobre Benjamin em *Homens em Tempos Sombrios*, ela destaca que para ele, "a palavra antes que a frase, traz a verdade à luz". Por isso, para Benjamin, o pai da filosofia não é Platão, mas Adão "que deu às coisas o seu nome". Hannah Arendt no seu vocabulário deu nomes a muitas realidades da política.

Numa passagem de abril de 1970 do seu *Diário do Pensamento*, ela sublinha que a clarificação que ocorre no processo de pensar provém de distinções, não de associações. Foi o que a levou a construir o conceito de regime totalitário, cuja inédita especificidade não se amolda a associações com outras clássicas más formas de governo, como a tirania, o despotismo, os autoritarismos ditatoriais.

No ensaio sobre autoridade de *Entre o Passado e o Futuro*, retomando *Origens do Totalitarismo*, observa que na sua especificidade não é a imagem da pirâmide do poder de regimes tirânicos e autoritários que esclarece o modo pelo qual opera no exercício da dominação. A imagem de que se vale é a da cebola, em cujo centro, em uma espécie de vazio, localiza-se o líder. Nele atua dentro desse centro, encoberto por várias camadas, e não de fora ou de cima. Na dinâmica dos movimentos do totalitarismo, proporciona a cada um dos seus múltiplos e não ordenados níveis, a ficção de um "mundo normal". Protege organizacionalmente um sistema totalitário de factualidade do mundo real.

Nos fragmentos de um texto da década de 1950, que ela não chegou a publicar e que foram compilados postumamente por Ursula Ludz e publicados entre nós com o título *O Que é Política*, em 1999, ela afirma que o discernimento tem mais a ver com a capacidade de diferenciar do que com a de ordenar e sintetizar. É o que transparece no seu vocabulário.

É nessa linha que na apresentação ao *Vocabulário de Hannah Arendt*, publicado em francês em 2007, a organizadora Anne Amiel destaca que Hannah Arendt formula constantemente distinções que filtram e criticam, buscando encontrar especificidades e articulações e desvendar mecanismos de processos. É o que a distinção entre a pirâmide e a cebola esclarece.

Mary McCarthy foi das mais próximas e leais amigas de Hannah Arendt e grande conhecedora do seu modo de pensar e, nesta condição, assumiu a responsabilidade pela qualificada edição póstuma de *The Life of the Mind*. No já mencionado colóquio de 1972 – "Hannah Arendt sobre Hannah Arendt" – destaca o papel das definições que permeiam o trato dos seus temas, iluminando-os cada vez mais à medida que uma definição se desdobra em outras, abonando assim o que diz Anne Amiel.

Hannah Arendt em sua resposta à Mary McCarthy manifesta total concordância com a observação de sua amiga. Aponta que no seu processo de pensar começa com: "A e B não são a mesma coisa". Os *distinguos* entre A e B estão onipresentes nos seus ensaios de *Entre o Passado o Futuro*. Exemplifico.

O que significam a tradição e a época moderna; qual o antigo e o moderno conceitos de história; quais são as características de autoridade, que é mais do que um conselho e menos do que um comando, e porque não se confunde nem com o igualitarismo de persuasão nem com a coerção pela força; porque a liberdade, que se coloca no âmbito da experiência política e da ação, pressupõe que o mundo não é uma realidade necessária, mas um conjunto de possibilidades e probabilidades, e nesse sentido se contrapõe ao pensar do *nihil ex nihilo* e ao *nihil sine causa*; porque a crise da educação no mundo moderno, em função das rupturas, provém do fato de que não logra estruturar-se pela autoridade nem manter-se coesa pela tradição.

O ensaio sobre a crise da cultura dá destaque à *Crítica do Juízo* de Kant e ao papel do juízo reflexivo, assim como a *phronesis* aristotélica e o seu papel no discernimento. Ambos já estão presentes nos fragmentos de *O Que É Política?* e dizem respeito a um tema recorrente do percurso arendtiano, como julgar um particular com suas especificidades, dando seu alcance geral sem subsumi-lo num juízo determinante baseado em premissas que não têm a capacidade de captá-lo. Este é o desafio de pensar sem o corrimão de conceitos consagrados.

Este ensaio está na raiz das reflexões de Hannah Arendt sobre o julgar como uma faculdade distinta do pensar e do querer. No pluralismo do *cogito* arendtiano, do pensar e do querer, ela tratou na sua obra postumamente publicada, *A Vida do Espírito*, que foi o seu ajuste de contas com a tradição da *vita contemplativa*, da qual proveio. Faleceu antes de dar início ao julgar, de maneira que, em matéria de julgar, temos apenas indicações das também publicadas postumamente *Lições Sobre a Filosofia Política de Kant*, editadas por Ronald Beiner, com um importante ensaio interpretativo, que na edição brasileira de 1994 conta também com um elucidativo ensaio de André Duarte.

São indiscutíveis as *fermenta cognitionis* propiciadas pelo juízo reflexivo, tal como indicado pelas pistas propostas por Hannah Arendt. Eu me aventurei a explorá-las no campo do direito no último capítulo do meu já mencionado *A Reconstrução dos Direitos Humanos: Um Diálogo Com o Pensamento de Hannah Arendt* e também na discussão do juízo diplomático como um juízo reflexivo e não determinante, ao ponderar sobre a confluência arendtiana, no meu caso, entre o pensar e o agir num dos textos da também já mencionada edição ampliada de *Hannah Arendt, Pensamento, Persuasão e Poder*.

No pluralismo do *cogito* arendtiano, o julgar seria o elo entre a *vita activa* e a *vita contemplativa*. *A Vida do Espírito* compartilha temas da *vita activa* pois as rubricas publicidade, comunicabilidade, alteridade são comuns a ambos. É o que sublinha Bethânia Assy ao examinar o tema recorrente do juízo reflexivo que permeia a *vita activa* na reflexão arendtiana em seu *Ética, Responsabilidade e Juízo em Hannah Arendt*, de 2015. Com efeito, o julgar dá-se na pluralidade da condição humana no *inter homines esse* do mundo. Diz respeito aos homens e não ao homem na singularidade. Como ela diz em *A Vida do Espírito*: "Somos do mundo e não apenas estamos nele."

O grande ensaio sobre verdade e política vai nessa direção, e destaca que a verdade da política é a verdade factual. Não é a verdade filosófica da tradição do pensar. O oposto da verdade factual não é o erro, a ilusão, a opinião, mas sim a falsidade e a mentira.

Esse texto retém excepcional atualidade em nossa era de *fake news*. Em matéria factual, o passado e o presente não podem ser alterados. No *inter homines esse* a verdade factual não pode ser modificada, "é o solo sobre o qual nos colocamos de pé" e perdemos o pé quando é ameaçado pelo poder, como ocorre nos regimes totalitários. O desdobramento desse ensaio é "A Mentira na Política" que integra *Crises da República*, que discuti num dos textos do meu *Desafios: Ética e Política*, de 1995.

O último ensaio, "A Conquista do Espaço e a Estatura Humana", retoma a questão aventada em *A Condição Humana* sobre o que significa mundo, com a transposição, pelo avanço do conhecimento científico-tecnológico, da transposição de barreiras antes tidas como naturais e intransponíveis.

Concluo pontuando que esta introdução foi escrita com a gratidão e a admiração de quem teve o privilégio de ouvir de viva voz *fermenta cognitionis* da paideia arendtiana e assim inspirado se dedicou, na sequência, no correr da vida, a escrever e refletir sobre a obra de Hannah Arendt. Passados cinquenta anos de meu prefácio de 1972, espero ter dado renovada contribuição à irradiação do poder iluminador do seu pensamento, do qual *Entre o Passado e o Futuro* é exemplar expressão.

São Paulo, outubro de 2021.
Celso Lafer

PREFÁCIO
A LACUNA ENTRE O PASSADO E O FUTURO

Notre héritage n'est précédé d'aucun testament (Nossa herança nos foi deixada sem nenhum testamento) talvez seja o mais estranho dentre os aforismos estranhamente abruptos em que o poeta e escritor francês René Char condensou a essência do que vieram a significar quatro anos na *Résistance* para toda uma geração de escritores e homens de letras europeus[1].

O colapso da França, acontecimento totalmente inesperado para eles, esvaziara, de um dia para outro, o cenário político do país, abandonando-o às palhaçadas de patifes

---

1. Ver, para essa citação e as subsequentes, René Char, *Feuillets d'Hypnos*, Paris: Galimard, 1946. Escritos durante o último ano da Resistência, de 1943 a 1944, e publicados na Coleção *Espoir*, dirigida por Albert Camus, tais aforismos, juntamente com obras posteriores, apareceram em inglês sob o título *Hypnos Waking: Poems and Prose*, New York: Random House, 1956.

ou idiotas feitos marionetes; e eles, a quem jamais ocorrera tomar parte nas empreitadas oficiais da Terceira República, viram-se sugados para a política por assim dizer, pela força de um vácuo. Desse modo, sem pressenti-lo e provavelmente contra suas inclinações conscientes, vieram a estabelecer, quer o quisessem ou não, um domínio público onde – sem a parafernália da burocracia e ocultos dos olhos de amigos e inimigos – levou-se a cabo, em feitos e em palavras, cada empreitada relevante para os problemas do país.

Isso não durou muito. Após alguns curtos anos, foram liberados do que originalmente haviam pensado ser um "fardo" e arremessados de volta àquilo que agora sabiam ser a irrelevância superficial de seus afazeres pessoais, sendo mais uma vez separados do "mundo da realidade" por uma *épaisseur triste*, a "opacidade triste" de uma vida particular centrada apenas em si mesma. E, caso se recusassem a "voltar às [suas] verdadeiras origens, a [seu] miserável comportamento", nada lhes restava senão retornar à velha e vazia peleja de ideologias antagônicas que, após a derrota do inimigo comum, de novo ocupavam a arena política, cindindo os antigos companheiros de armas em inúmeras panelinhas, que não chegavam sequer a constituir facções, e alistando-os nas intermináveis polêmicas de uma guerra de papel. Aquilo que Char previra e nitidamente antecipara enquanto a luta real ainda prosseguia – "Se sobreviver, sei que terei de romper com o aroma desses anos essenciais, de rejeitar silenciosamente (não reprimir) meu tesouro" – acontecera. Eles haviam perdido seu tesouro.

Que tesouro era esse? Conforme eles mesmos o entendiam, parece ter sido formado por duas partes interconectadas: tinham descoberto que aquele que "aderira à Resistência, *encontrara* a si mesmo", deixara de estar "à procura [de si mesmo] desgovernadamente e com manifesta insatisfação", não mais suspeitara a si próprio de "hipocrisia" e de ser "um ator da vida resmungão e desconfiado", podendo permitir-se "desnudar-se". Nessa nudez, despido de todas as máscaras, tanto daquelas que a sociedade designa a seus membros como das que o indivíduo urde para si mesmo em suas reações psicológicas contra a sociedade, eles foram visitados, pela primeira vez em suas vidas, por uma visão da liberdade; não, certamente, porque reagiram à tirania e a coisas piores – o que foi verdade para todo soldado dos Exércitos Aliados –, mas porque se tornaram "contestadores", por assumirem sobre seus próprios ombros a iniciativa e assim, sem sabê-lo ou mesmo percebê-lo, começaram a criar entre si um espaço público onde a liberdade poderia aparecer. "A cada refeição que fazemos juntos, a liberdade é convidada a sentar-se. A cadeira permanece vazia, mas o lugar está posto".

Os homens da Resistência europeia não foram nem os primeiros nem os últimos a perderem seu tesouro. A história das revoluções – do verão de 1776, na Filadélfia, e do verão de 1789, em Paris, ao outono de 1956 em Budapeste –, que decifram politicamente a história mais recôndita da Idade Moderna, poderia ser narrada alegoricamente como a lenda de um antigo tesouro, que, sob as circunstâncias mais variadas, surge de modo abrupto e inesperado, para de novo desaparecer qual fogo-fátuo, sob diferentes condições misteriosas. Na verdade, existem muito boas razões para acreditar que o tesouro nunca foi uma realidade, e sim uma miragem; que não lidamos aqui com nada de substancial, mas com um espectro; e a melhor dessas razões é ter o tesouro permanecido até hoje sem nome. Existe algo, não no espaço sideral, mas no mundo e nos negócios dos homens na Terra, que nem ao menos tenha um nome? Unicórnios e fadas-madrinhas parecem possuir mais realidade que o tesouro perdido das revoluções. E, todavia, se voltarmos o olhar para o princípio desta era, e sobretudo para as décadas que a precedem, poderemos descobrir, para nossa surpresa, que o século XVIII, em ambos os lados do Atlântico, possuiu um nome para esse tesouro, desde então esquecido e perdido – quase o diríamos – antes mesmo que o próprio tesouro desaparecesse. Na América, o nome foi "felicidade pública", que com suas conotações de "virtude" e "glória" entendemos tão pouco como a sua contrapartida francesa, "liberdade pública": a dificuldade para nós está em que, em ambos os casos, a ênfase incidia sobre "público".

Seja como for, é à ausência de nome para o tesouro perdido que alude o poeta ao dizer que nossa herança foi deixada sem testamento algum. O testamento, dizendo ao herdeiro o que será seu de direito, lega posses do passado para um futuro. Sem testamento ou, resolvendo a metáfora, sem tradição – que selecione e nomeie, que transmita e preserve, que indique onde se encontram os tesouros e qual o seu valor – parece não haver nenhuma continuidade legada no tempo, e portanto, humanamente falando, nem passado nem futuro, mas tão somente a sempiterna mudança do mundo e o ciclo biológico das criaturas que nele vivem. Assim, o tesouro foi perdido, não graças às circunstâncias históricas e à adversidade da realidade, mas porque nenhuma tradição tenha previsto seu aparecimento ou sua realidade; porque nenhum testamento o havia legado ao futuro. De qualquer modo, talvez inevitável em termos de realidade política, a perda consumou-se pelo olvido, por um lapso de memória que acometeu não apenas os herdeiros como, de certa forma, os atores, as testemunhas, aqueles que por um momento fugaz retiveram o tesouro nas palmas de suas mãos; em suma, os próprios vivos. Isso porque a memória, que é apenas um dos modos do pensamento, embora dos mais importantes, é ineficaz fora de um quadro de referência preestabelecido, e somente em raríssimas ocasiões a mente humana é capaz de reter algo inteiramente desconexo. Assim é que os primeiros a fracassarem no recordar como era o tesouro foram precisamente aqueles que o haviam possuído e o consideraram tão estranho que nem sequer souberam como nomeá-lo. Na ocasião, isso não os incomodou; não conheciam seu tesouro, mas sabiam muito bem o significado do que faziam e que este estava acima da vitória e da derrota: "A ação que possui sentido para os vivos somente tem valor para os mortos e só é completa nas mentes que a herdam e questionam". A tragédia não começou quando a liberação do país como um todo destruiu quase automaticamente as ilhotas escondidas de liberdade, que de qualquer maneira estavam condenadas, mas sim, ao evidenciar-se que não havia mente alguma para herdar e questionar, para pensar sobre tudo e relembrar. O ponto em questão é que o "acabamento" que de fato todo acontecimento vivido precisa ter nas mentes dos que deverão depois contar a história e transmitir seu significado deles se esquivou; e sem esse acabamento pensado após o ato, sem a articulação realizada pela memória, simplesmente não sobrou nenhuma história que pudesse ser contada.

Não há nada de inteiramente novo nessa situação. Estamos mais acostumados às periódicas irrupções de exasperação apaixonada contra a razão, o pensamento e o discurso racional, reações naturais de homens que souberam, por experiência própria, que o pensamento se apartou da realidade, a qual se tornou opaca à luz do pensamento, o qual, não mais atado à circunstância como o círculo a seu foco, se sujeita seja a tornar-se totalmente desprovido de significação, seja a repisar velhas verdades que já perderam qualquer relevância concreta.

Até mesmo o reconhecimento antecipado da crise tornou-se agora familiar. Ao regressar do Novo Mundo, que soube descrever e analisar com tanta mestria, a ponto de sua obra ter se tornado um clássico e sobrevivido a mais de um século de mudança radical, Tocqueville estava ciente de que Char chamara "acabamento" do ato e do acontecimento, algo que se esquivara dele também; o "Nossa herança nos foi deixada sem nenhum testamento", de Char, soa qual uma variante de "No momento em que o passado deixou de lançar luzes sobre o futuro, o espírito do homem vagueia na obscuridade"[2], de Tocqueville. Todavia,

---

2. A citação é do último capítulo de *Democracy in America*, New York, 1945, v. 2, p. 331. Ei-la na íntegra: "Embora a revolução que se faz na condição social, nas leis, nas opiniões e nos sentimentos dos homens ▶

a única descrição exata dessa crise se encontra, até onde eu saiba, em uma daquelas parábolas de Franz Kafka que, únicas talvez quanto a esse aspecto na literatura, constituem autênticas *parabolaí*, lançadas ao lado e em torno do incidente como raios luminosos, que não iluminam, porém, sua aparência externa, mas possuem o poder radiográfico de desvelar sua estrutura íntima, que, em nosso caso, consiste nos processos recônditos da mente.

A parábola de Kafka é a seguinte:

Ele tem dois adversários: o primeiro acossa-o por trás, da origem. O segundo bloqueia-lhe o caminho à frente. Ele luta com ambos. Na verdade, o primeiro ajuda-o na luta contra o segundo, pois quer empurrá-lo para frente, e, do mesmo modo, o segundo o auxilia na luta contra o primeiro, uma vez que o empurra para trás. Mas isso é assim apenas teoricamente. Pois não há ali apenas os dois adversários, mas também ele mesmo, e quem sabe realmente de suas intenções? Seu sonho, porém, é em alguma ocasião, num momento imprevisto – e isso exigiria uma noite mais escura do que jamais o foi nenhuma noite –, saltar fora da linha de combate e ser alçado, por conta de sua experiência de luta, à posição de juiz sobre os adversários que lutam entre si[3].

▷ ainda esteja bem longe de concluída, seus resultados já não permitem comparar a nada que o mundo tenha testemunhado antes. Retrocedo de uma época a outra, até a mais remota antiguidade, mas não encontro paralelo ao que ocorre ante meus olhos; no momento em que o passado deixa de lançar luzes sobre o futuro, o espírito do homem vagueia na obscuridade." Essas linhas de Tocqueville não antecipam apenas os aforismos de René Char; de modo bastante curioso, lidas textualmente antecipam também o *insight* de Kafka (ver a seguir), segundo o qual o futuro remete o espírito do homem de volta ao passado, "até a mais remota antiguidade".

3. A história é a última de uma série de "Notas do Ano de 1920", sob o título *"He"*. Traduzidas do alemão por Willa e Edwin Muir, saíram a lume, nos Estados Unidos, em *The Great Wall of China*, New York, 1946. Segui a tradução inglesa exceto em algumas poucas passagens onde uma tradução mais literal fazia-se mister para meus fins. Eis o original alemão no v. 5 dos *Gesammelte Schriften*, New York, 1946: "Er hat zwei Gegner: Der erste bedrängt ihn von hinten, vom Ursprung her. ▶

O incidente, que a parábola relata e penetra, segue em sua lógica interna os acontecimentos, cuja essência encontramos circunscrita no aforismo de René Char. De fato, ela começa precisamente no ponto onde o nosso aforismo inicial deixou a sequência dos acontecimentos, digamos, suspensa no ar. A luta de Kafka começa quando já transcorreu o curso da ação e a história que dela resulta aguarda ser completada "nas mentes que a herdam e questionam". A função da mente é compreender o que aconteceu, e esse entendimento, de acordo com Hegel, é o modo de reconciliação do homem com a realidade; seu verdadeiro fim é estar em paz com o mundo. O problema é que, se a mente é incapaz de garantir a paz e de induzir a reconciliação, ela se vê de imediato empenhada no tipo de combate que lhe é próprio.

Contudo, esse estágio no desenvolvimento do pensamento moderno foi precedido historicamente, pelo menos no século xx, não por um, mas por dois atos anteriores. Antes que a geração de René Char, por nós escolhido como seu representante, se visse arrancada de suas ocupações literárias para os compromissos da ação, outra geração, apenas um pouco mais velha, voltara-se para a política como solução de perplexidades filosóficas e tentara escapar do pensamento para a ação. Mais tarde, essa geração tornou-se porta-voz e criadora do que ela mesma chamou de existencialismo, pois o existencialismo, ao menos na sua versão francesa, é basicamente uma fuga

▷ Der zweite verwehrt ihm den Weg nach vorn. Er kämpft mit beiden. Eigentlich unterstützt ihn der erste im Kampf mit dem Zweiten, denn er will ihn nach vorn drängen und ebenso unterstützt ihn der zweite im Kampf mit dem Ersten; denn er treibt ihn doch zurück. So ist es aber nur theoretisch. Denn es sind ja nicht nur die zwei Gegner da, sondern auch noch er selbst, und wer kennt eigentlich seine Absichten? Immerhin ist es sein Traum, dass er einmal in einem unbewachten Augenblick – dazu gehört allerdings eine Nacht, so finster wie noch keine war – aus der Kampflinie ausspringt und wegen seiner Kampfeserfahrung zum Richter über seine miteinander kämpfenden Gegner erhoben wird."

dos impasses da filosofia moderna para o compromisso incondicional com a ação. E visto que, sob as circunstâncias do século XX, os chamados intelectuais – escritores, pensadores, artistas, literatos etc. – só puderam ter acesso à vida pública em tempos de revolução, a revolução veio a desempenhar, conforme Malraux observou certa vez (em *A Condição Humana*), "o papel outrora desempenhado pela vida eterna": de "redimir os que a fazem". O existencialismo, a rebelião do filósofo contra a filosofia, não surge ao revelar-se a filosofia incapaz de aplicar suas próprias regras à esfera das questões políticas; essa falência da filosofia política no sentido em que Platão a teria entendido é quase tão antiga quanto a história da filosofia e da metafísica ocidentais; não surgiu nem mesmo ao evidenciar-se a filosofia igualmente incapaz de realizar a tarefa que lhe destinaram Hegel e a filosofia da história, a saber, entender e apreender conceitualmente a realidade histórica e os acontecimentos que fizeram do mundo moderno aquilo que ele é. A situação, porém, tornou-se desesperadora quando se mostrou que as velhas questões metafísicas eram desprovidas de sentido; isto é, quando o homem moderno começou a despertar para o fato de ter chegado a viver em um mundo no qual sua mentalidade e sua tradição de pensamento não eram sequer capazes de formular questões adequadas e significativas, e, menos ainda, dar respostas às suas perplexidades. Nesse momento crítico, a ação, com seu envolvimento e compromisso, seu tornar-se *engagée* (engajada), parecia abrigar a esperança, não de resolver quaisquer problemas, mas de fazer com que fosse possível conviver com eles sem se tornar, como disse Sartre certa vez, um *salaud*, um hipócrita.

Por alguma razão misteriosa, a descoberta de que a mente humana deixou de funcionar adequadamente forma, por assim dizer, o primeiro ato da história que nos interessa aqui. Eu a mencionei, embora sucintamente, uma vez que, sem ela, perderíamos a peculiar ironia do que segue. René Char, escrevendo durante os derradeiros meses da Resistência, quando já avultava a libertação – que, em nosso contexto, significava liberação do agir –, concluiu suas reflexões com um apelo ao pensamento, destinado aos sobreviventes futuros, não menos urgente e apaixonado que o apelo ao agir daqueles que o antecederam. Caso fosse preciso escrever a história intelectual de nosso século, não sob a forma de gerações consecutivas, onde o historiador deve ser literalmente fiel à sequência de teorias e atitudes, mas como a biografia de uma única pessoa, visando apenas a uma aproximação metafórica do que ocorreu efetivamente na consciência dos homens, veríamos a mente dessa pessoa obrigada a dar uma reviravolta não uma, mas duas vezes: primeiro, ao escapar do pensamento para a ação, e a seguir, quando a ação, ou antes, o ter agido, forçou-a de volta ao pensamento. Seria, pois, de alguma relevância observar que o apelo ao pensamento surgiu no estranho período intermediário que por vezes se insere no tempo histórico, quando não somente os historiadores futuros, mas também os atores e testemunhas, os vivos mesmos, tornam-se conscientes de um intervalo de tempo totalmente determinado por coisas que não são mais e por coisas que não são ainda. Na história, esses intervalos mais de uma vez mostraram poder conter o momento da verdade.

Podemos agora retornar a Kafka, que ocupa, na lógica desses problemas, se não em sua cronologia, a última e, de certa maneira, mais avançada posição. (Não se decifrou ainda o enigma de Kafka que, em mais de trinta anos de crescente fama póstuma, afirmou-se como um dos escritores mais notáveis, o qual consiste, basicamente, em uma espécie de inversão espantosa da relação estabelecida entre experiência e pensamento. Ao passo que consideramos como imediatamente evidente associar riqueza de detalhes concretos e ação dramática à experiência de uma dada realidade, atribuindo assim certa palidez abstrata aos processos mentais como tributo a ser pago por sua ordem e precisão, Kafka, graças à pura força de inteligência e imaginação espiritual, criou, a partir de um mínimo de experiência despojado e "abstrato", uma espécie de paisagem-pensamento que, sem perda de precisão, abriga todas as riquezas, variedades e elementos dramáticos característicos da vida "real". Sendo o pensar para ele a parte mais vital e vivida da realidade, desenvolveu esse fantástico dom antecipatório que ainda hoje, após quase quarenta anos repletos de eventos inéditos e imprevisíveis, não cessa de nos pasmar.) A história registra, em sua extrema simplicidade e concisão, um fenômeno mental, algo que se poderia denominar um acontecimento-pensamento. A cena é um campo de batalha no qual se digladiam as forças do passado e do futuro; entre elas encontramos o homem que Kafka chama de "ele", que, para se manter em seu território, deve combater ambas. Há, portanto, duas ou mesmo três lutas transcorrendo simultaneamente: a luta de "seus" adversários entre si e a luta do homem com cada um deles. Contudo, o fato de chegar a haver alguma luta parece dever-se exclusivamente à presença do homem, sem o qual, suspeita-se, as forças do passado e do futuro ter-se-iam de há muito neutralizado ou destruído mutuamente.

A primeira coisa a ser observada é que não apenas o futuro – "a onda do futuro" –, mas também o passado é considerado uma força, e não, como em praticamente todas as nossas metáforas, um fardo com que o homem tem de arcar e de cujo peso morto os vivos podem ou mesmo devem se desfazer em sua marcha para o futuro. Nas palavras de Faulkner: "o passado nunca está morto, ele nem mesmo é passado". Esse passado, além do mais, estirando-se por todo seu trajeto de volta à origem, ao invés de puxar para trás, empurra para a frente, e, ao contrário do que seria de esperar, é o futuro que nos impele de volta ao passado. Do ponto de vista do homem, que vive sempre no intervalo entre o passado e o futuro, o tempo não é um contínuo, um fluxo de ininterrupta sucessão; é partido ao meio, no ponto onde "ele" resiste; e a posição "dele" não é o presente, na sua acepção usual, mas, antes, uma lacuna no tempo, cuja existência é conservada graças à "sua" luta constante, à "sua" tomada de posição contra o passado e o futuro. Apenas porque o homem se insere no tempo, e apenas na medida em que defende seu território, o fluxo indiferente do tempo parte-se em passado, presente e futuro; essa inserção – o princípio de um princípio, para colocá-lo em termos agostinianos – cinde o contínuo temporal em forças que, então, porque põem em foco a partícula ou corpo que lhes dá direção, começam a lutar entre si e a agir sobre o homem da maneira que Kafka descreve.

Penso que, sem distorcer o pensamento de Kafka, é possível dar um passo adiante. Ele descreve como a inserção do homem rompe com o fluxo unidirecional do tempo, mas, o que é bem estranho, não altera a imagem tradicional conforme a qual pensamos o tempo movendo-se em linha reta. Visto que Kafka conserva a metáfora tradicional de um movimento temporal e linear, "ele" mal tem espaço bastante para se manter, e, sempre que "ele" pensa em fugir por conta própria, cai no sonho de uma região além e acima da linha de combate – e o que é esse sonho e essa região, senão o antigo sonho, anelado pela metafísica ocidental de Parmênides a Hegel, de uma esfera bitemporal, fora do espaço e suprassensível como a região mais adequada ao pensamento? Obviamente, falta à descrição kafkiana de um acontecimento-pensamento uma dimensão espacial em que o pensar se possa exercer sem ser forçado a saltar completamente para fora do tempo humano. O problema com a história de Kafka, com toda a sua grandeza, é que dificilmente pode ser retida a noção de um movimento temporal e retilíneo quando o fluxo unidirecional deste é partido em forças antagônicas, dirigidas para o homem e agindo sobre ele. A inserção do homem, interrompendo o contínuo, não pode senão fazer com que as forças se desviem, por mais ligeiramente que seja, de sua direção original, e, caso assim fosse, elas não mais se entrechocariam face a face, mas se interceptariam em ângulo. Em outras palavras, a lacuna onde "ele" se posta não é, pelo menos potencialmente, um intervalo simples, assemelhando-se antes ao que o físico chama de um paralelogramo de forças.

Idealmente, a ação das duas forças que compõem o paralelogramo de forças onde o "ele" de Kafka encontrou seu campo de batalha deveria resultar em uma terceira força: a diagonal resultante que teria origem no ponto em que as forças se chocam e sobre o qual atuam. Essa força diagonal diferiria em um aspecto das outras duas de que é resultado. As duas forças antagônicas são igualmente ilimitadas no sentido de suas origens, vindo uma de um passado infinito e outra de um futuro infinito; no entanto, embora não tenham início conhecido, possuem um término, o ponto no qual colidem. Ao invés disso, a força diagonal seria limitada no sentido de sua origem, sendo seu ponto de partida o entrechoque das forças antagônicas, seria, porém, infinita quanto a seu término, visto resultar de duas forças cuja origem é o infinito. Essa força diagonal, cuja origem é conhecida, cuja direção é determinada pelo passado e pelo futuro, mas cujo eventual término jaz no infinito, é a metáfora perfeita para a atividade do pensamento. Fosse o "ele" de Kafka capaz de exercer suas forças no sentido dessa diagonal, em perfeita equidistância do passado e do futuro, por assim dizer, caminhando ao longo dessa linha, para frente e para trás, com os movimentos pausados e ordenados que são o passo mais conveniente à ordem do pensamento, ele não teria saltado para fora da linha de combate e se situado, como quer a parábola, acima da refrega, pois essa diagonal, embora apontando rumo ao infinito, permanece presa ao presente e nele arraigada. Em vez disso, teria descoberto – pressionado como estava, pelos adversários, na única direção a partir da qual poderia ver e descobrir adequadamente aquilo que lhe era mais próprio e que somente viera a existir com seu próprio e autoinserido aparecimento – o imenso e sempre cambiante espaço-tempo criado e delimitado pelas forças do passado e do futuro; teria encontrado um lugar no tempo suficientemente afastado do passado e do futuro para lhe oferecer a "posição de juiz", da qual poderia julgar com imparcialidade as forças que se digladiam.

É tentador acrescentar, porém, que ocorre assim "apenas em teoria". É mais provável acontecer – e Kafka descreveu com frequência em outras histórias e parábolas – que "ele", incapaz de encontrar a diagonal que o levaria para fora da linha de combate, para o espaço constituído idealmente pelo paralelogramo de forças, "morra de exaustão", prostrado sob a pressão do constante embate, esquecido de suas primitivas intenções e apenas ciente da existência dessa lacuna no tempo que, enquanto ele viver, será o território sobre o qual terá que se manter, muito embora não se assemelhe a um lar, e sim a um campo de batalha.

Para evitar mal-entendidos: as imagens que estou aqui utilizando para indicar, de maneira metafórica e conjetural, as condições contemporâneas do pensamento, só podem ser válidas no âmbito dos fenômenos mentais. Aplicadas ao tempo histórico ou biográfico, nenhuma dessas metáforas pode absolutamente ter sentido, pois não ocorrem aí lacunas no tempo. Apenas na medida em que pensa, ou seja, em que é atemporal – "ele", como tão acertadamente o chama Kafka, e não "alguém" –, o homem na plena realidade de seu ser concreto vive nessa lacuna temporal entre o passado e o futuro. Suspeito que essa lacuna não seja um fenômeno moderno, e talvez nem mesmo um dado histórico, e sim coetânea à existência do homem sobre a terra. Ela bem pode ser a região do espírito, ou antes, a trilha plainada pelo pensar, essa pequena picada de não-tempo aberta pela atividade do pensamento através do espaço-tempo de homens mortais e na qual o curso do pensamento, da recordação e da antecipação salvam o seja lá o que toquem na ruína do tempo histórico e biográfico. Esse pequeno espaço não temporal no âmago mesmo do tempo, ao contrário do mundo e da cultura em que nascemos, não pode ser herdado e recebido do passado, mas apenas indicado; cada nova geração, e na verdade cada novo ser humano, inserindo-se entre um passado infinito e um futuro infinito, deve descobri-lo e, laboriosamente, pavimentá-lo de novo.

O problema, contudo, é que, ao que parece, não estamos nem equipados nem preparados para essa atividade de pensar, de instalar-se na lacuna entre o passado e o futuro. Por longos períodos em nossa história, na verdade no transcurso dos milênios que se seguiram à fundação de Roma e que foram determinados por conceitos romanos, essa lacuna foi transposta por aquilo que, desde os romanos, chamamos de tradição. Não é segredo para ninguém o fato de essa tradição ter-se minguado cada vez mais à medida que a Idade Moderna progredia. Quando, afinal, rompeu-se a linha da tradição, a lacuna entre o passado e o futuro deixou de ser uma condição peculiar unicamente à atividade do pensamento e restrita, enquanto experiência, aos poucos eleitos que fizeram do pensar sua ocupação primordial. Ela se tornou uma realidade tangível e perplexidade para todos, isto é, um fato de relevância política.

Kafka menciona a experiência; a experiência de luta adquirida por "ele" que defende seu território entre o choque das ondas do passado e do futuro. Essa é uma experiência de pensamento – já que, como vimos, a parábola inteira refere-se a um fenômeno mental –, e só pode ser adquirida, como qualquer experiência de fazer algo, através da prática e de exercícios. (Nesse particular, como em outros aspectos, esse tipo de pensamento difere de processos mentais como a dedução, a indução e chegar a conclusões, cujas regras lógicas de não contradição e coerência interna podem ser aprendidas de uma vez por todas, bastando depois aplicá-las.) Os seis ensaios seguintes são exercícios desse tipo, e seu único objetivo é adquirir experiência em *como* pensar; eles não contêm prescrições sobre o que pensar ou acerca de que verdade defender.

Menos ainda, pretendem reatar a linha rompida da tradição ou inventar algum expediente de última hora para preencher a lacuna entre o passado e o futuro. Em todos esses exercícios coloca-se em suspenso o problema da verdade; a preocupação é somente como movimentar-se nessa lacuna, talvez a única região onde algum dia a verdade venha a aparecer.

Mais especificamente, trata-se de exercícios de pensamento político, na forma como este emerge da concretude de acontecimentos políticos (embora tais acontecimentos sejam mencionados apenas de passagem), meu pressuposto é que o próprio pensamento emerge de incidentes da experiência viva e a eles deve permanecer ligado, já que são as únicas balizas por onde pode-se obter orientação. Uma vez que se movem entre o passado e o futuro, esses exercícios contêm crítica assim como experimentos, mas estes não visam a projetar qualquer espécie de futuro utópico, e a crítica ao passado, aos conceitos tradicionais, não pretende "desmascarar". Além disso, as partes críticas e experimentais dos ensaios que seguem não são rigidamente divididas, embora *grosso modo* os três primeiros capítulos sejam mais críticos que experimentais e os cinco últimos, mais experimentais que críticos. Essa gradual mudança de ênfase não é arbitrária, pois há um componente experimental na interpretação crítica do passado, cujo objetivo principal é descobrir as verdadeiras origens de conceitos tradicionais, a fim de destilar deles sua primitiva essência, que tão melancolicamente evadiu-se das próprias palavras-chave da linguagem política – tais como liberdade e justiça, autoridade e razão, responsabilidade e virtude, poder e glória –, deixando atrás de si formas vazias com as quais se dão quase todas as explicações, à revelia da subjacente realidade fenomênica. Parece-me, e espero que o leitor concorde, que o ensaio como forma literária guarda uma afinidade natural como os exercícios que tenho em mente. Como toda coletânea de ensaios, este volume de exercícios poderia obviamente conter alguns capítulos a mais ou a menos sem que isso modificasse seu caráter. A unidade dos capítulos – que constitui para mim a justificativa de publicá-los em forma de livro – não é a unidade de um todo indiviso, mas sim a de uma sequência de movimentos que, como em uma suíte musical, são escritos em um mesmo tom ou em tons relacionados. A própria sequência é determinada pelo conteúdo. A esse respeito, o livro divide-se em três partes. A primeira trata da ruptura moderna na tradição e do conceito de história de que se serviu a Idade Moderna, almejando substituir os conceitos da metafísica tradicional. A segunda discute dois conceitos políticos centrais e inter-relacionados – autoridade e liberdade – e pressupõe a discussão da primeira parte, porquanto questões elementares e diretas como "O que é autoridade?" e "O que é liberdade?" só podem surgir quando não mais se dispõe de respostas deixadas pela tradição e ainda válidas. Os quatro ensaios da última parte, por fim, são francas tentativas de aplicar o tipo de pensamento que foi posto à prova nas duas primeiras partes a problemas imediatos e correntes com que nos defrontamos no dia a dia, sem dúvida, não com o objetivo de encontrar soluções categóricas, mas na esperança de esclarecer os problemas e de adquirir alguma desenvoltura no confronto de questões específicas.

1. A TRADIÇÃO E A IDADE MODERNA

1

A tradição de nosso pensamento político teve seu início definitivo nos ensinamentos de Platão e Aristóteles. Creio que ela chegou a um fim não menos definitivo com as teorias de Karl Marx. O início deu-se quando, na alegoria da caverna, em *A República*, Platão descreveu a esfera dos assuntos humanos, tudo aquilo que pertence ao convívio de homens em um mundo comum, em termos de trevas, confusão e ilusão, que os aspirantes ao ser verdadeiro deveriam repudiar e abandonar, caso quisessem descobrir o céu límpido das ideias eternas. O fim veio com a declaração de Marx de que a filosofia e sua verdade estão localizadas não fora dos assuntos dos homens e de seu mundo comum, mas precisamente neles, podendo ser realizada unicamente na esfera do convívio, por ele chamada de sociedade, através da emergência de homens socializados (*vergesellschaftete*

Menschen). A filosofia política implica necessariamente a atitude do filósofo para com a política; sua tradição iniciou-se com o abandono da política por parte do filósofo, e o subsequente retorno deste para impor seus padrões aos assuntos humanos. O fim ocorreu quando um filósofo repudiou a filosofia, para poder realizá-la na política. Nisso consistiu a tentativa de Marx, inicialmente expressa em sua decisão (em si mesma filosófica) de abjurar da filosofia, e, posteriormente, em sua intenção de transformar o mundo e, assim, as mentes filosofantes, a consciência dos homens.

O início e o fim da tradição têm em comum o seguinte: os problemas elementares da política jamais vêm tão claramente à luz, em sua urgência imediata e simples, como ao serem formulados pela primeira vez, e ao receberem seu desafio final. Nas palavras de Jacob Burckhardt, o início é como um "acorde fundamental", que ressoa em infindáveis modulações através de toda a história do pensamento ocidental. Somente o início e o fim são, por assim dizer, puros ou sem modulação; e o acorde fundamental, portanto, jamais atinge seus ouvintes com maior força e beleza do que ao enviar pela primeira vez seu som harmonizador ao mundo, e nunca de forma irritante e dissonante que ao continuar a ser ouvido em um mundo cujos sons – e pensamento – não pode mais harmonizar.

Uma observação casual feita por Platão em sua última obra – "O início é como um deus que, enquanto mora entre os homens, salva todas as coisas" (ἀρχὴ γὰρ καὶ θεὸς ἐν ἀνθρώποις ἱδρυμένη σῴζει πάντα)[1] – é verdadeira para nossa tradição; enquanto seu início vivia, ela pôde salvar todas as coisas e harmonizá-las. Por isso também, tornou-se destrutiva à medida que chegou a seu fim – para não dizer nada da esteira de confusão e desamparo que veio depois de finda a tradição e em que vivemos hoje.

Na filosofia de Marx, que não virou Hegel de cabeça para baixo tanto assim, mas inverteu a tradicional hierarquia

---

1. *Leis*, 775.

entre pensamento e ação, contemplação e trabalho, e filosofia e política, o início feito por Platão e Aristóteles demonstra sua vitalidade, ao conduzir Marx a afirmações flagrantemente contraditórias, sobretudo na parte de seus ensinamentos com frequência chamada utópica. As mais relevantes são suas previsões de que, sob as condições de uma humanidade socializada, o Estado desaparecerá, e de que a produtividade do trabalho tornar-se-á tão grande que o trabalho, de alguma forma, abolirá a si mesmo, garantindo assim uma quantidade quase ilimitada de tempo de lazer a cada membro da sociedade. Essas afirmações, além de serem previsões, evidentemente contêm o ideal de Marx da melhor forma de sociedade. Como tal, não são utópicas, em vez disso, reproduzem as condições políticas e sociais da mesma cidade-Estado ateniense que foi o modelo da experiência para Platão e Aristóteles e, portanto, o fundamento sobre o qual se baseia nossa tradição. A *polis* ateniense funcionou sem uma divisão entre governantes e governados e não foi, assim, um Estado, se usarmos esse termo, como Marx o fez, em acordo com as definições tradicionais de formas de governo, isto é, governo de um homem ou monarquia, governo por uns poucos ou oligarquia e governo pela maioria, ou democracia. Os cidadãos atenienses, além disso, eram cidadãos apenas na medida em que possuíssem tempo de lazer, em que tivessem aquela liberdade face ao trabalho que Marx prediz para o futuro. Não somente em Atenas, mas por toda a Antiguidade e até a Idade Moderna, aqueles que trabalhavam não eram cidadãos e os que eram cidadãos eram, antes de mais nada, os que não trabalhavam ou que possuíam mais que sua força de trabalho. Essa similaridade torna-se ainda mais marcante quando investigamos o teor exato da sociedade ideal em Marx. O tempo de lazer existiria sob a condição de inexistência do Estado, ou sob condições em que, para usar a frase famosa de Lênin que expressa com bastante precisão o pensamento de Marx, a administração da sociedade se tornasse tão simplificada que todo cozinheiro estaria qualificado para assumir o controle de seu mecanismo. Sob tais condições, obviamente, toda a trama da política, a "administração das coisas" na simplificação de Engels, somente poderia ser de interesse para um cozinheiro, ou, no máximo, para aqueles "espíritos medíocres" que Nietzsche considerou os mais habilitados para cuidar dos assuntos públicos[2]. Isto, certamente, é muito diferente das condições reais da Antiguidade, onde, ao contrário, os deveres políticos eram considerados tão difíceis e tão morosos que não se poderia permitir àqueles que neles se empenhassem nenhuma atividade cansativa. (Assim, por exemplo, o pastor poderia tornar-se cidadão, mas não o camponês; o pintor, mas não o escultor, era ainda reconhecido como algo mais que um βάναυσος (*bánausos*), sendo traçada a distinção, em ambos os casos, simplesmente mediante a aplicação do critério de esforço e fadiga.) É contra a morosidade da vida política de um cidadão maduro médio da *polis* grega que os filósofos, em especial Aristóteles, estabeleceram seu ideal de σχογή (*skholé*), tempo de lazer, que jamais significou, na Antiguidade, liberdade do trabalho comum, o que, de qualquer forma, estava implícito, mas, sim, tempo livre da atividade política e dos negócios do Estado.

Na sociedade ideal de Marx, esses dois conceitos distintos estão inextricavelmente combinados: a sociedade sem classes e sem Estado de alguma forma realiza as antigas condições gerais de liberação do trabalho e, ao mesmo tempo, liberação da política. Isso deveria suceder uma vez que a "administração das coisas" tivesse tomado o lugar do governo e da ação política. Essa dupla liberação, do trabalho assim como da política, havia sido para os filósofos a condição de uma βίος θεωρητικός (*bíos theoretikós*), uma vida devotada à filosofia e ao conhecimento no sentido mais amplo da palavra. Em outras palavras,

---

2. Ver F. Engels, *Anti-Dühring*, Zürich, 1943, p. 275; e F. Nietzsche, *Morgenröte*, *Werke*, München, 1945, v. 1, aforismo 179.

o cozinheiro de Lênin vive em uma sociedade que lhe proporciona a mesma liberação do trabalho de que os antigos cidadãos livres desfrutavam para devotar teu tempo à πολιτεύεσθαι (*politeúesthai*), assim como da mesma liberação da política que fora exigida pelos filósofos gregos para os eleitos que quisessem devotar todo o seu tempo ao filosofar. A combinação de uma sociedade sem Estado (apolítica) e praticamente sem trabalho tomou tal vulto na imaginação de Marx como a expressão mesma de uma humanidade ideal em virtude da tradicional conotação do lazer como *skholé* e *otium*, isto é, uma vida devotada a alvos mais altos que o trabalho ou a política.

O próprio Marx encarava sua assim chamada utopia como uma simples previsão, e é verdade que essa parte de suas teorias corresponde a certos desenvolvimentos que vieram plenamente à luz somente em nosso tempo. O governo, no sentido antigo, deu lugar, em muitos aspectos, à administração, e o constante aumento de lazer para as massas é um fato em todos os países industrializados. Marx percebeu com clareza certas tendências inerentes à época anunciada pela Revolução Industrial, não obstante estivesse enganado em sua suposição de que essas tendências só se afirmaram sob as condições de socialização dos meios de produção. A influência da tradição jaz em sua visão desse desenvolvimento sob uma luz idealizada, e compreendendo-o em termos e conceitos que tiveram sua origem em um período histórico completamente diferente. Isso ofuscou seu olhar para problemas autênticos e bem desconcertantes inerentes ao mundo moderno e conferiu às suas acuradas previsões sua qualidade utópica. No entanto, o ideal utópico de uma sociedade sem classes, sem Estado e sem trabalho nasceu da reunião de dois elementos inteiramente não utópicos: a percepção de certas tendências no presente que não mais podiam ser compreendidas dentro do quadro de referência da tradição, e os conceitos e ideais tradicionais através dos quais o próprio Marx as compreendeu e fez parte.

A atitude de Marx relativa à tradição de pensamento político consistiu numa rebelião consciente. Assim, em um tom desafiador e paradoxal, articulou certas proposições-chave, as quais, contendo sua filosofia política, subjazem e transcendem a parte estritamente científica de sua obra (e, como tal, permaneceram curiosamente as mesmas durante toda a sua vida, dos primeiros escritos ao último volume de *Das Kapital*). Entre elas, as seguintes são cruciais: "O trabalho criou o homem" (em uma formulação de Engels, o qual, ao contrário de uma opinião corrente entre alguns estudiosos de Marx, usualmente exprimiu o pensamento de Marx de modo adequado e sucinto)[3]. "A violência é a parteira de toda velha sociedade prenhe de uma nova", por conseguinte: a violência é a parteira da história (que ocorre, tanto nos escritos de Marx como de Engels, com muitas variantes)[4]. Finalmente, há a famosa última tese sobre Feuerbach: "Os filósofos apenas interpretaram o mundo de diferentes maneiras; agora é preciso transformá-lo", que, à luz do pensamento de Marx, poderia ser expressa mais adequadamente como: os filósofos já interpretaram bastante o mundo; chegou a hora de transformá-lo. Pois essa última proposição é, de fato, apenas uma variação de uma outra, que ocorre em um manuscrito anterior: "Não se pode *aufheben* (isto é, elevar, conservar, e, no sentido hegeliano, abolir) a filosofia sem realizá-la". Na obra posterior, a mesma atitude face à filosofia apareceria previsão de que a classe trabalhadora será a única herdeira da filosofia clássica.

Nenhuma dessas proposições pode ser compreendida em si nem por si mesma. Cada uma delas adquire seu significado ao contradizer alguma verdade tradicionalmente

---

[3]. A afirmação ocorre no ensaio de Engels "The Part Played by Labour in the Transition from Ape to Man", em K. Marx; F. Engels, *Selected Works*, London, 1950, v. 2, p. 74. Para formulações similares do próprio Marx, ver em especial "Die heilige Familie" e "Nationalökonomie und Philosophie", em *Jugendschriften*, Stuttgart, 1953.

[4]. Citado aqui de *Capital*, Modern Library Edition, p. 824.

aceita e cuja plausibilidade estivera, até o início da Idade Moderna, fora de dúvida. "O trabalho criou o homem" significa, em primeiro lugar, o trabalho, e não Deus, criou o homem; em segundo lugar, o homem, na medida em que é humano, cria a si mesmo, sua humanidade é resultado de sua própria atividade; em terceiro lugar, o que distingue o homem do animal, sua *diferentia specifica*, não é a razão, mas sim o trabalho, e ele não é um *animal rationale*, mas sim um *animal laborans*; em quarto lugar, não é a razão, e até então o atributo máximo do homem, mas sim o trabalho, a atividade humana tradicionalmente mais desprezada, aquilo que contém a humanidade do homem. Marx desafia assim o deus tradicional, o juízo tradicional sobre o trabalho e a tradicional glorificação da razão.

Ser a violência a parteira da história significa que as forças ocultas no desenvolvimento da produtividade humana, na medida em que dependem da ação humana livre e consciente, somente vêm à luz através de guerras e revoluções. Só nesses períodos violentos a história mostra sua autêntica face e dissipa a névoa de mera conversa ideológica e hipócrita. De novo, o desafio à tradição é evidente. A violência é, tradicionalmente, a *ultima ratio* nas relações entre nações e, das ações domésticas, a mais vergonhosa, sendo considerada sempre a característica saliente da tirania. (As poucas tentativas de salvar a violência do opróbrio, principalmente por parte de Maquiavel e de Hobbes, são de grande relevância para o problema do poder e muito esclarecedoras para a antiga confusão de poder com violência, mas exerceram influência notavelmente diminuta sobre a tradição de pensamento político anterior à de nossa própria época.) Ao invés disso, para Marx, a violência, ou antes a posse de meios de violência, é o elemento constituinte de todas as formas de governo; o Estado é o instrumento da classe dominante por meio do qual ela oprime e explora, e toda a esfera da ação política é caracterizada pelo uso da violência.

A identificação marxista da ação com violência implica em outro desafio fundamental à tradição, que pode ser mais difícil de perceber, mas do qual Marx, que conhecia Aristóteles muito bem, deveria estar ciente. A dupla definição aristotélica do homem como um ζῶον πολιτικόν (*zoon politikón*) e um ζῶον λόγον ἔχον (*zoon lógon ékhon*), um ser que atinge sua possibilidade máxima na faculdade do discurso e na vida em uma *polis*, destinava-se a distinguir os gregos dos bárbaros, e o homem livre do escravo. A distinção consistia em que os gregos, convivendo em uma *polis*, conduziam seus negócios por intermédio do discurso, através da persuasão (πείθειν [*peíthein*]), e não por meio de violência e através da coerção muda. Por conseguinte, quando homens livres obedeciam a seu governo, ou às leis da *polis*, sua obediência era chamada πειθαρχία (*peitharkhía*), uma palavra que indica claramente que a obediência era obtida por persuasão e não pela força. Os bárbaros eram governados pela violência, e os escravos eram forçados ao trabalho, e desde que a ação violenta e a labuta assemelham-se no fato de não exigirem o discurso para serem eficientes, bárbaros e escravos eram ἄνευ λόγου (*áneu lógou*), isto é, não viviam uns com os outros fundamentalmente através da fala. Para os gregos, o trabalho era na sua essência um negócio apolítico e privado, mas a violência era relacionada a um contato, e o estabelecia, visto que negativo, com outros homens. A glorificação da violência por Marx continha, portanto, a mais específica negação do λόγος (*logos*), do discurso, a forma de relacionamento que lhe é diametralmente oposta e, no sentido tradicional, a mais humana. A teoria das superestruturas ideológicas, de Marx, assenta-se, em última instância, em sua hostilidade antitradicional ao discurso e na concomitante glorificação da violência.

Para a filosofia tradicional, teria sido uma contradição em termos "realizar a filosofia" ou transformar o mundo em conformidade com a filosofia – e a proposta de Marx implica que transformar seja precedido de interpretar, de modo que a interpretação do mundo pelos filósofos indique o modo como ele deveria ser transformado. A filosofia pode ter prescrito determinadas regras de ação, porém, nenhum filósofo jamais tomou isso como a sua maior preocupação. A filosofia, sobretudo de Platão a Hegel, "não era deste mundo", seja quando Platão descreve o filósofo como o homem do qual apenas o corpo habita a cidade de seus concidadãos, seja Hegel ao admitir que, do ponto de vista do senso comum, a filosofia é um mundo situado sobre sua cabeça, um *verkehrte Welt*. O desafio à tradição, desta vez não apenas implícito, mas diretamente expresso na afirmação de Marx, reside na previsão de que o mundo dos assuntos humanos comuns, onde nos orientamos e pensamos em termos do senso comum, tornar-se-á um dia idêntico ao domínio de ideias em que o filósofo se move, ou de que a filosofia, que sempre foi "para os eleitos", tornar-se-á um dia a realidade do senso comum para todos.

Essas três afirmações são concebidas em termos tradicionais, os quais, entretanto, elas extravasam; são formuladas como paradoxos e pretendem chocar-nos. Na verdade, são ainda mais paradoxais e conduziram Marx a dificuldades maiores do que ele mesmo antecipara. Cada uma delas contém uma contradição fundamental que permaneceu insolúvel em seus próprios termos. Se o trabalho é a mais humana e mais produtiva das atividades do homem, o que acontecerá quando, depois da revolução, o trabalho for abolido no reino da liberdade, quando o homem tiver êxito e emancipar-se dele? Que atividade produtiva e essencialmente humana restará? Se a violência é a parteira da história e a ação violenta, portanto, a mais honrada de todas as formas de ação humana, o que acontecerá quando, após a conclusão da luta de classes e o desaparecimento do Estado, nenhuma violência for sequer possível? Como serão os homens capazes de agir de um modo significativo e autêntico? Finalmente, quando a filosofia tiver sido ao mesmo tempo realizada e abolida na futura sociedade, que tipo de pensamento restará?

As incoerências de Marx são bem conhecidas e notadas por quase todos os estudiosos de suas obras. São, em regra, sumarizadas como discrepâncias "entre o ponto de vista científico do historiador e o ponto de vista moral do profeta" (Edmund Wilson), entre o historiador que vê na acumulação de capital "um meio material para o aumento das forças produtivas" (Marx) e o moralista que denunciou aqueles que realizaram "a tarefa histórica" (Marx) como exploradores e desumanizadores do homem. Esta e outras inconsistências semelhantes são secundárias em comparação com a contradição fundamental entre a glorificação do trabalho e da ação (em oposição a contemplação e pensamento) e de uma sociedade sem Estado, isto é, sem ação e (quase) sem trabalho. É que essa não pode ser atribuída nem à natural diferença entre um jovem Marx revolucionário e o discernimento mais científico do historiador e economista mais experiente, nem resolvida mediante a admissão de um movimento dialético que precisa do negativo ou do mal para produzir o positivo ou o bem.

Essas contradições fundamentais e evidentes ocorrem com raridade em escritores de segunda categoria, nos quais podem ser desprezadas. Na obra de grandes autores, elas remetem ao centro mesmo de sua obra e constituem a chave mais importante para uma compreensão efetiva de seus problemas e para novos discernimentos. Em Marx, como no caso de outros grandes autores do século passado, um ar aparentemente jocoso, desafiador e paradoxal encobre a perplexidade de ter que lidar com fenômenos novos em termos de uma velha tradição de pensamento, fora de cujo quadro conceptual pensamento algum parecia absolutamente ser possível. É como se Marx, algo como Kierkegaard e Nietzsche, tentasse desesperadamente pensar contra a tradição, utilizando ao mesmo tempo suas próprias ferramentas conceituais. Nossa tradição de pensamento político começou quando Platão descobriu que, de alguma forma, é inerente à experiência filosófica repelir o mundo comum dos assuntos humanos; ela terminou quando nada restou dessa experiência além da oposição entre pensar e agir, que, privando o pensamento de realidade e a ação de sentido, torna a ambos sem significado.

2

O vigor dessa tradição, seu peso no pensamento do homem ocidental, nunca dependeram da consciência que teve dela. Na verdade, apenas por duas vezes, em nossa história, encontramos períodos nos quais os homens são conscientes e mesmo superconscientes do fato da tradição, identificando a idade como tal com autoridade. Isso aconteceu pela primeira vez quando os romanos adotaram o pensamento e a cultura da Grécia clássica como sua própria tradição espiritual, decidindo historicamente, dessa forma, que a tradição viria a ter uma influência formativa permanente sobre a civilização europeia. Antes dos romanos, desconhecia-se algo que fosse comparável à tradição; ela veio com eles, e depois deles permaneceu a baliza através do passado e a cadeia à qual cada nova geração, intencionalmente ou não, ligava-se em sua compreensão do mundo e em sua própria experiência. Não encontramos novamente, até o período romântico, uma exaltada consciência e glorificação da tradição. (A descoberta da Antiguidade durante a Renascença foi uma primeira tentativa de romper os grilhões da tradição e de, indo às próprias fontes, estabelecer um passado sobre o qual a tradição não tivesse poder.) Hoje, a tradição é algumas vezes considerada um conceito essencialmente romântico, porém o romantismo não faz mais que situar a discussão da tradição na agenda do século XIX; sua glorificação do passado apenas serviu para assinalar o momento em que a Idade Moderna estava prestes a transformar nosso mundo e as circunstâncias em geral a tal ponto que uma confiança inquestionada na tradição não mais fosse possível.

O fim de uma tradição não significa necessariamente que os conceitos tradicionais tenham perdido seu poder sobre as mentes dos homens. Ao contrário, às vezes parece que esse poder das noções e categorias cediças e puídas torna-se mais tirânico à medida que a tradição perde sua força viva e se distancia a memória de seu início; ela pode mesmo revelar toda sua força coerciva somente depois de vindo seu fim, quando os homens nem mesmo se rebelam mais contra ela. Essa, ao menos, parece ser a lição da tardia colheita de pensamento formalista e compulsório, no século XX, que veio depois que Kierkegaard, Marx e Nietzsche desafiaram os pressupostos básicos da religião tradicional, do pensamento político tradicional e da metafísica tradicional invertendo conscientemente a hierarquia tradicional dos conceitos. Contudo, nem as consequências no século XX nem a rebelião do século XIX contra a tradição provocaram efetivamente a ruptura com nossa história. Esta brotou de um caos de perplexidades de massa no palco político e de opiniões de massa na esfera espiritual que os movimentos totalitários, através do terror e da ideologia, cristalizaram em uma nova forma de governo e dominação. A dominação totalitária como um fato estabelecido, que, em seu ineditismo, não pode ser compreendida mediante as categorias usuais do pensamento político, e cujos "crimes" não podem ser julgados por padrões morais tradicionais ou punidos dentro do quadro de referência legal de nossa civilização, quebrou a continuidade da história ocidental. A ruptura em nossa tradição é agora um fato consumado. Não é o resultado da escolha deliberada de ninguém, nem sujeita a decisão ulterior.

Desde Hegel, os esforços de grandes pensadores para escapar dos padrões de pensamento que haviam dominado o Ocidente por mais de dois mil anos podem ter prenunciado esse acontecimento e, certamente, podem ajudar a iluminá-lo, mas não constituem sua causa. O acontecimento em si marca a divisão entre a Idade Moderna – que surge com as ciências naturais no século XVII, atinge seu clímax político nas revoluções do século XVIII e desenrola suas implicações gerais após a Revolução Industrial do século XIX – e o mundo do século XX, que passou a existir através da cadeia de catástrofes deflagrada pela Primeira Guerra Mundial. Responsabilizar os pensadores da Idade

Moderna, especialmente os rebeldes contra a tradição do século XIX, pela estrutura e pelas condições do século XX é ainda mais perigoso que injusto. As implicações manifestas no acontecimento concreto da dominação totalitária vão muito além das mais radicais ou ousadas ideias de quaisquer desses pensadores. A grandeza deles repousa no fato de terem percebido o seu mundo como um mundo invadido por problemas e perplexidades novas com os quais nossa tradição de pensamento era incapaz de lidar. Nesse sentido, seu próprio afastamento da tradição, não importa quão enfaticamente o tenham proclamado (como crianças que assobiam cada vez mais alto por estarem perdidas no escuro), não foi tampouco um ato deliberado de sua própria escolha. O que os assustava no escuro era o silêncio, não a ruptura com a tradição. Quando efetivamente ocorreu, essa ruptura expulsou a escuridão, de tal modo que dificilmente podemos ainda dar ouvidos ao estilo "patético" e altissonante de seu modo de escrever. Mas o trovão da eventual explosão afogou também o pressagiador silêncio anterior que nos responde ainda, toda vez que ousamos perguntar, não "*contra* o que estamos lutando", mas "*por que* estamos lutando".

Nem o silêncio da tradição, nem a reação contra ela no século XIX por pensadores pode jamais explicar o que efetivamente ocorreu. O caráter não deliberado da ruptura dá a ela uma irrevogabilidade que somente os acontecimentos, nunca os pensamentos, podem ter. A rebelião contra a tradição no século XIX permaneceu estritamente no interior de um quadro de referência tradicional; e, ao nível do mero pensamento, que poderia se preocupar com dificuldade, então, com mais que as experiências em essência negativas da previsão, da apreensão e do silêncio pressagiador, somente a radicalização, e não um novo início e reconsideração do passado, era possível.

Kierkegaard, Marx e Nietzsche situam-se no fim da tradição, exatamente antes de ocorrer a ruptura. O predecessor imediato deles foi Hegel. Foi ele quem, pela primeira vez, viu a totalidade da história universal como um desenvolvimento contínuo, e essa tremenda façanha implicava situar a si próprio no exterior de todos os sistemas e crenças do passado com exigências de autoridade; implicava ser ele tolhido unicamente pela linha de continuidade da própria história. A linha da continuidade histórica foi o primeiro substituto para a tradição; por seu intermédio, a avassaladora massa dos valores mais divergentes, dos mais contraditórios pensamentos e das mais conflitantes autoridades, todos os quais haviam sido, de algum modo, capazes de funcionar em conjunto, foram reduzidos a um desenvolvimento unilinear e dialeticamente coerente, na verdade, não para repudiar a tradição como tal, mas a autoridade de todas as tradições. Kierkegaard, Marx e Nietzsche permaneceram hegelianos na medida em que viram a história da filosofia passada como um todo dialeticamente desenvolvido; seu grande mérito está em que radicalizaram essa nova abordagem ao passado da única maneira em que ela podia ser ainda desenvolvida, isto é, questionando a tradicional hierarquia dos conceitos que dominara a filosofia do Ocidente desde Platão e que Hegel dera ainda por assegurada.

Para nós, Kierkegaard, Marx e Nietzsche são como marcos indicativos de um passado que perdeu sua autoridade. Foram eles os primeiros a ousar pensar sem a orientação de nenhuma autoridade, de qualquer espécie que fosse; não obstante, bem ou mal, foram ainda influenciados pelo quadro de referência categórico da grande tradição. Em alguns aspectos, estamos em melhor posição. Não precisamos mais nos preocupar com seu repúdio pelos "filisteus educados", os quais, durante todo o século XIX, procuraram compensar a perda de autoridade autêntica com uma glorificação espúria da cultura. Hoje em dia, para a maioria das pessoas, essa cultura assemelha-se a um campo de ruínas que, longe de ser capaz de pretender qualquer autoridade, mal pode infundir-lhe interesse. Tal fato pode ser deplorável, mas traz implícita a grande oportunidade de olhar sobre o passado com olhos desobstruídos de toda tradição, com uma visada direta que desapareceu do ler e do ouvir ocidentais desde que a civilização romana submeteu-se à autoridade do pensamento grego.

3

As distorções destrutivas da tradição foram, todas elas, provocadas por homens que tiveram a experiência de algo novo, que tentaram quase instantaneamente superar e resolver em algo velho. O salto de Kierkegaard da dúvida para a crença consistiu em inverter e distorcer a relação tradicional entre razão e fé. Foi a resposta à moderna falta de fé, não apenas em deus, mas também na razão, inerente no *de omnibus dubitandum est* de Descartes, com sua subjacente desconfiança de que as coisas poderiam não ser como parecem e de que um espírito maligno poderia conscientemente e para sempre ocultar a verdade das faculdades humanas. O salto de Marx da teoria para a ação, e da contemplação para o trabalho, veio depois de Hegel haver feito da metafísica uma filosofia da história e transformado o filósofo no historiador a cuja visada retrospectiva o significado do devir e do movimento – não do ser e da verdade – revelar-se-ia afinal. O salto de Nietzsche do não sensual reino transcendente e não sensível das ideias e da medida para a sensualidade da vida, seu "platonismo invertido" ou "transvaloração dos valores", como diria ele próprio, foi a derradeira tentativa de se libertar da tradição, e teve êxito unicamente ao pôr a tradição de cabeça para baixo.

Por mais díspares que sejam essas rebeliões contra a tradição, no conteúdo e intenção, seus resultados possuem uma similaridade pressagiadora: ao pular da dúvida para a crença, Kierkegaard trouxe a dúvida à religião, transformou o assalto da ciência moderna à religião em um conflito religioso interior, de modo que, desde então, uma experiência religiosa sincera somente pareceu possível na tensão entre a dúvida e a crença, na tortura das próprias crenças com as próprias dúvidas e com o relaxamento deste tormento na violenta afirmação do absurdo tanto da condição humana como da crença do homem. Não há sintoma mais claro dessa moderna situação religiosa que o fato de Dostoiévski, talvez o mais vivido psicólogo das crenças religiosas modernas, ter retratado a fé pura no caráter de Míshkin, o idiota, ou de Alioscha Karamázov, que é puro de coração porque ingênuo.

Marx transportou as teorias da dialética para a ação quando saltou da filosofia para a política, tornando a ação política mais teórica e mais dependente que nunca daquilo que hoje chamaríamos uma ideologia. Além do mais, desde que seu trampolim era, não a filosofia do sentido metafísico antigo, mas a filosofia da história de Hegel, tão especificamente como o de Kierkegaard fora a filosofia da dúvida de Descartes, ele superpôs a "lei da História" à política, terminou perdendo o significado de ambas – da ação não menos que do pensamento, e da política não menos que da filosofia – ao insistir em que eram meras funções da sociedade e da história.

O platonismo invertido de Nietzsche, sua insistência na vida e no que é dado sensível e materialmente, por oposição às ideias suprassensíveis e transcendentes que, desde Platão, acreditava-se, deveriam medir, julgar e atribuir significado ao dado, terminou no que é comumente chamado de niilismo. E, contudo, Nietzsche não era nenhum niilista, mas, ao contrário, foi o primeiro a tentar superar o niilismo inerente, não às noções dos pensadores, mas à realidade da vida moderna. Descobriu em sua tentativa de "transvaloração" que, dentro deste quadro de referência categórico, o sensível perde sua própria *raison d'être* quando privado de substrato no suprassensível e no transcendente. "Nós abolimos o mundo verdadeiro: que mundo restou? O mundo das aparências, talvez? [...]

Mas não! Juntamente com o mundo verdadeiro, abolimos o mundo das aparências."[5] Esse *insight*, em sua elementar simplicidade, é relevante para todas as operações de viravolta nas quais a tradição encontrou seu fim.

Kierkegaard queria afirmar a dignidade da fé contra a razão e o raciocínio modernos, assim como Marx desejava reafirmar a dignidade da ação humana contra a contemplação e a relativização histórica modernas, e Nietzsche, a dignidade da vida humana contra a impotência do homem moderno. As tradicionais oposições de *fides* e *intellectus* e de teoria e prática vingaram-se, respectivamente, em Kierkegaard e Marx, justo como oposição entre o transcendente e o sensivelmente dado vingou-se em Nietzsche, não porque essas oposições tivessem ainda raízes na experiência humana válida, mas, ao contrário, porque se haviam tornado meros conceitos, fora dos quais, no entanto, nenhum pensamento abrangente parecia possível.

Essas três notáveis e conscientes rebeliões contra uma tradição que havia perdido seu ἀρχή (*arkhé*), seu começo e princípio, terminaram em autoderrota, mas isso não é razão para questionar a grandiosidade da empresa nem sua relevância para a compreensão do mundo moderno.

À sua maneira particular, cada tentativa levou em conta aqueles traços da modernidade que eram incompatíveis com nossa tradição, e isso antes mesmo que a modernidade se houvesse revelado plenamente em todos os seus aspectos. Kierkegaard sabia que a incompatibilidade da ciência moderna com as crenças tradicionais não repousa em descobertas científicas específicas de qualquer espécie, as quais podem ser, todas elas, integradas em sistemas religiosos e absorvidas por crenças religiosas, em virtude de que jamais serão capazes de responder às questões que a religião levanta. Ele entendia que essa incompatibilidade repousa, antes, no conflito existente entre um espírito de

---

5. Ver *Göetzendämmerung*, ed. K. Schlechta, München, v. 2, p. 963.

dúvida e desconfiança que, em última instância, somente pode acreditar naquilo que ele próprio fez, e a tradicional confiança incondicional no que foi dado e aparece em seu verdadeiro ser à razão e aos sentidos humanos. A ciência moderna, nas palavras de Marx, "seria supérflua se a aparência das coisas coincidisse com a sua essência"[6]. Dado que nossa religião tradicional é, essencialmente, uma religião revelada, e visto que ela sustenta, em harmonia com a filosofia antiga, que a verdade é o que se revela, que a verdade *é* a revelação (ainda que os significados dessa revelação possam ser tão diferentes quanto a ἀλέθεια (*alétheia*) e a δήλωσις (*délosis*) o são das esperanças escatológicas dos cristãos primitivos de um ἀποκάλυψις (*apokálypsis*) na Segunda Vinda)[7], a ciência moderna tornou-se um inimigo da religião em suas versões mais racionalistas, poderia ser. E, no entanto, a tentativa de Kierkegaard de salvar a fé perante o assalto da modernidade tornou moderna até mesmo a religião, isto é, sujeitou-a à dúvida e à desconfiança. As crenças tradicionais desintegraram-se no absurdo quando Kierkegaard tentou reafirmá-las sob a hipótese de que o homem não pode confiar na capacidade de sua razão ou de seus sentidos para receber a verdade.

Marx sabia que a incompatibilidade entre o pensamento político clássico e as modernas condições políticas repousa no fato consumado das Revoluções Francesa e Industrial, que, em conjunto, elevaram o trabalho, tradicionalmente a mais desprezada de todas as atividades humanas, ao grau máximo de produtividade e fingiram ser capazes de reafirmar o ideal de liberdade sob condições inauditas de igualdade universal. Sabia que a questão era colocada apenas superficialmente nas asserções idealistas da igualdade do homem e da dignidade inata de todo ser humano, e respondida apenas de modo superficial por

---

6. *Das Kapital*, Zürich, 1933, v. 3, p. 870.
7. Refiro-me à descoberta de Heidegger, segundo a qual a palavra grega para designar verdade significa literalmente "desvelamento": ἀ-λήθεια (*a-létheia*).

meio da concessão ao direito de voto para os operários. Não se tratava de um problema de justiça que pudesse ser resolvido concedendo à nova classe de trabalhadores o seu direito, após o que a velha ordem do *suum cuique* seria automaticamente restaurada e funcionaria como no passado. De fato, há a incompatibilidade básica entre os conceitos tradicionais que fazem do trabalho o símbolo mesmo da sujeição do homem à necessidade; e a Idade Moderna, que viu o trabalho elevado para expressar a liberdade positiva do homem, a liberdade da produtividade. É do impacto do trabalho, isto é, da necessidade no sentido tradicional, que Marx visou salvar o pensamento filosófico, destinado pela tradição a ser a mais livre de todas as atividades humanas. Entretanto, ao proclamar que "não se pode abolir a filosofia sem realizá-la", começou por sujeitar também o pensamento ao inexorável despotismo da necessidade, à "lei férrea" das forças produtivas na sociedade.

A desvalorização dos valores em Nietzsche, como a teoria do valor-trabalho em Marx, surge da incompatibilidade entre as ideias tradicionais, que foram utilizadas como unidades transcendentes para identificar e medir pensamentos e ações humanas, e a sociedade moderna, que dissolvera todas essas normas em relacionamentos entre seus membros, estabelecendo-as como valores funcionais. Os valores são bens sociais que não têm significado autônomo, mas, como outras mercadorias, existem somente na sempre fluida relatividade das relações sociais e do comércio. Através dessa relativização, tanto as coisas que o homem produz para seu uso como os padrões conforme os quais ele vive sofrem uma mudança definitiva: tornam-se entidades de troca, e o portador de seu valor é a sociedade e não o homem que produz, usa e julga. O bem perde seu caráter de ideia, padrão pelo qual o bem e o mal podem ser medidos e reconhecidos; torna-se um valor que pode ser trocado por outros valores, tais como eficiência ou poder. O detentor de valores pode recusar-se a essa troca e se tornar um idealista, que estima o valor do bem acima do valor da eficiência; isso, porém, em nada torna o valor do bem menos relativo.

O termo "valor" deve sua origem à tendência sociológica que, mesmo antes de Marx, estava inteiramente explícita na ciência relativamente nova da economia clássica. Marx também tinha ciência do fato, esquecido desde então pelas ciências sociais, de que ninguém "visto em isolamento produz valores", de que os produtos "tornam-se valores somente em seu relacionamento social"[8]. Sua distinção entre valor de uso e valor de troca reflete a distinção entre coisas tais como os homens as utilizam e as produzem e seu valor na sociedade, e sua insistência na maior autenticidade dos valores de uso, sua frequente descrição do surgimento do valor de troca como uma espécie de pecado original no princípio da produção mercantil reflete seu próprio reconhecimento, desamparado e, por assim dizer, cego, da inevitabilidade de uma iminente "desvalorização de todos os valores". O nascimento das ciências sociais pode ser localizado no instante em que todas as coisas, tanto ideias como objetos materiais, equacionavam-se a valores, de tal modo que tudo derivasse sua existência da sociedade e fosse a ela relacionado, o *bonum* e o *malum* não menos que os objetos tangíveis. Na discussão sobre se a fonte de todos os valores é o capital ou o trabalho, geralmente passa despercebido que em nenhuma ocasião anterior à incipiente Revolução Industrial admitiu-se serem os valores, e não as coisas, o resultado da capacidade produtiva do homem, ou relacionavam-se todas as coisas que existem à sociedade e não ao homem "visto em isolamento". A noção de "homens socializados", cuja emergência Marx projetou na futura sociedade sem classes, é de fato o pressuposto subjacente tanto à economia clássica como à marxista.

É, portanto, natural que a questão desconcertante que empestou todas as "filosofias do valor" posteriores,

---

8. K. Marx, op. cit., p. 689.

onde encontrar o valor supremo e único mediante o qual medir todos os demais, devesse aparecer pela primeira vez nas ciências econômicas, as quais, nas palavras de Marx, tentavam descobrir a "quadratura do círculo – encontrar uma mercadoria de valor imutável que servisse de padrão constante para as demais". Marx acreditava haver encontrado esse padrão no tempo de trabalho, e insistiu em que valores de uso "que podem ser adquiridos sem trabalho não têm valor de troca" (embora retenham sua "utilidade natural"), de tal modo que a própria terra possui valor nulo; ela não representa trabalho objetificado[9]. Com essa conclusão chegamos ao limiar de um niilismo radical, a esta ainda mal conhecida negação de tudo o que é dado pelas rebeliões do século XIX contra a tradição e que surge somente na sociedade do século XX.

Nietzsche parece não estar a par nem da origem nem da modernidade do termo "valor", ao assumi-lo como noção-chave em seu ataque à tradição. Quando, porém, começou a desvalorizar os valores correntes da sociedade, as implicações de todo o empreendimento rapidamente se manifestaram. As ideias no sentido de unidades absolutas se haviam identificado com valores sociais a tal ponto que simplesmente deixaram de existir, uma vez contestado seu caráter de valor, sua posição social. Ninguém melhor que Nietzsche soube caminhar pelas trilhas tortuosas do labirinto espiritual moderno, onde reminiscências e ideias do passado são amontoadas como se tivessem sido sempre valores que a sociedade depreciaria toda vez que necessitasse de artigos melhores e mais novos. Além disso, ele estava bem a par do profundo absurdo da nova ciência "livre de valores" que logo degeneraria em cientificismo e em superstições científicas gerais e que jamais, a despeito de todos os protestos contrários, teve coisa alguma em comum com a atitude *sine ira et studio* dos historiadores romanos. Pois enquanto os últimos exigiam um juízo sem

9. Ibidem, p. 697-698.

desprezo e a busca da verdade sem zelo, a *wertfreie Wissenschaft*, que não podia mais julgar por haver perdido seus padrões de julgamento e não mais podia encontrar a verdade por duvidar da existência da verdade, imaginou que só poderia produzir resultados significativos se abandonasse os últimos vestígios desses padrões absolutos. E quando Nietzsche proclamou haver descoberto valores novos e superiores, foi o primeiro a tornar-se presa das ilusões que ele próprio auxiliara a destruir, aceitando a velha noção tradicional da medição com unidades transcendentes, em sua mais nova e hedionda forma, e mais uma vez transportando, dessa maneira, a relatividade e intercambialidade dos valores para os próprios temas cuja absoluta dignidade ele quisera afirmar – o poder, a vida e o amor do homem à sua existência terrena.

4

A derrota autoinflingida, resultado de todos os três desafios à tradição no século XIX, é apenas uma das coisas, talvez a mais superficial, que Kierkegaard, Marx e Nietzsche têm em comum. Mais importante é o fato de cada rebelião parecer concentrar-se sobre um mesmo e insistente tema: contra as pretensas abstrações da filosofia e seu conceito do homem como um *animal rationale*, Kierkegaard quer afirmar o homem concreto e em sofrimento; Marx confirma que a humanidade do homem consiste em sua força ativa e produtiva, que em seus aspectos mais elementares chama de força de trabalho; e Nietzsche insiste na produtividade da vida, na vontade e na vontade de poder do homem. Em completa independência um do outro – nenhum deles jamais soube da existência dos demais – concluíram que a empresa, nos termos da tradição, só poderia se realizar por meio de uma operação mental, cuja melhor descrição são as imagens e analogias com saltos, inversões e colocação dos conceitos "de cabeça para baixo": Kierkegaard fala de seu salto da dúvida para a crença; Marx põe Hegel, ou antes "Platão e toda a tradição platônica" (Sidney Hook), novamente de "cabeça para cima", saltando "do reino da necessidade para o reino da liberdade"; e Nietzsche entende sua filosofia como "platonismo invertido" e "transvaloração de todos os valores".

As operações de reviravolta com que termina a tradição põem em foco o princípio em um duplo sentido. A asserção mesma de um dos opostos – *fides* contra *intellectus*, prática contra teoria, vida sensível e perecível contra verdade permanente, imutável e suprassensível – necessariamente traz à luz o oposto repudiado e mostra que ambos somente têm sentido e significação em sua oposição. Além disso, pensar em termos de tais opostos não é algo óbvio, mas funda-se em uma primeira e grande operação de revirar sobre a qual todas as outras se baseiam em última instância, por estabelecer ela os opostos em cuja tensão se move a tradição. Essa primeira reviravolta é o περιαγωγὴ τῆς ψυχῆς (*periagogue tês psikhês*), de Platão, a reviravolta de todo ser humano, por ele narrada – como se fosse uma história com começo e fim, e não apenas uma operação mental – na parábola da caverna, em *A República*.

A história da caverna desdobra-se em três etapas: a primeira reviravolta tem lugar na própria caverna, quando um dos habitantes liberta-se dos grilhões que acorrentam suas "pernas e pescoços" para que "eles apenas possam ver diante de si", seus olhos estão colados à tela sobre a qual as sombras e imagens das coisas aparecem; agora, ele se volta para o fundo da caverna, onde um fogo artificial ilumina as coisas na caverna tais como realmente são. Em segundo lugar, há a reviravolta da caverna para o céu límpido, onde as ideias aparecem como as verdadeiras e eternas essências das coisas na caverna, iluminadas pelo sol, a ideia das ideias, que possibilita ao homem ver e às ideias brilhar. Finalmente, há a necessidade de voltar à caverna, de deixar o reino das essências eternas e novamente se mover no reino das coisas perecíveis e homens mortais. Cada uma dessas reviravoltas é realizada por uma perda de sentido e orientação: os olhos acostumados às sombrias aparências do anteparo são ofuscados pelo fogo na caverna; os olhos, já ajustados à luz mortiça do fogo artificial, são ofuscados pela luz que ilumina as ideias; finalmente, os olhos ajustados à luz do sol devem reajustar-se à obscuridade da caverna.

Por trás dessas reviravoltas, exigidas por Platão apenas ao filósofo, o amante da verdade e da luz, encontra-se uma outra inversão indicada de modo geral na violenta polêmica de Platão contra Homero e a religião homérica e, em particular, na construção da história como uma espécie de réplica e inversão da descrição do Hades feita por Homero no décimo primeiro livro da *Odisseia*. O paralelo entre as imagens da caverna e o Hades (os sombrios, irreais e insensíveis movimentos das almas no Hades de Homero correspondem à ignorância e inconsciência dos corpos na caverna) é ineludível por ser sublinhado com o uso feito por Platão das palavras εἴδλον (*eidolon*), imagem, e σκία (*skia*), sombra, que são as palavras-chave de Homero para a descrição da vida após a morte no submundo. A inversão da "posição" homérica é óbvia; é como se Platão estivesse lhe dizendo: não é a vida das almas incorpóreas, mas sim a vida dos corpos que tem lugar em um mundo inferior; comparada com o céu e o sol, a terra é como o Hades; imagens e sombras são os objetos dos sentidos corpóreos, não o ambiente das almas incorpóreas; o verdadeiro e o real não é o mundo em que nos movimentamos e vivemos e do qual temos que partir na morte, mas as ideias vistas e apreendidas pelos olhos da mente. Em um certo sentido, a περιαγωγή (*periagogue*) de Platão foi uma reviravolta por meio da qual tudo que se acreditava, na Grécia antiga, estar conforme à religião homérica veio a postar-se de cabeça para baixo. É como se o mundo inferior do Hades houvesse ascendido à superfície da Terra[10]. Mas

---

10. Também F.M. Cornford sugere que "a Caverna é comparável ao Hades", em sua tradução anotada de *A República*, New York, 1956, p. 230.

essa inversão de Homero não virou realmente Homero de cabeça para baixo ou de cabeça para cima, visto que a dicotomia na qual tal operação pode ter lugar é quase tão alheia ao pensamento de Platão, que não operava ainda como opostos predeterminados, como ao mundo homérico. (Nenhuma reviravolta da tradição, portanto, pode conduzir-nos à "posição" homérica original, e esse parece ter sido o erro de Nietzsche; ele provavelmente pensou que seu platonismo invertido pudesse levá-lo de volta a modos pré-platônicos de pensamento.) Foi apenas para propósitos políticos que Platão estabeleceu sua doutrina das ideias na forma de uma inversão de Homero; mas, ao fazê-lo, estabeleceu o quadro de referência no qual tais operações não são possibilidades forçadas, mas sim predeterminadas pela própria estrutura conceitual. O desenvolvimento da filosofia na Antiguidade tardia nas várias escolas, que se combatiam com um fanatismo sem igual no mundo pré-cristão, consiste em reviravoltas e mudanças de ênfase entre dois termos opostos, possibilitadas pela separação platônica entre um mundo de mera sombria aparência e o mundo de ideias eternamente verdadeiras. Ele próprio dera o primeiro exemplo ao voltar-se da caverna para o céu. Quando Hegel, finalmente, em um derradeiro e gigantesco esforço, reuniu em um todo coerente e em autodesenvolvimento as diversas tendências da filosofia tradicional, tais como se desenvolveram a partir do conceito original de Platão, a mesma cisão em duas escolas conflitantes de pensamento, embora em nível muito inferior, ocorreu: hegelianos de direita e de esquerda, idealistas e materialistas, puderam, durante certo tempo, dominar o cenário filosófico.

A significação dos desafios de Kierkegaard, Marx e Nietzsche à tradição – embora nenhum deles tivesse sido possível sem a proeza sintética de Hegel e sua concepção de história – está em que constituem uma reviravolta muito mais radical que a implicada nas meras operações de "pôr de cabeça para baixo" com suas fatídicas oposições entre sensualismo e idealismo, materialismo e espiritualismo, e mesmo imanentismo e transcendentalismo. Se Marx fosse simplesmente um "materialista" que trouxe o "idealismo" de Hegel até o chão, sua influência teria sido tão efêmera e tão adstrita a discussões acadêmicas quanto a de seus contemporâneos. O pressuposto básico de Hegel era que o movimento dialético do pensamento é idêntico ao movimento dialético da própria matéria. Ele esperava assim cruzar o abismo que Descartes abrira entre o homem, definido como *res cogitans*, e o mundo, definido como *res extensa*, entre conhecimento e realidade, entre pensar e ser. O desabrigo espiritual do homem moderno encontra suas primeiras expressões na perplexidade cartesiana e na resposta pascalina. Hegel afirmou que a descoberta do movimento dialético como uma lei universal, governando ao mesmo tempo a razão e os negócios humanos *e* a "razão" interna dos eventos naturais, alcançava mais ainda que uma simples correspondência entre *intellectus* e *res*, cuja coincidência a filosofia pré-cartesiana definira como verdadeira. Mediante a introdução do espírito e sua autorrealização no movimento, Hegel acreditava haver demonstrado uma identidade ontológica entre matéria e pensamento. Para Hegel, portanto, não teria grande importância que se iniciasse esse movimento do ponto de vista da consciência, que em dado momento começa a se "materializar", ou que se escolhesse como ponto de partida a matéria, que, movendo-se em direção à "espiritualização", torna-se consciente de si mesma. (Nota-se quão pouco Marx duvidava desses princípios de seu mestre pelo papel por ele atribuído à autoconsciência na forma da consciência de classe na História.) Em outras palavras, Marx não era "materialista dialético" tanto quanto Hegel era um "idealista dialético"; o próprio conceito de *movimento* dialético, segundo concebido por Hegel como uma lei universal, e como Marx o acatava, torna os termos "idealismo" e "materialismo" desprovidos de sentido enquanto sistemas filosóficos. Marx, especialmente em seus primeiros escritos, é bem consciente disso e sabe que seu repúdio à tradição e a Hegel não jaz em seu "materialismo", mas em sua recusa a admitir que a diferença entre a vida humana e a animal seja a *ratio*, ou pensamento; que, o homem, nas palavras de Hegel, seja "essencialmente espírito". Para o jovem Marx, o homem é essencialmente um ser natural dotado da faculdade da ação (*ein tätiges Naturwesen*), e sua ação permanece "natural" porque ela consiste no trabalhar – o metabolismo entre homem e natureza[11]. Sua reviravolta, como a de Kierkegaard e a de Nietzsche, vai ao cerne do problema; todos questionam a tradicional hierarquia das aptidões humanas, ou, para colocá-lo de outra forma, novamente perguntam qual é a qualidade especificamente humana do homem; não pretendem erigir sistemas ou *Weltanschauungen* com base nesta ou naquela premissa.

Desde o ascenso da ciência moderna, cujo espírito é expresso na filosofia cartesiana da dúvida e da desconfiança, o quadro conceitual da tradição tem estado inseguro. A dicotomia entre contemplação e ação, bem como a hierarquia tradicional que determinava ser a verdade em última instância percebida apenas no ver mudo e inativo, não pôde ser sustentada quando a ciência se tornou ativa e *fez* para conhecer.

Quando desapareceu a confiança em que as coisas aparecem como realmente são, o conceito de verdade enquanto revelação tornou-se duvidoso e, com ele, a fé incondicional em um Deus revelado. A noção de "teoria" mudou de significado. Deixou de significar um sistema de verdades razoavelmente conectadas que, enquanto verdades, não foram construídas, mas dadas à razão e aos sentidos. Tornou-se, em vez disso, a teoria científica moderna, que é uma hipótese de trabalho que muda conforme os resultados que produz e que depende, para sua validade, não do que "revela", mas do fato de "funcionar". Pelo mesmo processo, as ideias platônicas perderam seu

---

11. Ver *Jugendschriften*, p. 274.

poder autônomo de iluminar o mundo e o universo. Primeiro, tornaram-se aquilo que haviam sido para Platão apenas em relação ao domínio político: padrões e medidas, ou as forças limitativas e reguladoras da mente raciocinante do homem, como aparecem em Kant. A seguir, após a prioridade da razão sobre o agir e da prescrição mental de regras sobre as ações dos homens ter sido perdida na transformação de todo o mundo pela Revolução Industrial – uma transformação cujo sucesso pareceu provar que os feitos e artefatos do homem prescrevem suas regras à razão –, essas ideias tornaram-se, finalmente, meros valores cuja validade é determinada não por um ou muitos homens, mas pela sociedade como um todo em suas sempre mutáveis necessidades funcionais.

Esses valores, em sua intercambiabilidade e permutabilidade, são as únicas "ideias" deixadas (e por eles compreendidas) aos "homens socializados". São esses homens que decidiram jamais deixar aquilo que era para Platão "a caverna" dos assuntos humanos quotidianos, nunca aventurar-se por conta própria em um mundo e em uma vida que talvez a ubíqua funcionalização da sociedade moderna tenha privado de uma de suas mais elementares características – o insinuar do espanto face ao que é como é. Esse desenvolvimento bastante real é refletido e prenunciado no pensamento político de Marx. Invertendo a tradição no interior de seu próprio quadro de referência, ele não se desvencilhou de fato das ideias de Platão, não obstante registrasse o escurecimento do céu límpido onde aquelas ideias, assim como muitas outras entidades, outrora haviam sido visíveis aos olhos dos homens.

2. O CONCEITO DE HISTÓRIA: ANTIGO E MODERNO

História e Natureza

Comecemos com Heródoto, cognominado por Cícero de *pater historiae*, e que permaneceu como pai da história ocidental[1]. Diz-nos, na primeira sentença das *Guerras*

---

1. Cícero, *De legibus* I, 5; *De oratore* II, 55. Heródoto, o primeiro historiador, não dispunha ainda de uma palavra para a história. Ele utilizou o termo ἱστορεῖν (*istoreín*), mas não no sentido de "narrativa histórica". Assim como εἰδέναι (*eidénai*), conhecer, o vocábulo ἱστορία (*istoría*) deriva de ἰδ- (*id-*), "ver", e ἵστωρ (*ístor*) significa originalmente "testemunha ocular", e posteriormente aquele que examina testemunhas e obtém a verdade através da indagação. Portanto, ἱστορεῖν (*istoreín*) possui um duplo significado: testemunhar e indagar. (Ver Max Pohlenz, *Herodot: der erste Geschichtsschreiber des Abendlandes*, Leipzig / Berlin, 1937, p. 44.) Para uma discussão recente de Heródoto e de nosso conceito de história, ver especialmente C.N. Cochrane, *Christianity and Classical Culture*, New York, 1944, capítulo 12, um dos trabalhos mais estimulantes e interessantes existentes na literatura a respeito do ▶

Pérsicas, que o propósito de sua empreitada é preservar aquilo que deve sua existência aos homens, τὰ γενόμενα ἐξ ἀγθρ πων, para que o tempo não o elimine, e prestar aos extraordinários e gloriosos feitos de gregos e bárbaros louvor suficiente para assegurar-lhes evocação pela posteridade, fazendo assim sua glória brilhar através dos séculos.

Isso nos diz muito e, apesar disso, não diz o suficiente. Para nós, a preocupação com a imortalidade não é algo de imediato, e, como para ele tratava-se de algo evidente por si, Heródoto não nos diz muito sobre o assunto. Seu entendimento da tarefa da história – salvar os feitos humanos da futilidade que provém do olvido – enraizava-se no conceito e na experiência grega de natureza, que compreendia todas as coisas que vêm a existir por si mesmas, sem assistência de homens ou deuses – os deuses olímpicos não pretendiam ter criado o mundo[2] – e que são, portanto, imortais. Visto serem as coisas da natureza sempre presentes, é improvável que sejam ignoradas ou esquecidas; e, visto que elas existem para sempre, não necessitam da recordação humana para sua existência futura. Todas as criaturas vivas, inclusive o homem, estão compreendidas

▷ assunto. Sua tese principal, de que Heródoto deve ser considerado pertencente à escola jônica de Filosofia e um discípulo de Heráclito, não é convincente. Contrariamente às fontes da Antiguidade, Cochrane constrói a ciência da história como sendo parte do desenvolvimento grego da filosofia. Ver nota 6 infra, e também Karl Reinhardt, Herodots Persegeschichten, *Von Werken und Formen*, Godesberg, 1948.

2. "Os Deuses da maioria dos países pretendem haver criado o mundo. Os Deuses olímpicos não têm tal pretensão. O máximo que chegaram a fazer foi conquistá-lo" (Gilbert Murray, *Five Stages of Greek Religion*, New York: Doubleday Anchor, 1951, p. 45). Contra essa afirmação, argumenta-se às vezes que Platão introduziu, no *Timeu*, um criador do mundo. Porém, o deus de Platão não é um criador verdadeiro; é um demiurgo, um construtor universal que não cria a partir do nada. Além disso, Platão narra sua história sob a forma de um mito inventado por ele próprio, e que, como mitos similares em sua obra, não é proposto como verdade. A afirmação de que nenhum deus ou homem jamais criou o cosmo é expressa, com grande beleza, em Heráclito, fragmento 30 (Diels), pois essa ordem cósmica de todas as coisas "sempre foi, é e será... um sempiterno fogo que se inflama e se apaga em proporções".

neste âmbito do "ser-para-sempre", e Aristóteles nos assegura explicitamente que o homem, enquanto ser natural e pertencente ao gênero humano, possui imortalidade; através do ciclo repetitivo da vida, a natureza assegura, para as coisas que nascem e morrem, o mesmo tipo de eternidade que para coisas que são e não mudam. "O ser para as criaturas vivas é a vida", e o "ser-para-sempre" (*aeí eínai*) corresponde a *aeiguenés*, procriação[3].

Sem dúvida, essa eterna repetição "é a aproximação mais íntima possível de um mundo de devir ao do ser"[4], mas, evidentemente, ela não imortaliza homens individuais; ao contrário, incrustada em um cosmo em que todas as coisas eram imortais, foi a mortalidade que se tornou a marca distintiva da existência humana. Os homens são os mortais, as únicas coisas mortais que existem, pois os animais existem apenas enquanto membros de espécies e não como indivíduos. A mortalidade do homem repousa no fato de que a vida individual, uma *bíos* com uma história de vida identificável do nascimento à morte, emerge da vida biológica, *dzoé*. Essa vida individual distingue-se de todas as outras coisas pelo curso retilíneo de seu movimento, que por assim dizer secciona transversalmente os movimentos circulares da vida biológica. É isso a mortalidade: mover-se ao longo de uma linha retilínea em um universo onde tudo, se é que se move, se move em uma ordem cíclica. Sempre que os homens perseguem seus objetivos, lavrando a terra rude, forçando em suas velas o vento que flui livre e cruzando vagas constantemente encapeladas, eles seccionam transversalmente

---

3. *Da Alma*, 425b13. Ver também *Economia*, 1343b24: A natureza satisfaz o ser-para-sempre, com respeito à espécie, através da recorrência (περίοδος [*períodos*]),mas não pode fazê-lo com respeito ao indivíduo. Em nosso contexto, é irrelevante se o tratado não é de Aristóteles, mas de um de seus discípulos, pois encontramos o mesmo pensamento no tratado *Da Geração e da Corrupção*, no conceito de devir, que se move em um ciclo γένεσις ἐξ ἀλλήλων κυκλῳ, 331a8. O mesmo pensamento de uma "espécie humana imortal" ocorre em Platão, *Leis*, 721. Ver nota 9 infra.

4. F. Nietzsche, *Wille zur Macht*, n. 617, Kröner, 1930.

um movimento que é desprovido de objetivo e encerrado dentro de si mesmo. Quando Sófocles (no famoso coro de *Antígona*) diz que não há nada mais inspirador de temor que o homem, ele prossegue, para exemplificá-lo, evocando atividades humanas propositadas que violentam a natureza por conturbarem o que, na ausência dos mortais, seria a eterna quietude do "ser-para-sempre" que descansa ou oscila dentro de si mesmo.

Para nós, é difícil perceber que os grandes feitos e obras de que são capazes os mortais, e que constituem o tema da narrativa histórica, não são vistos como parte, quer de uma totalidade ou de um processo abrangente; ao contrário, a ênfase recai sempre em situações únicas e gestos isolados. Essas situações únicas, feitos ou eventos, interrompem o movimento circular da vida diária no mesmo sentido em que a *bíos* retilinear dos mortais interrompe o movimento circular da vida biológica. O tema da história são essas interrupções – o extraordinário, em outras palavras.

Quando, na Antiguidade tardia, iniciaram-se especulações acerca da natureza da história no sentido de um processo histórico e a respeito do destino histórico das nações, sua ascensão e seu declínio, onde as ações e os eventos particulares seriam engolfados em um todo, admitiu-se imediatamente que esses processos teriam que ser circulares. O movimento histórico começou a ser construído à imagem da vida biológica. Nos termos da filosofia antiga, isso podia significar que o mundo da história fora reintegrado no mundo da natureza, o mundo dos mortais no universo que existe para sempre. Mas em termos de poesia e historiografia antiga isso significou que o primitivo sentido da grandeza dos mortais, como algo distinto da grandeza indubitavelmente maior dos deuses e da natureza, se perdera.

No início da história ocidental, a distinção entre a mortalidade dos homens e a imortalidade da natureza, entre as coisas feitas pelo homem e as coisas que existem por si mesmas, era o pressuposto tácito da historiografia.

Todas as coisas que devem sua existência aos homens, tais como obras, feitos e palavras, são perecíveis, por assim dizer, contaminadas com a mortalidade de seus autores. Contudo, se os mortais conseguissem dotar suas obras, feitos e palavras de alguma permanência, e impedir sua perecibilidade, então essas coisas ao menos em certa medida entrariam no mundo da eternidade e aí estariam em casa, e os próprios mortais encontrariam seu lugar no cosmo, onde todas as coisas são imortais, exceto os homens. A capacidade humana para realizá-lo era a recordação, Mnemósine, considerada portanto como mãe de todas as demais musas.

Para compreender rapidamente e com alguma clareza quão distante nos encontramos hoje dessa compreensão grega da relação entre natureza e história, entre o cosmo e os homens, permitir-nos-emos citar quatro versos de Rilke e conservá-los em sua língua original, visto que sua perfeição parece desafiar qualquer tradução:

> Berge ruhn, von Sternen überprächtigt;
> aber auch in ihnen flimmert Zeit.
> Ach, in meinem wilden Herzen nachtigt
> obdachlos die Unvergänglichkeit.[5]

Aqui, mesmo as montanhas parecem repousar apenas sob a luz das estrelas; são elas, lenta e secretamente, devoradas pelo tempo; nada é para sempre, a imortalidade abandonou o mundo para encontrar um incerto abrigo na escuridão do coração humano, que ainda tem a capacidade de recordar e dizer: para sempre. A imortalidade

---

5. R.M. Rilke, *Aus dem Nachlass des Grafen C.W.*, primeira série, poema x. Embora a poesia desses versos seja intraduzível, seu conteúdo poderia ser expresso da seguinte maneira: "Repousam as montanhas sob um luzeiro das estrelas; mesmo nelas, porém, bruxuleia o tempo. Ah! em meu selvagem e sombrio coração, jaz, desabrigada, a imortalidade". (Mountains rest beneath a splendor of stars, but even in them time flickers. Ah, unsheltered in my wild, darkling heart lies immortality.) A tradução para o inglês é de Denver Lindley.

ou a imperecibilidade, se e quando chega a ocorrer, não tem morada. Olhando-se essas linhas com olhos gregos, é quase como se o poeta houvesse tentado conscientemente inverter as relações gregas: tudo se tornou perecível, exceto talvez o coração humano; a imortalidade deixa de ser o meio em que se movem os mortais, mas refugiou-se, desabrigada no coração mesmo da mortalidade; coisas imortais, obras e feitos, eventos e até palavras, embora os homens ainda sejam capazes de externar e, por assim dizer, reificar a recordação em seus corações, perderam seu abrigo no mundo; já que o mundo, já que a natureza é perecível, e já que as coisas feitas pelo homem, uma vez tenham adquirido o ser, compartilham a sina de todo ser, elas começam a perecer no instante em que vieram a existir.

Com Heródoto, as palavras, os feitos e os eventos – isto é, as coisas que devem sua existência exclusivamente aos homens – tornaram-se o conteúdo da história. De todas as coisas feitas pelo homem, estas são as mais fúteis. As obras das mãos humanas devem parte de sua existência à matéria fornecida pela natureza, portando assim dentro de si, em alguma medida, permanência emprestada do "ser-para-sempre" da natureza. Mas o que se passa diretamente entre mortais, a palavra falada e todas as ações e feitos que os gregos chamaram de πρᾶξεις (*prákseis*) ou πράγματα (*prágmata*), em oposição a *poíesis*, fabricação, não pode nunca sobreviver ao momento de sua realização e jamais deixaria qualquer vestígio sem o auxílio da recordação. A tarefa do poeta e historiador (postos por Aristóteles na mesma categoria, por ser o seu tema comum πρᾶξις [*práksis*][6]) consiste em fazer alguma coisa perdurar na recordação. E o fazem traduzindo *práksis* e λέξις (*léksis*), ação e fala, nesta espécie de *poíesis* ou fabricação que por fim se torna a palavra escrita.

---

6. *Poética*, 1448b25 e 1450a16-22. Para uma distinção entre poesia e historiografia, ver ibidem, capítulo 9.

A história como uma categoria de existência humana é, obviamente, mais antiga que a palavra escrita, mais antiga que Heródoto, mais antiga mesmo que Homero. Não historicamente falando, mas poeticamente, seu início encontra-se, antes, no momento em que Ulisses, na corte do rei dos feácios, escutou a história de seus próprios feitos e sofrimentos, a história de sua vida, agora algo exterior a ele mesmo, um "objeto" para todos verem e ouvirem. O que fora pura ocorrência tornou-se agora "história". Mas a transformação de eventos e ocorrências singulares em história era, em essência, a mesma "imitação da ação" em palavras mais tarde empregada na tragédia grega[7], onde, como Burckhardt certa vez observou, "a ação externa esconde-se do olhar" através do relato de mensageiros, embora não houvesse absolutamente nenhuma objeção a mostrar o horrível[8]. A cena em que Ulisses escuta a história de sua própria vida é paradigmática tanto para a história como para a poesia; a "reconciliação com a realidade", a catarse, que segundo Aristóteles era a própria essência da tragédia, constituía o objetivo último da história, alcançado através das lágrimas da recordação. O motivo humano mais profundo para a história e a poesia surge aqui em sua pureza ímpar: visto que ouvinte, ator e sofredor são a mesma pessoa, todos os motivos de pura curiosidade e ânsia de informações novas, que sempre desempenharam, é claro, um amplo papel tanto na pesquisa histórica como no prazer estético, encontram-se, naturalmente, ausentes do próprio Ulisses, que se teria enfastiado mais que comovido se a história não passasse de notícias e a poesia fosse unicamente entretenimento.

Tais distinções e reflexões podem parecer lugares--comuns a ouvidos modernos. No entanto, encontra-se implícito nelas um grande e doloroso paradoxo que

---

7. Para a tragédia como uma imitação da ação, ver *Poética*, capítulo 6, 1.
8. *Griechische Kulturgeschichte*, 2, Kröner, p. 289.

contribuiu (talvez mais que qualquer outro fator isolado) para o aspecto trágico da cultura grega em suas manifestações máximas. Por um lado, o paradoxo consiste em que tudo era visto e medido contra o pano de fundo das coisas que existem para sempre; enquanto, por outro, a verdadeira grandeza humana era, pelo menos para os gregos pré-platônicos, compreendida como residindo em feitos e palavras, e era representada antes por Aquiles, o "fazedor de grandes façanhas e de grandes palavras", que pelo artífice ou fabricador, mesmo pelo poeta e escritor. Esse paradoxo, ser a grandeza compreendida em termos de permanência enquanto a grandeza humana era vista precisamente nas mais fúteis e menos duradouras atividades dos homens, aterrorizou a poesia e a historiografia gregas e perturbou o sossego dos filósofos.

A primeira solução grega do paradoxo era poética e não filosófica. Ela consistia na fama imortal que os poetas podiam conferir à palavra e aos feitos, de modo a fazê-los perdurar não somente além do fútil momento do discurso e da ação, mas até mesmo da vida mortal de seu agente. Antes da escola socrática – com a possível exceção de Hesíodo – não encontramos nenhuma verdadeira crítica da fama imortal; mesmo Heráclito pensava ser ela a maior das aspirações humanas, e, se denunciava com violenta mordacidade a situação política em sua Éfeso natal, nunca lhe teria ocorrido condenar a esfera dos assuntos humanos como tal ou duvidar de sua grandeza potencial.

A mudança, preparada por Parmênides, aconteceu com Sócrates e atingiu seu clímax na filosofia de Platão, cuja doutrina acerca da imortalidade potencial dos homens mortais tornou-se imperativa para todas as escolas filosóficas da Antiguidade. Certamente, Platão ainda se defrontava com o mesmo paradoxo e parece ter sido o primeiro a considerar "o desejo de tornar-se famoso e não jazer ao final sem um nome" no mesmo nível que o desejo natural de ter filhos por meio dos quais a natureza assegura a imortalidade das espécies, ainda que não a *athanasía* da pessoa individual. Em sua filosofia política propôs, portanto, substituir a primeira pela última, como se o desejo de imortalidade pela fama pudesse ser igualmente satisfeito quando os homens "são imortais por deixarem filhos de filhos atrás de si, e compartilharem da imortalidade através da unidade de um devir sempiterno"; ao declarar ser a procriação uma lei, esperava obviamente que isso bastasse ao anseio natural do "homem comum" por imortalidade, pois nem Platão nem Aristóteles acreditaram em momento algum que homens mortais pudessem "imortalizar-se" (ἀθανατίζειν [*athanatídzein*], na terminologia aristotélica, uma atividade cujo objeto não é, de modo algum, necessariamente o próprio eu de uma pessoa, a fama imortal do nome, mas inclui uma variedade de ocupações com coisas imortais em geral) mediante grandes feitos e palavras[9]. Na atividade do próprio pensamento, eles haviam descoberto uma recôndita capacidade humana para libertar-se de toda a esfera dos assuntos humanos, os quais não deveriam ser levados demasiado a sério por homens (Platão) porque era patentemente absurdo pensar que o homem fosse o supremo ser existente (Aristóteles). Enquanto a procriação poderia ser suficiente para a maioria, "imortalizar" significava para o filósofo conviver com as coisas que existem para sempre, ali estar presente em um estado de atenção ativa, mas sem nada fazer, sem desempenho de feitos ou realização de obras. Assim, a atitude mais adequada dos mortais,

---

9. Ver Platão, *Leis* 721, em que deixa absolutamente claro pensar a espécie humana como sendo imortal apenas em certo sentido – a saber, na medida em que suas sucessivas gerações, vistas como um todo, estão "crescendo juntamente" com todo o tempo; a humanidade como uma sucessão de gerações e o tempo são, coevos; λένος αὖν ἀνθρώπων ἐστί τί ξυμφυὲς τοῦ παντὸς χρονου, ὃ διὰ τέ χους αὐτῷ ξυνεπεται και συνεψεται, τουτῳ τῷ τρόπῳ ἀθάνατον ὄν. Em outras palavras, trata-se da mera ausência de morte – ἀθανασία (*athanasía*) – de que partilham os mortais em virtude de pertencerem a uma espécie imortal; não há aqui o ser-para-sempre atemporal – o ἀεὶ εἶναι (*aeì einai*) – em cuja vizinhança o filósofo é admitido ainda que não passe de um mortal. Ver, quanto a Aristóteles, *Ética a Nicômaco*, 1177b30-35s.

uma vez que houvessem atingido a vizinhança do imortal, era a contemplação inativa e muda: o νοῦς (*noús*) aristotélico, a mais alta e humana capacidade de pura visão, não pode traduzir em palavras o que testemunha[10], e a verdade última desvelada a Platão pela visão das ideias é análoga a um ἄρρητον (*árreton*), algo que não pode ser apreendido em palavras[11]. Em consequência, o antigo paradoxo era resolvido pelos filósofos negando ao homem não a capacidade de "se imortalizar", mas a de medir a si e a seus próprios feitos contra a sempiterna grandeza do cosmo, de comparar, por assim dizer, a imortalidade da natureza e dos deuses com uma grandeza imortal própria. A solução claramente se dá às custas "do fazedor de grandes façanhas e de grandes palavras".

A distinção entre os poetas e historiadores, de um lado, e os filósofos, de outro, consistia em que os primeiros simplesmente aceitavam o conceito grego usual de grandeza. O louvor, do qual provinha a glória e eventualmente a fama eterna, somente poderia ser outorgado às coisas já "grandes", isto é, às coisas que possuíssem uma qualidade emergente e luminosa que as distinguisse de todas as demais e tornasse possível a gloria. Grande era o que merecera imortalidade, o que devia ser admitido na companhia das coisas que perduraram para sempre, envolvendo a futilidade dos mortais com sua majestade insuperável. Através da história os homens se tornam quase iguais à natureza, e unicamente os acontecimentos, feitos ou palavras que se ergueram por si mesmos ao contínuo desafio do universo natural eram os que chamaríamos de históricos. Não apenas o poeta Homero e o contador de histórias Heródoto, mas mesmo Tucídides, que em um estilo muito mais sóbrio foi o primeiro a estabelecer padrões para a historiografia, diz-nos explicitamente, no início de *A Guerra do Peloponeso*, ter escrito

---

10. Ibidem, 1143a36.
11. *Sétima Carta*.

sua obra por causa da "grandeza" da guerra, e porque "esse foi o maior movimento conhecido na história, não apenas dos helenos, mas de uma grande parte do mundo bárbaro [...] e praticamente da humanidade".

A preocupação com a grandeza, tão proeminente na poesia e historiografia gregas, baseia-se na estreitíssima conexão entre os conceitos de natureza e de história. Seu denominador comum é a imortalidade. Imortalidade é o que a natureza possui sem esforço e sem assistência de ninguém, e imortalidade é, pois, o que os mortais precisam tentar alcançar se desejam sobreviver ao mundo em que nasceram, se desejam sobreviver às coisas que os circundam e em cuja companhia foram admitidos por curto tempo. A conexão entre história e natureza, pois, de maneira alguma é uma oposição. A história acolhe em sua memória aqueles mortais que, através de feitos e palavras, se provaram dignos da natureza, e sua fama eterna significa que eles, em que pese sua mortalidade, podem permanecer na companhia das coisas que duram para sempre.

Nosso conceito moderno de história é não menos intimamente ligado ao conceito moderno de natureza que os conceitos correspondentes e bem diferentes que se encontram no início de nossa história. Também eles só podem ser vistos em seu pleno significado quando sua raiz comum é descoberta. A oposição do século XIX entre ciências naturais e históricas, juntamente com a pretensa objetividade e precisão absolutas dos cientistas naturais, hoje é coisa do passado. Os cientistas naturais admitem agora que, com o experimento, que verifica processos naturais sob condições prescritas, e com o observador, que ao observar o experimento se torna uma de suas condições, introduz-se um fator "subjetivo" nos processos "objetivos" da natureza.

O resultado recente mais importante da Física Nuclear foi reconhecer a possibilidade de aplicar sem contradição tipos completamente diferentes de leis naturais a um único e mesmo evento físico. Isso se deve ao fato de que, dentro de um sistema de leis baseadas em certas ideias fundamentais, apenas certos modos bem definidos de formular questões fazem sentido e, assim, um tal sistema separa-se de outros que permitem a colocação de questões diversas.[12]

Em outras palavras, sendo o experimento "uma pergunta formulada à natureza" (Galileu)[13], as respostas da ciência permanecerão sempre réplicas a questões formuladas por homens; a confusão quanto ao problema da "objetividade" consistia em pressupor que pudesse haver respostas sem questões e resultados independentes de um ser formulador de questões. A física, hoje o sabemos, é não menos uma investigação sobre o que existe centrada no homem do que pesquisa histórica. A antiga polêmica, portanto, entre a subjetividade da historiografia e a objetividade da física perdeu grande parte de sua relevância[14].

O historiador moderno, em regra, ainda não é consciente do fato de os cientistas naturais, contra os quais ele teve que defender seus próprios "padrões científicos" por tantas décadas, se encontrarem na mesma posição, e é muito provável reafirmará, em termos novos e aparentemente mais científicos, a velha distinção entre ciência da natureza e ciência da história. A razão está em que o problema da objetividade nas ciências históricas é mais que uma mera perplexidade técnica e científica. Objetividade, a "extinção do eu" como condição de "visão pura" (*das*

---

12. W. Heisenberg, *Philosophic Problems of Nuclear Science*, New York, 1952, p. 24.
13. Citado de Alexandre Koyré, An Experiment in Measurement, *Proceedings of the American Philosophical Society*, v. 97, n. 2, 1953.
14. O mesmo ponto de vista foi defendido, há mais de vinte anos, por Edgar Wind em seu ensaio Some Points of Contact between History and Natural Sciences, em E. Cassirer (ed.), *Philosophy and History: Essays Presented to Ernst Cassirer*, Oxford, 1929. Já então, Wind mostrava que os progressos mais recentes da Ciência que a tornavam muito menos "exata" conduziam ao levantamento, por parte de cientistas, de questões "que os historiadores gostam de considerar como de sua propriedade". Parece estranho que um argumento tão óbvio e fundamental não tenha desempenhado papel algum nas discussões subsequentes, metodológicas ou não, da ciência histórica.

reine Sehen der Dinge – Ranke), significava a abstenção, de parte do historiador, a outorgar louvor ou opróbrio, ao lado de uma atitude de perfeita distância com a qual ele deveria seguir o curso dos eventos conforme foram revelados em suas fontes documentais. Para ele, a única limitação dessa atitude, que Droysen denunciou certa vez como "objetividade eunuca"[15], reside na necessidade de selecionar material de uma massa de fatos que, face à limitada capacidade da mente humana e ao limitado tempo da vida humana, parecia infinita. Objetividade, em outras palavras, significava não interferência, assim como não discriminação. Dessas duas, a não discriminação, abstenção de louvor e de reprovação, era obviamente muito mais fácil de atingir do que a não interferência; toda escolha de material e incerto sentido interfere com a história, e todos os critérios para escolha dispõem o curso histórico dos eventos sob certas condições artificiais, que são muito similares às condições prescritas pelo cientista natural a processos naturais no experimento.

Propusemos aqui o problema da objetividade em termos modernos, tal como ele surgiu na Idade Moderna, que acreditou ter descoberto na história uma "nova ciência" que deveria, então, aquiescer aos padrões da ciência "mais velha" da natureza. Isso, entretanto, foi uma autoincompreensão. A ciência natural moderna rapidamente se desenvolveu em uma ciência ainda mais nova que a história, e ambas brotaram, como veremos, exatamente do mesmo conjunto de novas experiências advindas com a exploração do universo feita no início da Idade Moderna. O ponto curioso e ainda confuso acerca das ciências históricas foi o fato de não buscarem seus padrões nas ciências naturais de sua própria época, mas voltarem à atitude científica e em última análise filosófica que a Idade Moderna justamente começara a liquidar. Seus padrões

---

15. Citado em Friedrich Meinecke, *Vom geschichtlichen Sinn und vom Sinn der Geschichte*, Stuttgart, 1951.

científicos, culminando na "extinção do eu", tinham suas raízes na ciência natural aristotélica e medieval, que consistia principalmente na observação e catalogação de fatos observados. Antes do ascenso da Idade Moderna, era algo por si mesmo evidente que a contemplação quieta, inativa e impessoal do milagre do ser, ou da maravilha da criação divina, devesse ser também a atitude mais adequada ao cientista, cuja curiosidade sobre o particular não se havia ainda separado do maravilhamento frente ao geral do qual, segundo os antigos, nasceu a filosofia.

Com a Idade Moderna essa objetividade perdeu seu fundamento e esteve, portanto, constantemente em busca de novas justificações. Para as ciências históricas, o antigo padrão de objetividade somente poderia fazer sentido caso o historiador acreditasse que a história em sua inteireza fosse ou um fenômeno cíclico passível de ser apreendido como um todo através da contemplação (e Vico, seguindo as teorias da Antiguidade tardia, tinha ainda essa opinião), ou guiada por alguma providência divina para a salvação da humanidade, cujo plano foi revelado e cujos inícios e términos eram conhecidos e que, portanto, poderia ser contemplada como um todo. Ambos esses conceitos, no entanto, eram de fato inteiramente alheios à nova consciência da história na Idade Moderna; não passavam do velho quadro de referência tradicional, dentro do qual as novas experiências eram forçadas e do qual surgira a nova ciência. O problema da objetividade científica, tal como foi colocado no século XIX, devia-se à autoincompreensão histórica e à confusão filosófica em tão larga medida que se tornou difícil reconhecer o verdadeiro problema em jogo, o problema da imparcialidade, de fato decisivo não somente para a "ciência" da história como para toda a historiografia oriunda da poesia e do contar histórias.

A imparcialidade, e com ela toda historiografia legítima, veio ao mundo quando Homero decidiu cantar os feitos dos troianos não menos que os dos aqueus, e louvar a glória de Heitor não menos que a grandeza de Aquiles.

Essa imparcialidade homérica, ecoada em Heródoto, o qual decidiu impedir que "os grandes e maravilhosos feitos de gregos *e* bárbaros perdessem seu devido quinhão de glória", é ainda o mais alto tipo de objetividade que conhecemos. Não apenas deixa para trás o interesse comum no próprio lado e no próprio povo, que até nossos dias caracteriza quase toda a historiografia nacional, mas descarta também a alternativa de vitória ou derrota, considerada pelos modernos como expressão do julgamento objetivo da própria história, e não permite que ela interfira com o que é julgado digno de louvor imortalizante. Pouco depois, expresso de forma magnífica em Tucídides, aparece ainda na historiografia grega outro poderoso elemento que contribui para a objetividade histórica. Esse só poderia vir a primeiro plano após longa experiência na vida da *polis*, que em medida incrivelmente grande consistiu em conversa de cidadãos uns com os outros.

Nessa incessante conversa, os gregos descobriram que o nosso mundo em comum é usualmente considerado sob um infinito número de ângulos, aos quais correspondem os mais diversos pontos de vista. Em um percuciente e inexaurível fluxo de argumentos, tais como apresentados aos cidadãos de Atenas pelos sofistas, o grego aprendeu a intercambiar seu próprio ponto de vista, sua própria "opinião" – o modo como o mundo lhe parecia e se lhe abria (δοκεῖ μοι [*dokeí moi*], "parece-me, donde δόξα [*dóksa*], ou "opinião) – com os de seus concidadãos. Os gregos aprenderam a *compreender* – não a compreender um ao outro como pessoas individuais, mas a olhar sobre o mesmo mundo do ponto de vista do outro, a ver o mesmo em aspectos bem diferentes e frequentemente opostos. As falas em que Tucídides articula as posições e interesses das partes em conflito são ainda um testemunho vivo do extraordinário grau de sua objetividade.

O que obscureceu a moderna discussão de objetividade na ciência histórica, impedindo-a de tocar nos problemas fundamentais envolvidos, parece ser o fato de nenhuma das condições, quer da imparcialidade homérica ou da objetividade de Tucídides, estarem presentes na Idade Moderna. A imparcialidade homérica assentava-se sobre o pressuposto de que as grandes coisas são evidentes por si mesmas e têm brilho próprio; de que o poeta (ou, mais tarde, o historiógrafo) tem somente de preservar sua glória, que é essencialmente fútil, e que ele destruiria, ao invés de preservar, caso esquecesse a glória que foi a de Heitor. Para a exígua duração de suas existências, grandes feitos e palavras eram, em sua grandeza, tão reais como uma rocha ou uma casa, aí estando para serem vistos e ouvidos por todas as pessoas presentes. A grandeza era facilmente identificável como o que por si mesmo aspirava à imortalidade – isto é, falando de modo desfavorável, como um heroico desprezo por tudo o que apenas acontece e se extingue, por toda vida individual, incluindo a própria. Esse senso de grandeza não poderia em absoluto sobreviver intacto na era cristã, pela simples razão de que, segundo os ensinamentos cristãos, a relação entre vida e mundo é o exato oposto da existente na Antiguidade grega e latina: no cristianismo, nem o mundo nem o recorrente ciclo da vida são imortais, mas apenas o indivíduo vivo singular. É o mundo que se extinguirá; os homens viverão para sempre. Por sua vez, a reviravolta cristã baseia-se na doutrina completamente diferente dos judeus, que sempre sustentaram que a própria vida é sagrada, mais sagrada que tudo mais no mundo, e que o homem é o ser supremo sobre a Terra.

A ênfase na importância decisiva do autointeresse, ainda tão proeminente em toda a filosofia política moderna, mantém-se ligada a essa convicção interior da sacralidade da vida como tal, que permaneceu conosco mesmo após se desvanecer a segurança da fé cristã na vida após a morte. Em nosso contexto, isso significa que o tipo de objetividade de Tucídides, pouco importa quão admirado seja, não possui mais qualquer base na vida política real. Desde que fizemos da vida nossa suprema e principal preocupação, não nos resta espaço para uma atividade baseada no desprezo por nosso próprio interesse vital. O desprendimento pode ser ainda uma virtude religiosa ou moral; dificilmente será uma virtude política. Sob essas condições, a objetividade perdeu sua validade na experiência, divorciou-se da vida real e se tornou a estéril questão acadêmica que Droysen corretamente denunciou como eunuca.

Além disso, o nascimento da moderna ideia de história não apenas coincidiu como foi poderosamente estimulado pela dúvida da Idade Moderna acerca da realidade de um mundo exterior dado objetivamente à percepção humana como um objeto imutado e imutável. Em nosso contexto, a consequência mais importante dessa dúvida foi a ênfase na sensação *qua* sensação como mais "real" que o objeto "sentido" e, de qualquer modo, o único fundamento seguro da experiência. Contra essa subjetivização, que é apenas um aspecto da ainda crescente alienação do mundo no homem da Idade Moderna, nenhum juízo poderia surtir efeito: todos eles foram reduzidos ao nível de sensações e findaram no nível da mais ínfima das sensações, a sensação do gosto. Nosso vocabulário é um testemunho eloquente dessa degradação. Todos os juízos que não se inspirem em princípios morais (o que é considerado antiquado) ou não sejam ditados por algum interesse pessoal são considerados questão de "gosto", e isso a custo em sentido distinto do que queremos expressar ao dizer que a preferência por mexilhões com toucinho a sopa de ervilhas é questão de gosto. Essa convicção, não obstante a vulgaridade de seus defensores ao nível teórico, perturbou a consciência do historiador mais profundamente por ter raízes no espírito geral da Idade Moderna bem mais profundas que os padrões científicos pretensamente superiores de seus colegas nas ciências naturais.

Infelizmente, é próprio de polêmicas acadêmicas tenderem os problemas metodológicos a obscurecer questões mais fundamentais. O fato fundamental acerca do conceito moderno de história é que ele surgiu nos mesmos séculos XVI e XVII que prefiguravam o gigantesco desenvolvimento das ciências naturais. Entre as características dessa época ainda vivas e presentes em nosso próprio mundo, é proeminente a alienação do homem frente ao mundo, já mencionada anteriormente, e tão difícil de perceber como estado básico de toda a nossa vida porque dela e, pelo menos em parte, de seu desespero, surgiu a tremenda estrutura do edifício humano em que hoje vivemos e em cujo âmbito descobrimos até mesmo os meios de destruí-lo juntamente com todas as coisas não produzidas –pelo homem existentes sobre a terra.

A expressão mais concisa e fundamental dessa alienação do mundo encontra-se no famoso *de omnibus dubitandum est* de Descartes, pois essa regra significa algo de inteiramente diverso do ceticismo inerente à autodúvida de todo pensamento autêntico. Descartes chegou a essa regra porque as então recentes descobertas das ciências naturais o haviam convencido de que o homem, em sua busca da verdade e do conhecimento, não pode confiar nem na evidência dada dos sentidos, nem na "verdade inata" na mente, tampouco na "luz interior da razão". Essa desconfiança nas faculdades humanas tem sido desde então uma das condições mais elementares da Idade Moderna e do mundo moderno; contudo, ela não surgiu, como em geral se supõe, de um súbito e misterioso definhamento da fé em Deus, e sua causa nem sequer foi originariamente uma suspeita da razão como tal. Sua origem foi apenas a justificadíssima perda de confiança na capacidade reveladora da verdade dos sentidos. A realidade não era mais desvelada como um fenômeno exterior à sensação humana, mas se retirara, por assim dizer, para o sentir da sensação mesma. Então tornou-se claro que, sem confiança nos sentidos nem fé em Deus, tampouco a confiança na razão poderia continuar a salvo, pois a revelação da verdade, tanto divina como racional, fora compreendida sempre implicitamente como consequência da atemorizadora simplicidade da relação do homem para com o mundo: abro meus olhos e contemplo a visão, escuto e ouço o som, movimento meu corpo e toco a tangibilidade do mundo. Se começamos a duvidar da fundamental veracidade e do quão fidedigno é esse relacionamento, que evidentemente não exclui erros e ilusões, mas, ao contrário, é condição de sua eventual correção, nenhuma das metáforas tradicionais para a verdade suprassensível – seja os olhos do espírito que podem ver o céu das ideias ou a voz da consciência escutada pelo coração humano – poderá mais reter seu significado.

A experiência fundamental subjacente à dúvida cartesiana foi a descoberta de que a Terra, ao contrário de toda experiência sensível direta, gira em torno do Sol. A Idade Moderna começou quando o homem, com auxílio do telescópio, voltou seus olhos corpóreos rumo ao universo, acerca do qual especulara durante longo tempo – vendo com os olhos do espírito, ouvindo com os ouvidos do coração e guiado pela luz interior da razão – e aprendeu que seus sentidos não eram adequados para o universo, que sua experiência quotidiana, longe de ser capaz de constituir o modelo para a recepção da verdade e a aquisição de conhecimento, era uma constante fonte de erro e ilusão. Após essa decepção – cuja enormidade nos é difícil perceber, por ter ocorrido séculos antes de seu pleno impacto se fazer sentir em toda parte e não apenas no meio um tanto restrito de sábios e filósofos –, as suspeitas começaram a assediar o homem moderno de todos os lados. Sua consequência mais imediata, porém, foi a espetacular ascensão da ciência natural, que por longo período pareceu liberar-se com a descoberta de que nossos sentidos, por si mesmos, não dizem a verdade. Daí em diante, certas da infidedignidade da sensação e da resultante insuficiência da mera observação, as ciências naturais voltaram-se em direção ao experimento, que, interferindo diretamente com a natureza, assegurou o desenvolvimento cujo progresso desde então pareceu ser ilimitado.

Descartes tornou-se o pai da filosofia moderna por ter generalizado a experiência da geração precedente bem como a da sua, desenvolvendo-a em um novo método de pensar e tornando-se dessa forma o primeiro pensador integralmente treinado nesta "escola de suspeita" que, segundo Nietzsche, constitui a filosofia moderna. A desconfiança dos sentidos permaneceu o cerne do orgulho científico, até se tornar, em nossos dias, uma fonte de embaraço. O problema é que "descobrimos que a natureza se comporta tão diferentemente daquilo que observamos nos corpos visíveis e palpáveis de nosso meio que *nenhum* modelo formado segundo nossas experiências em larga escala pode jamais ser 'verdadeiro'"; nesse ponto a indissolúvel conexão entre nosso pensamento e nossa percepção sensível se vinga, pois um modelo que desconsiderasse esta experiência por inteiro e fosse portanto completamente adequado à natureza no experimento não seria somente "praticamente inacessível, mas nem mesmo seria pensável"[16]. Em outras palavras, o problema não está em que o universo físico moderno não possa ser visualizado, pois isso é uma consequência lógica do pressuposto de que a natureza não se revela aos sentidos humanos; o embaraço começa quando a natureza se evidencia inconcebível, isto é, impensável igualmente em termos de puro raciocínio.

A dependência do pensamento moderno face às descobertas efetivas das ciências naturais mostra-se com máxima clareza no século XVII. Nem sempre ela é admitida tão facilmente como por Hobbes, que atribuía sua filosofia exclusivamente aos resultados da obra de Copérnico e Galileu, de Kepler, Gassendi e Mersenne, e que denunciou toda a filosofia passada como absurdo com violência somente igualada, talvez, no desprezo de Lutero

16. Erwin Schrödinger, *Science and Humanism*, Cambridge, 1951, p. 25-26.

pelos *stulti philosophi* (estultos filósofos). Não é necessário o extremismo radical da conclusão de Hobbes – não que o homem seja mau por natureza, mas uma distinção entre bom e mau não faz sentido e a razão, longe de ser uma luz interior desvelando a verdade, é uma mera "faculdade de lidar com consequências", – pois a suspeita básica de que a experiência terrena do homem apresenta uma caricatura da verdade encontra-se não menos presente no medo de Descartes de que um espírito maligno pudesse governar o mundo, escondendo para sempre a verdade da mente de um ser tão manifestamente sujeito ao erro. Em sua forma mais inofensiva, permeia o empirismo inglês, onde a significância do sensivelmente dado é dissolvida nos dados da percepção sensível, desvelando seu significado somente através do hábito e de repetidas experiências, de tal modo que, em um subjetivismo extremo, o homem é em última instância prisioneiro em um não-mundo de sensações sem significado que nenhuma realidade e nenhuma verdade podem penetrar. O empirismo é somente na aparência uma reivindicação dos sentidos; com efeito, ele se baseia no pressuposto de que apenas a arguição do senso comum pode lhe dar significado, e parte sempre de uma afirmação de desconfiança na eficácia dos sentidos para revelar a verdade ou a realidade. De fato, o puritanismo e o empirismo são apenas duas faces da mesma moeda. A mesma suspeita fundamental inspirou finalmente o gigantesco esforço de Kant para reexaminar as faculdades humanas de tal modo que a questão de uma *Ding an sich*, isto é, a faculdade reveladora de verdade da experiência em um sentido absoluto, pudesse ser posta em suspenso.

De consequências muito mais imediatas para nosso conceito de história foi a versão positiva de subjetivismo que emergiu do mesmo transe: não obstante o homem pareça incapaz de reconhecer o mundo dado que ele não fez, deve, contudo, ser capaz de conhecer ao menos aquilo que ele mesmo fez. Essa atitude pragmática já é a razão inteiramente articulada pela qual Vico voltou sua atenção para a história e se tornou assim um dos pais da moderna consciência histórica. Disse ele: "Geometrica demonstramus quia facimus; si physica demonstrare possemus, faceremus."[17] (Podemos demonstrar assuntos matemáticos porque nós mesmos os fazemos; para provar os assuntos físicos, teríamos que fazê-los.) Vico voltou-se para a esfera da história apenas por acreditar que ainda é impossível "fazer natureza". Nenhuma consideração humanista inspirou seu abandono da natureza, mas unicamente a crença de que a história é feita por homens justo do mesmo modo como a natureza é feita por Deus; consequentemente, a verdade histórica pode ser conhecida por homens, os autores da história, porém a verdade física é reservada ao fazedor do universo.

Afirmou-se frequentemente que a ciência moderna nasceu quando a atenção deslocou-se da busca do "que" para a investigação do "como". Essa mudança de ênfase é algo quase óbvio se se pressupõe que o homem somente pode conhecer aquilo que ele mesmo fez, na medida em que essa hipótese implica, por sua vez, que eu "conheça" uma coisa sempre que entenda como veio a existir. Ao mesmo tempo, e pelas mesmas razões, a ênfase deslocou-se do interesse nas coisas para o interesse em processos, dos quais as coisas iriam em breve se tornar subprodutos quase que acidentais. Vico perdeu o interesse na natureza, porque pressupôs que, para penetrar nos mistérios da criação, seria necessário compreender o processo criativo, ao passo que todas as épocas anteriores haviam admitido ser possível muito bem compreender o universo sem sequer saber como Deus o criou, ou, na versão grega, como as coisas que são por si mesmas vieram a existir. Desde o século XVII, a preocupação dominante da investigação científica, tanto natural como histórica, têm sido os processos; mas somente a tecnologia moderna (e não a mera

---

17. *De nostri temporis sludiorum ratione*, IV. Citado da edição bilíngue de W.F. Otto, *Vom Wesen und Weg der geistigen Bildung*, Godesberg, 1947, p. 41.

ciência, pouco importa quão altamente desenvolvida), que começou por substituir por processos mecânicos as atividades humanas (trabalhar e pesquisar) e terminou por instaurar novos processos naturais, teria sido inteiramente adequada ao ideal de conhecimento de Vico. Por muitos considerado o pai da História Moderna, Vico dificilmente teria se voltado para a história sob as condições modernas. Ele teria se voltado para a tecnologia; pois nossa tecnologia fez de fato aquilo que Vico pensava que a ação divina fizera no reino da natureza e a ação humana, no reino da história.

Na Idade Moderna, a história emergiu como algo que jamais fora antes. Ela não mais compôs-se dos feitos e sofrimentos dos homens, e não contou mais a história de eventos que afetaram a vida dos homens; tornou-se um processo feito pelo homem; o único processo global cuja existência se deveu exclusivamente à raça humana. Hoje, essa qualidade que distinguia a história da natureza é também coisa do passado. Sabemos agora que, embora não possamos "fazer a natureza" no sentido da criação, somos inteiramente capazes de iniciar novos processos naturais, e que em certo sentido, portanto, "fazemos natureza", ou seja, na medida em que "fazemos história". É verdade que alcançamos esse estágio somente com as descobertas nucleares, onde forças naturais são liberadas e, por assim dizer, desencadeadas, e onde os processos naturais que ocorrem jamais teriam existido sem interferência direta da ação humana. Esse estágio vai muito além não apenas da Idade Pré-Moderna, onde vento e água eram utilizados para substituir e multiplicar forças humanas, como também da Era Industrial, com a máquina a vapor e o motor de combustão interna, onde forças naturais foram imitadas e utilizadas como meios artificiais de produção.

O declínio contemporâneo do interesse pelas humanidades e em especial pelo estudo da história, ao que parece inevitável em todos os países completamente modernizados, está em pleno acordo com o primeiro impulso que conduziu à ciência histórica moderna. O que hoje se encontra definitivamente deslocado é a resignação que levou Vico ao estudo da história. Podemos fazer no domínio físico-natural aquilo que pensávamos poder fazer apenas no domínio da história. Começamos a agir sobre a natureza como costumávamos agir sobre a história. Caso se trate meramente de uma questão de processos, tornou-se claro que o homem é tão capaz de iniciar processos naturais que não teriam acontecido sem a interferência humana como de iniciar algo novo na esfera dos assuntos humanos.

Desde o início do século xx, a tecnologia emergiu como a área de intersecção das ciências naturais e históricas, e embora dificilmente uma grande descoberta científica singular tenha jamais sido feita para fins pragmáticos, técnicos ou práticos (o pragmatismo, no sentido vulgar do termo, foi refutado pelo registro fatual do desenvolvimento científico), esse resultado final está em perfeito acordo com as intenções recônditas da ciência moderna. As relativamente novas ciências sociais, que rapidamente se tornaram para a história aquilo que a tecnologia fora para a física, podem utilizar o experimento de uma forma muito mais grosseira e bem menos segura do que o fazem as ciências naturais, porém o método é o mesmo: também elas prescrevem condições, condições ao comportamento humano, assim como a física moderna prescreve condições a processos naturais. Se o seu vocabulário é repulsivo e se sua esperança de acabar com a pretensa lacuna entre nosso domínio científico da natureza e nossa deplorada impotência para "administrar" assuntos humanos através de uma engenharia de relações humanas soa assustadoramente, é apenas porque decidiram tratar o homem como um ser inteiramente natural, cujo processo de vida pode ser manipulado da mesma maneira que todos os outros processos.

Nesse contexto, no entanto, é importante estar consciente de quão decisivamente difere o mundo tecnológico em que vivemos, ou talvez em que começamos a viver, do mundo mecanizado surgido com a Revolução Industrial. Essa diferença corresponde em essência à diferença entre ação e fabricação. A industrialização ainda consistia basicamente na mecanização de processos de trabalho, e no melhoramento na elaboração de objetos, e a atitude do homem face à natureza permanecia ainda a do *homo faber*, a quem a natureza fornece o material com que é erigido o edifício humano. O mundo no qual viemos a viver hoje, entretanto, é muito mais determinado pela ação do homem sobre a natureza, criando processos naturais e dirigindo-os para as obras humanas e para a esfera dos assuntos humanos, do que pela construção e preservação da obra humana como uma entidade relativamente permanente.

A fabricação distingue-se da ação, visto que possui um início definido e um fim previsível: ela chega a um fim com seu produto final, que não só sobrevive à atividade de fabricação como daí em diante tem uma espécie de vida própria. Ao contrário, a ação é em si e por si absolutamente fútil, conforme os gregos foram os primeiros a descobrir; nunca deixa um produto final atrás de si. Em princípio, se chega a ter quaisquer consequências, estas consistem em uma nova e interminável cadeia de acontecimentos, cujo resultado final o ator é absolutamente incapaz de conhecer ou controlar de antemão. O máximo que ele pode ser capaz de fazer é forçar as coisas em uma certa direção, e mesmo disso jamais pode estar seguro. Nenhuma dessas características está presente na fabricação. Face à futilidade e fragilidade da ação humana, o mundo erigido pela fabricação é de duradoura permanência e tremenda solidez. Apenas na medida em que o produto final da fabricação é incorporado ao mundo humano, onde sua utilização e eventual história jamais podem ser inteiramente previstas, inicia a fabricação um processo cujo resultado não pode ser antevisto por inteiro e que está, portanto, além do controle de seu autor. Isso significa simplesmente que o homem nunca é só *homo faber*, e que mesmo o fabricante permanece ao mesmo tempo um ser que age, que inicia processos seja aonde for e seja com o que fizer.

Até nossa época a ação humana, como seus processos artificiais, confinou-se ao mundo humano, ao mesmo tempo que a preocupação dominante do homem, em relação à natureza, consistia em utilizar seu material na fabricação, erigir com ela o artefato humano e defendê-lo contra a avassaladora força dos elementos. No momento em que iniciamos processos naturais por conta própria – e a fissão do átomo é precisamente um desses processos naturais efetuados pelo homem – não somente ampliamos nosso poder sobre a natureza ou nos tornamos mais agressivos em nosso trato com as forças terrenas dadas, mas, pela primeira vez, introduzimos a natureza no mundo humano como tal, apagando as fronteiras defensivas entre os elementos naturais e o artefato humano nas quais todas as civilizações anteriores se encerravam[18].

Os perigos desse agir na natureza são óbvios desde que admitamos como parte integrante da condição humana as mencionadas características da ação humana. Impredizibilidade não é falta de previsão, e nenhuma gerência técnica dos assuntos humanos será capaz de eliminá-la, do mesmo modo que nenhum treinamento em prudência pode conduzir à sabedoria de conhecer o que se faz. Unicamente o total condicionamento, vale dizer, a total abolição da ação, pode almejar algum dia fazer face à impredizibilidade. E mesmo a predizibilidade do comportamento humano, que o terror político pode impor por períodos de tempo relativamente longos, dificilmente é capaz de alterar a essência mesma dos problemas humanos de uma vez por todas; jamais pode estar segura de

---

18. Ninguém pode contemplar o que resta das cidades antigas ou medievais sem se impressionar com a finalidade das suas muralhas que as separavam da natureza circundante, fosse ela constituída de paisagens aprazíveis ou agrestes. A moderna construção urbana, ao contrário, visa a "paisagizar" e urbanizar áreas inteiras, em que a distinção entre cidade e campo se torna cada vez mais apagada. Essa tendência poderia vir a conduzir ao desaparecimento das cidades, mesmo como as conhecemos hoje.

seu próprio futuro. A ação humana, como todos os fenômenos estritamente políticos, está estreitamente ligada à pluralidade humana, uma das condições fundamentais de vida humana, na medida em que repousa no fato da natalidade, por meio do qual o mundo humano é constantemente invadido por estrangeiros, recém-chegados cujas ações e reações não podem ser previstas por aqueles que nele já se encontram e que dentro em breve irão deixá-lo. Se, pois, ao deflagrar processos naturais começamos a agir *sobre* a natureza, começamos manifestamente a transportar nossa própria impredizibilidade para o domínio que costumávamos pensar como regido por leis inexoráveis. A "lei férrea" da história nunca foi mais que uma metáfora emprestada da natureza, e o fato é que essa metáfora não mais nos convence, pois se tornou claro que a ciência natural não pode de forma alguma estar segura de um imutável império da lei na natureza a partir do instante em que homens, cientistas, técnicos ou simplesmente construtores do artefato humano decidiram interferir e não mais deixar a natureza entregue a si mesma.

A tecnologia, o campo em que os domínios da história e da natureza se cruzaram e interpenetraram em nossos dias, aponta de volta para a conexão entre os conceitos de natureza e de história, tal como apareceram com o surgimento da Idade Moderna nos séculos XVI e XVII. A conexão jaz no conceito de processo: ambos implicam que pensamos e consideramos tudo em termos de processos, não nos interessando por entidades singulares ou ocorrências individuais e suas causas distintas e específicas. As palavras-chave da historiografia moderna – desenvolvimento e progresso – foram também, no século XIX, as palavras-chave dos novos ramos da ciência natural, em particular a biologia e a geologia, uma tratando da vida animal e a outra até mesmo de assuntos não orgânicos em termos de processos históricos. A tecnologia, no sentido moderno, foi precedida das diversas ciências da história natural, a história da vida biológica, da Terra, do universo. Dera-se um ajustamento mútuo de terminologia dos dois ramos de investigação científica antes que a polêmica entre as ciências naturais e históricas preocupasse o mundo científico a ponto de confundir as questões fundamentais.

Nada parece mais tendente a dissipar essa confusão que os mais recentes progressos nas ciências naturais. Eles nos reconduziram à origem comum da natureza e da história na Idade Moderna e demonstraram que seu denominador comum jaz de fato no conceito de processo – tanto quanto o denominador comum à natureza e à história na Antiguidade se assentava no conceito de imortalidade. Mas a experiência que subjaz à noção de processo da Idade Moderna, diferentemente da experiência subjacente à noção antiga de imortalidade, não é de modo algum sobretudo uma experiência feita pelo homem no mundo que o circunda; ao contrário, ela brota do desespero de sempre experienciar e conhecer de forma adequada tudo aquilo que é dado ao homem e não feito por ele. Contra esse desespero, o homem moderno arregimentou suas próprias capacidades como um todo; desesperando de encontrar um dia a verdade através da mera contemplação, começou a experimentar suas capacidades para a ação e, ao fazê-lo, não podia deixar de se tornar consciente de que, onde quer que atue, o homem inicia processos. A noção de processo não denota uma qualidade objetiva, quer da história, quer da natureza; ela é o resultado inevitável da ação humana. O primeiro resultado do agir dos homens na história foi a história tornar-se um processo, e o argumento mais convincente para o agir dos homens sobre a natureza à guisa de investigação científica é que hoje em dia, na formulação de Whitehead, "a natureza é um processo".

Agir na natureza, transportar a impredizibilidade humana para um domínio onde nos defrontamos com forças elementares que talvez jamais sejamos capazes de controlar com segurança, já é suficientemente perigoso. Ainda mais perigoso seria ignorar que, pela primeira vez em nossa história, a capacidade humana para a ação começou a dominar todas as outras – a capacidade para o espanto e o pensamento contemplativo não menos que as faculdades do *homo faber* e do *animal laborans* humano. Isso, é claro, não significa que os homens, de agora em diante, não sejam mais capazes de fabricar coisas, de pensar ou trabalhar. Não são as capacidades do homem, mas é a constelação que ordena seu mútuo relacionamento o que pode mudar e muda historicamente. Observam-se melhor tais mudanças nas diferentes autointerpretações do homem no decorrer da história, que, embora possam ser inteiramente irrelevantes para o *quid* último da natureza humana, são ainda os mais sintéticos e sucintos testemunhos do espírito de épocas inteiras. Assim, esquematicamente falando, a Antiguidade grega concordava em que a mais alta forma de vida humana era despendida em uma *polis* e em que a suprema capacidade humana era a fala – ζῷον πολιτικόν (*zoon politikón*) e ζῷον λόγον ἔχον (*zoon lógon ékhon*), na famosa dupla definição de Aristóteles; a filosofia medieval e romana definia o homem como *animal rationale*; nos estágios iniciais da Idade Moderna, o homem era sobretudo concebido como *homo faber* até que, no século XIX, o homem foi interpretado como um *animal laborans* cujo metabolismo com a natureza geraria a mais alta produtividade de que a vida humana é capaz. Contra o fundo dessas definições esquemáticas, seria adequado para o mundo em que vivemos definir o homem como um ser capaz de ação; pois essa capacidade parece ter se tornado o centro de todas as demais faculdades humanas.

Não resta dúvida de que a capacidade para agir é a mais perigosa de todas as aptidões e possibilidades humanas, e é também indubitável que os riscos autogerados com que se depara hoje a humanidade jamais foram deparados anteriormente. Considerações como essas em absoluto se propõem a oferecer soluções ou dar conselhos. Na melhor das hipóteses, elas poderiam encorajar uma reflexão detida e aprofundada acerca da natureza e das potencialidades intrínsecas da ação, que jamais revelou tão abertamente sua grandeza e seus perigos.

História e Imortalidade Terrena

O conceito moderno de processo, repassando igualmente a história e a natureza, separa a Idade Moderna do passado mais a fundo que qualquer outra ideia tomada individualmente. Para nossa maneira moderna de pensar nada é significativo em si e por si mesmo, nem mesmo a história e a natureza tomadas cada uma como um todo, e tampouco, decerto, ocorrências particulares na ordem física ou eventos históricos específicos. Há uma fatídica monstruosidade nesse estado de coisas. Processos invisíveis engolfaram todas as coisas tangíveis e todas as entidades individuais visíveis para nós, degradando-as a funções de um processo global. A monstruosidade dessa transformação tende a nos escapar se nos deixamos desnortear por generalidades tais como o desencanto do mundo ou a alienação do homem, generalidades que com frequência envolvem uma noção romantizada do passado. O conceito de processo implica a dissociação entre o concreto e o geral, a coisa ou evento singular e o significado universal. O processo, que torna por si só significativo seja lá o que porventura carregue consigo, adquiriu assim um monopólio de universalidade e significação.

Sem dúvida, nada distingue com mais nitidez o conceito moderno de história do que o da Antiguidade, pois essa distinção não depende de ter ou não a Antiguidade possuído um conceito de história universal ou uma ideia de humanidade como um todo. É bem mais relevante que as historiografias grega e romana, embora difiram uma da outra, ambas supõem que o significado ou, diriam os romanos, a lição de cada evento, feito ou ocorrência revela-se em e por si mesma. Isso decerto não exclui seja a causalidade, seja o contexto em que alguma coisa ocorre; a Antiguidade tinha tanta consciência desses fatores quanto nós outros. No entanto, causalidade e contexto eram vistos sob uma luz fornecida pelo próprio evento, iluminando um segmento específico dos assuntos humanos; não eram considerados como possuidores de uma existência independente de que o evento seria apenas a expressão mais ou menos acidental, embora adequada. Tudo que era dado ou acontecia mantinha sua cota de sentido "geral" dentro dos confins de sua forma individual e aí a revelava, não necessitando de um processo evolvente e engolfante para se tornar significativo. Heródoto desejava "dizer o que é" (λέγειν τὰ ἐόντα [légein tà eónta]), porque dizer e escrever estabiliza o fútil e o perecível, "fabrica uma memória" para ele, na expressão grega: μνήμην ποιεῖσται (*mnémen poiêisthai*); no entanto, jamais teria duvidado que cada coisa que é ou que foi carrega seu significado dentro de si mesma, necessitando apenas da palavra para torná-lo manifesto (λόγος δηλοῦν [*lógois deloún*], "desvelar através das palavras"), para "exibir os grandes feitos em público", ἀπόδειξις ἔργων μεγάλων (*apódeiksis érgon megálon*). O fluxo de sua narrativa é suficientemente livre para deixar espaço para muitas histórias, mas não há nele nenhum indício de que o geral confere sentido e significação ao particular.

Para essa oscilação na ênfase é irrelevante que a poesia e historiografia gregas tenham visto o significado do evento em alguma grandeza excelsa que justifica sua recordação pela posteridade, ou que os romanos tenham concebido a história como um repertório de exemplos tomados do comportamento político real, demonstrando o que a tradição, a autoridade dos antepassados, exigia de cada geração e o que o passado acumulara para o benefício do presente. Nossa noção de processo histórico rejeita ambos os conceitos, conferindo à mera sequência temporal uma importância e dignidade que ela jamais tivera antes.

Devido a essa ênfase moderna no tempo e na sequência temporal, tem-se sustentado frequentemente que a origem de nossa consciência histórica encontra-se na tradição judaico-cristã, em seu conceito de tempo retilinear e sua ideia de uma providência divina, que dá à totalidade do tempo histórico do homem a unidade de um plano de salvação – uma ideia que de fato se coloca em oposição tanto à insistência sobre ocorrências e eventos individuais da Antiguidade clássica como às especulações temporais cíclicas da Antiguidade tardia. Muita documentação tem sido citada em apoio à tese de que a moderna consciência histórica possui uma origem religiosa cristã e veio a existir através de uma secularização de categorias originalmente teológicas. Afirma-se que apenas nossa tradição religiosa conhece um início e, na versão cristã, um fim do mundo; se a vida humana sobre a terra segue um plano divino de salvação, nesse caso sua mera continuidade deve abrigar um significado livre e ao mesmo tempo transcendente de todas as ocorrências isoladas. Portanto, prossegue o raciocínio, um "esboço definido da história mundial" não surge senão com o cristianismo, e a primeira filosofia da história é apresentada em *De Civitate Dei*, de Agostinho. E é verdade que encontramos, em Agostinho, a noção de que a história mesma, a saber, o que possui significado e faz sentido, pode ser separada dos eventos históricos isolados relatados em narrativa cronológica. Ele afirma explicitamente que, "embora as instituições passadas dos homens sejam relatadas na narrativa histórica, a história mesma não deve ser incluída entre as instituições humanas"[19].

Essa similaridade entre os conceitos moderno e cristão de história é, porém, enganosa. Ela repousa em uma comparação com as especulações históricas cíclicas da Antiguidade tardia e ignora os conceitos históricos clássicos da Grécia e de Roma. A comparação é apoiada pelo fato de o próprio Agostinho, ao refutar as especulações pagãs acerca do tempo, preocupara-se basicamente com as teorias temporais cíclicas de sua própria era, as quais com

---

19. Em *De doctrina Christiana*, 2, 28, 44.

efeito nenhum cristão podia aceitar, em virtude da unidade absoluta da vida e morte de Cristo sobre a terra: "Cristo morreu uma vez por nossos pecados e ressurgiu dos mortos para não mais morrer"[20]. Os intérpretes modernos tendem a esquecer que Agostinho reclamava essa singularidade que soa tão familiar a nossos ouvidos, somente para esse evento – o evento supremo na história humana, quando a eternidade, por assim dizer, rompeu-se no decurso da mortalidade terrena; ele jamais pretendeu essa unicidade, como o fazemos, para eventos seculares comuns. O simples fato de o problema da história só ter surgido no pensamento cristão com Agostinho deveria fazer-nos duvidar de sua origem cristã, e isso tanto mais quanto surge, em termos da filosofia e da teologia do próprio Agostinho, devido a um acidente. A queda de Roma, que ocorreu durante sua vida, foi interpretada do mesmo modo por pagãos e cristãos, como um evento decisivo, e foi à refutação dessa crença que Agostinho devotou trinta anos de sua vida. O problema, conforme ele o via, estava em que jamais um evento puramente secular poderia ou deveria ser de importância central para o homem. Sua falta de interesse por aquilo que chamamos de história era tão grande que ele devotou apenas um livro da *Civitas Dei* a eventos seculares; e, incumbindo seu amigo e discípulo Orosius de escrever uma "história universal", nada mais tinha em mente que uma "compilação verídica dos males do mundo"[21].

A atitude de Agostinho face à história secular não difere essencialmente da dos romanos, ainda que a ênfase

---

20. *De Civitate Dei*, XII, 13.
21. Ver Theodor Mommsen, St. Augustine and the Christian Idea of Progress, *Journal of the History of Ideas*, June 1951. Uma leitura atenta revela uma notável discrepância entre o conteúdo desse excelente artigo e a tese expressa em seu título. A melhor defesa da origem cristã do conceito de história encontra-se em C.N. Cochrane, op. cit., p. 474. Ele sustenta que a historiografia antiga chegou ao fim porque não conseguira estabelecer "um princípio de inteligibilidade histórica", e que Agostinho solucionou esse problema substituindo "o *logos* do classicismo pelo de Cristo, como um princípio de compreensão".

seja invertida: a história permanece um repositório de exemplos, e a localização do evento no tempo, dentro do curso secular da história, continua sem relevância. A história secular se repete, e a única história na qual eventos únicos e irrepetíveis ocorrem se inicia com Adão e termina com o nascimento e a morte de Cristo. Daí em diante poderes seculares ascendem e declinam como no passado e ascenderão e declinarão até o fim do mundo, mas nenhuma verdade fundamentalmente nova nunca mais será revelada por tais eventos mundanos, e os cristãos não devem atribuir importância particular a eles. Em toda filosofia verdadeiramente cristã o homem é um "peregrino sobre a terra", e esse fato por si só a separa de nossa consciência histórica. Para o cristão, assim como para o romano, a importância de eventos seculares está no fato de possuírem o caráter de exemplos que provavelmente irão se repetir de modo que a ação possa seguir certos modelos padronizados. (Isso, aliás, se distancia também da noção grega de feito heroico, relatado por poetas e historiadores e que serve como uma espécie de baliza na qual se mede a própria capacidade para grandeza. A diferença entre seguir fielmente um exemplo reconhecido e a tentativa de se medir com ele é a diferença entre a moralidade romano-cristã e aquilo que tem sido chamado de espírito agônico grego e que não conhecia nenhuma consideração "moral", mas apenas uma ἀεὶ ἀριστέυειν [*aristeueín*], um esforço sempre incessante para ser o melhor de todos.) Para nós, por outro lado, a história assenta-se sobre o pressuposto de que o processo, em sua secularidade mesma, nos conta uma história com direito próprio e de que, estritamente falando, repetições não podem ocorrer.

Ainda mais alheia ao conceito moderno de história é a noção cristã de que a humanidade tem um início e um fim, de que o mundo foi criado no tempo e virá, por fim, a perecer, como todas as coisas temporais. A consciência histórica não surgiu quando a criação do mundo foi tomada pelos judeus na Idade Média, como o ponto de partida para a contagem cronológica; tampouco surgiu no século VI, quando Dionísio, o Exíguo, começou a contar o tempo a partir do nascimento de Cristo. Conhecemos esquemas similares de cronologia na civilização oriental, e o calendário cristão imitou a prática romana de contar o tempo a partir do ano da fundação de Roma. Em violenta oposição, coloca-se o moderno cômputo de datas históricas, somente introduzido no final do século XVIII, e que toma o nascimento de Cristo como um ponto de inflexão a partir do qual o tempo é contado tanto para frente como para trás. Essa reforma cronológica é apresentada nos compêndios como um mero aperfeiçoamento técnico, necessário para fins de estudo, por facilitar a exata fixação de datas na história antiga sem referência a um labirinto de diferentes contagens de tempo. Em época mais recente, Hegel inspirou uma interpretação que vê no moderno sistema de tempo uma autêntica cronologia cristã, porque o nascimento de Cristo parece agora ter-se tornado o ponto de inflexão da história do mundo[22].

Nenhuma dessas explicações é satisfatória. Reformas cronológicas com finalidade acadêmica ocorreram muitas vezes no passado sem que fossem aceitas no dia a dia, justo porque foram estabelecidas unicamente para a comodidade intelectual, não correspondem a nenhuma concepção temporal modificada na sociedade em geral. A questão decisiva em nosso sistema não é que agora o nascimento de Cristo apareça como o ponto de inflexão da história mundial, pois ele fora reconhecido como tal e com força muito maior muitos séculos antes sem quaisquer efeitos semelhantes em nossa cronologia; em vez disso, o decisivo é que agora, pela primeira vez, a história da humanidade se estende de volta para um passado infinito, ao qual podemos acrescentar à vontade, e que podemos ainda investigar à medida que se

---

22. Especialmente interessante é Oscar Cullman, *Christ and Time*, London, 1951. Também Erich Frank, The Role of History in Christian Thought, *Knowledge, Will and Belief: Collected Essays*, Chicago: Henry Regnery, 1955.

prolonga para um infinito futuro. Essa dupla infinitude do passado e do futuro elimina todas as noções de princípio e de fim, estabelecendo a humanidade em uma potencial imortalidade terrena. O que à primeira vista assemelha-se a uma cristianização da história universal elimina, na verdade, todas as especulações religiosas sobre o tempo da história secular. No que diz respeito à história secular, vivemos em um processo que não conhece princípio nem fim e que, assim, não permite que entretenhamos expectativas escatológicas. Nada poderia ser mais alheio ao pensamento cristão do que essa concepção de uma imortalidade terrena da humanidade.

O grande impacto da noção de história sobre a consciência da Idade Moderna veio relativamente tarde, não antes do último terço do século XVIII, e chegou com relativa rapidez a seu clímax na filosofia de Hegel. O conceito central da metafísica hegeliana é a história. Isso basta para colocá-la na oposição a mais aguda possível frente toda a metafísica anterior que desde Platão buscara a verdade e a revelação do Ser eterno em toda parte, exceto na esfera dos problemas humanos – τὰ τῶν ἀνθρώπων πράγματα – de que Platão fala com tamanho desprezo precisamente porque nela não se poderia encontrar nenhuma permanência, não era, portanto, de esperar que desvelasse a verdade. Pensar, com Hegel, que a verdade reside e se revela no próprio processo temporal é característico de toda a consciência histórica moderna, seja como for que esta se expresse – em termos especificamente hegelianos ou não. A ascensão das humanidades no século XIX inspirou-se no mesmo sentimento pela história e é, pois, nitidamente distinto dos periódicos reflorescimentos da Antiguidade que ocorreram em períodos anteriores. Os homens começaram a ler agora, como salientou Meinecke, como ninguém jamais lera antes. Eles "leem com o fito de expulsar da história a verdade última que ela podia oferecer aos que procuram a deus"; contudo, não mais se acreditava que essa verdade última residisse em um único livro, quer fosse a *Bíblia* ou algum substituto. A história mesma era considerada como tal livro, o livro "da alma humana nos tempos e nações", como a definiu Herder[23]. A pesquisa histórica recente lançou muita luz inédita sobre o período de transição entre a Idade Média e os tempos modernos, resultando disso que a Idade Moderna, admitida anteriormente como se iniciando com a Renascença, foi remontada ao próprio âmago da Idade Média. Essa maior insistência em uma continuidade ininterrupta tem, sem descaso de sua importância, o inconveniente de que, tentando transpor o golfo que separa uma cultura religiosa do mundo secular em que vivemos, passa por alto, mais que resolve, o grande enigma do súbito e inegável surgimento do secular. Se por "secularização" nada mais se entende que o surgimento do secular e o concomitante eclipse de um mundo transcendente, então é inegável que a moderna consciência histórica está estreitamente conectada com ela. Isso, contudo, de modo algum implica a duvidosa transformação de categorias religiosas e transcendentais em alvos e normas terrenas imanentes, em que os historiadores das ideias recentemente têm insistido. A secularização significa, antes de mais nada, simplesmente a separação de religião e política, e isso afetou ambos os lados de maneira tão fundamental que é extremamente improvável que tenha ocorrido a gradual transformação de categorias religiosas em conceitos seculares que os defensores da continuidade ininterrupta procuram estabelecer. O motivo pelo qual eles podem, em certa medida, ser bem sucedidos e nos convencer se encontra mais na natureza das ideias em geral que no período com o qual lidam; no momento em que se separa inteiramente uma ideia de sua base na experiência real, não é difícil estabelecer uma conexão entre ela e praticamente qualquer outra ideia. Em outras palavras, se admitimos que existe algo como um reino independente de ideias

---

23. Em *Die Entstehung des Historismus*, München/Berlin, 1936, p. 394.

puras, todas as noções e conceitos não podem deixar de ser inter-relacionados, pois nesse caso todos eles devem sua origem à mesma fonte: uma mente humana entendida em sua subjetividade extrema, entretendo-se para sempre com suas próprias imagens, infenso à experiência e sem relação com o mundo, seja o mundo concebido como natureza, seja como história.

No entanto, se entendemos por secularização um acontecimento que pode ser datado no tempo histórico, mais que uma mudança de ideias, nesse caso o problema não é decidir se a "astúcia da razão" de Hegel foi uma secularização da divina providência ou se a sociedade sem classes de Marx representa uma secularização da Era Messiânica. O fato é que a separação entre Igreja e Estado ocorreu, eliminando a religião da vida pública, removendo todas as sanções religiosas da política, e fazendo com que a religião perdesse aquele elemento político que ela adquirira nos séculos em que a Igreja Católica Romana agia como se fosse a herdeira do Império Romano. (Não ocorre que esta separação tenha convertido inteiramente a religião em um "assunto privado". Essa espécie de reserva na religião acontece quando um regime tirânico proíbe o livre funcionamento das igrejas, negando ao crente o espaço público em que ele pode aparecer com outros e ser visto por eles. O domínio público-secular, ou a esfera política propriamente falando, compreende a esfera público-religiosa e tem lugar para ela. Um fiel pode ser um membro de uma igreja e ao mesmo tempo agir como um cidadão na unidade mais ampla constituída por todos que pertencem à Cidade.) Essa secularização foi frequentemente levada a cabo por homens que não alimentavam a menor dúvida quanto à verdade dos ensinamentos religiosos tradicionais (mesmo Hobbes morreu imerso em mortal temor do "fogo do inferno", e Descartes orava à Virgem Maria) e nada nas fontes justifica a consideração de todos aqueles que prepararam ou ajudaram a estabelecer uma nova e independente esfera secular como ateístas secretos ou inconscientes. Tudo que podemos dizer é que, qualquer que fosse sua crença ou ausência dela, esta foi sem influência sobre o secular. Assim, os teóricos políticos do século XVII realizaram a secularização separando o pensamento político da teologia ao insistir que as regras do direito natural proporcionavam um fundamento para o organismo político mesmo que Deus não exista. Foi o mesmo pensamento que levou Grotius a dizer que "nem mesmo Deus pode fazer com que duas vezes dois não sejam quatro". O problema não era negar a existência de Deus, mas descobrir no domínio secular um significado independente e imanente, que nem mesmo Deus pudesse alterar.

Salientou-se anteriormente que a consequência mais relevante do surgimento do domínio secular na Idade Moderna foi ter a crença na imortalidade individual – seja a imortalidade da alma, seja, de modo mais importante, a ressurreição do corpo – perdido sua força politicamente coercitiva. Agora, com efeito, "era inevitável que a posteridade terrena se tornasse mais uma vez a principal substância da esperança", mas disso não decorre que houvesse ocorrido uma secularização da crença em uma vida futura ou que a nova atitude nada mais fosse essencialmente que "uma redisposição das ideias cristãs que ela buscava suplantar"[24]. De fato, aconteceu que o problema da política readquiriu aquela grave e decisiva relevância para a existência dos homens que lhe faltava desde a Antiguidade por ser ela irreconciliável com uma compreensão estritamente cristã do secular. Tanto para os gregos como para os romanos, não obstante todas as diferenças, o fundamento de um organismo político era dado pela necessidade de vencer a imortalidade da vida humana e a futilidade dos feitos humanos. Fora do organismo político, a vida do homem não era apenas nem primeiramente insegura, isto é, exposta à violência de outrem; era desprovida de significado e de dignidade, porque sob circunstância alguma

---

24. John Baillie, *The Belief in Progress*, London, 1950.

poderia deixar quaisquer traços atrás de si. Essa foi a razão do opróbrio lançado pelo pensamento grego sobre toda a esfera da vida privada, cuja "idiotice" consistia em preocupar-se exclusivamente com a sobrevivência, como foi o porquê da asserção de Cícero segundo a qual somente construindo e preservando comunidades políticas poderia a virtude humana chegar às leis divinas[25]. Em outras palavras, a secularização da Idade Moderna traz mais uma vez à cena aquela atividade que Aristóteles chamara de *athanatídzein*, um termo para o qual não temos equivalente imediato nas línguas vivas. Menciono essa palavra de novo, porque aponta para uma atividade de "imortalizar", mais que para o objeto que deve tornar-se imortal. Lutar pela imortalidade pode significar, como certamente ocorreu na Grécia antiga, a imortalização de si mesmo através de feitos notáveis e a aquisição de fama imortal; pode também significar a adição, à obra humana, de algo mais permanente do que nós mesmos; e pode significar, como foi para os filósofos, o dispêndio da própria vida com coisas imortais. Em todo caso, a palavra designava uma atividade e não uma crença, e o que a atividade requeria era um espaço imperecível garantindo que o "imortalizar" não fosse em vão[26].

25. *De Re Publica*, 1, 7.
26. A palavra parece ter sido usada raramente, mesmo em grego. Figura em Heródoto (livro IV, 93 e 94) no sentido ativo e aplica-se aos ritos praticados por uma tribo que não crê na morte. A questão é que a palavra não significa "acreditar na imortalidade", mas "agir de determinada maneira a fim de ter certeza de escapar à morte". No sentido passivo (ἀθανατίζεσθαι [*atnanandzesthal*]), "ser tornado imortal"), a palavra ocorre também em Políbio (livro VI, 54, 2); é empregada na descrição de ritos funerais romanos, aplicando-se às orações fúnebres que tornam imortal "fazendo constantemente nova a fama dos homens bons". O equivalente latino, *aeternare*, aplica-se também à fama imortal. (Horácio, *Carmines*, livro IV, c. 14, 5.)

Evidentemente, Aristóteles foi o primeiro e talvez o último a utilizar essa palavra para a "atividade" especificamente filosófica da contemplação. O texto é o seguinte: οὐ χρὴ δὲ κατὰ τοὺς παραινοῦντας ἀνθρώπινα φρονεῖν, ἄνθρωπον ὄντα οὐδὲ θνητὰ τὸν θνητόν, ἀλλ᾽ ἐφ᾽ ὅσον ἐνδέχεται ἀθανατίζειν ... (*Ética a Nicômaco*, 1177b31). "Não se deveria

Para nós, que nos habituamos à ideia de imortalidade apenas através do encanto duradouro de obras de arte e, talvez, da relativa permanência que atribuímos a todas as grandes civilizações, pode parecer implausível que o impulso para a imortalidade devesse assentar-se sobre o fundamento das comunidades políticas[27]. Para os gregos, contudo, a última poderia perfeitamente ter sido dada como muito mais assente que a primeira. Não pensava Péricles que o mais alto louvor que ele podia conceder a Atenas era afirmar que ela não precisava mais de "um Homero ou outros de seu ofício", mas que, graças à *polis*, os atenienses deixariam por toda parte "monumentos imperecíveis" atrás de si?[28] A obra de Homero fora a imortalização dos feitos humanos[29], e a *polis* poderia dispensar os serviços de "outros de seu ofício" por oferecer a cada um de seus cidadãos aquele espaço político público que, pressupunha, conferiria imortalidade a seus

---

pensar como aqueles que recomendam coisas humanas para os que são mortais, e sim *imortalizar* o máximo possível..." A tradução latina medieval (*Ethica* x, Lectio xi) não emprega a velha palavra latina *aeternare*, porém traduz "imortalizar" por *immortalem facere* – fazer imortal, presumivelmente a si mesmo. (*Oportet autem nom secundum suadentes humana hominem entem, neque mortalia mortalem; sed inquantum* ▶ ▷ *contingit immortalem facere...*) As traduções modernas de boa qualidade incorrem no mesmo erro (ver, por exemplo, a tradução de W.D. Ross, que reza: "devemos [...] tornar a nós mesmos imortais"). No texto grego, a palavra ἀθανατίζειν (*athanatídzein*), como o termo φρονεῖν (*phroneín*), é verbo intransitivo, não tem objeto direto. (Devo as referências em grego ao generoso auxílio dos professores John Herman Randall Jr. e Paul Oscar Kristeller, da Universidade de Columbia. É desnecessário dizer que eles não são responsáveis pela tradução e interpretação.)

27. É bem interessante notar que F. Nietzsche, que certa vez utilizou o termo "eternizar" – provavelmente por ter recordado a passagem em Aristóteles –, aplicou-o às esferas da arte e da religião. Em *Vom Nutzen und Nachteil der Historie für das Leben*, ele fala dos "*aeternisierenden Mächten der Kunst und Religion*".

28. Tucídides ii, 41.

29. Podemos ainda ler como o poeta, e sobretudo Homero, outorgaram imortalidade a homens mortais e a façanhas fúteis nas *Odes de Píndaro*, em tradução para o inglês de Richmond Lattimore, Chicago, 1955. Ver, por exemplo, Isthmia, iv: 60s; Nemea, iv: 10, e vi: 50-55.

atos. O crescente apolitismo dos filósofos após a morte de Sócrates, sua exigência de se liberarem das atividades políticas, sua insistência em realizar uma *athanatídzein* que não fosse prática, mas sim puramente teórica e fora da esfera da vida política tinha causas filosóficas bem como políticas, mas certamente entre as políticas se encontrava o crescente declínio da vida na *polis*, tornando mesmo a permanência – para não falar da imortalidade – desse organismo político particular cada vez mais duvidosa.

O apolitismo da filosofia antiga prenunciava a atitude antipolítica muito mais radical do primeiro cristianismo, que, contudo, em seu verdadeiro extremismo, sobreviveu apenas enquanto o Império Romano forneceu um corpo político estável para todas as nações e todas as religiões. Durante esses primeiros séculos de nossa era a convicção de que as coisas terrestres são perecíveis permaneceu uma questão religiosa e constituía a crença daqueles que nada queriam ter a ver com negócios políticos. Isso mudou decisivamente com a crucial experiência da queda de Roma e a pilhagem da Cidade Eterna, após o que nenhuma era jamais acreditaria que um produto humano, e muito menos uma estrutura política, pudesse durar para sempre. No que dizia respeito ao pensamento cristão, o fato consistiu em uma mera reafirmação de suas crenças. Não teve grande importância, como salientou Agostinho. Para os cristãos só os homens individualmente eram imortais e nada mais que fosse desse mundo, nem a humanidade como um todo nem a própria terra, e menos ainda o edifício humano. Somente transcendendo esse mundo se poderiam realizar atividades imortalizadoras, e a única instituição que seria justificável no âmbito secular era a igreja, a *Civitas Dei* na terra sobre a qual haviam recaído os encargos da responsabilidade política e para a qual todos os impulsos genuinamente políticos poderiam ser levados. O fato de semelhante transformação da cristandade e de seus primitivos impulsos antipolíticos em uma grande e estável instituição política ter sido possível sem uma completa perversão dos evangelhos se deveu quase inteiramente a Agostinho, que, embora dificilmente seja o pai de nosso conceito de história, é bem provável o autor espiritual e com certeza o maior teórico da política cristã. Foi decisivo a esse respeito ele ter podido, ainda firmemente arraigado na tradição cristã, acrescentar à noção cristã de uma vida eterna a ideia de uma *civitas* futura, uma *Civitas Dei*, onde os homens mesmo após a morte continuariam a viver em uma comunidade. Sem essa reformulação dos pensamentos cristãos por meio de Agostinho, a política cristã poderia ter permanecido aquilo que fora nos primeiros séculos: uma contradição em termos. Santo Agostinho pôde solucionar o dilema porque a própria linguagem veio em seu auxílio: em latim, a palavra "viver" sempre coincidiu com *inter homines esse*, "estar em companhia de homens", de modo que uma vida eterna, na interpretação romana, deveria significar que jamais homem nenhum teria de se apartar da companhia humana, ainda que na morte ele tivesse que abandonar a terra. Assim, o fato da pluralidade dos homens, um dos pré-requisitos da vida política, limitava a natureza humana mesmo sob as condições de imortalidade individual, não se incluindo entre as características que essa natureza adquirira após a queda de Adão e que fizeram da política, no sentido meramente secular, uma necessidade para a vida pecadora sobre a terra. A convicção de Agostinho de que algum tipo de vida política deveria existir mesmo sob condições de inocência e até mesmo de santidade foi por ele resumida em uma frase: *Socialis est vita sanctorum*, mesmo a vida dos santos é uma vida em comum com outros homens[30].

Se o discernimento da perecibilidade de todas as criações humanas não teve grande importância para o pensamento cristão, podendo até mesmo, no seu maior pensador, harmonizar-se com uma concepção que situa

---

30. *De Civitate Dei*, XIX, 5.

a política além do domínio secular, tornou-se bastante intrincado quando, na Idade Moderna, a esfera secular da vida humana emancipou-se da religião. A separação entre religião e política significava que, não importando o que um indivíduo pudesse crer como membro de uma igreja, como cidadão ele agiria e se comportaria com base na suposição da mortalidade humana. O medo de Hobbes das chamas do inferno não exerceu a menor influência em sua construção do governo como o Leviatã, um deus mortal atemorizador de todos os homens. Politicamente falando, dentro do próprio domínio secular, a secularização não significava senão que os homens haviam de novo se tornado mortais. Se isso os conduziu, é certo, a uma redescoberta da Antiguidade, ao que chamamos de humanismo, na qual fontes gregas e romanas falam novamente uma linguagem muito mais familiar, e correspondente a experiências muito mais similares às suas, por outro lado não lhes permitiu, na prática, moldar seus comportamentos em conformidade com o exemplo grego ou romano. A antiga confiança na maior permanência da existência do mundo que na de indivíduos humanos, e nas estruturas políticas como uma garantia de sobrevivência terrena depois da morte, não retornou, desvanecendo-se dessa forma a antiga oposição de uma vida mortal a um mundo mais ou menos imortal. Agora, tanto a vida como o mundo tornaram-se perecíveis, mortais, vãos.

Hoje, é difícil entendermos que essa situação de mortalidade absoluta pudesse ser insuportável aos homens. Contudo, voltando o olhar para o desenvolvimento da Idade Moderna até o início de nossa própria era, o mundo moderno, vemos que se passaram séculos antes que nos acostumássemos à noção de mortalidade absoluta, a ponto de não mais nos incomodar pensar nisso nem ser mais significativo o antigo dilema entre uma vida imortal individual em um mundo mortal e uma vida mortal em um mundo imortal. Nesse sentido, entretanto, como em muitos outros, diferimos de todas as eras anteriores. Nossa concepção de história, embora essencialmente uma concepção da Idade Moderna, deve sua existência ao período de transição em que a confiança religiosa na vida imortal perdera sua influência sobre o secular e em que a nova indiferença face à questão da imortalidade ainda não nascera. Se deixarmos de lado a nova indiferença e nos detivermos dentro dos limites do dilema tradicional, atribuindo imortalidade seja à vida seja ao mundo, torna-se, então, óbvio que *athanatídzein*, imortalizar, como atividade de homens mortais, só pode ser significativo se não houver garantia nenhuma de vida futura. Neste momento, contudo, tal atividade se torna quase uma necessidade, na medida em que existe uma preocupação com a imortalidade, seja ela qual for. Foi, portanto, no decurso da busca de um âmbito estritamente secular de duradoura permanência que a Idade Moderna descobriu a imortalidade potencial da espécie humana. Isso é expressamente manifesto em nosso calendário; é o conteúdo real de nosso conceito de história. A história, prolongando-se na dúplice infinitude do passado e do futuro, pode assegurar imortalidade sobre a terra de maneira muito semelhante àquela em que a *polis* grega ou a República romana haviam garantido que a vida e os feitos humanos, na medida em que desvelassem algo de essencial e grande, experimentariam uma permanência estritamente humana e terrena nesse mundo. A grande vantagem desse conceito foi o estabelecimento, pela dúplice infinitude do processo histórico, de um espaço-tempo em que a noção mesma de um fim é virtualmente inconcebível, ao passo que sua grande desvantagem, em comparação com a teoria política da Antiguidade, parece ser o fato de a permanência ser confiada a um processo fluido, em oposição a uma estrutura estável. Ao mesmo tempo, o processo de imortalização tornou-se independente de cidades, estados e nações; ele engloba toda a humanidade, cuja história Hegel foi, em consequência, capaz de ver como um desenvolvimento ininterrupto do espírito. Com isso, a humanidade deixa de ser apenas uma espécie da natureza, e o que distingue o homem dos animais não é mais meramente o fato de falar (λόγον ἔχων [*lógon ékhon*]), como na definição aristotélica, ou de possuir razão, como na definição medieval (*animal rationale*): agora é sua própria vida que o distingue, a única coisa que, na definição tradicional, supunha-se que partilhasse com os animais. Nas palavras de Droysen, que foi talvez o mais denso dos historiadores do século XIX: "Aquilo que é a espécie para animais e plantas [...] é a história para os seres humanos."[31]

História e Política

Se é óbvio que nossa consciência histórica jamais teria sido possível sem a ascensão do domínio secular a uma nova dignidade, não era assim tão óbvio que o processo histórico viria a ser subsequentemente chamado a conferir o novo significado e importância necessários aos feitos e sofrimentos dos homens sobre a terra. E, de fato, no início da Idade Moderna tudo apontava para uma elevação da ação e da vida política, e os séculos XVI e XVII, tão ricos de novas filosofias políticas, eram ainda inteiramente inconscientes de qualquer ênfase especial na história como tal. Ao contrário, sua preocupação estava mais em desvencilhar-se do passado que reabilitar o processo histórico. O traço distintivo da filosofia de Hobbes é sua unilateral insistência sobre o futuro e a interpretação teleológica tanto do pensamento como da ação que disso resulta. A convicção da Idade Moderna de que o homem pode conhecer somente o que ele mesmo fez, parece estar mais de acordo com uma glorificação da ação do que com

---

31. Johannes Gustav Droysen, *Historik* (1882), München/Berlin, 1937, parág. 82: "*Was den Tieren, den Pflanzen ihr Gattungsbegriff – denn die Gattung ist*, ἵνα τοῦ ἀεὶ καὶ θείου μετέχωσιν *– das ist den Menschen die Geschichte*". Droysen não menciona o autor ou fonte da citação, que soa aristotélica.

a atitude basicamente contemplativa do historiador e da consciência histórica em geral.

Assim, uma das razões para a ruptura de Hobbes com a filosofia tradicional consistia em que, enquanto toda a metafísica anterior seguira Aristóteles ao sustentar que a investigação das causas primeiras de todas as coisas que existem constitui a tarefa principal da filosofia, sua posição, ao contrário, era a de que a tarefa da filosofia consiste em guiar propósitos e alvos e estabelecer uma teleologia razoável da ação. Esse ponto era tão importante para Hobbes que ele insistia em que os animais são também capazes de descobrir causas e que, portanto, isso não pode ser a verdadeira distinção entre a vida humana e animal; ao invés, encontrou tal distinção na capacidade para contar com "os efeitos de alguma causa presente ou passada [...], de que jamais vi sinal algum em época alguma, exceto no homem"[32].
A Idade Moderna não somente produziu, mal iniciada, uma nova e radical filosofia política – Hobbes é apenas um exemplo, embora talvez o mais interessante –, como também, pela primeira vez, filósofos dispostos a orientar-se conformemente às exigências da esfera política; e essa nova orientação política está presente não apenas em Hobbes como, *mutatis mutandis*, em Locke e Hume. Pode-se dizer que a transformação hegeliana da metafísica em uma filosofia da história foi precedida por uma tentativa de desvencilhar-se da metafísica por uma filosofia da política.

Em qualquer consideração do conceito moderno de história, um dos problemas cruciais é explicar seu súbito aparecimento durante o último terço do século XVIII e o concomitante declínio de interesse no pensamento puramente político. (Deve-se dizer de Vico que foi um pioneiro cuja influência somente foi sentida mais de duas gerações após sua morte.) Onde ainda sobrevivia um genuíno interesse em teoria política, este findou em desespero, como em Tocqueville, ou na confusão da política com a história,

---

32. *Leviatã*, livro I, capítulo 3.

como em Marx. Pois, o que mais, além do desespero, poderia ter inspirado a asserção de Tocqueville de que "no momento em que o passado deixou de lançar luzes sobre o futuro o espírito do homem vagueia na obscuridade"? Esta é, com efeito, a conclusão da grande obra na qual ele "delineia a sociedade do mundo moderno", e em cuja introdução proclamara "ser necessária uma nova ciência da política para um novo mundo"[33]. E que mais, além de confusão – uma confusão indulgente para com o próprio Marx, e fatal para seus seguidores – poderia ter conduzido à identificação, por Marx, da ação com o "fazer a história"?

A noção do "fazer história", de Marx, teve uma influência que excedeu de longe o círculo de marxistas convictos ou revolucionários determinados. Embora intimamente relacionada com a ideia de Vico de que a história era feita pelo homem, contrariamente à "natureza", feita por Deus, a diferença entre elas é contudo decisiva. Para Vico, e mais tarde para Hegel, a importância do conceito de história era basicamente teórica. Jamais ocorreu a nenhum deles aplicar esse conceito utilizando-o diretamente como um princípio de ação. Concebiam a verdade como sendo revelada ao vislumbre contemplativo e retrospectivo do historiador, o qual, por ser capaz de ver o processo como um todo, estaria em posição de desprezar os "desígnios estreitos" dos homens em ação, concentrando-se em vez disso nos "desígnios superiores" que se realizam por trás de suas costas (Vico). Por outro lado, Marx combinava sua noção de história com as filosofias políticas teleológicas das primeiras etapas da Idade Moderna, de modo que em seu pensamento os "desígnios superiores", que de acordo com os filósofos da História se revelavam apenas ao olhar retrospectivo do historiador e do filósofo, poderiam se tornar fins intencionais de ação política. O ponto essencial é que a filosofia política de Marx não se baseava

---

33. *Democracy in America*, v. 2, último capítulo, e v. 1, "Introdução do Autor", respectivamente.

sobre uma análise de homens em ação, mas, ao contrário, na preocupação hegeliana com a história. Foi o historiador e filósofo quem se politizou. Ao mesmo tempo, a antiga identificação da ação com o fazer e o fabricar foi como que complementada e aperfeiçoada através da identificação da fixação contemplativa do historiador com a contemplação do modelo (o εἶδος [*eídos*] ou "forma" do qual Platão derivou suas "ideias") que guia o artesão e precede todo fazer. E o perigo dessas combinações não é tornar imanente aquilo que era de início transcendente, como frequentemente se alegava, como se Marx procurasse estabelecer sobre a terra um paraíso antes situado na vida futura. O perigo de transformar os "desígnios superiores" desconhecidos e incognoscíveis em intenções planejadas e voluntárias estava em se transformarem o sentido e a plenitude de sentido em fins –, o que aconteceu quando Marx tomou o significado hegeliano de toda história –, o progressivo desdobramento e realização da ideia de liberdade, como sendo um fim da ação humana, e quando, além disso, seguindo a tradição, considerou esse "fim" último como o produto final de um processo de fabricação.

Contudo, nem a liberdade nem qualquer outro significado podem ser jamais o produto de uma atividade humana no sentido de que a mesa é, evidentemente, o produto final da atividade do carpinteiro.

A crescente ausência de sentido no mundo moderno é talvez prenunciada com maior clareza que em nenhum outro lugar nessa identificação de sentido e fim. O sentido, que não pode ser nunca o desígnio da ação e que, no entanto, surgirá inevitavelmente das realizações humanas após a própria ação ter chegado a um fim, era agora perseguido com o mesmo mecanismo de intenções e meios organizados empregado para atingir os desígnios particulares diretos da ação concreta. O resultado foi como se o próprio sentido fosse separado do mundo dos homens e a eles deixada apenas uma interminável cadeia de objetivos em cujo progresso a plenitude de sentido de todas as realizações passadas constantemente se cancelasse por metas e intenções futuras. Era como se os homens fossem subitamente cegados para distinções fundamentais tais como entre sentido e fim, entre o geral e o particular, ou, gramaticalmente falando, entre "por causa de" e "a fim de" (por exemplo, como se o carpinteiro esquecesse que somente seus atos particulares ao fazer uma mesa são realizados "a fim de", mas que sua vida total como carpinteiro é governada por algo inteiramente diverso, ou seja, uma noção abrangente "por causa da" qual, antes de mais nada, se tornou um carpinteiro). E, no momento em que tais distinções são esquecidas e os sentidos são degradados em fins, ocorre que os próprios fins deixam de ser compreendidos, de modo que, finalmente, todos os fins são degradados e se tornam meios.

Nessa versão do derivar a política da história, ou antes a consciência política da consciência histórica, de forma alguma restrita a Marx em particular ou mesmo ao pragmatismo em geral, podemos facilmente detectar a antiga tentativa de escapar às frustrações e à fragilidade da ação humana construindo-a à imagem do fazer. O que distingue a teoria do próprio Marx de todas as demais teorias em que a noção de "fazer a história" encontrou abrigo é somente o fato de apenas ele ter percebido que, se se toma a história como o objeto de um processo de fabricação ou elaboração, deve chegar um momento em que esse objeto é completado, e que, desde que se imagina ser possível "fazer a história", não se pode escapar à consequência de que haverá um fim para a história. Sempre que ouvimos grandiosos desígnios em política, tais como o estabelecimento de uma nova sociedade na qual a justiça será garantida para sempre, ou uma guerra para acabar com todas as guerras, ou salvar o mundo inteiro para a democracia, estamos nos movendo no domínio desse tipo de pensamento.

Nesse contexto, é importante ver que aqui o processo da história, conforme se apresenta em nosso calendário prolongado na infinitude do passado e do futuro, foi abandonado em função de um tipo de processo completamente diferente; o de fazer algo que possui um início bem como um fim, cujas leis de movimento podem, portanto, ser determinadas (por exemplo, como movimento dialético) e cujo conteúdo mais profundo pode ser descoberto (por exemplo, a luta de classes). Esse processo, todavia, é incapaz de garantir ao homem qualquer espécie de imortalidade, porque cancela e destitui de importância seja lá o que tenha vindo antes: na sociedade sem classes o melhor que a humanidade pode fazer com a história é esquecer todo episódio infeliz cujo único propósito era abolir a si próprio. Não pode tampouco atribuir sentido a ocorrências particulares, pois todas se dissolveram em meios cujo sentido termina no momento em que o produto final é acabado: eventos, feitos e sofrimentos isolados não possuem mais sentido do que martelo e pregos em relação à mesa concluída.

Conhecemos a curiosa ausência de sentido que surge em última instância de todas as filosofias estritamente utilitaristas tão comuns e características da primeira fase industrial da Idade Moderna, quando os homens, fascinados pelas novas possibilidades de manufaturar, pensavam todas as coisas em termos de meios e fins, isto é, categorias cuja validade obtinha sua origem e justificação na experiência de produção de objetos-de-uso. O problema está na natureza do quadro de referência categórico de meios e fins, que transforma imediatamente todo fim alcançado nos meios para um novo fim, por assim dizer, destruindo assim o sentido seja lá onde se aplique, até que, no decurso do aparentemente interminável questionar utilitarista: "Para que serve?", em meio ao aparentemente interminável progresso onde a finalidade de hoje se torna o meio de um amanhã melhor, surge a única questão que nenhum pensamento utilitarista pôde jamais responder: "E para que serve servir?", como o colocou Lessing de modo sucinto certa vez.

A ausência de sentido de todas as filosofias verdadeiramente utilitaristas podia escapar à consciência de Marx por acreditar este que, após Hegel ter descoberto em sua dialética a lei de todos os movimentos, naturais e históricos, ele próprio encontrara a mola e o conteúdo dessas leis no domínio histórico e, portanto, a significação concreta da história que a história tinha a contar. A luta de classes: para Marx, essa fórmula parecia desvendar todos os segredos da história, exatamente como a lei da gravidade parecera desvendar todos os segredos na natureza. Hoje em dia, que já lidamos com tais construções históricas, uma após a outra, que estudamos, uma por uma, fórmulas desse tipo, o problema não é mais saber se esta ou aquela fórmula particular é correta. Em todas as tentativas dessa natureza aquilo que se considera ser um sentido de fato não passa de um padrão, e dentro das limitações do pensamento utilitarista nada pode fazer sentido além de padrões, pois apenas padrões podem ser feitos, ao passo que significações não podem sê-lo, mas, como a verdade, apenas se descobrirão ou se revelarão. Marx foi apenas o primeiro – e, não obstante, o maior, dentre os historiadores –, a confundir um padrão com um sentido, e certamente seria difícil esperar que ele percebesse a quase inexistência de padrão em que os eventos do passado não se encaixassem tão precisa e coerentemente como no seu próprio. Ao menos, o padrão de Marx baseava-se em um importante discernimento histórico: desde então, temos visto os historiadores imporem ao labirinto de fatos passados praticamente qualquer padrão que lhes apraza, disso resultando que a ruína do fatual e do particular através da validade aparentemente maior de "sentidos" gerais chegou mesmo a solapar a estrutura fatual básica de todo processo histórico, isto é, a cronologia.

Além disso, Marx construiu seu padrão como o fez devido à sua preocupação com a ação e sua impaciência com a história. Ele é o último dos pensadores que se situam na linha fronteiriça entre o primitivo interesse da

Idade Moderna pela política e sua posterior preocupação com a história.

Poder-se-ia destacar o momento em que a Idade Moderna abandonou suas primitivas tentativas de estabelecer uma nova filosofia política através da redescoberta do secular recordando o momento em que o calendário revolucionário francês foi abandonado, após uma década, e a revolução reintegrou-se, por assim dizer, no processo histórico com sua dúplice extensão para a infinitude. Era como se fosse admitido que nem mesmo a revolução, que, juntamente com a promulgação da Constituição americana, ainda é o evento máximo da história política moderna, continha em si mesma sentido independente e suficiente para iniciar um novo processo histórico. Pois o calendário republicano não foi abandonado meramente pelo desejo de Napoleão de governar um império e ser igualado às cabeças coroadas da Europa. O abandono implicou também a recusa, não obstante o restabelecimento do secular, a aceitar a antiga convicção de que as ações políticas têm sentido independentemente de sua situação histórica, e em especial um repúdio da fé romana no caráter sagrado dos fundamentos, com o correspondente costume de enumerar o tempo a partir da data de fundação. De fato, a Revolução Francesa, que foi inspirada pelo espírito romano e apareceu ao mundo, como Marx gostava de dizer, em trajes romanos, inverteu-se em mais de um sentido.

Um marco igualmente importante no deslocamento da preocupação inicial com a política para a posterior preocupação com a história encontra-se na filosofia política de Kant. Este, que saudara em Rousseau "o Newton do mundo moral" e que fora saudado por seus contemporâneos como o teórico dos direitos do homem[34], encontrava ainda muita dificuldade em lidar com a nova

---

34. O primeiro a considerar Kant como o teórico da Revolução Francesa foi Friedrich Gentz, em seu "Nachtrag zu dem Räsonnement des Herrn Prof. Kant über das Verhältnis zwischen Theorie und Praxis", *Berliner Monatsschrift*, dez. 1793.

ideia de história que provavelmente chamara a sua atenção nos escritos de Herder. Ele é um dos últimos filósofos a lamentar seriamente o "curso sem sentido dos assuntos humanos", a "melancólica casualidade" dos acontecimentos e progressos históricos, essa desesperançada e sem sentido "mistura de erro e violência", como certa vez Goethe definiu a história. No entanto, Kant viu também aquilo que outros haviam visto antes dele: uma vez que olhamos para a história em seu conjunto (*im Grossen*), e não para acontecimentos isolados e para as eternamente frustradas intenções de agentes humanos, tudo faz sentido subitamente, pois há sempre, pelo menos, uma história a contar. O processo como um todo parece ser guiado por uma "intenção da natureza" desconhecida pelos homens em ação, mas compreensível àqueles que os sucedem. Ao perseguirem seus próprios alvos sem rima ou razão os homens parecem ser conduzidos pelo "fio condutor da razão"[35].

Tem certa importância observar que Kant, assim como Vico antes dele, já estava ciente daquilo que Hegel denominou mais tarde de "a astúcia da razão" (Kant chamou-o ocasionalmente "o ardil da natureza"). Ele chegou a ter certo entendimento rudimentar da dialética histórica, como ao ressaltar que a natureza persegue seus objetivos gerais através do "antagonismo dos homens em sociedade [...] sem os quais os homens, de boa índole como ovelhas que tangem, dificilmente saberiam como dar à sua própria existência um valor mais alto que o possuído por seu gado". Isso mostra em que medida a própria ideia de história como um processo sugere serem os homens, em suas ações, conduzidos por algo de que não têm necessariamente consciência e que não encontra expressão direta na ação mesma. Em outras palavras, isso mostra quão extremamente útil o conceito moderno de história se revelou para dar ao âmbito político secular um significado do

---

[35]. Ver a Introdução de *Idee zu einer allgemeinen Geschichte in weltbürgerlicher Absicht* (Ideia de uma História Universal a Partir de um Ponto de Vista Cosmopolita).

qual ele, de outro modo, estaria desprovido. Em Kant, diferente de Hegel, o motivo para a fuga moderna da política para a história ainda é bastante claro. Ela é a fuga para o todo, e a fuga é incitada pela ausência de sentido do particular. E como o interesse primário de Kant recaía ainda na natureza e nos princípios da ação política (ou, como ele o diria, na moral), era capaz de perceber a deficiência crucial da nova abordagem, o único grande tropeço que nenhuma filosofia da história e nenhum conceito de progresso pôde remover jamais. Nas próprias palavras de Kant: "Permanecerá sempre desconcertante [...] que as primeiras gerações pareçam conduzir seus negócios exaustivos unicamente para o bem das posteriores [...] e que somente as últimas devam ter a boa fortuna de habitar o edifício [completo]"[36].

O aturdido pesar e a grande hesitação com que Kant se resignou a introduzir um conceito de história em sua filosofia política indica com rara precisão a natureza das perplexidades que fizeram a Idade Moderna alterar sua ênfase de uma teoria da política – aparentemente tão mais apropriada à sua crença na superioridade da ação sobre a contemplação – para uma filosofia da história essencialmente contemplativa. Pois Kant foi talvez o único pensador grande para o qual a questão "Que devo fazer?" foi não apenas tão relevante como as duas outras questões da metafísica, "Que posso saber?" e "Que posso esperar?", mas constituiu o cerne mesmo de sua filosofia. Em consequência, ele não foi perturbado, como até mesmo Marx e Nietzsche o foram, pela tradicional hierarquia da contemplação sobre a ação, a *vita contemplativa* sobre a *vita activa*; seu problema era, antes, outra hierarquia tradicional que, por ser oculta e excepcionalmente articulada, se mostrou muito mais difícil de superar: a hierarquia no interior da própria *vita activa*, onde a ação do político ocupa a posição mais alta, o fazer do artesão e do artista uma

---

36. Ibidem, ver A Terceira Proposição.

posição intermediária e o trabalho que prove as necessidades do funcionamento do organismo humano, a mais baixa. (Marx, posteriormente, inverteria também essa hierarquia, embora escrevesse explicitamente apenas sobre elevar a ação sobre a contemplação e transformar o mundo em lugar de interpretá-lo. No curso dessa inversão, ele teve que derrubar igualmente a hierarquia tradicional no interior da *vita activa*, colocando a mais baixa das atividades humanas, a atividade do trabalho, no mais alto grau. Agora, a ação parecia não ser mais que uma função das "relações de produção" da humanidade erigidas pelo trabalho.) É verdade que a filosofia tradicional com frequência não faz mais que estimar superficialmente a ação como a mais alta atividade do homem, preferindo a atividade muito mais confiável do fazer, de modo que dificilmente a hierarquia no interior da *vita activa* chegou algum dia a ser inteiramente articulada. É um sinal do nível político da filosofia de Kant o fato de as velhas perplexidades inerentes à ação terem sido novamente trazidas à cena.

Em todo caso, Kant não podia deixar de se tornar consciente do fato de a ação não satisfazer nenhuma das duas esperanças que a Idade Moderna teria. Se a secularização de nosso mundo implica o renascimento do antigo desejo de alguma espécie de imortalidade terrena, então a ação humana, especialmente em seu aspecto político, deve parecer singularmente inadequada para atender às demandas da nova era. Do ponto de vista da motivação, a ação parece ser o menos interessante e mais fútil de todos os objetivos humanos: "Paixões, objetivos privados e a satisfação de desejos egoístas são [...] as molas mais eficientes da ação"[37], e "os fatos da história conhecida" tomados por si mesmos "não possuem nem base comum, nem continuidade, nem coerência" (Vico). Por outro lado, sob o ponto de vista da realização, a ação parece de imediato ser mais fútil e mais frustrante do que as atividades de trabalhar e

---

37. G.W.F. Hegel, *The Philosophy of History*, p. 21.

de produzir objetos. Os feitos humanos, a menos que sejam rememorados, são as coisas mais fúteis e perecíveis que existem na face da terra; dificilmente eles sobrevivem à própria atividade e, certamente, jamais podem aspirar por si mesmos àquela permanência que até mesmo os objetos de uso comum possuem quando sobrevivem a seu fabricante, para não mencionar as obras de arte, que nos falam após séculos. A ação humana, projetada em uma teia de relações onde fins numerosos e antagônicos são perseguidos, quase nunca satisfaz sua intenção original; nenhum ato pode jamais ser reconhecido por seu executante como seu com a mesma alegre certeza com que uma obra de arte de qualquer espécie será identificada por seu autor. Seja lá quem inicie um ato deve saber que apenas iniciou alguma coisa cujo fim ele não pode nunca predizer, ainda que tão somente por seu próprio feito já alterou todas as coisas e se tornou ainda mais imprevisível. Kant tinha isso em mente ao falar da "melancólica casualidade" (*trostlose Ungefähr*) tão marcante no registro da história política. "A ação: não se conhece sua origem, não se conhecem suas consequências: – por conseguinte, possuirá a ação sequer algum valor?"[38] Não estariam certos os filósofos antigos, e não teria sido loucura esperar que algum significado emergisse do domínio dos assuntos humanos?

Durante longo tempo, pareceu que essas inadequações e perplexidades no seio da *vita activa* poderiam ser resolvidas ignorando as peculiaridades da ação e insistindo na "significância" do processo histórico em sua totalidade, que parecia dar à esfera política aquela dignidade e redenção final da "melancólica casualidade" tão obviamente exigida. A história – baseada na suposição manifesta de que, não importa quão acidentais as ações isoladas possam parecer no presente e em sua singularidade, elas conduzem inevitavelmente a uma sequência de eventos que formam uma história capaz de ser expressa através de

---

38. F. Nietzsche, *Wille zur Macht*, n. 291.

uma narrativa inteligente no momento em que os eventos se distanciam no passado – tornou-se a grande dimensão na qual os homens se "reconciliam" com a realidade (Hegel), a realidade dos problemas humanos, isto é, de coisas que devem sua existência exclusivamente aos homens. Além disso, visto que a história, em sua versão moderna, fora concebida basicamente como um processo, ela exibiu uma peculiar e inspiradora afinidade com a ação, a qual, de fato, ao contrário de todas as demais atividades humanas, consiste acima de tudo de processos de iniciação – um fato do qual, naturalmente, a experiência humana sempre fora consciente, embora a preocupação da filosofia com o fazer como modelo da atividade humana tenha obstado a elaboração de uma terminologia articulada e de uma descrição precisa. A própria noção de processo, tão altamente característica da ciência moderna, tanto natural como a histórica, provavelmente originou-se nessa experiência fundamental da ação, à qual a secularização emprestou uma ênfase como ela jamais conhecera desde os primeiros séculos da cultura grega, antes ainda do surgimento da *polis* e certamente antes da vitória da escola socrática. Em sua versão moderna, a história poderia entrar em acordo com essa experiência; embora fracassasse no salvamento da própria política da antiga desgraça, embora os feitos e atos isolados constituintes do domínio da política, propriamente falando, fossem relegados ao limbo, ela pelo menos outorgou ao registro dos eventos passados aquele quinhão de imortalidade terrena ao qual a Idade Moderna necessariamente aspirava, mas que seus homens ativos não mais ousaram reclamar à posteridade.

Epílogo

Hoje em dia, a maneira hegeliana e kantiana de reconciliamento com a realidade através da compreensão do significado mais profundo de todo o processo histórico parece tão completamente refutada por nossa experiência como a tentativa simultânea do pragmatismo e do utilitarismo de "fazer a história" e impor à realidade o significado e a lei preconcebidos do homem. Embora, em regra, os problemas tenham surgido na Idade Moderna com as ciências naturais e tenham sido a consequência da experiência obtida na tentativa de conhecer o universo, desta vez a refutação surgiu simultaneamente dos campos físico e político. O problema é que quase todo axioma parece levar a deduções coerentes, e isso a tal ponto que é como se os homens estivessem em posição de provar praticamente qualquer hipótese que decidam adotar, não apenas no campo das construções puramente hipotéticas, como as diversas interpretações globais da história que são todas igualmente bem apoiadas pelos fatos, mas também nas ciências naturais[39].

No que respeita à ciência natural, isso nos traz de volta à afirmação anteriormente citada de Heisenberg[40], cuja consequência ele formulou certa vez, em contexto diferente, como o paradoxo de que o homem, toda vez que tenta aprender acerca de coisas que não são ele próprio nem devem a ele sua existência, encontrará em última instância a si mesmo, a suas próprias construções e os padrões de suas próprias ações[41]. Não se trata mais de uma questão de objetividade acadêmica. Não se pode resolvê-la mediante a reflexão de que o homem, como ser que

---

39. Martin Heidegger apontou certa vez para esse fato estranho durante uma discussão pública em Zurique (publicada sob o título: "Aussprache mit Martin Heidegger: am 6. November 1951", Zürich: Photodruck Jurisverlag, 1952): "der Satz: man kann alles beweisen [ist] nicht ein Freibrief, sondern ein Hinweis auf die Möglichkeit, dass dort, wo man beweist im Sinne der Deduktion aus Axiomen, dies jederzeit in gewissem Sinne möglich ist. Das ist das unheimlich Rätselhafte, dessen Geheimnis ich bisher auch nicht an einem Zipfel aufzuheben vermochte, dass dieses Verfahren in der modernen Naturwissenschaft stimmt".
40. Ver supra, p. 101-102.
41. Em publicações recentes, Werner Heisenberg expressa o mesmo pensamento numa série de variantes. Ver, por exemplo, *Das Naturbild der heutigen Physik*, Hamburgo, 1956.

formula questões, naturalmente só pode receber respostas que se adequem a suas próprias questões. Caso nada mais estivesse envolvido, então nos daríamos por satisfeitos com o fato de diferentes questões colocadas "ao único e mesmo evento físico" revelarem aspectos diferentes mas, objetivamente, igualmente verdadeiros do mesmo fenômeno, do mesmo modo que a mesa em torno da qual várias pessoas se sentam e cada uma a vê sob um aspecto diferente, sem deixar por isso de ser o objeto comum a todas elas. Poder-se-ia mesmo imaginar que uma teoria das teorias, como a velha *mathesis universalis*, poderia eventualmente ser capaz de determinar quantas questões deste tipo são possíveis ou quantos "diferentes tipos de lei natural" podem ser aplicados ao mesmo universo sem contradição.

O problema se tornaria um pouco mais sério caso fosse evidenciado que não existe questão alguma que não conduza a um conjunto coerente de respostas – uma perplexidade que mencionamos anteriormente, ao discutir a distinção entre padrão e significado. Nesse caso, a própria distinção entre questões significativas e não significativas desapareceria juntamente com a verdade absoluta, e a coerência com que ficaríamos poderia ser igualmente a coerência de um asilo de paranoicos ou a coerência das atuais demonstrações da existência de Deus. Contudo, o que está realmente solapando toda a moderna noção de que o significado está contido no processo como um todo, do qual a ocorrência particular deriva sua inteligibilidade, é que não somente podemos provar isso, no sentido de uma dedução coerente, como podemos tomar praticamente qualquer hipótese e *agir* sobre ela, com uma sequência de resultados na realidade que não apenas fazem sentido, mas *funcionam*. Isso significa, de modo absolutamente literal, que tudo é possível não somente no âmbito das ideias, mas no campo da própria realidade.

Em meus estudos sobre o totalitarismo, tentei mostrar que o fenômeno totalitário, com seus berrantes traços antiutilitários e seu estranho menosprezo pela fatualidade, se baseia, em última análise, na convicção de que tudo é possível, e não apenas permitido, moralmente ou de outra forma, do mesmo modo que o niilismo primitivo. Os sistemas totalitários tendem a demonstrar que a ação pode ser baseada sobre qualquer hipótese e que, no curso da ação coerentemente guiada, a hipótese particular se tornará verdadeira, se tornará realidade fatual e concreta. A hipótese que subjaz à ação coerente pode ser tão louca quanto se queira; ela sempre terminará por produzir fatos que são então objetivamente verdadeiros. O que originalmente não era mais que uma hipótese, a ser comprovada ou refutada por fatos reais, no decurso da ação coerente se transformará sempre em um fato, jamais refutável. Em outras palavras, o axioma do qual partiu a dedução não precisa ser, como supunham a lógica e a metafísica tradicionais, uma verdade evidente por si; ele não necessita sequer se harmonizar com os fatos dados no mundo objetivo no momento em que a ação começa; o processo da ação, se for coerente, passará a criar um mundo no qual as hipóteses se tornam axiomáticas e evidentes por si.

A assustadora arbitrariedade com que nos confrontamos sempre que decidimos nos aventurar a esse tipo de ação, a exata contrapartida de processos lógicos congruentes, é ainda mais óbvia no domínio político que no domínio natural. Mas é mais difícil convencer as pessoas de que isso vale para a história passada. O historiador, contemplando retrospectivamente o processo histórico, habituou-se tanto a descobrir um significado objetivo, independente dos objetivos e da consciência dos atores, que ele é propenso a menosprezar o que efetivamente aconteceu em sua busca por discernir alguma tendência objetiva. Ele menosprezará, por exemplo, as características particulares da ditadura totalitária de Stálin em favor da industrialização do império soviético ou dos objetivos nacionalistas da política exterior russa tradicional.

No interior das ciências naturais as coisas não são essencialmente diferentes, mas elas parecem mais convincentes porque estão até agora distanciadas da competência do leigo e de seu saudável e empedernido senso comum que recusa ver o que não pode compreender. Também aqui o pensar em termos de processos, por um lado, e a convicção, por outro, de que conheço somente aquilo que eu mesmo fiz, levaram à completa ausência de significado que resulta inevitavelmente da compreensão de que posso escolher fazer o que quiser resultando sempre alguma espécie de "sentido". Em ambos os casos, a perplexidade está em que o incidente particular, o fato observável ou a ocorrência isolada na natureza, ou o feito e evento registrados da história, deixaram de fazer sentido sem um processo universal em que supostamente se embasem; não obstante, no momento em que o homem se acerca desse processo visando escapar ao caráter acidental do particular, visando encontrar sentido – ordem e necessidade –, seus esforços são rechaçados de todos os lados: qualquer ordem, qualquer necessidade, qualquer sentido que se queira impor fará sentido. Essa é a mais clara demonstração possível de que, sob essas condições, não há nem necessidade nem sentido. É como se a "melancólica casualidade" do particular tivesse agora nos agarrado e nos estivesse perseguindo na própria região para onde as gerações anteriores haviam fugido visando escapar-lhe do alcance.

O fator decisivo nessa experiência, tanto na natureza como na história, não são os padrões com que procuramos "explicar" e que, nas ciências históricas e sociais, se anulam uns aos outros mais rapidamente, pelo fato de todos poderem ser consistentemente provados, do que nas ciências naturais, onde os problemas são mais complexos e, por essa razão técnica, menos abertos à arbitrariedade leviana de opiniões irresponsáveis. Essas opiniões têm, é certo, uma origem completamente diversa, mas tendem a obscurecer o problema realmente relevante da contingência com que nos confrontamos hoje em toda parte. O decisivo é que nossa tecnologia, a qual ninguém pode acusar de não funcionar, é baseada nesses princípios, e que nossas técnicas sociais, cujo campo de experimentação real se encontra nos países totalitários, têm apenas de superar uma certa defasagem de tempo até serem capazes de fazer para o mundo das relações humanas e dos assuntos humanos tanto quanto já foi feito para o mundo dos artefatos humanos.

A Idade Moderna, com sua crescente alienação do mundo, conduziu a uma situação em que o homem, onde quer que vá, encontra apenas a si mesmo. Todos os processos da terra e do universo se revelaram como sendo ou feitos pelo homem ou potencialmente produzidos por ele. Esses processos, após por assim dizer devorarem a sólida objetividade do dado, terminaram por destituir de significado o único processo geral que originalmente fora concebido com o fito de lhes dar significado, e para agir, digamos assim, como o espaço-tempo eterno no qual todos eles poderiam fluir, libertando-se, portanto, de seus conflitos e exclusividades mútuos. Foi o que aconteceu ao nosso conceito de história, como foi o que sucedeu ao conceito de natureza. Na situação de radical alienação do mundo, nem a história nem a natureza são em absoluto concebíveis. Essa dupla perda do mundo – a perda da natureza e a perda da obra humana no senso mais lato, que incluiria toda a história – deixou atrás de si uma sociedade de homens que, sem um mundo comum que a um só tempo os relacione e separe, ou vivem em uma separação desesperadamente solitária ou são comprimidos em uma massa. Pois uma sociedade de massas nada mais é que aquele tipo de vida organizada que automaticamente se estabelece entre seres humanos que se relacionam ainda uns aos outros, mas que perderam o mundo outrora comum a todos eles.

3. QUE É AUTORIDADE?

1

Para evitar mal-entendidos, teria sido muito mais prudente indagar no título: o que foi – e não o que é – autoridade? Pois meu argumento é que somos tentados e autorizados a levantar essa questão por ter a autoridade desaparecido do mundo moderno. Uma vez que não mais podemos recorrer a experiências autênticas e incontestes comuns a todos, o próprio termo obscureceu-se em controvérsia e confusão. Pouca coisa acerca de sua natureza parece evidente por si ou mesmo compreensível a todos, exceto o fato de o cientista político poder ainda recordar-se de ter sido esse conceito, outrora, fundamental na teoria política, ou de a maioria das pessoas concordar em que uma crise constante da autoridade, sempre crescente e cada vez mais profunda, acompanhou o desenvolvimento do mundo moderno em nosso século.

Essa crise, manifesta desde o começo do século, é política em sua origem e natureza. A ascensão de movimentos políticos com o intento de substituir o sistema partidário, e o desenvolvimento de uma nova forma totalitária de governo, ocuparam um lugar contra o pano de fundo de uma quebra mais ou menos geral e mais ou menos dramática de todas as autoridades tradicionais. Em parte alguma, essa quebra foi resultado direto dos próprios regimes ou movimentos; antes, era como se o totalitarismo, tanto na forma de movimentos como de regimes, fosse o mais apto a tirar proveito de uma atmosfera política e social geral em que o sistema de partidos perdera seu prestígio e a autoridade do governo não era mais reconhecida.

O sintoma mais significativo da crise, a indicar sua profundeza e seriedade, é que ela se espalhou em áreas pré-políticas tais como a criação dos filhos e a educação, onde a autoridade no sentido mais lato sempre fora aceita como uma necessidade natural, requerida obviamente tanto por uma questão da natureza, o desamparo da criança, como por necessidade política, a continuidade de uma civilização estabelecida que somente pode ser garantida se os que são recém-chegados por nascimento forem guiados através de um mundo preestabelecido no qual nasceram como estrangeiros. Devido a seu caráter simples e elementar, essa forma de autoridade serviu, através de toda a história do pensamento político, como modelo para uma grande variedade de formas autoritárias de governo, de modo que o fato de mesmo essa autoridade pré-política, que governava as relações entre adultos e crianças e entre mestres e alunos, não ser mais segura significa que todas as antigas e reputadas metáforas e modelos para relações autoritárias perderam sua plausibilidade. Tanto prática como teoricamente, não estamos mais em posição de saber o que a autoridade realmente *é*.

Nas reflexões que se seguem, admito como pressuposto que a resposta a essa questão não pode em absoluto se encontrar em uma definição da natureza ou essência da "autoridade em geral". A autoridade que perdemos no mundo moderno não é esta "autoridade em geral", mas antes uma forma bem específica, que fora válida em todo o mundo ocidental durante longo período de tempo. Proponho-me, portanto, a reconsiderar o que a autoridade foi historicamente e as fontes de sua força e significação. Não obstante, em vista da atual confusão, parece que mesmo essa limitada e tateante abordagem deve ser precedida de algumas observações acerca do que a autoridade nunca foi, a fim de evitar os mal-entendidos mais comuns e assegurar que visualizemos e consideremos o mesmo fenômeno, e não uma série qualquer de problemas conexos ou desconexos.

Visto que a autoridade sempre exige obediência, ela é comumente confundida com alguma forma de poder ou violência. No entanto, a autoridade exclui o emprego de meios externos de coerção; onde a força é usada, a própria autoridade fracassa. Por outro lado, a autoridade é incompatível com a persuasão, a qual pressupõe igualdade e opera mediante um processo de argumentação. Onde se utilizam argumentos, a autoridade é colocada em suspenso. Contra a ordem igualitária da persuasão ergue-se a ordem autoritária, que é sempre hierárquica. Se a autoridade deve ser definida de alguma forma, deve sê-lo, pois, tanto contrapondo-se à coerção pela força como à persuasão através de argumentos. (A relação autoritária entre o que manda e o que obedece não se assenta nem na razão comum nem no poder do que manda; o que eles possuem em comum é a própria hierarquia, cujo direito e legitimidade ambos reconhecem e na qual ambos têm seu lugar estável predeterminado.) Esse ponto é de importância histórica; um dos aspectos de nosso conceito de autoridade é de origem platônica, e quando Platão começou a considerar a introdução da autoridade no trato dos assuntos públicos na *polis*, sabia que estava buscando uma alternativa pra a maneira grega usual de manejar os assuntos domésticos, que era a persuasão (πείθεν [*péithein*]), assim como para o modo comum de tratar os negócios estrangeiros, que era a força e a violência (βία [*bía*]).

Historicamente, podemos dizer que a perda da autoridade é meramente a fase final, embora decisiva, de um processo que durante séculos solapou basicamente a religião e a tradição. Dentre a tradição, a religião e a autoridade – cujas interconexões discutiremos mais tarde –, a autoridade se mostrou o elemento mais estável. Todavia com a perda da autoridade, a dúvida geral da Idade Moderna invadiu também o domínio político, no qual as coisas assumem não apenas uma expressão mais radical como se tornam investidas de uma realidade peculiar ao domínio político. O que fora talvez até hoje de significação espiritual apenas para uns poucos se converteu em preocupação geral. Somente agora, por assim dizer após o fato, a perda da tradição e da religião se tornou acontecimento político de primeira ordem.

Quando disse que não desejo discutir a autoridade em geral, mas somente o conceito bem específico de autoridade que se tornou dominante em nossa história, quis aludir a algumas distinções que tendem a ser negligenciadas quando falamos demasiado indiscriminadamente da crise de nossa época, e que talvez possa explicar com mais facilidade em termos dos conceitos afins de tradição e religião. Assim, a perda inegável da tradição no mundo moderno não acarreta absolutamente uma perda do passado, pois tradição e passado não são a mesma coisa, como os que acreditam na tradição, de um lado, e os que acreditam no progresso, de outro, nos teriam feito crer – pelo que não faz muita diferença que os primeiros deplorem esse estado de coisas e os últimos estendam-lhe suas congratulações. Com a perda da tradição, ficamos sem a linha que nos guiou com segurança através dos vastos domínios do passado; essa linha, porém, foi também a cadeia que aguilhoou cada sucessiva geração a um aspecto predeterminado do passado. Poderia ocorrer que somente agora o passado se abrisse a nós com inesperada novidade e nos dissesse coisas que ninguém teve ainda ouvidos para ouvir. Mas não se pode negar que, sem uma tradição firmemente ancorada – e a perda dessa firmeza ocorreu muitos séculos atrás –, toda a dimensão do passado foi também posta em perigo. Estamos ameaçados de esquecimento, e um tal olvido – pondo inteiramente de parte os conteúdos que se poderiam perder – significaria que, humanamente falando, nos teríamos privado de uma dimensão, a dimensão de profundidade na existência humana. Pois memória e profundidade são o mesmo, ou antes, a profundidade não pode ser alcançada pelo homem a não ser através da recordação.

Ocorre algo semelhante com a perda da religião. Desde a crítica radical das crenças religiosas nos séculos XVII e XVIII, permaneceu como característica da Idade Moderna o duvidar da verdade religiosa, e isso é igualmente verdadeiro para crentes e não crentes. Desde Pascal e, ainda mais marcadamente, desde Kierkegaard, a dúvida tem sido remetida à crença, e o crente moderno deve constantemente resguardar suas crenças contra as dúvidas; se não a fé cristã como tal, o cristianismo (e, é claro, o judaísmo) na Idade Moderna é ameaçado por paradoxos e pelo absurdo. E, se alguma outra coisa pode ser capaz de sobreviver ao absurdo – talvez a filosofia –, certamente não é esse o caso da religião. Contudo, essa perda da crença nos dogmas da religião institucional não precisa implicar, necessariamente, uma perda ou mesmo crise da fé, pois religião e fé, ou crença e fé, não são de modo algum o mesmo. Somente a crença, mas não a fé, possui uma afinidade inerente com a dúvida e é constantemente exposta a ela. Mas quem pode negar que também a fé, protegida durante tantos séculos pela religião, suas crenças e dogmas, foi gravemente ameaçada pelo que é na realidade apenas uma crise da religião institucional?

Algumas especificações similares parecem-me necessárias a respeito da moderna perda de autoridade. A autoridade, assentando-se sobre um alicerce no passado como sua inabalada pedra angular, deu ao mundo a permanência e a durabilidade de que os seres humanos necessitam precisamente por serem mortais – os mais instáveis e fúteis seres de que temos conhecimento. Sua perda é equivalente à perda do fundamento do mundo, que, com efeito, começou desde então a mudar, a se modificar e transformar com rapidez sempre crescente de uma forma para outra, como se estivéssemos vivendo e lutando com um universo proteico, onde todas as coisas, a qualquer momento, podem se tornar praticamente qualquer outra coisa. Mas a perda da permanência e da segurança do mundo – que politicamente é idêntica à perda da autoridade – não acarreta, pelo menos não necessariamente, a perda da capacidade humana de construir, preservar e cuidar de um mundo que nos pode sobreviver e permanecer um lugar adequado à vida para os que vêm após.

É óbvio que essas reflexões e descrições se baseiam na convicção da importância de fazer distinções. Frisar tal convicção parece um truísmo gratuito tendo em vista o fato de que até hoje, pelo menos que eu saiba, ninguém afirmou abertamente que as distinções são absurdas. Existe, entretanto, um tácito consenso, na maioria das discussões entre cientistas sociais e políticos, de que podemos ignorar as distinções e proceder baseados no pressuposto de que qualquer coisa pode, eventualmente, ser chamada de qualquer outra coisa, e de que as distinções somente têm significado na medida em que cada um de nós tem o direito de "definir seus termos". Contudo, já não indica esse curioso direito, com o qual chegamos a aquiescer ao lidarmos com matérias de importância – como se ele fosse na verdade o mesmo que o direito à opinião própria –, que termos tais como "tirania", "autoridade" e "totalitarismo" simplesmente perderam seu significado comum, ou que deixamos de viver em um mundo comum em que as palavras que compartilhamos possuem uma significância inquestionável, de modo que, para não sermos condenados a viver verbalmente em mundo desprovido de todo significado, asseguramos uns aos outros o direito de nos refugiar em nossos próprios mundos de significado, exigindo apenas que cada um de nós permaneça coerente dentro de sua própria terminologia privada? Se, nessas circunstâncias, nos asseguramos de que ainda entendemos uns aos outros, não queremos dizer com isso que entendemos conjuntamente um mundo comum a nós todos, mas sim que compreendemos a coerência de argumentar e raciocinar, do processo da argumentação em sua pura formalidade.

Seja como for, proceder sob a implícita suposição de que as distinções não são importantes, ou melhor, de que no domínio sócio-político-histórico, isto é, na esfera dos assuntos humanos, as coisas não possuem aquele caráter distinto que a metafísica tradicional costumava chamar de sua "alteridade" (sua *alteritas*), tornou-se a marca distintiva de numerosas teorias nas ciências sociais, políticas e históricas. Entre estas, duas me parecem merecer menção especial, porque tocam no tema sob discussão de modo especialmente significativo.

A primeira diz respeito ao modo como, desde o século XIX, escritores conservadores e liberais têm tratado o problema da autoridade e, por implicação, o problema afim da liberdade no domínio da política. Falando de modo geral, tem sido bem típico das teorias liberais partir do pressuposto de que "a constância do progresso [...] na direção da liberdade organizada e assegurada é o fato característico da história moderna"[1] e olhar cada desvio desse rumo como um mero processo reacionário conducente à direção oposta. Isso faz com que passem por alto a diferença de princípio entre a restrição da liberdade em regimes autoritários, a abolição da liberdade política em tiranias e ditaduras, e a total eliminação da própria

---

1. Lord Acton, Inaugural Lecture on the "Study of History", *Essays on Freedom and Power*, New York, 1955, p. 35.

espontaneidade, isto é, da mais geral e elementar manifestação da liberdade humana a qual somente visam os regimes totalitários, por intermédio de seus diversos métodos de condicionamento. O escritor liberal, preocupado antes com a história e o progresso da liberdade que com as formas de governo, vê aqui apenas diferenças de grau, e ignora que o governo autoritário empenhado na restrição à liberdade permanece ligado aos direitos civis que limita na medida em que perderia sua própria essência se os abolisse inteiramente – isto é, iria se transformar em tirania. O mesmo é verdadeiro para a distinção do poder legítimo, charneira em que oscila todo governo autoritário. O escritor liberal é capaz de prestar-lhe pouca atenção devido à sua convicção de que todo poder corrompe e de que a constância do progresso requer permanente perda de poder, não importa qual possa ser sua origem.

Por detrás da identificação liberal do totalitarismo com o autoritarismo, e da concomitante inclinação a ver tendências totalitárias em toda limitação autoritária, jaz uma confusão mais antiga de autoridade com tirania e de poder legítimo com violência. A diferença entre tirania e governo autoritário sempre foi que o tirano governa de acordo com seu próprio arbítrio e interesse, ao passo que mesmo o mais draconiano governo autoritário é limitado por leis. Seus atos são testados por um código que, ou não foi feito absolutamente pelo homem, como no caso do direito natural, dos mandamentos divinos ou das ideias platônicas, ou, pelo menos, não foi feito pelos detentores efetivos do poder. A origem da autoridade no governo autoritário é sempre uma força externa e superior a seu próprio poder; é sempre dessa fonte, dessa força externa que transcende a esfera política, que as autoridades derivam sua "autoridade" – isto é, sua legitimidade – e em relação à qual seu poder pode ser confirmado.

Os modernos porta-vozes da autoridade, que, mesmo nos curtos intervalos em que a opinião pública proporciona um clima favorável para o neoconservadorismo, permanecem bem cientes de que a sua causa é praticamente perdida, sem dúvida, estão ansiosos em fazer essa distinção entre tirania e autoridade. Ali onde o escritor liberal vê um progresso essencialmente assegurado em direção à liberdade, apenas temporariamente interrompido por algumas forças sombrias do passado, o conservador vê um processo de ruína que começou com o definhamento da autoridade, de tal modo que a liberdade, após perder as limitações restritivas que protegiam seus limites, se desguarnece, indefesa e fadada a ser destruída. (Dificilmente seria justo dizer que somente o pensamento político liberal é desde sua base interessado na liberdade; é pouco provável que haja uma escola de pensamento político em nossa história que não seja centrada em torno da ideia de liberdade, por mais que o conceito de liberdade possa variar com diferentes escritores e em diferentes circunstâncias políticas. A única exceção de alguma consequência para essa assertiva parece-me ser a filosofia política de Thomas Hobbes, que, evidentemente, era tudo menos um conservador.) A tirania e o totalitarismo são novamente identificados, a não ser pelo fato de que, agora, o governo totalitário, se não é diretamente identificado com a democracia, é visto como seu resultado quase inelutável, isto é, o resultado do desaparecimento de todas as autoridades tradicionalmente reconhecidas. Não obstante, as diferenças entre tirania e ditadura, de um lado, e dominação totalitária, de outro, não são menos distintas que as existentes entre autoritarismo e totalitarismo.

Essas diferenças estruturais tornam-se manifestas no momento em que deixamos para trás as teorias gerais e concentramos nossa atenção sobre o aparelho do governo, as formas técnicas de administração e a organização do organismo político. Para abreviar, podem-se englobar as diferenças tecnoestruturais entre o governo autoritário, tirânico e totalitário na imagem de três diferentes modelos representativos. Como imagem para o governo autoritário, proponho a forma de uma pirâmide, bem conhecida no pensamento político tradicional. A pirâmide, com efeito, é uma imagem particularmente ajustada a uma estrutura governamental cuja fonte de autoridade jaz externa a si mesma, porém cuja sede de poder se localiza em seu topo, do qual a autoridade e o poder se filtram para a base de maneira tal que cada camada consecutiva possua alguma autoridade, embora menos que a imediatamente superior, e onde, precisamente devido a esse cuidadoso processo de filtragem, todos os níveis, desde o topo até à base, não apenas se encontram firmemente integrados no todo, mas se inter-relacionam como raios convergentes cujo ponto focal comum é o topo da pirâmide, bem como a fonte transcendente de autoridade acima dela.

Essa imagem, é verdade, somente pode ser utilizada para o tipo cristão de governo autoritário, tal como se desenvolveu através da Igreja e sob sua constante influência durante a Idade Média, e quando o ponto focal acima e além da pirâmide terrena fornecia o ponto de referência necessário para o tipo cristão de igualdade, não obstante a estrutura de vida estritamente hierárquica na terra. A compreensão romana da autoridade política, onde a fonte de autoridade repousava exclusivamente no passado, na fundação de Roma e na grandeza dos seus antecessores, levou a estruturas institucionais cuja forma requer um tipo diferente de imagem, e ao qual farei referência mais adiante[2]. De qualquer modo, uma forma autoritária de governo, com sua estrutura hierárquica, é a menos igualitária de todas as formas; ela incorpora a desigualdade e a distinção como princípios ubíquos.

Todas as teorias políticas relacionadas à tirania concordam em que ela pertence estritamente às formas igualitárias de governo; o tirano é o governante que governa como um contra todos, e os "todos" que ele oprime são iguais, a saber, igualmente desprovidos de poder. Se nos ativermos à imagem da pirâmide, é como se todos os níveis

2. Ver infra, p. 197-198.

intervenientes entre o topo e a base fossem destruídos, de modo que o topo permanecesse suspenso, apoiado apenas pelas proverbiais baionetas, sobre uma massa de indivíduos cuidadosamente isolados, desintegrados e completamente iguais. A teoria política clássica costumava excluir completamente o tirano do gênero humano, chamando-o de "lobo em forma humana" (Platão), por sua posição de um contra todos na qual se punha, e que distinguia nitidamente seu domínio, o domínio de um só, chamado por Platão indiscriminadamente de μον-αρχία (*monarquia*), ou tirania, das diversas formas de soberania ou βασιλεία (*basileia*).

Em contraposição tanto aos regimes tirânicos como aos autoritários, a imagem mais adequada de governo e organização totalitários parece-me ser a estrutura da cebola, em cujo centro, em uma espécie de espaço vazio, localiza-se o líder; seja lá o que ele faça – integre ele o organismo político como em uma hierarquia autoritária, ou oprima seus súditos como um tirano –, ele o faz de dentro, e não de fora ou de cima. Todas as partes extraordinariamente múltiplas do movimento: as organizações de frente, as diversas sociedades profissionais, os efetivos do partido, a burocracia partidária, as formações de elite e os grupos de policiamento, relacionam-se de tal modo que cada uma delas forma a fachada em uma direção e o centro na outra, isto é, desempenham o papel de mundo exterior normal para um nível e o papel de extremismo radical para outro. A grande vantagem desse sistema é que o movimento proporciona a cada um de seus níveis, mesmo sob condições de governo totalitário, a ficção de um mundo normal, ao lado de uma consciência de ser diferente dele, e mais radical que ele. Assim, os simpatizantes nas organizações de frente, cujas convicções diferem apenas em intensidade daquelas dos membros do partido, envolvem todo o movimento e proporcionam-lhe uma enganosa fachada de normalidade ao mundo exterior por sua ausência de fanatismo e de extremismo, enquanto, ao mesmo tempo, representam o mundo normal ao movimento totalitário, cujos membros chegam a acreditar que suas convicções diferem apenas em grau daquelas das demais pessoas, de tal modo que eles jamais precisam estar conscientes do abismo que separa seu próprio mundo daquele que de fato os rodeia. A estrutura de cebola torna o sistema organizacionalmente à prova de choque contra a fatualidade do mundo real[3].

Entretanto, se tanto o liberalismo como o conservadorismo não nos ajudam no momento em que tentamos aplicar suas teorias às formas e instituições políticas existentes de fato, dificilmente se pode duvidar de que suas asserções gerais comportam grande plausibilidade. O liberalismo, dissemos, mede um processo de refluxo da liberdade, enquanto o conservadorismo mede um processo de refluxo da autoridade; ambos denominam de totalitarismo o resultado final esperado e veem tendências totalitárias pouco importa onde um ou outro esteja presente. Sem dúvida, ambos podem documentar de maneira excelente suas descobertas. Quem negaria as sérias ameaças à liberdade, de todos os lados, desde o início do século, e a ascensão de todos os tipos de tirania, pelo menos até o fim da Primeira Guerra Mundial? Quem pode negar, por outro lado, que o desaparecimento de quase todas as autoridades tradicionalmente estabelecidas foi uma das características mais espetaculares do mundo moderno? É como se bastasse fixar o olhar sobre qualquer desses dois fenômenos para justificar uma teoria do progresso ou uma teoria da decadência, conforme o gosto pessoal ou, seguindo o chavão, conforme a própria "escala de valores". Se olhamos as afirmações conflitantes de conservadores e liberais com olhos imparciais, podemos ver facilmente

---

3. Apenas uma descrição e análise pormenorizada da própria estrutura organizacional original dos movimentos e instituições do governo totalitário justificariam usar a imagem da cebola. Devo remeter à "Organização Totalitária", em meu *The Origins of Totalitarianism*, 2. ed., New York, 1958.

que a verdade está distribuída igualmente entre eles e que de fato confrontamos um simultâneo retrocesso tanto da liberdade como da autoridade no mundo moderno. No que diz respeito a esses processos, pode-se mesmo dizer que as numerosas oscilações na opinião pública, que há mais de 150 anos têm balançado a intervalos regulares de um extremo ao outro, de um clima liberal a outro conservador, e de volta para outro mais liberal, tentando em certas ocasiões reafirmar a autoridade e, em outras, reafirmar a liberdade, resultaram somente em um maior solapamento de ambas, confundindo os problemas, borrando as linhas distintivas entre autoridade e liberdade e, por fim, destruindo o significado político de ambas.

O liberalismo e o conservadorismo nasceram nesse clima de opinião pública violentamente oscilatório, e estão ligados um ao outro, não apenas porque cada um deles perderia sua própria essência sem a presença de oponente no campo da teoria e da ideologia, mas também por se preocuparem ambos fundamentalmente com a restauração, seja da liberdade, da autoridade ou do relacionamento entre ambas, à sua posição tradicional. Nesse sentido, eles formam as duas faces da mesma moeda, exatamente como suas ideologias progresso-ou-decadência correspondem às duas direções possíveis do processo histórico com tal; caso admitamos, como ambos o fazem, que existe algo de semelhante a um processo histórico com uma direção definível e um fim predizível, obviamente ele pode conduzir nos somente ao paraíso ou ao inferno.

Além disso, resulta da natureza da própria imagem em que a história é usualmente concebida – como processo, fluxo ou desenvolvimento – que todas as coisas por ela compreendidas podem se transformar em quaisquer outras, que as distinções se tornam sem sentido porque ficam obsoletas e como que submersas no fluxo histórico no momento de sua aparição. Desse ponto de vista, o liberalismo e o conservadorismo apresentam-se como as filosofias políticas que correspondem à filosofia da história muito mais geral e abrangente do século XIX. Na forma e no conteúdo, elas são a expressão política da consciência histórica do último estágio da Idade Moderna. Sua incapacidade para distinguir, justificada teoricamente pelos conceitos de história e de processo, de progresso ou decadência, atesta uma época na qual certas noções, claras em sua distinção para todos os séculos anteriores, começaram a perder sua clareza e plausibilidade por terem perdido seu significado na realidade público-política – sem perderem toda sua importância.

A segunda e mais recente teoria que implicitamente contesta a relevância de fazer distinções é, em especial nas ciências sociais, a quase universal funcionalização de todos os conceitos e ideias. Aqui, assim como no exemplo anteriormente citado, o liberalismo e o conservadorismo não diferem em método, ponto de vista e abordagem, mas apenas em ênfase e avaliação. Um exemplo conveniente é proporcionado pela convicção, amplamente difundida hoje no mundo livre, segundo a qual o comunismo é uma nova "religião", não obstante seu declarado ateísmo, porque preenche, social, psicológica e emocionalmente a mesma função que a religião tradicional preenchia e ainda o faz no mundo livre. A preocupação das ciências sociais não repousa no que é o bolchevismo como ideologia ou forma de governo, nem no que seus porta-vozes têm a dizer por si mesmos; isso não interessa às ciências sociais, e muitos cientistas sociais acreditam poder trabalhar sem o estudo daquilo que as ciências históricas chamam fontes primárias. Sua atenção recai apenas sobre as funções, e seja lá o que preencha a mesma função pode, conforme tal ponto de vista, ser englobado sob a mesma denominação. É como se eu tivesse o direito de chamar o salto de meu sapato de martelo porque, como a maioria das mulheres, o utilizo para enfiar pregos na parede.

É óbvio, podem-se extrair conclusões inteiramente diferentes de tais equacionamentos. Assim, seria característico do conservadorismo insistir em que, afinal de contas, um salto não é um martelo, mas que o uso do salto como um substituto para o martelo prova que os martelos são indispensáveis. Em outras palavras, descobrirá, no fato de poder o ateísmo preencher a mesma função que a religião, a melhor prova de que a religião é necessária, recomendando o retorno à verdadeira religião como o único meio de rebater uma "heresia". O argumento é fraco, evidentemente; caso se trate de apenas uma questão de função e de como uma coisa funciona, os aderentes da "falsa religião" podem ter tanta razão em usá-la como tenho eu ao utilizar meu salto, que tampouco funciona tão mal assim. Os liberais, ao contrário, veem o mesmo fenômeno como um mau caso de traição à causa do secularismo e acreditam que apenas o "autêntico secularismo" pode curar-nos da perniciosa influência tanto da falsa como da verdadeira religião na política. Mas essas recomendações conflitantes, endereçadas à sociedade livre para que retorne à verdadeira religião e se torne mais religiosa, ou para que se libere da religião institucional (especialmente do catolicismo romano, com seu constante desafio ao secularismo), mal ocultam o acordo com o oponente em um quesito: seja lá o que preencha a função de uma religião é uma religião.

O mesmo argumento é frequentemente utilizado com respeito à autoridade: se a violência preenche a mesma função que a autoridade – a saber, faz com que as pessoas obedeçam –, então a violência é a autoridade. Aqui novamente encontramos aqueles que aconselham um retorno à autoridade por pensarem que somente uma reintrodução da relação ordem-obediência pode controlar os problemas de uma sociedade de massas, e os que creem que uma sociedade de massas pode regular a si mesma, como qualquer outro organismo social. Mais uma vez ambos os partidos concordam sobre o único ponto essencial: a autoridade é tudo aquilo que faz com que as pessoas obedeçam. Todos aqueles que chamam as modernas ditaduras de "autoritárias", ou confundem o totalitarismo com uma estrutura autoritária, equacionam implicitamente violência com autoridade, e isso inclui os conservadores que explicam a ascensão das ditaduras em nosso século pela necessidade de encontrar um substituto para a autoridade. A questão crucial do argumento é sempre a mesma: tudo é relacionado a um contexto funcional, tomando-se a utilização da violência como prova de que nenhuma sociedade pode existir exceto em um quadro de referência autoritário.

A meu ver, o perigo dessas equações não se situa apenas na confusão das questões políticas e no turvamento das linhas distintivas que separam o totalitarismo de todas as demais formas de governo. Não creio que o ateísmo seja um substituto para a *religião* ou que possa preencher a função desta, assim como não creio que a violência possa se tornar um substituto para a autoridade. Mas, se seguirmos as recomendações dos conservadores, os quais, neste momento em particular, têm uma chance muito boa de serem ouvidos, estou absolutamente convencida de que não consideraremos difícil produzir esses substitutos e de que utilizaremos a violência pretendendo ter restabelecido a autoridade, ou de que nossa redescoberta da utilidade funcional da religião produzirá uma religião substituta – como se nossa civilização já não estivesse suficientemente atravancada com toda sorte de pseudocoisas e de absurdo.

Em comparação com essas teorias, as distinções entre sistemas tirânicos, autoritários e totalitários que propus são a-históricas, caso se compreenda por história não o espaço histórico no qual determinadas formas de governo apareceram como entidades reconhecíveis, mas o processo histórico em que todas as coisas podem sempre se transformar em alguma outra coisa; e são antifuncionais, na medida em que se toma o conteúdo do fenômeno para determinar tanto a natureza do organismo político como sua função na sociedade, e não vice-versa. Politicamente falando, elas têm uma tendência a admitir que, no mundo moderno, a autoridade desapareceu quase até o ponto de fuga, e isso não menos nos chamados sistemas autoritários que no mundo livre, e que a liberdade – isto é, a liberdade de movimento de seres humanos – está sob ameaça em toda parte, mesmo nas sociedades livres, tendo sido, porém, abolida radicalmente apenas nos sistemas totalitários, e não nas tiranias e ditaduras.

É à luz dessa situação atual que me proponho a levantar as seguintes questões: quais foram as experiências políticas que corresponderam ao conceito de autoridade e das quais ele brotou? Qual é a natureza de um mundo público-político constituído pela autoridade? É verdade que a afirmação platônico-aristotélica de que toda comunidade bem ordenada é constituída por aqueles que governam e aqueles que são governados sempre foi válida, anteriormente à Idade Moderna? Ou, para colocá-lo de outra forma, que espécie de mundo chegou a um fim após a Idade Moderna ter não apenas desafiado uma ou outra forma de autoridade em diferentes esferas da vida, mas feito com que todo o conceito de autoridade perdesse completamente sua validade?

2

A autoridade, como o fator único, senão decisivo, nas comunidades humanas, não existiu sempre, embora tenha atrás de si uma longa história, e as experiências sobre as quais se baseia esse conceito não se façam necessariamente presentes em todos os organismos políticos. A palavra e o conceito são de origem romana. Nem a língua grega nem as várias experiências políticas da história grega mostram qualquer conhecimento da autoridade e do tipo de governo que ela implica[4]. Isso é expresso de forma mais

---

4. Isso já era percebido pelo historiador grego Dio Cássio, que, ao escrever uma história de Roma, acreditou ser impossível traduzir a palavra *auctoritas*: ἑλληνίσαι αὐτὸ καθάπαξ ἀδύνατον ἐστι. (Citado de Theodor Momnsen, *Römisches Staatsrecht*, 3. ed., 1888, v. 3, p. 952, n. 4). ▸

clara na filosofia de Platão e Aristóteles, os quais, de modo inteiramente diverso, mas a partir das mesmas experiências políticas, tentaram introduzir algo de parecido com a autoridade na vida pública da *polis* grega. Existiam dois tipos de governo aos quais eles poderiam recorrer e dos quais derivaram sua filosofia política; um conhecido a partir do âmbito público-político e o outro da esfera privada da administração doméstica e da vida familiar grega. Para a *polis*, o governo absoluto era conhecido como tirania, e as principais características do tirano eram governar por meio de pura violência, precisar proteger-se do povo por uma guarda pessoal e insistir em que seus súditos tratassem de sua própria vida, deixando-lhe o cuidado com a esfera pública. A última característica significava, na opinião pública na Grécia, que ele destruía completamente a esfera pública da *polis* – "uma *polis* pertencente a um homem não é uma *polis*"[5] – e, portanto, privava os cidadãos da faculdade política que era sentida por eles como a própria essência da liberdade. Outra experiência política da necessidade de ordem e obediência poderia ter sido proporcionada pela experiência na guerra, onde o perigo e a necessidade de tomar e levar a cabo prontamente as decisões parece constituir uma razão inerente para o estabelecimento da autoridade. Nenhum desses modelos políticos, contudo, poderia em absoluto servir ao propósito. Em Platão, assim como em Aristóteles, o tirano permanecia o "lobo em figura humana", e o comandante militar estava de maneira excessivamente óbvia ligado a uma emergência temporária para que fosse capaz de servir como modelo para uma instituição permanente.

▷ Além do mais, é suficiente comparar o Senado Romano, a instituição especificamente autoritária da República, com o conselho noturno de Platão em *Leis* – que, composto dos dez mais idosos guardiões para a supervisão constante do Estado, se lhe assemelha superficialmente – para ter consciência da impossibilidade de encontrar uma alternativa legítima para a coerção e a persuasão no interior do quadro de referência da experiência política grega.

5. Sófocles, *Antígone*, 737: πόλις γὰρ οὐκ ἔσθ' ἥτις ἀνδρός ἐσθ' ἑνός.

Devido a essa ausência de uma experiência política sólida em que baseassem a reivindicação de um governo autoritário, tanto Platão como Aristóteles, embora de modo bem diferente, foram obrigados a fiar-se em exemplos das relações humanas extraídos da administração doméstica e da vida familiar gregas, onde o chefe de família governa como um "déspota", dominando indiscutidamente sobre os membros de sua família e os escravos da casa. O déspota, ao contrário do rei, o βασιλύς (*basileús*), que fora o líder dos chefes de família e como tal *primus inter pares*, era por definição investido no poder para exercer coerção. E, contudo, era precisamente essa característica que tornava o déspota inapto para fins políticos; seu poder para coagir era incompatível não somente com a liberdade dos outros, mas também com sua própria liberdade. Seja lá onde governasse havia apenas uma relação: entre senhores e escravos. E o senhor, conforme a opinião grega corrente (que, felizmente, ignorava ainda a dialética hegeliana), não era livre quando se movia entre seus escravos; sua liberdade consistia na possibilidade de abandonar por completo a esfera do lar e se mover entre seus iguais, homens livres. Por conseguinte, nem o déspota nem o tirano, o primeiro movendo-se entre escravos, o outro entre súditos, podia ser chamado de homem livre.

A autoridade implica uma obediência na qual os homens retêm sua liberdade, e Platão esperava ter encontrado uma obediência dessa espécie quando, em idade madura, outorgou às leis a qualidade que faria delas governantes inquestionáveis de todo o domínio político. Os homens poderiam pelo menos ter a ilusão de serem livres por não dependerem de outros homens. Não obstante, o governo dessas leis era construído de maneira obviamente despótica ao invés de autoritária, e o sinal mais claro disso é que Platão foi levado a falar delas em termos de negócios domésticos privados, e não em termos políticos, dizendo, provavelmente em uma variação do νόμος βασιλύς πάντων (*nómos basileús pánton*, "uma lei é soberana sobre todas as coisas") de Píndaro: νόμος δεσπότης τῶν ἀρχόντων, οἱ δὲ ἄρχοντες δοῦλοι τοῦ νόμον ("a lei é o *déspota* dos governantes, e os governantes são os *escravos da lei*")[6]. Em Platão, originário da família e concomitantemente destruindo a esfera política, conforme a entendia a Antiguidade, o despotismo permanecia utópico. Mas é interessante notar que, quando a destruição se tornou realidade nos últimos séculos do Império Romano, a mudança foi introduzida mediante a aplicação ao governo público do termo *dominus*, que em Roma (onde a família era também "organizada como uma monarquia")[7] tinha o mesmo significado que o grego "déspota". Calígula foi o primeiro imperador romano que consentiu em ser chamado de *dominus*, isto é, receber um nome "que Augusto e Tibério haviam ainda rejeitado como se fosse uma maldição e uma injúria"[8], precisamente por implicar um despotismo desconhecido na esfera política, embora inteiramente familiar no âmbito doméstico e privado.

As filosofias políticas de Platão e de Aristóteles dominaram todo o pensamento político subsequente, mesmo quando seus conceitos se sobrepuseram a experiências políticas tão diferentes como as dos romanos. Se quisermos não somente compreender as verdadeiras experiências políticas ocultas no conceito de autoridade – o qual, pelo menos em seu aspecto positivo, é exclusivamente romano –, mas também entender a autoridade como os próprios romanos já a entendiam teoricamente, incorporando-a à tradição política do Ocidente, deveremos nos ocupar brevemente com as características da filosofia

---

6. *Leis*, 715.
7. T. Mommsen, *Römische Geschichte*, livro I, capítulo 5.
8. H. Wallon, *Histoire de l'esclavage dans l'Antiquité*, Paris, 1847, v. 3, onde ainda se encontra a melhor descrição da perda gradual da liberdade romana sob o Império, provocada pelo constante aumento de poder do palácio imperial. Visto ter sido o palácio imperial, e não o imperador, quem ganhou em poder, o "despotismo" que sempre fora característico da residência privada e da vida familiar começava a dominar a esfera pública.

política grega que tão decisivamente influenciaram sobre sua formação.

Em nenhum outro lugar o pensamento grego se acerca tão estreitamente do conceito de autoridade como na *República*, de Platão, onde ele confrontou a realidade da *polis* com um utópico governo da razão na pessoa do rei-filósofo. O motivo para o estabelecimento da razão como governante no âmbito da política era exclusivamente de ordem política, embora as consequências de esperar que a razão se tornasse um instrumento de coerção tenham sido, talvez, não menos decisivas para a tradição da filosofia ocidental do que para a tradição da política ocidental. A semelhança fatal entre o rei-filósofo de Platão e o tirano grego, bem como o dano potencial ao âmbito político que seu governo poderia implicar, parece ter sido reconhecida por Aristóteles[9]; o fato, porém, de essa combinação

9. Um fragmento do diálogo perdido *Do Reinado* afirma: "não só não é necessário que um rei se torne um filósofo, como, de fato, isso consiste em um impedimento a seu mister; é, contudo, necessário [para um bom rei] ouvir o verdadeiro filósofo e ser cordato quanto a seu conselho". Ver Kurt von Fritz, *The Constitution of Athens and Related Texts*, 1950. Em termos aristotélicos, tanto o rei-filósofo de Platão como o tirano grego governavam em proveito de seus próprios interesses, e isso é para Aristóteles, embora o mesmo não ocorra em Platão, uma característica conspícua dos tiranos. Platão não tinha consciência da similitude, pois, para ele, como para a opinião vigente entre os gregos, a principal característica do tirano estava em que este privava os cidadãos do acesso a um domínio público, a uma "praça de mercado" onde se pudessem mostrar, ver e serem vistos, ouvir e serem ouvidos; estava em proibir a ἀγορεύειν (*agoreúein*) e πολιτεύεσθαι (*politeúesthai*), em confinar os cidadãos à privacidade de seus lares, pretendendo ser o único investido no encargo dos negócios públicos. Ele não deixaria de ser um tirano se tivesse utilizado seu poder em exclusivo proveito dos interesses de seus súditos – como, com efeito, alguns tiranos sem dúvida o fizeram. Segundo os gregos, ser banido da privacidade da vida doméstica era equivalente a ser privado das potencialidades especificamente humanas da vida. Em outras palavras, os próprios traços que nos demonstram, de maneira tão convincente, o caráter tirânico da República de Platão – a quase completa eliminação da vida privada e a onipresença de órgãos e instituições políticas – presumivelmente impediram-lhe de reconhecer seu caráter tirânico. Para ele, seria uma contradição em termos estigmatizar como tirania uma constituição que ▶

de razão e domínio implicar igualmente um perigo para a filosofia somente foi ressaltado, que eu saiba, na réplica de Kant a Platão: "Não se deve esperar que os reis filosofem ou que os filósofos se tornem reis, e tampouco deve-se desejá-lo, pois a posse do poder inevitavelmente corrompe o livre juízo da razão"[10] – muito embora mesmo essa réplica não vá até à raiz do problema.

A razão por que Platão queria que os filósofos se tornassem os governantes da cidade se assentava talvez no conflito existente entre o filósofo e a *polis*, ou na hostilidade da *polis* para com a filosofia, que provavelmente estivera adormecida durante algum tempo antes de mostrar sua ameaça imediata à vida do filósofo no julgamento e morte de Sócrates. Politicamente, Platão expressa a rebelião do filósofo contra a *polis*. O filósofo anuncia sua pretensão ao governo, mas não tanto por amor à *polis* e à política (embora não se possa negar motivação patriótica a Platão, que distingue sua filosofia das de seus seguidores na Antiguidade), como por amor à filosofia e à segurança do filósofo.

Após a morte de Sócrates, Platão começou a desconfiar da persuasão como insuficiente para guiar os homens, e a buscar algo que se prestasse a compeli-los sem o uso de meios externos de violência. Bem no início de sua procura ele deve ter descoberto que a verdade, isto é, as verdades que chamamos de autoevidentes, compelem a mente,

▷ além de não relegar o cidadão à sua domesticidade, ao contrário, não lhe deixava o menor vestígio de vida privada. Aliás, ao chamar de "despótico" o governo da lei, Platão sublinha seu caráter não tirânico. Pois sempre se acreditou que o tirano governasse homens que conheceram a liberdade da *polis*, sendo, por estarem dela privados, propensos a se rebelarem, ao passo que se admitia que o déspota governasse um povo que jamais conhecera a liberdade e que era por natureza incapaz de exercê-la. É como se Platão dissesse: minhas leis, vossos novos déspotas, não vos privarão de nada de que tivésseis anteriormente gozado legitimamente; são adequadas à própria natureza dos negócios humanos, e não tendes mais direito a rebelar-se contra seu domínio do que o escravo a rebelar-se contra seu senhor.

10. *Eternal Peace*, *The Philosophy of Kant*, ed. e trad. de C.J. Friedrich, New York: Modern Library, 1949, p. 456.

e que essa coerção, embora não necessite de nenhuma violência para ser eficaz, é mais forte que a persuasão e a discussão. O problema a respeito da coerção pela razão, contudo, está em que somente a minoria se sujeita a ela, de modo que surge o problema de assegurar com que a maioria, o povo, que constitui em sua própria multiplicidade o organismo político, possa ser submetida à mesma verdade. Aqui, certamente, devem-se encontrar outros meios de coerção, e aqui, novamente, se deve evitar a coerção pela violência para que a vida política, tal como entendida pelos gregos, não seja destruída[11].

Esse é o principal impasse da filosofia política de Platão e permaneceu o impasse de todas as tentativas de estabelecer uma tirania da razão. Em *A República*, o problema é resolvido através do mito final das recompensas e punições na vida futura, um mito no qual o próprio Platão obviamente nem acreditava nem pretendia que os filósofos acreditassem. Aquilo que a alegoria da caverna é, no meio de *A República*, para os eleitos ou para o filósofo, é no final o mito do inferno, para a maioria que não está à altura da verdade filosófica. Em *Leis*, Platão lida com a mesma perplexidade, mas da maneira oposta; aqui, propõe um substituto para a persuasão, a introdução às leis na qual seu intento e propósito devem ser explicados aos cidadãos.

Em seus esforços por encontrar um princípio legítimo de coerção, Platão foi guiado inicialmente por um grande número de modelos baseados em relações existentes, tais como a relação entre o pastor e suas ovelhas, entre o timoneiro de um barco e seus passageiros, entre o médico e o paciente ou entre o senhor e o escravo. Em todos esses casos, ou o conhecimento especializado infunde confiança, de modo que nem a força nem a persuasão

---

11. K. Von Fritz, op. cit., p. 54, insiste legitimamente na aversão de Platão pela violência, "revelada também pelo fato de, sempre que fez uma tentativa de levar a termo uma alteração das instituições políticas na direção de seus ideais políticos, se ter endereçado aos homens já investidos no poder".

sejam necessárias para obter aquiescência, ou o regente e o regido pertencem a duas categorias de seres completamente diferentes, um dos quais já é, por implicação, sujeito ao outro, como nos casos do pastor e seu rebanho e do senhor e seus escravos. Todos esses exemplos são tomados daquilo que era para os gregos a esfera privada da vida, e ocorrem aqui e acolá em todos os grandes diálogos políticos, *A República*, o *Político* e *As Leis*. Contudo, é óbvio que a relação entre senhor e escravo possui um significado especial. O senhor, segundo a discussão em *O Político*, sabe o que deve ser feito e dá ordens, enquanto o escravo as executa e obedece, de tal modo que saber o que fazer e de fato fazer se tornam funções separadas e mutuamente exclusivas. Em *A República* são essas as características políticas de duas classes diferentes de homens. O fato de esses exemplos serem plausíveis repousa na natural desigualdade que prevalece entre o governante e o governado, mais evidente no exemplo do pastor, onde o próprio Platão conclui ironicamente que nenhum homem, mas somente um deus, poderia relacionar-se com seres humanos da mesma forma como o pastor se relaciona com suas ovelhas. Embora seja óbvio que o próprio Platão não se satisfizesse com esses modelos, para seu propósito, estabelecer a "autoridade" do filósofo sobre a *polis*, retornava repetidamente a eles, porque somente nesses casos de flagrante desigualdade o governo poderia se exercer sem a tomada do poder e a posse dos meios de violência. Aquilo que ele buscava era uma relação em que o elemento coercivo repousasse na relação mesma e fosse anterior à efetiva emissão de ordens; o paciente torna-se sujeito à autoridade do médico quando se sente doente, e o escravo cai sob o domínio de seu senhor ao se tornar escravo.

É importante ter em mente esses exemplos para perceber que espécie de coerção Platão esperava que a razão exercesse nas mãos do rei-filósofo. É verdade que, aqui, o poder coercivo não repousa na pessoa ou na desigualdade como tais, mas nas ideias que são percebidas pelo filósofo. Essas ideias podem ser utilizadas como normas de comportamento humano por transcenderem a esfera dos assuntos humanos da mesma maneira que um metro transcende todas as coisas cujo comprimento pode medir, estando além e fora. Na parábola da caverna, em *A República*, o céu das ideias estende-se acima da caverna da existência humana e pode, portanto, tornar-se um padrão para ela. Contudo, o filósofo que deixa a caverna pelo céu das ideias puras não o faz inicialmente com o objetivo de adquirir aqueles padrões e aprender a "arte da medida"[12], e sim para contemplar a essência verdadeira do ser – βλέπειν εἰς τὸ ἀληθέστατον (*blépein eis tó alethéstaton*). O elemento basicamente autoritário das ideias, isto é, a qualidade que as capacita a governar e exercer coerção, não é, pois, de modo algum, algo de evidente por si. As ideias tornaram-se padrões de medida somente depois que o filósofo deixou o céu límpido das ideias e retornou à caverna escura da existência humana. Nessa parte da história, Platão toca na mais profunda razão para o conflito entre o filósofo e a *polis*[13]. Ele nos fala da perda de orientação do filósofo nos assuntos humanos, da cegueira que atinge seus olhos, da angustiante situação de não ser capaz de comunicar o que ele viu e do verdadeiro perigo para sua vida que daí surge. É nesse transe que o filósofo apela para o que ele viu, as ideias, como padrões e normas e, finalmente, temendo por sua vida, as utiliza como instrumentos de dominação.

Para a transformação das ideias em normas, Platão vale-se de uma analogia com a vida prática, onde todas as

---

12. A afirmação de Werner Jaeger, *Paideia*, New York, 1943, v. 2, p. 416: "A ideia de que há uma arte suprema da medida e de que o conhecimento que o filósofo tem dos valores (*phrónesis*) consiste na capacidade de medir que permeia até o fim toda a obra de Platão", é verdadeira apenas para a filosofia política de Platão. A própria palavra φρόνησις (*phrónesis caracteriza*), em Platão e Aristóteles, o discernimento do estadista, mais que a "sabedoria" do filósofo.

13. *A República*, livro VII, 516-517.

artes e ofícios parecem ser também guiados por "ideias", isto é, pelas "formas" de objetos, visualizados pelo olho interior do artífice, que as reproduz então na realidade através da imitação[14]. Essa analogia capacita-o a entender o caráter transcendente das ideias da mesma maneira como a existência transcendente do modelo, que jaz além do processo de fabricação que dirige e pode, portanto, se tornar, por fim, o padrão para seu sucesso ou fracasso. As ideias tornam-se os padrões constantes e absolutos para o comportamento e o juízo moral e político, no mesmo sentido em que a ideia de uma cama em geral é o padrão para fabricar qualquer cama particular e ajuizar sua qualidade. Pois não há grande diferença entre utilizar as ideias como modelos e utilizá-las, de uma maneira um tanto mais grosseira, como verdadeiros "metros" de comportamento, e já Aristóteles, em seu primeiro diálogo, escrito sob a influência direta de Platão, compara "a lei mais perfeita", isto é, a lei que é a aproximação mais íntima possível à ideia, com "o prumo, a régua e o compasso [os quais] são notáveis entre todos os instrumentos"[15].

É somente nesse contexto que as ideias se relacionam com a variada cópia de coisas concretas da mesma maneira que um metro se relaciona com a diversificada profusão de coisas mensuráveis, ou como a regra da razão ou do senso comum se relaciona com a abundância de diferentes eventos concretos que se lhe podem subsumir. Esse aspecto na doutrina das ideias de Platão teve enorme influência na tradição ocidental, e mesmo Kant, embora tivesse um conceito de julgamento humano muito diverso e consideravelmente mais profundo, ainda mencionava ocasionalmente essa capacidade de subsunção como sua função essencial. Analogamente, a característica essencial das formas de governo especificamente autoritárias – o fato de a fonte

---

14. Ver, especialmente, *Timeu*, 31, onde o divino Demiurgo faz o universo em conformidade como um modelo, um παράδειγμα (*parádeigma*) e *A República*, 596s.

15. Em *Protrepticus*, citado de K. von Fritz, op. cit.

de sua autoridade, que legitima o exercício do poder, dever estar além da esfera do poder e, como o direito natural ou os mandamentos de Deus, não ser obra humana – reconduz a essa aplicabilidade das ideias na filosofia política de Platão. Ao mesmo tempo, a analogia a respeito da fabricação e das artes e ofícios oferece uma feliz oportunidade para justificar a utilização, de outra forma bastante dúbia, de exemplos tomados de atividades em que são necessários alguma especialização e conhecimentos de perito. Aqui, o conceito de perito entra pela primeira vez na esfera da ação política, e o estadista é tido como competente para lidar com assuntos humanos no sentido em que o carpinteiro é competente para fazer mobílias ou o médico para curar o doente. Guarda íntima conexão com essa escolha de exemplos e analogias o elemento da violência, tão flagrante e evidente na República utópica de Platão e que desafia constantemente sua grande preocupação de assegurar obediência voluntária, isto é, estabelecer um fundamento sólido para aquilo que, desde os romanos, chamamos de autoridade. Platão resolvia seu dilema por meio de contos bastante longos acerca de uma vida futura com recompensas e punições, nos quais ele esperava que o vulgo acreditasse literalmente e cuja utilização recomenda, portanto, a atenção da elite na conclusão da maioria de seus diálogos políticos. Em vista da enorme influência que esses contos exerceram sobre as imagens do inferno no pensamento religioso, tem alguma importância observar que eles foram a princípio concebidos para fins puramente políticos. Em Platão, eles são apenas um engenhoso artifício para impor obediência àqueles que não se sujeitam ao poder coercivo da razão, sem utilizar efetivamente a violência externa.

É da maior importância em nosso contexto, contudo, o fato de um elemento de violência ser inevitavelmente inerente a todas as atividades do fazer, do fabricar e do produzir, isto é, a todas as atividades pelas quais os homens se confrontam diretamente com a natureza, ao invés de atividades tais como a ação e a fala, as quais se dirigem basicamente para seres humanos. A construção de um mundo humano envolve sempre alguma violência feita à natureza – temos que matar uma árvore para ter madeira, e temos que violar esse material para construir uma mesa. Nos poucos casos em que Platão exibe uma perigosa preferência pela forma tirânica de governo, ele é levado a esse extremo por suas próprias analogias. Isso, obviamente, é mais tentador quando ele fala sobre o modo correto de fundar novas comunidades, pois essa fundação pode facilmente ser vista à luz de um outro processo de "fazer". Se a República deve ser feita por alguém que é o equivalente político de um artesão ou de um artista, em conformidade como uma τέχνη (*techné*) estabelecida e com as regras e medidas válidas nessa "arte" particular, o tirano está, com efeito, na melhor posição para atingir o objetivo[16].

Vimos que, na parábola da caverna, o filósofo deixa a caverna em busca da verdadeira essência do ser, sem um segundo pensamento na aplicabilidade prática do que ele vai encontrar. Só mais tarde, ao se encontrar novamente confinado na escuridão e na incerteza dos assuntos humanos, e ao deparar com a hostilidade de seus semelhantes humanos, ele começa a pensar nessa "verdade" em termos de padrões aplicáveis ao comportamento de outras pessoas. Essa discrepância entre as ideias enquanto essências verdadeiras a serem contempladas e enquanto medidas a serem aplicadas[17] manifesta-se nas duas ideias muito diferentes que representam a ideia suprema à qual

16. *Leis*, 710-711.
17. O crédito dessa apresentação pertence ao grande comentário feito por Martin Heidegger à parábola da caverna, em *Plalons Lehre von der Wahrheit*, Berna, 1947. Heidegger demonstra como Platão transformou o conceito de verdade (ἀλήθεια [*alétheia*]), a ponto de torná-lo idêntico ao de proposições corretas (ὀρθότης [*orthótes*]). Com efeito, a correção e não a verdade, seria necessária caso o conhecimento do filósofo fosse a capacidade de medir. Embora mencione explicitamente os riscos que corre o filósofo ao ser forçado a retornar à caverna, Heidegger não é cônscio do contexto político em que a parábola aparece. Segundo ele, a transformação ocorre porque o ato subjetivo de visão (a ἰδεῖν [*ideín*] e a ἰδέα [*idéa*] na mente do filósofo) tem precedência

todas as demais devem sua existência. Encontramos em Platão seja essa ideia suprema a da beleza, como em *O Banquete*, onde ela constitui o degrau mais alto da escada que conduz à verdade[18], e no *Fedro*, onde Platão fala do "amante da sabedoria ou da beleza" como se essas duas fossem na realidade a mesma coisa, pois a beleza é aquilo que "brilha mais" (o belo é ἐκφανέστατον [*ekphanéstaton*]) e portanto ilumina a tudo[19]; seja a ideia máxima a do bem, como em *A República*[20]. Obviamente, a escolha de Platão baseava-se no ideal corrente de καλὸν κ'ἀγαθόν (*kalón kagothón*), mas salta à vista que a ideia do bem é encontrada somente no contexto estritamente político de *A República*. Se tivéssemos que analisar as experiências filosóficas originais subjacentes à doutrina das ideias (o que não podemos fazer aqui), veríamos que a ideia do belo como a ideia máxima refletia essas experiências muito mais adequadamente que a ideia do bem. Mesmo nos primeiros livros de *A República*[21], o filósofo ainda é definido como um amante da beleza, e não da bondade, e é apenas no sexto livro que a ideia do bem como ideia suprema é introduzida. Pois a função original das ideias não era governar ou determinar de alguma outra maneira o caos dos assuntos humanos, mas sim, com "irradiante

sobre a verdade objetiva (ἀλήθεια [*alétheia*]), que, segundo Heidegger, significa *Unverborgenheit*.
18. *Banquete*, 211-212.
19. *Fedro*, 248: φιλόσοφος ἢ φιλόκαλος (*philósophos è philókalos*), e 250.
20. Em *A República*, 518, o bem é além disso chamado φανότατον (*phanótaton*), o mais brilhante. Obviamente, é mesmo essa qualidade que indica a precedência que, em sua origem, a beleza tivera sobre o bem no pensamento de Platão.
21. *A República*, 475, 476. Na tradição da filosofia, o resultado desse repúdio platônico do belo foi o fato de ele ser omitido dos chamados transcendentais ou universais, isto é, aquelas qualidades possuídas por tudo o que é, e que foram enumeradas na filosofia medieval como *unum, alter, ens*, e *bonum*. Jacques Maritain, em seu maravilhoso livro *Creative Intuition in Art and Poetry*, Bollingen Series 35, 1, 1953, é consciente dessa omissão e insiste em que a beleza seja incluída no âmbito dos transcendentais, pois "a Beleza é a irradiação de todos os transcendentais unidos" (p. 162).

brilho", iluminar sua escuridão. As ideias como tais não têm absolutamente nada a ver com a política, com a experiência política e com o problema da ação, mas pertencem exclusivamente à filosofia, à experiência da contemplação e à busca do "ser verdadeiro das coisas". São precisamente o governar, o mensurar, o subsumir e o regular que se alheiam inteiramente das experiências subjacentes à doutrina das ideias em sua concepção original. Ao que parece Platão foi o primeiro a eludir a "irrelevância" política de sua nova doutrina, tentando modificar a doutrina das ideias de modo a torná-la útil para uma teoria da política. Mas a utilidade somente poderia ser salva mediante a ideia do bem, já que "bem" no vocabulário grego sempre significou "bom para" ou "adequado". Se a ideia máxima da qual todas as demais devem participar para que cheguem a ser ideias é a da adequação, logo as ideias são aplicáveis por definição, e, nas mãos do filósofo, o que é versado em ideias, podem tornar-se regras e padrões ou, como posteriormente em *Leis*, se converter em leis. (A diferença é insignificante. Aquilo que em *A República* ainda é a pretensão pessoal e direta ao governo por parte do filósofo, do filósofo-rei, se tornou a pretensão impessoal da razão à dominação em *Leis*.) A verdadeira consequência dessa interpretação política da doutrina das ideias seria que nem o homem nem um deus são a medida de todas as coisas, mas sim o próprio bem – uma consequência aparentemente a que chegou Aristóteles, ao invés de Platão, em um de seus primeiros diálogos[22].

Para nossos fins, é essencial recordar que a origem do elemento de governo, tal como refletido em nosso presente conceito de autoridade tão tremendamente influenciado pelo pensamento platônico, pode ser encontrada em um conflito entre a filosofia e a política, mas não em

---

22. No diálogo *O Político*: "pois a mais exata medida de todas as coisas é o bem" (citado de K. von Fritz, op. cit.). A noção, deve ter consistido em que somente através do conceito do bem as coisas se tornam efetivamente comparáveis e, por conseguinte, mensuráveis.

experiências especificamente políticas, isto é, derivadas no mesmo instante da esfera dos assuntos humanos. Não é possível entender Platão sem ter em mente, ao mesmo tempo, sua repetida e enfática insistência na irrelevância filosófica desse domínio, acerca do qual sempre advertiu não se dever levá-lo muito a sério, e o fato de ele próprio, de modo distinto de quase todos os filósofos que lhe sucederam, levar ainda os assuntos humanos a sério a ponto de alterar o próprio centro de seu pensamento para fazê-lo aplicável à política. É essa ambivalência, mais que qualquer exposição formal de sua nova doutrina das ideias, que apresenta o conteúdo verdadeiro da parábola da caverna em *A República*, que afinal de contas é narrada no contexto de um diálogo estritamente político que procura a melhor forma de governo. Em meio a esta procura, Platão narra-nos sua parábola, que se revela como a história do filósofo neste mundo, como se tivesse a intenção de biografar sinteticamente *o* filósofo. Por conseguinte, a procura da melhor forma de governo revela-se a procura do melhor governo para os filósofos, o qual se evidencia um governo em que os filósofos passam a governantes da cidade – solução que não é muito surpreendente para aqueles que testemunharam a vida e a morte de Sócrates.

Ainda assim, o governo do filósofo deve ser justificado, e somente poderia sê-lo se a verdade do filósofo possuísse validade para aquela mesma esfera dos assuntos humanos que o filósofo tivera que abandonar para percebê-la. Enquanto o filósofo nada mais é senão filósofo, sua procura termina com a contemplação da verdade suprema, que, visto iluminar a tudo mais, é também a beleza suprema; mas enquanto um homem entre homens, um mortal entre mortais e um cidadão entre cidadãos, o filósofo deve tomar sua verdade e transformá-la em um conjunto de regras, transformação esta em virtude da qual poderá então pretender tornar-se um verdadeiro governante – o rei-filósofo.

As vidas do vulgo sobre os quais o filósofo estabeleceu seu domínio na caverna, não se caracterizam pela contemplação, e sim pela *léksis*, a fala, e πρᾶξις (*práksis*), a ação; portanto, é característico o fato de, na parábola da caverna, Platão retratar as vidas dos habitantes como se também eles estivessem interessados apenas em ver: de início as imagens sobre a tela, mais tarde as coisas mesmas à luz indistinta da fogueira na caverna, até que, por fim, aqueles que quisessem ver a verdade em si tivessem que abandonar o mundo comum da caverna e embarcar em sua nova aventura por si mesmos.

Em outras palavras, observa-se toda a esfera dos assuntos humanos segundo o ponto de vista de uma filosofia cuja pressuposição é que mesmo aqueles que habitam a caverna dos assuntos humanos são humanos, na medida apenas em que também querem ver, embora permaneçam iludidos por sombras e imagens. E o governo do filósofo-rei, isto é, a dominação dos negócios humanos por algo exterior a seu próprio âmbito, justifica-se não apenas por uma prioridade absoluta do ver sobre o fazer e da contemplação sobre o falar e o agir, mas também pela pressuposição de que o que faz dos homens humanos é o anseio por ver. Portanto, o interesse do filósofo e o interesse do homem *qua* homem coincidem: ambos exigem que os assuntos humanos, os resultados da fala e da ação, não devam adquirir uma dignidade advinda de si próprios, mas se sujeitem ao domínio de algo exterior a seu âmbito.

3

A dicotomia entre o ver a verdade em solidão e isolamento e o ser capturado nas conexões e relativismos dos assuntos humanos tornou-se imperativa para a tradição do pensamento político. É expressa com máximo vigor na parábola da caverna, e, por conseguinte, somos tentados de alguma forma a ver sua origem na doutrina platônica das ideias. Historicamente, contudo, ela não dependia de uma aceitação de sua doutrina, e sim muito mais de uma atitude que Platão expressou apenas uma vez, quase por acaso, em uma observação acidental e que foi mais tarde citada por Aristóteles quase literalmente em uma sentença famosa da *Metafísica*, a saber, que o início de toda filosofia é θαυμάξειν (*thaumádzein*), o espanto maravilhado face a tudo que é como é. Mais que qualquer outra coisa, a "teoria" grega é o prolongamento, e a filosofia grega a articulação e conceitualização desse espanto inicial. Ser capaz dele é o que separa os eleitos do vulgo, e permanecer-lhe devotado é o que os alheia dos assuntos humanos, Aristóteles, portanto, sem que aceitasse a doutrina das ideias de Platão e mesmo repudiando o estado ideal platônico, seguia-o entretanto no principal, não somente separando um "modo de vida teórico" (βίος θεωρητικός [*bíos theoretikós*]) de uma vida devotada aos assuntos humanos (βίος πολιτικός [*bíos politikos*]) – o primeiro a estabelecer esses modos de vida em ordem hierárquica fora Platão, em seu *Fedro* – mas aceitando a ordem hierárquica aí implícita como algo evidente por si mesmo. Em nosso contexto, a questão não é apenas que o pensamento devesse imperar sobre a ação, prescrevendo-lhe princípios de tal maneira que as regras da ação fossem invariavelmente derivadas de experiências do pensamento; mas também que, por meio dos βίοi (*bíoi*), da identificação de atividades como modos de vida, o princípio de governo se estabelecia igualmente entre os homens. Historicamente, isso tornou-se o selo da filosofia política na escola socrática, e a ironia desse processo, é bem provável, está em que era precisamente essa dicotomia entre pensamento e ação o que Sócrates temia e tentou impedir na *polis*.

Assim é que encontramos na filosofia política de Aristóteles a segunda tentativa de estabelecer um conceito de autoridade em termos de governantes e de governados; esta foi igualmente importante para o progresso da tradição do pensamento político, muito embora Aristóteles empregasse uma abordagem basicamente diferente. Para ele, a razão não possuía características ditatoriais ou tirânicas, e não há nenhum filósofo-rei que regule os assuntos humanos de uma vez por todas. A razão que aduz para sustentar que "cada organismo político se compõe daqueles que governam e daqueles que são governados" decorre da superioridade do perito sobre o leigo, e ele é bastante cônscio da diferença existente entre o agir e o fazer para ir buscar seus exemplos na esfera da fabricação. Até onde entendo, Aristóteles foi quem primeiro recorreu, com o fim de estabelecer o governo no trato com os assuntos humanos, à "natureza", que "estabeleceu a diferença [...] entre os mais jovens e os mais velhos, destinados uns a serem governados e os outros a governarem"[23].

A simplicidade desse argumento é ainda mais enganosa pelo fato de os séculos o terem degradado ao nível de banalidade. Esse pode ser o motivo pelo qual comumente é despercebida sua flagrante contradição com a definição da *polis* dada pelo próprio Aristóteles também em *A Política*: "A *polis* é uma comunidade de iguais visando a uma vida que é potencialmente a melhor"[24]. É óbvio que a noção do governo na *polis* estava, para Aristóteles, tão longe de ser convincente que ele, um dos mais coerentes e menos autocontraditórios dentre os grandes pensadores, não se sentiu particularmente limitado por seu próprio argumento. Não devemos, portanto, nos surpreender ao lermos, no início de *Economia* (um tratado aristotélico apócrifo, mas escrito por um de seus discípulos mais próximos), que a diferença essencial entre uma comunidade política (a πόλις [*polis*]) e uma casa privada (a οἰκία [*oikía*]) está em constituir a última uma "monarquia", o governo de um único homem, enquanto a *polis*, ao contrário, "é composta de muitos governantes"[25]. Para

---

23. *A Política*, 1332b12 e 1332b36. A distinção entre jovens e velhos remonta a Platão; ver *A República*, 412, e *Leis*, 690 e 714. O apelo à natureza é aristotélico.
24. *A Política*, 1328b35.
25. *Economia*, 1343a1-4.

que entendamos essa caracterização, é necessário lembrar, antes de mais nada, que as palavras "monarquia" e "tirania" eram utilizadas como sinônimos e em nítida oposição a realeza; em segundo lugar, que o caráter da *polis* como "composta de muitos governantes" nada tem a ver com as diversas formas de governo que normalmente se opõem ao governo de um só homem, tais como a oligarquia, a aristocracia ou a democracia. Nesse contexto, os "muitos governantes" são os patriarcas que se estabeleceram como "monarcas" em casa antes de se juntarem para constituir o domínio público-político da cidade. O governar a si mesmo e a distinção entre governantes e governados pertencem a uma esfera que precede o domínio político, e o que distingue este da esfera "econômica" do lar é o fato de a *polis* basear-se no princípio da igualdade, não conhecendo diferenciação entre governantes e governados.

Nessa distinção entre aquilo que hoje chamaríamos de esferas privada e pública da vida, Aristóteles não faz mais que articular a opinião pública entre os gregos da época segundo a qual "todo cidadão pertence a duas ordens de existência", pois "a *polis* dá a cada indivíduo [...], além de sua vida privada, uma espécie de segunda vida, sua *bios politikos*"[26]. (A última era designada por Aristóteles como a "vida boa", redefinindo seu conteúdo; apenas essa definição, e não a diferenciação mesma, estava em conflito com a opinião grega corrente.) Ambas as ordens eram formas de convivência humana, mas somente a comunidade familiar se ocupava em manter-se viva como tal e enfrentar as necessidades físicas (ἀναγκαῖα [*anagkaía*]) inerentes à manutenção da vida individual e à garantia da sobrevivência da espécie. Em característico desacordo com o procedimento moderno, o cuidado com a preservação da vida, tanto do indivíduo como da espécie, pertencia exclusivamente à esfera privada da família, enquanto, na

---

26. W. Jaeger, op. cit., v. 1, p. 111.

polis, o homem parecia κατ' ἀριτμόν (*kat arithmón*), como uma personalidade individual, conforme diríamos hoje em dia[27]. Seres vivos, preocupados com a preservação da vida, os homens se confrontam com e são arrastados pela necessidade. A necessidade deve ser controlada antes que a "boa vida" política possa se iniciar e ela somente pode ser controlada pela dominação. Consequentemente, a liberdade para a "boa vida" assenta-se na dominação da necessidade.

O domínio sobre a necessidade tem então como objetivo controlar as necessidades da vida, que coagem os homens e os mantêm sob seu poder. Mas tal domínio só pode ser alcançado controlando a outros e exercendo violência sobre eles, que, como escravos, aliviam o homem livre de ser ele próprio coagido pela necessidade. O homem livre, o cidadão da *polis*, não é coagido pelas necessidades físicas da vida nem tampouco sujeito à dominação artificial de outros. Não apenas não deve ser um escravo, como deve possuir e governar escravos. A liberdade no âmbito da política começa tão logo todas as necessidades elementares da vida tenham sido sujeitas ao governo, de tal modo que dominação e sujeição, mando e obediência, governo e ser governado, tornam-se pré-condições para o estabelecimento da esfera política precisamente por não fazerem parte de seu conteúdo.

É indubitável que Aristóteles, assim como Platão já o fizera, pretendeu introduzir uma espécie de autoridade no manejo dos assuntos públicos e na vida da *polis*, sem dúvida com razões políticas muito boas. Contudo, também ele teve que recorrer a uma espécie de solução improvisada de modo a tornar plausível a introdução de uma distinção, no campo político, entre os governantes e os governados, entre aqueles que mandam e aqueles que obedecem. E também ele ofereceu exemplos e modelos apenas de uma esfera pré-política, do âmbito privado do lar e

---

27. *A Economia*, 1343b24.

das experiências de uma economia escravista. Isso o conduz a asserções notoriamente contraditórias, na medida em que superpõe às ações e à vida na *polis* padrões que, como explica alhures, apenas são válidos para o comportamento e para a vida na comunidade doméstica. Basta que consideremos tão só o famoso exemplo de *A Política* mencionado acima, em que a diferenciação entre governantes e governados decorre das diferenças naturais entre jovens e velhos para que a inconsistência de sua empreitada se patenteie, pois esse exemplo é, em si mesmo, especialmente inadequado para provar o argumento aristotélico. A relação entre jovens e velhos é, em sua essência, educacional, e nessa educação nada mais é implicado a não ser o treino dos futuros governantes pelos governantes atuais. Se algum governo chega a ser envolvido aqui, é inteiramente diverso das formas políticas de governo, não apenas por ser limitado no tempo e em seu desígnio, como por se dar entre pessoas que são potencialmente iguais. Contudo, a substituição do governo pela educação teve consequências do maior alcance. Com base nela, governantes têm passado por educadores e educadores têm sido acusados de governar. Nada é mais questionável, então como hoje em dia, do que a significação política de exemplos retirados do campo da educação. No âmbito político, tratamos apenas com adultos que ultrapassaram a idade da educação propriamente dita, e a política, ou o direito de participar da condução dos negócios públicos, começa precisamente onde termina a educação. (A educação adulta, individual ou comunal, pode ser de grande importância para a formação da personalidade, para seu pleno desenvolvimento ou maior enriquecimento, mas é politicamente irrelevante, a menos que seja seu propósito proporcionar requisitos técnicos, de algum modo não adquiridos na juventude, necessários à participação nos problemas públicos.) E *vice-versa*, em educação lidamos sempre com pessoas que não podem ainda ser admitidas na política e na igualdade, por estarem sendo preparadas para elas. O exemplo de Aristóteles é, todavia, de grande importância, dado que é fato ser a necessidade de "autoridade" mais plausível e evidente na criação e educação de crianças do que em qualquer outra parte. Por isso, é tão característico de nossa era querer erradicar até mesmo essa forma de autoridade muitíssimo limitada e politicamente irrelevante.

Politicamente, a autoridade só pode adquirir caráter educacional caso se admita, como os romanos, que sob todas as circunstâncias os antepassados representam o exemplo de grandeza para cada geração subsequente, que eles são os *maiores*, por definição. Sempre que o modelo de educação através da autoridade, sem essa convicção fundamental, foi sobreposto ao reino da política (e isso sucedeu não poucas vezes, sendo ainda um esteio da argumentação conservadora), serviu basicamente para obscurecer pretensões reais ou ambicionadas ao poder, e fingiu querer educar quando na realidade tinha em mente dominar.

As grandiosas tentativas da filosofia grega para encontrar um conceito de autoridade que obstasse a deterioração da *polis* e salvaguardasse a vida do filósofo fracassaram devido ao fato de não existir, no âmbito da vida política grega, nenhuma consciência de autoridade que se baseasse em experiências políticas imediatas. Daí todos os protótipos mediante os quais as gerações posteriores compreenderam o conteúdo da autoridade terem sido extraídos de experiências de natureza especificamente não política, brotando: seja da esfera do "fazer" e das artes, onde devem existir peritos e onde a aptidão é o critério supremo; seja da comunidade familiar privada. É justo nesse aspecto politicamente determinado que a filosofia da escola socrática exerceu seu maior impacto em nossa tradição. Ainda hoje acreditamos que Aristóteles definiu o homem primeiro como um ser político dotado de fala ou de razão – quando ele o fez apenas em um contexto político –, ou que Platão expôs o significado original de sua doutrina das ideias em *A República*, onde ao contrário, ele a alterou por motivos políticos. A despeito da grandeza da filosofia política entre os gregos, pode-se duvidar que ela tivesse perdido seu inerente caráter utópico se os romanos, em sua infatigável procura pela tradição e autoridade, não houvessem decidido encampá-la e reconhecê-la como autoridade suprema em todas as matérias de teoria e de pensamento. No entanto, eles puderam levar a cabo essa integração apenas porque tanto a autoridade como a tradição já haviam desempenhado um papel decisivo na vida política da República romana.

4

No âmago da política romana, desde o início da República até virtualmente o fim da era imperial, encontra-se a convicção do caráter sagrado da fundação, no sentido de que, uma vez alguma coisa tenha sido fundada, ela permanece obrigatória para todas as gerações futuras. Participar na política significava, antes de mais nada, preservar a fundação da cidade de Roma. Eis a razão por que os romanos foram incapazes de repetir a fundação de sua primeira *polis* na instalação de colônias, mas conseguiram ampliar a fundação original até que toda a Itália e, por fim, todo o mundo ocidental estivesse unido e administrado por Roma, como se o mundo inteiro não passasse de um quintal romano. Do início ao fim, os romanos ficavam restritos à localidade específica dessa única cidade e, ao contrário dos gregos, não podiam dizer em épocas de emergência ou de superpopulação: "Ide e fundai uma nova cidade, pois onde quer que estejais sereis sempre uma *polis*". Não os gregos, e sim os romanos, estavam realmente enraizados ao solo, e a palavra *patria* deriva seu pleno significado da história romana. A fundação de um novo organismo político – quase um lugar-comum na experiência dos gregos – tornou-se, para os romanos, o central, decisivo e irreproduzível princípio de toda sua história, um acontecimento único. E as divindades mais profundamente romanas eram Jano, o deus do princípio, com o qual de certo modo ainda iniciamos nosso ano, e Minerva, a deusa da recordação.

A fundação de Roma – "tanta molis erat Romanam condere gentem" (tão grande foi o esforço e a labuta para fundar o povo romano), como Virgílio resume o tema constante da *Eneida*, que todo o sofrimento e vaguear atinge seu final e objetivo "dum conderet urbem" (que ele pode fundar a cidade) –, essa fundação e a experiência igualmente não grega da santidade da casa e do coração, como se, homericamente falando, o espírito de Heitor houvesse sobrevivido à queda de Troia e ressurgido no solo italiano, formam o conteúdo profundamente político da religião romana. Ao contrário da Grécia, onde a piedade dependia da presença imediatamente revelada dos deuses, aqui a religião significava, literalmente, *re-ligare*[28]: ser ligado ao passado, obrigado para com o enorme, quase sobre-humano e por conseguinte sempre lendário esforço de lançar as fundações, de erigir a pedra angular, de fundar para a eternidade[29]. Ser religioso significava ligar-se ao passado, e Lívio, o grande registrador dos acontecimentos passados, podia pois dizer: "Mihi vetustas res scribenti nescio quo pacto antiquus fit animus et quaedam religio tenet" (Enquanto escrevo sobre esses eventos antigos, através de não sei que conexão minha mente envelhece e alguma *religio* se apodera [de mim])[30]. A religião e a atividade política podiam assim ser consideradas como praticamente idênticas, e Cícero podia dizer: "Em nenhum outro campo a excelência humana acerca-se tanto dos caminhos dos

---

28. A derivação de *religio* a partir de *religare* ocorre em Cícero. Visto tratarmos aqui apenas com a autointerpretação política dos romanos, o debate sobre o quanto é etimologicamente correta essa derivação mostra-se irrelevante.

29. Ver Cícero, *De Re Publica*, III, 23. Para a crença romana no quão eterna é sua cidade, ver Viktor Poeschl, *Römischer Staat und griechisches Staatsdenken bei Cicero*, Berlin, 1936.

30. *Anais*, livro 43, capítulo 13.

deuses (*numen*) como na fundação de novas comunidades e na preservação das já fundadas."[31] O poder coercivo da fundação era ele mesmo religioso, pois a cidade oferecia também aos deuses do povo um lar permanente – mais uma vez, ao contrário dos gregos, cujos deuses protegiam as cidades dos mortais e, por vezes, nelas habitavam, mas possuíam seu próprio lar, distante da morada dos homens, no Monte Olimpo.

A princípio, foi nesse contexto que a palavra e o conceito de autoridade apareceram. A palavra *auctoritas* é derivada do verbo *augere*, "aumentar", e aquilo que a autoridade ou os de posse dela constantemente aumentam é a fundação. Aqueles que eram dotados de autoridade eram os anciãos, o Senado ou os *patres*, os quais a obtinham por descendência e transmissão (tradição) daqueles que haviam lançado as fundações de todas as coisas futuras, os antepassados chamados pelos romanos de *maiores*. A autoridade dos vivos era sempre derivativa, dependendo, como o coloca Plínio, dos *auctores imperii romani conditoresque*, da autoridade dos fundadores que não mais se encontravam entre os vivos. A autoridade, em contraposição ao poder (*potestas*), tinha suas raízes no passado, mas esse passado não era menos presente na vida real da cidade que o poder e a força dos vivos. "Moribus antiquis res stat romana virisque" (os antigos costumes romanos permanecem firmes), nas palavras de Ênio.

Para compreender de modo mais concreto o que significava usufruir de autoridade, cabe observar que a palavra *auctores* pode ser utilizada como o verdadeiro antônimo de *artifices*, os construtores e elaboradores efetivos, e isso justamente quando a palavra *auctor* quer dizer a mesma coisa que o nosso "autor". Quem, indaga Plínio por ocasião da inauguração de um teatro, deveria ser mais admirado, o construtor ou o autor, o inventor ou a invenção? – pensando, é claro, no último em ambos os casos. O autor

---

31. *De Re Publica*, 1, 7.

não é aqui o construtor, mas aquele que inspirou toda a empresa e cujo espírito, portanto, muito mais que o do efetivo construtor, está representado na própria construção. Distintamente do *artifex*, que tão somente o fez, é ele o verdadeiro "autor" do edifício, vale dizer seu fundador; com ele, tornou-se um "aumentador" da cidade.

Entretanto, a relação entre *auctor* e *artifex* de modo algum é relação (platônica) existente entre o senhor que dá ordens e o servo que as executa. A característica mais proeminente dos que detêm autoridade é não possuir poder. *Cum potestas in populo auctoritas in senatu sit*, "enquanto o poder reside no povo, a autoridade repousa no Senado"[32]. Dado que a "autoridade", o acréscimo que o Senado deve acrescentar às decisões políticas, não é poder, ela nos parece curiosamente evanescente e intangível, assemelhando-se a esse respeito de maneira notável ao ramo judiciário do governo, de Montesquieu, cujo poder foi por ele chamado "en quelque façon nulle" (de certo modo nulo) e que constitui, não obstante, a mais alta autoridade nos governos constitucionais[33]. Mommsen referiu-a como sendo "mais que conselho e menos que uma ordem; um conselho que não se pode ignorar sem risco", pelo que admite que "a vontade e as ações das pessoas, assim como as das crianças, são sujeitas a erro e engano e necessitam, portanto, de 'acréscimo' e aprovação junto ao conselho dos anciães"[34]. O caráter autoritário do "acréscimo" dos anciães repousa em sua natureza de mero conselho, prescindindo, seja da forma de ordem, seja de coerção externa, para fazer-se entendido[35].

A força coerciva dessa autoridade está intimamente ligada à força religiosamente coerciva do *auspices*, que ao contrário do oráculo grego não sugere o curso objetivo

---

32. Cícero, *De Legibus*, 3, 12, 38.
33. *Esprit des lois*, livro XI, capítulo 6.
34. O professor Carl J. Friedrich atraiu minha atenção para o debate pertinente sobre a autoridade em *Römisches Staatsrecht*; ver p. 1034, 1038-1039.
35. Essa interpretação é ainda apoiada pelo uso idiomático latino de *alicui auctorem esse* por "dando conselhos a alguém".

dos eventos futuros, mas revela meramente a aprovação ou desaprovação divina das decisões feitas pelos homens[36]. Também os deuses têm autoridade entre, mais que poder sobre, os homens; eles "aumentam" e confirmam as ações humanas, mas não as guiam. E, exatamente como a origem de "todos os *auspices* se remonta ao grande sinal pelo qual os deuses deram a Rômulo a autoridade para fundar a cidade"[37], assim também toda autoridade deriva dessa fundação, remetendo cada ato ao sagrado início da história romana e somando, por assim dizer, a cada momento singular todo o peso do passado. *Gravitas*, a capacidade de arcar com esse peso, torna-se o traço proeminente do caráter romano, assim como o Senado, a representação da autoridade na República, podia funcionar – nas palavras de Plutarco (*Vida de Licurgo*) – como "um peso central, que, à maneira do lastro em uma embarcação, mantém as coisas sempre no justo equilíbrio".

Dessa maneira, os exemplos e os feitos dos antepassados e o costume desenvolvido a partir deles eram sempre coercitivos[38]. Seja lá o que acontecesse se transformava em um exemplo, tornando-se a *auctoritas maiorum* idêntica aos modelos autoritários para o comportamento efetivo e aos padrões políticos e morais a esses títulos. Por isso, a idade provecta, distintamente da simples maturidade, continha para os romanos o próprio clímax da vida humana; não tanto pela sabedoria e experiência acumuladas, como

---

36. Ver T. Mommsen, op. cit., v. 1, p. 73s. O termo latino *numen*, quase intraduzível, e significando "ordem divina", assim como os modos de ação divinos, derivam de *nuere*, acenar aprovativamente anuir. Assim, as ordens dos deuses e toda sua interferência nos negócios humanos são restritas à aprovação ou desaprovação das ações humanas.

37. Ibidem, p. 87.

38. Ver também os vários idiomatismos latinos, tais como *auctores habere* por ter predecessores ou exemplos; *auctoritas maiorum*, significando e exemplo autorizador dos antepassados; *usus et auctoritas*, utilizado no Direito Romano, para os direitos de propriedade advindos do uso. Uma excelente representação deste espírito romano, bem como uma coletânea muito útil dos mais importantes materiais originais, encontra-se em V. Poeschi, op. cit., p. 101s, especialmente.

porque o homem velho crescera mais próximo aos ancestrais e ao passado. Ao contrário de nosso conceito de crescimento, em que se cresce para o futuro, para os romanos o crescimento dirigia-se no sentido do passado. Se se quiser relacionar essa atitude com a ordem hierárquica estabelecida pela autoridade, visualizando essa hierarquia na familiar imagem da pirâmide, é como se o topo da pirâmide não se estendesse até as alturas de um céu acima (ou, como no cristianismo, além) da terra, mas nas profundezas de um passado terreno.

Nesse contexto basicamente político, o passado era santificado através da tradição, a qual preservava-o legando de uma geração a outra o testemunho dos antepassados que inicialmente presenciaram e criaram a sagrada fundação e, depois, a engrandeceram por sua autoridade no transcurso dos séculos. Enquanto essa tradição fosse ininterrupta, a autoridade estaria intacta; e agir sem autoridade e tradição, sem padrões e modelos aceitos e consagrados pelo tempo, sem o préstimo da sabedoria dos pais fundadores, era inconcebível. A noção de uma tradição espiritual e de autoridade em matéria de pensamento e de ideias deriva aqui do âmbito político sendo portanto essencialmente derivativa, da mesma forma como a concepção platônica do papel da razão e das ideias na política derivava do âmbito filosófico e tornou-se derivativa no âmbito dos assuntos humanos. Mas o fato historicamente essencial é que os romanos sentiam necessidade de pais fundadores e de exemplos autoritários também em matéria de pensamento e de ideias, aceitando os grandes "antepassados" na Grécia como em teoria, filosofia e poesia. Os grandes autores gregos tornaram-se autoridades nas mãos dos romanos e não dos gregos. A maneira como Platão e outros antes dele tratavam Homero, "o educador de toda a Hélade", era inconcebível em Roma, e tampouco um filósofo romano teria ousado "erguer a mão contra seu pai [espiritual]", como Platão declarou de si próprio (em O *Sofista*), ao romper com a lição de Parmênides.

Assim como o caráter derivativo da aplicabilidade das ideias à política não impediu que o pensamento político platônico se tornasse a origem da teoria política ocidental, assim também o caráter derivativo da autoridade e da tradição em assuntos espirituais não foi obstáculo para que elas se tornassem os traços prevalentes no pensamento filosófico ocidental durante a maior parte de nossa história. Em ambos os casos, a origem política e as experiências políticas subjacentes às teorias foram esquecidas, tanto o conflito original entre política e filosofia entre o cidadão e o filósofo como a experiência de fundação na qual tivera sua origem legítima a tríade romana de religião, autoridade e tradição. A força dessa tríade repousa na eficácia coerciva de um início autoritário ao qual liames "religiosos" reatam os homens através da tradição. A trindade romana não apenas sobreviveu à transformação da República em Império como penetrou onde quer que a *pax Romana* tenha criado a civilização ocidental sobre alicerces romanos.

O vigor e continuidade extraordinários desse espírito romano – ou a extraordinária solidez do princípio fundador para a criação de organismos políticos – submeteram-se a um teste decisivo, reafirmando-se indiscutivelmente após o declínio do Império Romano, quando a herança política e espiritual de Roma passou à Igreja Cristã. Confrontada com essa tarefa mundana bem real, a Igreja tornou-se tão "romana" e adaptou-se de modo tão profundo ao pensamento romano em matéria de política que fez da morte e ressurreição de Cristo a pedra angular de uma nova fundação, erigindo sobre ela uma nova instituição humana de tremenda durabilidade. Assim, após Constantino, o Grande, ter recorrido à Igreja para assegurar ao império decadente a proteção do "Deus mais poderoso", a Igreja conseguiu, por fim, superar as tendências antipolíticas e anti-institucionais do credo cristão que tantos problemas havia causado nos primeiros séculos e que eram tão manifestas no *Novo Testamento* e nos escritos cristãos iniciais, e aparentemente tão intransponíveis. A vitória do espírito romano é com efeito praticamente um milagre; de qualquer modo, ela por si só capacitava a Igreja a "oferecer aos homens, na situação de membros da Igreja, o sentido de cidadania que nem Roma nem a municipalidade podiam mais proporcionar a eles"[39]. Não obstante, assim como a politização das ideias por Platão transformou a filosofia ocidental e determinou o conceito filosófico de razão, assim também a politização da Igreja alterou a religião cristã. A base da Igreja, uma comunidade de crentes e uma instituição pública, não era mais a fé cristã na ressurreição (embora essa fé permanecesse como seu conteúdo) ou a obediência judaica aos mandamentos de Deus, mas sim o testemunho da vida, do nascimento, morte e ressurreição de Cristo como um acontecimento historicamente registrado[40]. Como testemunhas desse evento, os Apóstolos puderam tornar-se "pais fundadores" da Igreja, dos quais esta deveria derivar sua própria autoridade na medida em que legasse seu testemunho através da tradição de geração a geração. Apenas ao acontecer isso, somos tentados a afirmá-lo, a fé cristã tornou-se uma "religião", não apenas no sentido pós-cristão como também no sentido antigo; apesar disso, apenas então poderia um mundo inteiro – e não um mero grupo de crentes, pouco importa quão grande pudesse ter sido – tornar-se cristão. O espírito romano pôde sobreviver à catástrofe do Império Romano porque seus mais poderosos inimigos – aqueles que haviam atirado como que uma maldição sobre toda a esfera dos negócios mundanos e jurado viver ocultos – descobriram em sua própria fé algo que podia ser também entendido como um evento terreno e que poderia transformar-se em um novo início mundano ao qual o mundo se encontrava reatado (*religare*)

---

39. R.H. Barrow, *The Romans*, 1949, p. 194.
40. Um amálgama similar do sentimento político romano-imperial com o cristianismo é discutido por Erik Peterson, *Der Monotheismus als politisches Problem*, Leipzig, 1935, a propósito de Osório, que comparou o imperador romano Augusto a Cristo. "*Dabei ist deutlich, dass Augustus auf diese Weise christianisiert und Christus zum civis romanus wird, romanisiert worden ist*", p. 92.

mais uma vez em uma curiosa combinação da antiga e da nova reverência religiosa. Essa transformação foi, em larga medida, consumada por Agostinho, o grande filósofo que os romanos tiveram. Pois a base de sua filosofia, "Sedis animi est in memoria" (a sede do espírito está na memória), é precisamente aquela articulação conceitual da experiência romana específica que eles próprios, avassalados como eram pela filosofia e pelos conceitos gregos, jamais alcançaram realizar.

Graças ao fato de que a fundação da cidade de Roma se repetiu na fundação da Igreja Católica, embora, sem dúvida, com conteúdo radicalmente diverso, a tríade romana de religião, autoridade e tradição pôde ser assumida pela era cristã. O sinal mais claro dessa continuidade talvez seja o fato de a Igreja, ao se atirar em sua grande carreira política no século I, ter adotado imediatamente a distinção romana entre autoridade e poder, reivindicando para si mesma a antiga autoridade do senado e deixando o poder – que no Império Romano não estava mais nas mãos do povo, tendo sido monopolizado pela família imperial – aos príncipes do mundo. Assim é que, ao término do século I, o papa Gelásio I pôde escrever ao imperador Anastácio I: "Duas são as coisas pelas quais este mundo é principalmente governado: a autoridade sagrada dos papas e o poder real"[41]. A continuidade do espírito romano na história do Ocidente teve um duplo resultado. Por um lado, repetiu-se mais uma vez o milagre de permanência, pois, dentro do quadro de nossa história, a durabilidade e continuidade da Igreja como instituição pública só possui termo de comparação com o milênio de história romana na Antiguidade. Por outro lado, a separação entre Igreja e Estado, longe de significar inequivocamente uma secularização da esfera política e, portanto, sua ascensão à dignidade do período clássico,

---

41. "*Duo quippe sunt* [...] *quibus principaliter mundus hic regitur: auctoritas sacra pontificum et regalis potestas*". Em Migne, PL, v. 59, p. 42a.

implicou na realidade ter o político agora, pela primeira vez desde os romanos, perdido sua autoridade e, com ela, aquele elemento que, pelo menos na história ocidental, dotara as estruturas políticas de durabilidade, continuação e permanência.

É fato que o pensamento político romano, de longa data, começou a utilizar conceitos platônicos para compreender e interpretar as experiências políticas especificamente romanas. No entanto, é como se apenas na era cristã os invisíveis padrões de medida espirituais de Platão, pelos quais os assuntos visíveis e concretos dos homens deveriam ser medidos e julgados, se tivessem desdobrado em sua plena eficácia política. Precisamente aquelas partes da doutrina cristã que teriam tido grande dificuldade em adequar-se ou assimilar-se à estrutura política romana – a saber, os mandamentos e verdades revelados por uma autoridade genuinamente transcendente, que, diversamente daquela de Platão, não se estendia acima do âmbito terreno, mas estava além deste – podiam integrar-se na lenda da fundação romana via Platão. A revelação divina podia agora ser interpretada politicamente como se os padrões para a conduta humana e os princípios de comunidade políticas, intuitivamente antecipados por Platão, tivessem sido, por fim, diretamente revelados, de modo que, nas palavras de um platonista moderno, era como se a primitiva "orientação de Platão para a medida invisível fosse agora confirmada pela revelação da medida em si"[42]. Na medida em que a Igreja Católica incorporou a filosofia grega na estrutura de suas doutrinas e crenças dogmáticas, ela amalgamou o conceito político romano de autoridade, que era inevitavelmente baseado em um início, à noção grega de medidas e regras transcendentes. Padrões gerais e transcendentes sob os quais o particular e o imanente se pudessem subsumir eram agora requeridos para toda ordem política: regras morais para todo

---

42. Eric Voegelin, *A New Science of Politics*, Chicago, 1952, p. 78.

comportamento inter-humano e medidas racionais para orientação de todo juízo individual. Seria difícil surgir qualquer outra coisa que viesse, afinal, a afirmar-se com maior autoridade e consequências que o amálgama em si mesmo.

Desde então evidenciou-se, respondendo este fato pela estabilidade do amálgama, que sempre que um dos elementos da trindade romana – religião, autoridade ou tradição – fosse posto em dúvida ou eliminado, os dois restantes não teriam mais segurança. Assim, foi um erro de Lutero pensar que seu desafio à autoridade temporal da Igreja e seu apelo ao livre julgamento individual preservariam intactas a tradição e a religião. Assim como foi o erro de Hobbes e dos teóricos políticos do século XVII pensar que autoridade e religião poderiam ser salvas sem tradição. Bem como também foi o erro final dos humanistas pensar que seria possível permanecer com uma tradição intacta da civilização ocidental sem religião e sem autoridade.

5

Politicamente, a mais relevante consequência do amálgama das instituições políticas romanas com as ideias filosóficas gregas foi ter permitido que a Igreja interpretasse as noções um tanto vagas e conflitantes do cristianismo primitivo sobre a vida futura à luz dos mitos políticos platônicos, elevando assim ao nível de certezas dogmáticas um elaborado sistema de recompensas e castigos para ações e erros que não encontrassem justa retribuição na terra. Isso não ocorreu antes do século v, quando a primeira doutrina da redenção de todos os pecadores, até mesmo de Satã (como era ensinado por Orígenes e sustentado ainda por Gregório de Nissa), e a interpretação espiritualizante dos suplícios do inferno como tormentos de consciência (como também ensinava Orígenes) foram declarados heréticos. Porém, coincidiu com: a queda de Roma, o desaparecimento de uma ordem secular estável, a assunção da responsabilidade pelos problemas seculares por parte da Igreja e a emergência do papado como poder temporal. Noções populares e literárias acerca de uma vida futura com prêmios e castigos eram, é claro, difundidas na época, como o haviam sido em toda a Antiguidade, porém a versão cristã original dessas crenças, coerente com as "boas novas" e a redenção do pecado, não constituía uma ameaça de punição eterna e de eterno sofrimento, mas, ao contrário, era o *descensus ad inferos*, a missão de Cristo nas profundezas em que tivera de passar os três dias decorridos entre sua morte e sua ressurreição para liquidar o inferno, derrotar Satã e libertar as almas dos pecadores mortos, assim como liberara as almas dos vivos da morte e do castigo.

Encontramos certa dificuldade para avaliar corretamente a origem política e laica da doutrina do inferno pelo fato de a Igreja muito cedo tê-la incorporado, em sua versão platônica, no conjunto de suas crenças dogmáticas. Por sua vez, parece bastante natural que essa incorporação tenha turvado a compreensão do próprio Platão a ponto de identificar sua doutrina estritamente filosófica da imortalidade da alma, que tinha em mira uma elite, com sua doutrina política de uma vida futura com castigos e recompensas, evidentemente dirigida para a multidão. A preocupação do filosófico é com o invisível que somente pode ser percebido pela alma, que é em si mesma algo invisível (ἀειδές [*aeidés*]) e vai, portanto, para o Hades, o lugar da invisibilidade (Ἀ-ίδης [*A-ídes*]), depois que a morte houver livrado a parte invisível do homem de seu corpo, que é o órgão da percepção sensível[43]. Essa é a razão por que os filósofos sempre parecem "perseguir a morte e o morrer" e por que a filosofia pode

---

43. Ver *Fédon* 80 para a afinidade da alma invisível com o lugar tradicional da invisibilidade, a saber, o Hades, que Platão constrói etimologicamente como "o invisível".

também ser chamada de "estudo da morte"[44]. Aqueles que não têm experiência alguma com uma verdade filosófica além do âmbito da percepção sensível não podem, é claro, persuadir-se da imortalidade de uma alma sem corpo; para eles, Platão inventou uma série de histórias para concluir seus diálogos políticos, em regra após refutado o argumento em si, como em *A República*, ou após patentear-se que o oponente de Sócrates não poderia ser persuadido, como em *Górgias*[45]. Desses contos, o mito

44. Ibidem, 64-66.
45. À exceção de *Leis*, é característico dos diálogos políticos de Platão ocorrer uma pausa em algum lugar, tendo de ser abandonado o procedimento estritamente argumentativo. Em *A República*, Sócrates esquiva-se repetidamente de seus inquiridores; a questão desconcertante consiste em saber se a justiça é possível, ainda que um ato seja oculto dos homens e dos deuses. A discussão do que é a justiça interrompe-se em 372a, sendo retomada em 427d, onde, porém, não é a justiça, e sim a sabedoria e a εὐβουλία (*euboulía*), que são definidas. Sócrates volta à questão principal em 403d, mas discute σωφροσύνη (*sophrosyne*) ao invés de justiça. Reinicia então em 433b, estabelece quase imediatamente uma discussão das formas de governo, 445ds, até que o livro sétimo, com a história da caverna, coloca todo o argumento em um nível não político, inteiramente diferente. Aqui, torna-se claro por que Glauco não poderia receber uma resposta satisfatória: a justiça é uma ideia e precisa ser percebida; não há outra demonstração possível.

O mito de Er, por outro lado, é introduzido por uma inversão de todo o argumento. A tarefa fora encontrar a justiça com tal, mesmo que oculta dos olhos de deuses e homens. Agora (612), Sócrates deseja rejeitar sua concessão inicial a Glauco de que, ao menos para efeito de argumentação, se deveria admitir que "o homem justo pode parecer injusto, e o injusto, justo", de tal forma que ninguém, deus ou homem, pudesse saber definitivamente que é verdadeiramente justo. E, em seu lugar, propõe a suposição de que "tanto a natureza do justo como a do injusto é verdadeiramente conhecida pelos deuses". Mais uma vez, toda a argumentação é posta em um nível completamente diferente – desta vez, ao nível da multidão e completamente fora do âmbito da argumentação. O caso de *Górgias* é bastante similar. Mais uma vez, Sócrates é incapaz de persuadir seu opositor. A discussão gira em torno da convicção de Sócrates segundo a qual é melhor sofrer o mal do que praticá-lo. Quando se evidencia que Cálicles não pode ser persuadido pela argumentação, Platão passa a contar-lhe seu mito de uma vida futura, à maneira de *ultima ratio*, e, diversamente do que ocorre em *A República*, narra-a com grande hesitação, indicando claramente que o narrador da história, Sócrates, não a leva muito a sério.

de Er, de *A República*, é o mais elaborado e que exerceu maior influência. Entre Platão e a vitória secular do cristianismo no século v, que trouxe consigo a sanção religiosa da doutrina do inferno (de modo que, daí em diante, ela se tornou uma característica tão geral no mundo cristão que os tratados políticos não precisavam mencioná-la especificamente), quase não houve discussão importante de problemas políticos – exceto em Aristóteles – que não tivesse como fecho uma imitação do mito platônico[46]. E é ainda Platão, em contraposição às especulações cristãs primitivas e hebraicas acerca de uma vida futura, o verdadeiro precursor das minuciosas descrições de Dante; pois encontramos em Platão, pela primeira vez, não apenas uma concepção do juízo final sobre uma vida eterna ou uma morte eterna, sobre recompensas ou castigos, mas a separação geográfica entre inferno, purgatório e paraíso, bem como as noções horrivelmente concretas de castigos corporais graduados[47].

As implicações puramente políticas dos mitos de Platão no derradeiro livro de *A República*, bem como nas partes finais de *Fédon* e *Górgias*, parecem ser incontroversas. A distinção entre a convicção filosófica da imortalidade da alma e a crença politicamente desejável em uma pós-vida é paralela à distinção, na doutrina das ideias, entre a ideia do belo como a ideia suprema do filósofo e a ideia do bem como a ideia mais alta do político. Contudo, se Platão, ao aplicar sua filosofia das ideias ao campo político, de certo modo apagava as distinções decisivas entre as ideias do belo e do bem, substituindo quietamente a primeira pela

---

46. A imitação de Platão parece estar fora de dúvida nos sucessivos casos em que o motivo da morte aparente reaparece, como em Cícero e em Plutarco. Para uma excelente discussão do *Somnium Scipionis*, de Cícero, o mito que conclui o seu *De Re Publica*, ver Richard Harder, Ueber Ciceros Somnium Scipionis (*Kleine Schriften*, München, 1960), que mostra também, de maneira convincente, que nem Cícero nem Platão seguiram doutrinas pitagóricas.

47. Isso é enfatizado, em especial, por Marcus Dods, *Forerunners of Dante*, Edinburgh, 1903.

última em suas discussões de política, o mesmo não se pode dizer da distinção entre uma alma imortal, invisível e incorpórea e uma pós-vida na qual os corpos, sensíveis à dor, receberão castigos. Uma das indicações mais claras do caráter político desses mitos é, de fato, colocarem-se eles, ao implicarem castigo físico, em flagrante contradição com sua doutrina da mortalidade do corpo, e essa contradição de modo algum escapou ao próprio Platão[48]. Além disso, ao narrar seus contos, ele empregava minuciosas precauções para assegurar que os acontecimentos seguintes não eram verdade, mas uma possível opinião da qual seria melhor que o vulgo se persuadisse "como se ela fosse a verdade"[49]. Por fim, não é bastante óbvio, especialmente em *A República*, que toda essa concepção da vida após a morte não poderia fazer sentido para aqueles que compreenderam a história da caverna e sabem que o verdadeiro submundo é a vida sobre a terra?

Não há dúvida de que Platão se apoiava em crenças populares, talvez as tradições órficas e pitagóricas, para suas descrições de uma vida futura, assim como a Igreja, quase um milênio depois, poderia escolher livremente quais das crenças e especulações então prevalentes ela erigiria em dogmas e quais seriam declaradas heréticas. A distinção entre Platão e seus predecessores, seja lá quem foram, estava no fato de ter sido ele o primeiro a tomar consciência da enorme potencialidade estritamente política inerente a tais crenças, justo a mesma maneira como a distinção entre a minuciosa doutrina de Agostinho acerca do inferno, purgatório e paraíso, de um lado, e as especulações de Orígenes ou Clemente de Alexandria, de outro, consistiu em ter Agostinho (e talvez, antes dele, Tertuliano) compreendido até que ponto essas doutrinas poderiam ser usadas como ameaças neste mundo, independentemente de seu valor especulativo sobre uma vida futura. Nada, com efeito,

---

48. Ver *Górgias*, 524.
49. Ver *Górgias*, 522-523 e *Fédon*, 110. Em *A República*, 614, Platão chega a aludir a um conto narrado por Ulisses a Alcínoo.

é mais sugestivo nesse contexto que ter sido Platão quem cunhou da palavra "teologia", pois a passagem em que a nova palavra é usada ocorre em uma discussão estritamente política, a saber, em *A República*, quando o diálogo trata da fundação de cidades[50]. Esse novo Deus teológico não é um Deus vivo, nem o Deus dos filósofos, tampouco uma divindade pagã; ele é um recurso político, "a medida das medidas"[51], ou seja, o padrão pelo qual se podem fundar cidades e decretar regras de comportamento para a multidão. Além disso, a Teologia nos ensina como impor de modo absoluto tais padrões, mesmo nos casos em que a justiça humana pareça confusa, isto é, no caso de crimes que escapam ao castigo, bem como daqueles para os quais até mesmo a sentença de morte não seria adequada. Pois "o principal" sobre a vida futura, como Platão afirma explicitamente, é que "para cada mal que os homens tivessem feito a quem quer que fosse, eles sofressem dez vezes mais"[52]. Certamente, Platão não tinha a menor ideia da teologia tal como a entendemos, ou seja, como a interpretação da palavra de Deus cujo texto sacrossanto é a *Bíblia*; a teologia era para ele uma parte integrante da "ciência política", especificamente aquela que ensinava aos poucos como governar sobre os muitos.

Quaisquer que tenham sido as demais circunstâncias históricas a influir na elaboração da doutrina do inferno, esta continuou, no decurso na Antiguidade, a ser empregada para fins políticos, no interesse da elite que retinha um controle moral e político sobre o vulgo. O ponto em questão é sempre o mesmo: a verdade é evidente por si, por sua própria natureza e, portanto, não pode ser patenteada e demonstrada satisfatoriamente[53]. A crença é, portanto,

---

50. *A República*, 379a.
51. Como Werner Jaeger uma vez denominou o deus platônico em *Theology of Early Greek Philosophers*, Oxford, 1947, p. 194n.
52. *A República*, 615a.
53. Ver, sobretudo, a *Sétima Carta*, a respeito da convicção de Platão de que a verdade está além do discurso e da argumentação.

necessária àqueles que carecem dos olhos para o que é a um só tempo evidente por si, invisível e indemonstrável. Platonicamente falando, a elite não pode persuadir a multidão da verdade por não ser a verdade objeto de persuasão, e por ser a persuasão a única maneira de lidar com a multidão. Mas a multidão, arrastada pelos contos irresponsáveis de poetas e contadores de histórias, pode ser persuadida a acreditar praticamente em qualquer coisa; os contos apropriados a transportar a verdade da elite para a massa são contos acerca de prêmios e castigos após a morte; persuadir os cidadãos da existência do inferno os fará se comportarem como se eles conhecessem a verdade.

Enquanto o cristianismo permaneceu sem interesses e encargos seculares, ele deixou as crenças e especulações sobre uma vida futura tão livres como haviam sido na Antiguidade. Contudo, quando o desenvolvimento puramente religioso do novo credo chegara a termo e a Igreja se tornara ciente das responsabilidades políticas, decidindo-se a assumi-las, deparou com uma perplexidade similar à que dera origem à filosofia política de Platão. Novamente, a questão era impor padrões absolutos a uma esfera constituída de problemas e de assuntos humanos, cuja própria essência parecia ser, portanto, o relativismo; e a esse relativismo corresponde o fato de que o pior que o homem pode fazer ao homem é matá-lo, ou seja, ocasionar aquilo que algum dia lhe acontecerá de qualquer maneira. O "melhoramento" dessa limitação, proposto nas imagens do inferno, está precisamente em poder o castigo significar mais que a "morte eterna", que o cristianismo primitivo acreditava ser a retribuição mais adequada para o pecado, isto é, em poder significar o eterno sofrimento face ao qual a morte eterna é salvação.

A introdução do inferno platônico no corpo das crenças dogmáticas cristãs fortaleceu a tal ponto a autoridade religiosa que ela podia esperar triunfar em qualquer contenda com o poder secular. Mas o preço pago por essa força suplementar foi a diluição do conceito romano de autoridade, permitindo-se que um elemento de violência se insinuasse ao mesmo tempo na própria estrutura do pensamento religioso e na hierarquia eclesiástica. É possível aquilatar quão elevado foi realmente esse preço pelo fato mais que constrangedor de que homens com inquestionável estatura – e entre eles Tertuliano e mesmo Tomás de Aquino – convencerem-se de que uma das alegrias no paraíso seria o privilégio de contemplar o espetáculo de indizíveis sofrimentos no inferno. Talvez não haja nada de mais alheio e mais afastado da doutrina de Jesus Cristo, em todo o desenvolvimento do cristianismo através dos séculos, que o minucioso catálogo dos castigos futuros e o gigantesco poder de coerção pelo medo que somente nas últimas etapas da Idade Moderna perdeu sua relevância pública e política. No que concerne ao pensamento religioso, é sem dúvida uma terrível ironia que as "boas novas" das Escrituras, "A vida é eterna", tivessem por fim resultado não em um aumento da alegria, mas antes no medo sobre a terra, que tivessem não tornado mais fácil mas, sim, mais difícil ao homem morrer.

Seja como for, o fato é que a consequência mais importante da secularização da Idade Moderna pode muito bem ser a eliminação na vida pública, juntamente com a religião, do único elemento político da religião tradicional, o temor do inferno. Nós, que tivemos de testemunhar como, durante a era de Hitler e Stálin, uma criminalidade totalmente nova e sem precedentes, praticamente inconteste em seus respectivos países, invadiria o âmbito da política, deveríamos ser os últimos a subestimar a sua influência "persuasiva" sobre o funcionamento da consciência. E o impacto dessa experiência tende a se tornar maior quando lembramos que, na própria época do Iluminismo, os homens da Revolução Francesa, não menos que os pais fundadores na América, insistiam em fazer do temor de um "Deus vingativo" e, portanto, da crença em um "estado futuro" parte integrante de novo organismo político. Pois a razão óbvia por que os homens das revoluções de todos os povos se puseram tão estranhamente em desacordo com o clima geral de sua época a esse respeito estava em que, exatamente devido à separação entre Igreja e Estado, eles se encontravam no antigo transe platônico. Quando eles advertiam contra a eliminação do medo do inferno da vida pública porque isso pavimentaria o caminho "para tornar o próprio assassínio tão indiferente como matar baratas, e o extermínio do povo Rohilla tão inocente como engolir carrapatos em um pedaço de queijo"[54], suas palavras podem soar aos nossos ouvidos com um timbre quase profético; contudo, é claro que elas não foram ditas em consequência de qualquer fé dogmática no "Deus vingativo", mas da desconfiança na natureza do homem.

Assim, a crença em um estado futuro de recompensas e punições, projetada conscientemente como um artifício político por Platão e adotada de modo talvez não menos consciente, em sua forma agostiniana, por Gregório, o Grande, deveria sobreviver a todos os demais elementos religiosos e seculares que haviam estabelecido em conjunto a autoridade na história ocidental. Não foi durante a Idade Média, quando a vida secular se tornara religiosa a tal ponto que a religião não poderia servir como um instrumento político, mas durante a Idade Moderna que a utilidade da religião para a autoridade secular foi redescoberta. Os verdadeiros motivos dessa redescoberta foram de certa forma ofuscados pelas várias e mais ou menos infames alianças de "trono e altar" nas quais os reis, atemorizados pela perspectiva da revolução, acreditavam "não se dever permitir ao povo o abandono de sua religião", pois, nas palavras de Heine, "Wer sich von seinem Gotte reisst, / wird endlich auch abtrünnig werden / von seinen irdischen Behörden" (aqueles que rompem com seu deus terminarão por desertar também de suas

---

54. Assim, John Adams, Discourses on Davila, *Works*, Boston, 1851, v. 6, p. 280.

autoridades terrenas). O fundamental é que os próprios revolucionários pregavam a crença em um estado futuro, que mesmo Robespierre apelou, por fim, a um "Legislador Imortal" para sancionar a revolução, que a nenhuma das constituições americanas faltava uma adequada provisão de recompensas e castigos futuros, que homens como John Adams consideravam-nas como "o único autêntico alicerce da moralidade"[55].

Sem dúvida, não é motivo de surpresa que todas essas tentativas de reter o único elemento de violência presente no edifício em desmoronamento da religião, da autoridade e da tradição, utilizando-o como salvaguarda para a nova ordem política secular, se destinassem ao fracasso. E não foi de modo algum a ascensão do socialismo ou a crença marxista de que "a religião é o ópio do povo" que puseram um fim a elas. (A autêntica religião em geral e a fé cristã em particular, com sua incansável ênfase sobre o indivíduo e seu papel na salvação, conduzindo à elaboração de um catálogo de pecados maior que o de qualquer outra religião, nunca poderiam ser utilizados como tranquilizantes. As ideologias modernas, sejam elas políticas, psicológicas ou sociais, são muito mais qualificadas para imunizar a alma do homem contra o impacto traumatizante da realidade do que qualquer religião tradicional que conheçamos. Comparada às diversas superstições do século XX, a pia resignação à vontade de Deus é como um canivete de criança em competição com armas atômicas.) A convicção de que "a boa moral" na sociedade civil dependia em última instância do temor e da esperança em outra vida pode ter parecido ainda aos políticos do século XVIII simples senso comum e nada mais; já para os do século XIX, parecia simplesmente escandaloso que os tribunais ingleses, por exemplo, considerassem "o juramento de uma pessoa que não acredita em uma existência

---

55. Do anteprojeto de Preâmbulo à Constituição de Massachusetts, *Works*, v. 4, p. 221.

futura desprovido de valor", e isso não apenas por causa de razões políticas, mas também por sugerir "que aqueles que creem só são impedidos de mentir [...] pelo medo do inferno"[56]. Para falar de modo superficial, a perda da crença em existências futuras é política, senão espiritualmente, a distinção mais significativa entre nossa era e os séculos precedentes. E essa perda é definitiva. Não importando quão religioso o nosso mundo possa tornar a ser, ou quanta fé autêntica ainda exista nele, ou ainda quão profundamente nossos valores morais possam se enraizar nos nossos sistemas religiosos, o medo do inferno não está mais entre os motivos que impediriam ou estimulariam as ações da massa. Isso parece inevitável, desde que a secularidade do mundo envolve a separação das esferas religiosa e política da vida; sob essas circunstâncias, a religião estava fadada a perder seu elemento político, assim como a vida pública a perder a sanção religiosa da autoridade transcendente. Nessa situação, cabe relembrar que o estratagema de Platão para persuadir a multidão a seguir os padrões da minoria permaneceram utópicos até que a religião os sancionasse; seu fim, estabelecer o governo da minoria sobre a maioria, era por demais patente para que fosse de utilidade. Pelo mesmo motivo, as crenças em estados futuros desapareceram da esfera pública tão logo sua utilidade política foi exposta claramente pelo próprio fato de, fora do conjunto completo das crenças dogmáticas, terem elas sido reputadas dignas de preservação.

6

Uma coisa, contudo, é particularmente notável dentro desse contexto: enquanto todos os modelos, protótipos e exemplos de relações autoritárias – tais como o político enquanto: médico, perito, piloto, o mestre que sabe,

---

56. John Stuart Mill, *On Liberty*, capítulo 2.

educador e sábio –, todos de origem grega, foram fielmente preservados e depois articulados até se tornarem chavões ocos, a única experiência política que trouxe a autoridade como vocábulo, conceito e realidade à nossa história – a experiência romana da fundação – parece ter sido completamente perdida e esquecida. E isso a tal ponto que, no momento em que começamos a falar e a pensar acerca da autoridade, que é afinal de contas um dos conceitos centrais do pensamento político, é como se fôssemos apanhados em um labirinto de abstrações, de metáforas e figuras de linguagem, em que um coisa pode ser confundida com qualquer outra, porque não dispomos de nenhuma realidade, seja na história, seja na experiência cotidiana, à qual possamos unanimemente recorrer. Isso, entre outras coisas, indica o que se poderia também provar de outras maneiras, a saber, que os conceitos gregos, uma vez santificados pelos romanos através da tradição e da autoridade, simplesmente eliminaram da consciência histórica toda experiência política que não pudesse se encaixar em seus parâmetros.

Entretanto, essa afirmação não é inteiramente verídica. Existe em nossa história política uma espécie de acontecimento para o qual a noção de fundação é decisiva, e há na história do nosso pensamento um pensador político em cuja obra o conceito de fundação é central, se não o mais relevante. Os acontecimentos são as revoluções da Idade Moderna, e o pensador é Maquiavel, situado na soleira de nossa era e que, embora nunca tenha usado a palavra, foi o primeiro a conceber uma revolução.

A posição singular de Maquiavel na história do pensamento político pouco tem a ver com seu amiúde louvado, mas de modo algum indiscutível, realismo, e com certeza não foi ele o pai da ciência política, papel que agora lhe é atribuído com frequência. (Caso se entenda por ciência política a teoria política, seu pai certamente é Platão, ao invés de Maquiavel. Caso se enfatize o caráter científico da ciência política, a custo poderíamos datar, seu nascimento anteriormente ao surgimento de toda a ciência moderna, isto é, nos séculos XVI e XVII. Na minha opinião, o caráter científico das teorias políticas de Maquiavel é com frequência muito exagerado.) Seu descaso pelos julgamentos morais e sua isenção de preconceito são assaz assombrosos, mas não atingem o âmago da questão; contribuíram mais para a sua fama que para a compreensão de suas obras, pois a maior parte de seus leitores, então como ainda hoje, chocavam-se por demais para sequer lê-lo de modo apropriado. Quando insiste em que, na esfera da política, os homens "deveriam aprender a não ser bons"[57], é óbvio, ele jamais quis dizer com isso que eles deveriam aprender a ser maus. Afinal de contas, dificilmente um outro pensador político terá falado com desprezo tão veemente dos "métodos [pelos quais] se pode de fato ganhar o poder, mas não a glória"[58]. A verdade é apenas que ele se opôs a ambos os conceitos de bem que encontramos em nossa tradição: o conceito grego de "bom para", ou adequação, e o conceito cristão de uma bondade absoluta que não é deste mundo. A seu ver, ambos os conceitos eram válidos, mas apenas na esfera privada da vida humana; no âmbito público da política, não tinham mais vez que seus contrários, inadequação ou incompetência e maldade. Por outro lado, a *virtù*, segundo Maquiavel a qualidade humana especificamente política, não possui a conotação de caráter moral da *virtus* romana, e tampouco a de uma excelência moralmente neutra à maneira da *areté* grega. A *virtù* é a resposta que o homem dá ao mundo, ou, antes, à constelação da *fortuna* em que o mundo se abre, se apresenta e se oferece a ele, à sua *virtù*. Não há *virtù* sem *fortuna* e não há *fortuna* sem *virtù*; a interação entre elas indica uma harmonia entre o homem e o mundo – agindo um sobre o outro e realizando conjuntamente – tão remota da sabedoria do político como da

---

57. *O Príncipe*, capítulo 15.
58. Ibidem, capítulo 8.

excelência moral (ou de outra espécie) do indivíduo e da competência dos *peritos*.

Suas experiências nas lutas de seu tempo inculcaram em Maquiavel um profundo menosprezo por todas as tradições, a cristã e a grega, tal como foram apresentadas, moldadas e reinterpretadas pela Igreja. Seu desprezo dirigia-se a uma Igreja corrupta que corrompera a vida política da Itália, mas tal corrupção, argumentava, era inevitável dado o caráter cristão da Igreja. Afinal de contas, ele não testemunhou somente a corrupção, mas também a reação contra ela, na renovação profundamente religiosa e sincera que emanava dos franciscanos e dominicanos, culminando no fanatismo de Savonarola, pelo qual tinha considerável respeito. O respeito por essas forças religiosas e o desprezo pela Igreja levaram-no a certas conclusões acerca de uma discrepância básica entre a fé cristã e a política que relembram curiosamente os primeiros séculos de nossa era. Seu fundamento principal era que todo contato entre religião e política necessariamente corrompe a ambas, e que uma Igreja não corrupta, embora fosse consideravelmente mais respeitável, seria ainda mais destrutiva ao domínio político que a sua presente corrupção[59]. Ele não percebeu, e talvez não pudesse ver em sua época, foi a influência romana sobre a Igreja Católica, que foi na verdade muito menos perceptível que o seu conteúdo cristão e seu quadro teórico de referência grego.

Foi mais que o patriotismo e mais que o então renascente interesse pela Antiguidade que levou Maquiavel a procurar as experiências políticas centrais dos romanos, a princípio tais como se haviam apresentado, igualmente distanciadas da piedade cristã e da filosofia grega. A grandeza de sua redescoberta está em que ele não podia simplesmente reviver ou lançar mão de uma tradição conceitual articulada, mas tinha ele mesmo que estruturar aquelas experiências que os romanos não haviam conceitualizado,

---

[59]. Ver, especialmente, os *Discursos*, livro II, capítulo 1.

expressando-as em vez disso em termos da filosofia grega vulgarizada para esse fim[60]. Ele viu que toda a história e a mentalidade romanas dependiam da experiência da fundação, e acreditou que seria possível repetir a experiência romana através de uma Itália unificada que deveria constituir para o organismo político "eterno" da nação italiana a mesma pedra angular sagrada que fora a fundação da Cidade Eterna para o povo latino. O fato de estar ciente dos começos seus contemporâneos, o nascimento das nações e a necessidade de um novo organismo político para o qual ele utilizou o termo até então desconhecido *lo stato*, fez com que ele fosse habitualmente, e com razão, identificado como o pai do moderno Estado-nação e de sua noção de uma "razão de estado". Mais surpreendente ainda, embora menos conhecido, é que Maquiavel e Robespierre parecem muitas vezes falar a mesma língua. Quando Robespierre justifica o terror, "o despotismo da liberdade" contra a tirania, seu discurso soa às vezes como se repetisse quase que palavra por palavra a famosa afirmação de Maquiavel acerca da necessidade de violência para fundar novos Estados e para reformar os degenerados.

Essa semelhança é tanto mais espantosa pelo fato de tanto Maquiavel como Robespierre terem ido, a esse respeito, muito além daquilo que os romanos mesmos tinham a dizer acerca da fundação. Sem dúvida, a conexão entre fundação e ditadura podia ser aprendida com os próprios romanos, e Cícero, por exemplo, apela explicitamente a Cipião para que se torne *dictator rei publicae constituendae*, para que se apodere da ditadura a fim de restaurar a República[61]. Assim como os romanos, Maquiavel e Robespierre viram na fundação a ação política central, o grande e único feito que estabelecia o domínio público-político e que tornava possível a política; contudo, ao contrário dos

60. É curioso ver quão frequentemente o nome de Cícero figura nos escritos de Maquiavel, e quão cuidadosamente este o evitou em suas interpretações da história romana.
61. *De Re Publica*, VI, 12.

romanos, para os quais este era um evento do passado, eles acreditavam que para esse "fim" supremo todos os "meios", e sobretudo os meios da violência, eram justificados. Compreendiam o ato de fundar inteiramente à imagem do fazer; a questão para eles era, literalmente, "fazer" uma Itália unificada ou uma República francesa, e sua justificação da violência guiava-se pelo seguinte argumento, que lhe conferia sua inerente plausibilidade: não se pode fazer uma mesa sem abater árvores, nem fazer uma omelete sem quebrar ovos; não é possível fazer uma república sem matar gente. Nesse aspecto, que haveria de se tornar tão funesto na história das revoluções, Maquiavel e Robespierre não eram romanos, e a autoridade à qual eles poderiam ter recorrido seria antes a de Platão, que recomendava também a tirania como o governo onde "a mudança tem maior probabilidade de ser mais célere e mais fácil"[62]. É precisamente nesse duplo aspecto, por ter redescoberto a experiência da fundação e por tê-la reinterpretado em termos da justificação de meios (violentos) para atingir um fim supremo, que Maquiavel pode ser considerado o precursor das modernas revoluções, as quais podem ser caracterizadas todas pela observação de Marx, segundo a qual a Revolução Francesa apareceu na cena da história em trajes romanos. A menos que se reconheça que o *páthos* romano da fundação as inspirou, parece-me que nem a grandeza nem a tragédia das revoluções do ocidente na Idade Moderna possam ser corretamente compreendidas.

Pois, se estou certa ao suspeitar que a crise do mundo atual é basicamente de natureza política, e que o famoso "declínio do Ocidente" consiste sobretudo no declínio da trindade romana de religião, tradição e autoridade, com o concomitante solapamento das fundações especificamente romanas de domínio político, então as revoluções da Idade Moderna parecem gigantescas tentativas de reparar essas fundações, de renovar a linha rompida da tradição e de

---

62. *Leis*, 711a.

restaurar, mediante a fundação de novos organismos políticos, aquilo que durante tantos séculos conferiu aos assuntos humanos certa medida de dignidade e grandeza. Dessas tentativas, somente uma, a Revolução Americana, foi bem-sucedida: os pais fundadores, como – o que é bem peculiar – podemos ainda chamá-los, fundaram um organismo político inteiramente novo prescindindo da violência e com o auxílio de uma Constituição. E tal organismo durou pelo menos até o dia de hoje, a despeito do fato de em nenhum outro local o caráter especificamente moderno do mundo atual produzir expressões tão extremas em todas as esferas não políticas da vida como nos Estados Unidos.

Não é este o local para discutir os motivos da surpreendente estabilidade de uma estrutura política sob o assalto da mais veemente e destruidora instabilidade social. Parece que o caráter relativamente não violento da Revolução Americana, onde a violência restringiu-se mais ou menos às atividades bélicas regulares, tenha sido um importante fator para esse sucesso. É também provável que os pais fundadores, por terem escapado ao desenvolvimento europeu do Estado-nação, tenham permanecido mais próximos do espírito romano original. Mais importante talvez foi o ato de fundação, ou seja, a colonização do continente americano, ter precedido à Declaração da Independência, de tal forma que a estruturação da Constituição, recaindo nas cartas e convenções existentes, confirmou e legalizou um organismo político já existente mais do que o refez de novo[63]. Dessa forma, os atores da Revolução Americana pouparam-se o esforço de "iniciar uma nova ordem de coisas" de alto a baixo; quer dizer, foram dispensados daquela ação da qual Maquiavel disse certa vez "não haver coisa mais difícil que levar a cabo, nem de êxito mais duvidoso, nem de manejo mais

---

63. Tais hipóteses, é claro, só poderiam ser justificadas por uma análise minuciosa da Revolução Americana.

arriscado"⁶⁴. E Maquiavel certamente devia sabê-lo, pois ele, assim como Robespierre, Lênin e todos os grandes revolucionários, desejava mais apaixonadamente que tudo iniciar uma nova ordem de coisas.

Seja como for, as revoluções, que habitualmente consideramos como sendo rupturas radicais com a tradição, surgem em nosso contexto como acontecimentos nos quais as ações dos homens ainda se inspiram nas origens dessa tradição, dela haurindo sua maior força. As revoluções parecem ser a única salvação que essa tradição romano-ocidental oferece para as emergências.

O fato de não apenas as várias revoluções do século XX, mas de todas as revoluções desde a francesa terem malogrado, terminando ou em restauração ou em tirania, parece indicar que mesmo estes últimos meios de salvação proporcionados pela tradição se tornaram inapropriados. A autoridade tal como a conhecemos outrora, e que se desenvolveu a partir da experiência romana e foi entendida à luz da filosofia política grega, não se restabeleceu em lugar nenhum, quer por meio de revoluções ou pelos meios ainda menos promissores da restauração, e muito menos através do clima e tendências conservadores que vez por outra se apossam da opinião pública. Pois viver em uma esfera política sem autoridade e sem a consciência concomitante de que a fonte desta transcende o poder e os que o detêm significa ser confrontado de novo, sem a confiança religiosa em um começo sagrado e sem a proteção de padrões de conduta tradicionais e, portanto, evidentes por si, com os problemas elementares da convivência humana.

---

64. *O Príncipe*, capítulo 6.

4. QUE É LIBERDADE?

1

Levantar a questão – o que é liberdade? – parece ser uma tarefa irrealizável. É como se velhas contradições e antinomias estivessem à nossa espreita para forçar o espírito a dilemas de impossibilidade lógica de tal modo que, dependendo da solução escolhida, se torna tão impossível conceber a liberdade ou o seu oposto quanto entender a noção de um círculo quadrado. Em sua forma mais simples, a dificuldade pode ser resumida como a contradição entre nossa consciência e nossos princípios morais, que nos dizem que somos livres e, portanto, responsáveis, e a nossa experiência cotidiana no mundo externo, na qual nos orientamos em conformidade com o princípio da causalidade. Em todas as questões práticas, e em especial nas políticas, temos a liberdade humana como uma verdade evidente por si mesma, e é sobre essa suposição axiomática que as leis são estabelecidas nas comunidades humanas, que decisões são tomadas e que juízos são feitos. Ao invés disso, em todos os campos de esforço teórico e científico, procedemos de acordo com a verdade não menos evidente do *nihil ex nihilo*, do *nihil sine causa*, isto é, na suposição de que até mesmo "nossas próprias vidas são, em última análise, sujeitas a causação", e de que, se há porventura um eu primariamente livre em nós mesmos, ele com certeza jamais aparece de modo claro no mundo fenomênico e, portanto, nunca pode se tornar objeto de verificação teórica. Por isso, a liberdade se revela uma miragem no momento em que a psicologia procura aquilo que é supostamente seu domínio próprio; pois "a parte que a força desempenha na natureza, como causa do movimento, tem por contrapartida, na esfera mental, o motivo como a causa da conduta"[1]. É verdade que o teste da causalidade – a previsibilidade do efeito se todas as causas forem conhecidas – não pode ser aplicado ao âmbito dos assuntos humanos, mas essa imprevisibilidade prática não é nenhum critério de liberdade: significa apenas que não estamos capacitados a chegar algum dia a sequer conhecer todas as causas que entram em jogo, e isso, em parte, pelo simples número de fatores envolvidos, mas também porque os motivos humanos, distintamente das forças da natureza, ainda estão ocultos de todos os observadores, tanto da inspeção pelo nosso próximo como da introspecção.

Devemos um grande esclarecimento a respeito desses temas obscuros a Kant e a seu discernimento de que a liberdade não é mais passível de averiguação por parte das faculdades interiores e dentro da área da experiência interna do que pelos sentidos com os quais conhecemos e compreendemos o mundo. Seja ou não a causalidade operante na natureza e no universo, o fato é que ela constitui

[1]. Sigo Max Planck, Causation and Free Will, *The New Science*, New York, 1959, porque os dois ensaios, escritos do ponto de vista do cientista, possuem uma beleza clássica em sua simplicidade e clareza não simplificadora.

uma categoria do espírito para ordenar todos os dados sensoriais, qualquer que possa ser sua natureza, tornando assim possível a experiência. Por conseguinte, a antinomia entre liberdade prática e não liberdade teórica, ambas igualmente axiomáticas em suas respectivas áreas, não diz respeito só a uma dicotomia entre ciência e ética, mas repousa em experiências cotidianas nas quais tanto a ética quanto a ciência têm seu ponto de partida. Não é a teoria científica, mas o próprio pensamento, em seu entendimento pré-científico e pré-filosófico, que parece dissolver no nada a liberdade na qual se baseia nossa conduta prática. No momento em que refletimos sobre um ato empreendido sob a hipótese de sermos um agente livre, ele parece cair sob o domínio de duas espécies de causalidade: por um lado, a causalidade da motivação interna; e, por outro, o princípio causal que rege o mundo exterior. Kant salvou a liberdade desse duplo assalto através da distinção entre uma razão teórica ou "pura" e uma "razão prática" cujo centro é a vontade livre, pelo que é importante ter em mente que o agente dotado de livre-arbítrio, que é na prática importantíssimo, jamais aparece no mundo fenomênico, quer no mundo exterior dos nossos cinco sentidos, quer no campo da percepção interior mediante a qual eu percebo a mim mesmo. Essa solução, opondo o ditame da vontade ao entendimento da razão, é assaz engenhosa e pode mesmo bastar para o estabelecimento de uma lei moral cuja coerência lógica não seja em nada inferior à das leis naturais. Mas ela pouco contribui para eliminar a maior e mais perigosa dificuldade, que é o próprio pensamento, tanto em sua forma teórica como em sua forma pré-teórica, fazer com que a liberdade desapareça – sem mencionar o fato de que deve parecer realmente estranho que a faculdade da vontade, cuja atividade essencial consiste em impor e mandar, seja quem deva abrigar a liberdade.

Para as questões da política, o problema da liberdade é crucial, e nenhuma teoria política pode se dar ao luxo de permanecer alheia ao fato de que esse problema conduziu ao "obscuro bosque onde a filosofia se perdeu"[2]. O ponto de vista das considerações a seguir é que o motivo para essa obscuridade está em que o fenômeno da liberdade não surge absolutamente na esfera do pensamento, que nem a liberdade nem o seu contrário são vivenciados no diálogo comigo mesmo no decurso do qual emergem as grandes questões filosóficas e metafísicas, e que a tradição filosófica, cuja origem a esse respeito consideraremos mais tarde, distorceu, em vez de esclarecer, a própria ideia de liberdade, tal como é dada na experiência humana, ao transpô-la de seu campo original, o âmbito da política e dos problemas humanos em geral, para um domínio interno, a vontade, onde ela seria aberta à autoinspeção. Como uma primeira e preliminar justificativa dessa abordagem, pode-se salientar que, historicamente, o problema da liberdade foi a última das grandes questões metafísicas tradicionais – tais como o ser, o nada, a alma, a natureza, o tempo, a eternidade etc. – a tornar-se tema de investigação filosófica. Não há preocupação com a liberdade em toda a história da grande filosofia, desde os pré-socráticos até Plotino, o último filósofo da Antiguidade. E quando a liberdade fez sua primeira aparição em nossa tradição filosófica, o que deu origem a ela foi a experiência da conversão religiosa: primeiro, Paulo; e, depois, Agostinho.

O campo em que a liberdade sempre foi conhecida, não como um problema, é claro, mas como um fato da vida cotidiana, é o âmbito da política. E mesmo hoje em dia, quer o saibamos ou não, ao falarmos do problema da liberdade, devemos ter sempre em mente o problema da política e o fato de o homem ter o dom da ação; pois ação e política, entre todas as capacidades e potencialidades da vida humana, são as únicas coisas que não poderíamos sequer conceber sem ao menos admitir a existência da liberdade, e é difícil tocar em um problema político particular sem, implícita ou explicitamente, tocar em um problema

2. Ibidem.

de liberdade humana. Além disso, a liberdade não é apenas um dos inúmeros problemas e fenômenos da esfera política propriamente dita, tais como a justiça, o poder ou a igualdade; a liberdade, que só raramente – em épocas de crise ou de revolução – se torna o alvo direto da ação política, é na verdade o motivo por que os homens convivem politicamente organizados. Sem ela, a vida política como tal seria destituída de significado. A *raison d'être* da política é a liberdade, e seu domínio de experiência é a ação.

A liberdade que admitimos como instaurada em toda teoria política e que mesmo os que louvam a tirania precisam levar em conta é o próprio oposto da "liberdade interior", o espaço íntimo no qual os homens podem fugir à coerção externa e *sentir-se* livres. Esse sentir interior permanece sem manifestações externas e é portanto, por definição, sem significação política. Qualquer que possa ser sua legitimidade, e a despeito de quão eloquentemente ele tenha sido descrito no fim da Antiguidade, é ele historicamente um fenômeno tardio e, em sua origem, foi o resultado de um estranhamento do mundo no qual as experiências se transformavam em experiências com o próprio eu. As experiências de liberdade interior são derivativas no sentido de que pressupõem sempre uma retirada do mundo onde a liberdade foi negada para uma interioridade na qual ninguém mais tem acesso. O espaço interior onde o "eu" se abriga do mundo não deve ser confundido com o coração ou a mente, ambos os quais existem e funcionam somente em inter-relação com o mundo. Nem o coração nem a mente, mas a interioridade, como região de absoluta liberdade dentro do próprio eu, foi descoberta na Antiguidade tardia por aqueles que não possuíam um lugar próprio no mundo e que careciam, portanto, de uma condição mundana que, desde a Antiguidade primitiva até quase a metade do século XIX, foi unanimemente considerada como sendo um pré-requisito para a liberdade.

O caráter derivativo dessa liberdade interior, ou da teoria de que "a região apropriada da liberdade humana" é o "domínio interno da consciência"[3], surge com maior clareza se voltarmos às suas origens. Não é representativo a esse respeito o indivíduo moderno, com seu desejo de se desdobrar, desenvolver e expandir, com seu justificado temor de que a sociedade tome o melhor de sua individualidade, com sua insistência enfática "sobre a importância do gênio" e da originalidade, mas os sectários populares e popularizantes da Antiguidade tardia que dificilmente tinham qualquer coisa em comum com a filosofia além do nome. Assim, os argumentos mais convincentes para a absoluta superioridade da liberdade interna ainda podem ser encontrados em um ensaio de Epicteto, ao afirmar logo no início que livre é aquele que vive como quer[4], uma definição que curiosamente faz eco a uma sentença da *Política* de Aristóteles na qual a asserção "A liberdade significa fazer um homem o que deseja" é posta nos lábios daqueles que não sabem o que é a liberdade[5]. Prossegue então Epicteto, mostrando que um homem é livre se ele se limita ao que está em seu poder, se ele não vai até um domínio onde possa ser cerceado[6]. A "ciência do viver"[7] consiste em saber como distinguir entre o mundo estranho sobre o qual o homem não possui poder e o eu do qual ele pode dispor como bem entender[8].

É interessante notar que, historicamente, o aparecimento do problema da liberdade na filosofia de Agostinho foi, assim, precedido da tentativa consciente de divorciar da política a noção de liberdade, de chegar a uma formulação através da qual fosse possível ser escravo no mundo e ainda assim ser livre. Conceitualmente, entretanto, a liberdade de Epicteto, que consiste em ser livre dos próprios desejos, não é mais que uma inversão das noções políticas correntes na Antiguidade, e o pano de

---

3. John Stuart Mill, *On Liberty*.
4. Ver On Freedom, *Dissertationes*, livro IV, 1, § 1.
5. *Política*, 1310a25s.
6. Op. cit., § 75.
7. Ibidem, § 118.
8. §§ 81 e 83.

fundo político sobre o qual todo esse corpo de filosofia popular foi formulado – o declínio óbvio da liberdade no fim do Império Romano – se manifesta com toda clareza no papel que noções tais como poder, dominação e propriedade nele desempenham. De acordo com o entendimento da Antiguidade, o homem não poderia libertar-se da necessidade a não ser mediante o poder sobre outros homens, e ele só poderia ser livre se possuísse um lugar, um lar no mundo. Epicteto transpôs essas relações mundanas para relações dentro do próprio homem, com o que descobriu que nenhum poder é tão absoluto como aquele que o homem tem sobre si mesmo, e que o espaço interior onde o homem dá combate e subjuga a si próprio é mais completamente seu, isto é, com certeza, mais defendido de interferência externa, que qualquer lar poderia sê-lo.

Por conseguinte, a despeito da grande influência do conceito de uma liberdade interior e apolítica sobre a tradição do pensamento, parece seguro afirmar que o homem nada saberia da liberdade interior se não tivesse antes experimentado a condição de estar livre como uma realidade mundanamente tangível. A princípio, tomamos consciência da liberdade ou do seu contrário em nosso relacionamento com outros, e não no relacionamento conosco. Antes que se tornasse um atributo do pensamento ou uma qualidade da vontade, a liberdade era entendida como o estado do homem livre, que o capacitava a se mover, a se afastar de casa, a sair para o mundo e a se encontrar com outras pessoas em palavras e ações. Essa liberdade, é claro, era precedida da liberação: para ser livre, o homem deve ter-se libertado das necessidades da vida. O estado de liberdade, porém, não se seguia automaticamente ao ato de liberação. A liberdade necessitava, além da mera liberação, da companhia de outros homens que estivessem no mesmo estado, e também de um espaço público comum para encontrá-los – um mundo politicamente organizado, em outras palavras, no qual cada homem livre poderia inserir-se por palavras e feitos.

Obviamente, nem toda forma de inter-relacionamento humano e nem toda espécie de comunidade se caracteriza pela liberdade. Onde os homens convivem, mas não constituem um organismo político – como, por exemplo, nas sociedades tribais ou na intimidade do lar –, o fator que rege suas ações e sua conduta não é a liberdade, mas as necessidades da vida e a preocupação com sua preservação. Além disso, sempre que o mundo artificial não se torna palco para ação e discurso – como ocorre com comunidades governadas despoticamente que os banem para a estreiteza dos lares, impedindo assim a ascensão de uma esfera pública – a liberdade não possui realidade concreta. Sem um âmbito público politicamente assegurado, falta à liberdade o espaço concreto onde aparecer. Ela pode, com certeza, habitar ainda nos corações dos homens como desejo, vontade, esperança ou aspiração; mas o coração humano, como todos o sabemos, é um lugar muito sombrio, e qualquer coisa que vá para sua obscuridade não pode ser chamada adequadamente de um fato demonstrável. A liberdade como fato demonstrável e a política coincidem e são relacionadas uma à outra como dois lados da mesma matéria.

Contudo, é precisamente essa coincidência de política e liberdade que não podemos dar por assente à luz de nossa experiência política atual. O avanço do totalitarismo, sua pretensão de ter subordinado todas as esferas da vida às exigências da política e seu consequente descaso pelos direitos civis, entre os quais, acima de tudo, os direitos à intimidade e à isenção da política, fazem-nos duvidar não apenas da coincidência da política com a liberdade como de sua própria compatibilidade. Inclinamo-nos a crer que a liberdade começa onde a política termina, por termos visto a liberdade desaparecer sempre que as chamadas considerações políticas prevaleceram sobre todo o restante. Não estaria correto, afinal de contas, o credo liberal – "Quanto menos política mais liberdade"? Não é verdade que, quanto menor o espaço ocupado pelo político, maior é o domínio deixado à liberdade? Com efeito, não medimos com razão a extensão da liberdade em uma comunidade política qualquer pelo livre escopo que ela garante a atividades aparentemente não políticas, como a livre iniciativa econômica ou a liberdade de ensino, de religião, de atividades culturais e intelectuais? Não é verdade, como todos acreditamos de algum modo, que a política é compatível com a liberdade unicamente porque e na medida em que garante uma possível liberdade com relação à política?

Essa definição de liberdade política como uma potencial liberdade com relação à política não nos é reclamada meramente pelas nossas experiências mais recentes; ela desempenhou um amplo papel na história da teoria política. Não necessitamos ir além dos pensadores políticos dos séculos XVII e XVIII, que, na maioria das vezes, simplesmente identificavam liberdade política com segurança. O propósito supremo da política, "a finalidade do governo", era a garantia da segurança; por sua vez, a segurança tornava possível a liberdade, e a palavra "liberdade" designava a quintessência de atividades que ocorriam fora do âmbito político. Mesmo Montesquieu, embora tivesse uma opinião acerca da essência da política não apenas diversa, como muito superior à de Hobbes ou Spinoza, pôde ainda ocasionalmente equacionar a liberdade política com segurança[9]. O avanço das ciências sociais e políticas nos séculos XIX e XX ampliou ainda mais a separação entre liberdade e política; pois o governo, que desde o início da Idade Moderna fora identificado com o domínio total do político, era agora considerado como o protetor nomeado não tanto da liberdade, como do processo vital, dos interesses da sociedade e dos indivíduos. A segurança continuava sendo o critério decisivo; não a segurança individual contra

---

9. Ver *Esprit des lois*, XII, 2: "*La liberté philosophique consiste dans l'exercice de la volonté* [...]. *La liberté politique consiste dans la sûreté.*" (A liberdade filosófica consiste no exercício da vontade [...]. A liberdade política consiste na segurança.)

a "morte violenta", como em Hobbes (onde a condição de toda liberdade é a liberação do medo), mas uma segurança que permitisse um desenvolvimento uniforme do processo vital da sociedade como um todo. O processo vital não está ligado à liberdade, mas segue uma necessidade que lhe é própria, e somente pode ser chamado de livre no sentido em que falamos de um córrego que flui livremente. Aqui, a liberdade não é sequer o desígnio apolítico da política, mas sim um fenômeno marginal, que constitui de certa forma os limites que o governo não deve transpor sob risco de pôr em jogo a própria vida e suas necessidades e interesses imediatos.

Desse modo não apenas nós, que temos motivos próprios para desconfiar da política em proveito da liberdade, mas toda a Idade Moderna separou liberdade de política. Poderia ir ainda mais fundo no passado e evocar lembranças e tradições de mais longa data. O conceito secular de liberdade anterior à Idade Moderna insistia enfaticamente em separar a liberdade dos súditos de qualquer participação no governo; para o povo, "liberdade e independência consistem em ter por governo as leis mediante as quais sua vida e seus bens podem ser mais seus; não em partilhar do governo ou pertencer a ele", como o resumiu Carlos I em seu discurso do cadafalso. Não era por desejo de liberdade que o povo ocasionalmente exigia sua parcela no governo ou a admissão à esfera política, mas por desconfiança naqueles que detinham poder sobre suas vidas e seus bens. Além disso, o conceito cristão de liberdade política surgiu da desconfiança e hostilidade que os cristãos primitivos tinham contra a esfera política enquanto tal, e de cujos encargos reclamavam isenção para serem livres. E essa liberdade cristã em vista da salvação fora precedida, como vimos anteriormente, pela abstenção da política por parte do filósofo como requisito prévio para o modo de vida mais livre e superior: a *vita contemplativa*.

A despeito do enorme peso dessa tradição e da premência talvez ainda mais palpável de nossas próprias experiências, apontando ambas na direção única de um divórcio entre liberdade e política, penso que o leitor poderá acreditar não ter lido mais que um velho truísmo quando afirmei que a *raison d'être* da política é a liberdade e que essa liberdade é vivida basicamente na ação. A seguir, não farei outra coisa senão refletir acerca desse velho truísmo.

2

A liberdade, enquanto relacionada à política, não é um fenômeno da vontade. Não estamos aqui às voltas com o *liberum arbitrium*, uma liberdade de escolha que arbitra e decide entre duas coisas dadas, uma boa e outra má, cuja escolha é predeterminada porque basta discuti-la para iniciar sua operação: "And therefore, since I cannot prove a lover, / To entertain these fair well-spoken days, / I am determined to prove a villain, / And hate the idle pleasures of these days." (E, portanto, como não posso ser um amante, / Para entreter esses dias belos e bem falados, / Estou determinado a ser um vilão, / E odiar os prazeres ociosos desses dias) Ao invés disso, para continuar com Shakespeare, ela é a liberdade de Bruto: "That this shall be or we will fall for it" (de fazer tal coisa ou morrer na empresa), isto é, a liberdade de chamar à existência o que antes não existia, o que não foi dado nem mesmo com um objeto de cognição ou de imaginação e que não poderia portanto, estritamente falando, ser conhecido. Por um lado, para que seja livre, a ação deve ser livre de motivos; e, por outro, do fim intencionado como um efeito previsível. Isso não significa que motivos e objetivos não sejam fatores importantes em todo ato particular, mas sim que eles são seus fatores determinantes e a ação é livre na medida em que é capaz de transcendê-los. A ação, enquanto determinada, guia-se por um desígnio futuro cuja conveniência foi percebida pelo intelecto antes que a vontade o intentasse, motivo por que o intelecto depende da vontade, já que apenas a vontade pode ditar a ação – para parafrasear uma típica descrição desse processo dada por Duns Scotus[10]. O desígnio da ação varia e depende das circunstâncias mutáveis do mundo; identificar uma meta não é uma questão de liberdade, mas de julgamento certo ou errado. A vontade, vista como uma faculdade humana distinta e separada, segue-se ao juízo, isto é, à cognição do objetivo certo, e depois comanda sua execução. O poder de comandar, de ditar a ação, não é uma questão de liberdade, mas de força ou fraqueza.

A ação, na medida em que é livre, não se encontra nem sob a direção do intelecto, nem sob os ditames da vontade – embora necessite de ambos para a execução de um objetivo qualquer; ela brota de algo inteiramente diverso que, seguindo a famosa análise das formas de governo por Montesquieu, chamarei de um princípio. Princípios não operam no interior do eu como o fazem motivos – "a minha própria perversidade", ou meu "justo equilíbrio" –, mas, por assim dizer, inspiram do exterior, e são demasiado gerais para prescreverem metas particulares, embora todo desígnio possa ser julgado à luz de seu princípio uma vez começado o ato. Pois, ao contrário do juízo do intelecto que precede a ação e do império da vontade que a inicia, o princípio inspirador torna-se plenamente manifesto somente no próprio ato realizador; e contudo, ao passo que os méritos do juízo perdem sua validade e o vigor da vontade imperante se exaure, no transcurso do ato que executam em colaboração, o princípio que o inspirou nada perde em vigor e em validade através da execução. Distintamente de sua meta, o princípio de uma ação pode sempre ser repetido mais uma vez, sendo inexaurível, e, diferentemente de seu motivo, a validade de um princípio é universal, não se ligando a nenhuma pessoa ou grupo em especial. Entretanto,

---

10. "Intellectus apprehendit agibile antequam voluntas illud velit; sed non apprehendit determinate hoc esse agendum quod apprehendere dicitur dictare." *Oxon.* IV, d. 46, qu. 1, n. 10.

a manifestação de princípios somente se dá através da ação, e eles se manifestam no mundo enquanto dura a ação e não mais. Tais princípios são a honra ou a glória, o amor à igualdade, que Montesquieu chamou de virtude, ou a distinção, ou ainda a excelência – o grego *aeí aristeúein* ("ambicionar sempre fazer o melhor que puder e ser o melhor de todos"), mas também o medo, a desconfiança ou o ódio. A liberdade ou o seu contrário surgem no mundo sempre que tais princípios são atualizados; o surgimento da liberdade, assim como a manifestação de princípios, coincide sempre com o ato em realização. Os homens *são* livres – diferentemente de possuírem o dom da liberdade – enquanto agem, nem antes, nem depois; pois *ser* livre e agir são a mesma coisa.

Talvez a melhor ilustração da liberdade enquanto inerente à ação seja o conceito maquiavélico de *virtù*, a excelência com que o homem responde às oportunidades que o mundo abre ante ele à guisa de *fortuna*. A melhor versão de seu significado é "virtuosidade", isto é, uma excelência que atribuímos às artes performáticas (à diferença das artes criativas de fabricação), onde a perfeição está no próprio desempenho e não em um produto final que sobrevive à atividade que a trouxe ao mundo e dela se torna independente. A virtuosidade da *virtù* de Maquiavel relembra-nos de certo modo o fato, embora certamente Maquiavel não o conhecesse, de os gregos utilizarem sempre metáforas como tocar flauta, dançar, pilotar e navegar para distinguir as atividades políticas das demais, isto é, extraírem suas analogias das artes nas quais o virtuosismo da performance é decisivo.

Como todo agir contém um elemento de virtuosidade, e o virtuosismo é a excelência que atribuímos à prática das artes, a política tem sido com frequência definida como uma arte. Não se trata, é claro, de uma definição, mas de uma metáfora, e esta se torna totalmente falsa se incorremos no erro comum de considerar o Estado ou o governo como uma obra de arte, ou como uma espécie de obra-prima coletiva. No sentido das artes criativas, que põem em cena alguma coisa tangível e que reificam o pensamento humano a tal ponto que as coisas produzidas possuem existência própria, a política é o exato oposto de uma arte – o que não significa, aliás, que ela seja uma ciência. As instituições políticas – não importa quão bem ou mal sejam projetadas – dependem, para sua existência permanente, de homens em ação, e sua conservação é obtida pelos mesmos meios que as trouxeram à existência. A existência independente identifica a obra de arte como um produto do fazer; a total dependência de atos posteriores para mantê-lo em existência caracteriza o Estado como um produto da ação.

O essencial aqui não é que o artista criativo seja livre no processo de criação, mas que o processo criativo não seja exibido em público e não se destine a aparecer no mundo. Por isso, o elemento de liberdade certamente presente nas artes criativas permanece oculto; não é o livre processo criativo que finalmente surge e que interessa ao mundo, porém a própria obra de arte, o produto final do processo. Ao contrário, as artes performáticas têm com efeito uma grande afinidade com a política. Os artistas performativos – dançarinos, atores, músicos e o que o valha – precisam de uma audiência para mostrarem seu virtuosismo, do mesmo modo como os homens que agem necessitam da presença de outros ante os quais possam aparecer; ambos requerem um espaço publicamente organizado para sua "obra", e ambos dependem de outros para a performance em si. Não se deve tomar como dado um tal espaço de apresentações sempre que os homens convivem em comunidade. A *polis* grega foi outrora precisamente a "forma de governo" que proporcionou aos homens um espaço para aparecimentos onde pudessem agir – uma espécie de anfiteatro onde a liberdade podia aparecer.

Empregar o termo "político" no sentido da *polis* grega não é nem arbitrário nem descabido. Não é apenas etimologicamente e nem somente para os eruditos que o próprio termo, que em todos as línguas europeias ainda deriva da organização historicamente ímpar da cidade-Estado grega, evoca as experiências da comunidade que pela primeira vez descobriu a essência e a esfera do político. Na verdade, é difícil e até mesmo enganoso falar de política e de seus princípios sem recorrer em alguma medida às experiências da Antiguidade grega e romana, e isso pela simples razão de que nunca, seja antes ou depois, os homens tiveram em tão alta consideração a atividade política e atribuíram tamanha dignidade a seu âmbito. Quanto à relação entre liberdade e política, existe a razão adicional de que somente as comunidades políticas antigas foram fundadas com o propósito expresso de servir aos livres – aqueles que não eram escravos, sujeitos à coerção por outrem, nem trabalhadores sujeitados pelas necessidades da vida. Se entendemos então o político no sentido da *polis*, sua finalidade ou *raison d'être* seria estabelecer e manter em existência um espaço em que a liberdade, enquanto virtuosismo, pudesse aparecer. É esse o âmbito em que a liberdade constitui uma realidade concreta, tangível em palavras que podemos escutar, em feitos que podem ser vistos e em eventos que são comentados, relembrados e transformados em histórias antes de se incorporarem por fim ao grande livro da história humana. Tudo o que acontece nesse espaço de aparecimentos é político por definição, mesmo quando não é um produto direto da ação. O que permanece de fora, como as grandiosas façanhas dos impérios bárbaros, pode ser excepcional e digno de nota, mas estritamente falando não é político.

Toda tentativa de derivar o conceito de liberdade de experiências no âmbito político soa de maneira estranha e surpreendente porque todas as nossas teorias a respeito dessa questão são em sua totalidade dominadas pela noção de que a liberdade é um atributo da vontade e do pensamento, muito mais que da ação. E essa prioridade não deriva meramente da noção de que qualquer ato deve ser precedido psicologicamente de um ato cognitivo do intelecto e de uma ordem da vontade para levar a efeito sua decisão, mas deriva também, e talvez basicamente, da alegação de que "a liberdade perfeita é incompatível com a existência da sociedade", e de que ela só pode ser tolerada em sua perfeição fora do âmbito dos problemas humanos. Esse argumento corriqueiro não sustenta – o que talvez seja verdadeiro – que é próprio ao pensamento necessitar de mais liberdade que qualquer outra atividade humana, mas sim que o pensamento em si não é perigoso, de tal forma que apenas a ação precisa ser restringida: "Nenhuma pessoa pretende que as ações devam ser tão livres quanto as opiniões."[11] Isso, é claro, inclui-se entre os dogmas fundamentais do liberalismo, o qual, não obstante o nome, colaborou para a eliminação da noção de liberdade do âmbito político. Pois a política, de acordo com a mesma filosofia, deve ocupar-se quase que exclusivamente com a manutenção da vida e a salvaguarda de seus interesses. Ora, onde a vida está em jogo, toda ação se encontra, por definição, sob o jugo da necessidade, e o âmbito adequado para cuidar das necessidades vitais é a gigantesca e sempre crescente esfera da vida social e econômica, cuja administração tem obscurecido o âmbito político desde os primórdios da Idade Moderna. Apenas os negócios estrangeiros, visto os relacionamentos entre nações abrigarem ainda hostilidades e simpatias impossíveis de se reduzirem a fatores econômicos, parecem restar como um domínio puramente político. E mesmo aqui a tendência prevalente é considerar os problemas e rivalidades do poder internacional como resultantes, em última instância, de fatores e interesses econômicos.

Contudo, do mesmo modo como acreditamos, a despeito de todas as teorias e "ismos", que dizer que "a liberdade é a *raison d'être* da política" não passa de um truísmo, sustentamos também, como algo evidente por si mesmo – a despeito de nossa aparentemente exclusiva preocupação com a vida –, que a coragem é uma das virtudes políticas

---

11. John Stuart Mill, op. cit.

cardeais, embora – se tudo fosse uma questão de coerência, o que não é o caso – devêssemos ser os primeiros a condenar a coragem como tolo e mesmo perverso menosprezo pela vida e seus interesses, isto é, o chamado "bem supremo". Coragem é uma bela palavra, e não tenho em mente aqui o arrojo da aventura, que de bom grado arrisca a vida para ser tão total e intensamente vivo como somente se pode ser face ao perigo e à morte. A temeridade não diz menos respeito à vida do que a covardia. A coragem, que ainda acreditamos ser indispensável para as ações políticas, e que Churchill chamou certa vez de "a primeira das qualidades humanas, pois é aquela que garante todas as outras", não recompensa nosso senso individual de vitalidade, mas nos é exigida pela própria natureza do círculo público. É que este nosso mundo, que existiu antes de nós e está destinado a sobreviver aos que nele vivem, simplesmente não se pode dar ao luxo de conferir em primeiro lugar sua atenção às vidas individuais e aos interesses a elas associados; o âmbito político como tal contrasta na forma mais aguda possível com nosso domínio privado, em que, na proteção da família e do lar, tudo serve e deve servir para a segurança do processo vital. É preciso coragem até mesmo para deixar a segurança protetora de nossas quatro paredes e adentrar o âmbito político, não devido aos perigos específicos que possam estar à nossa espreita, mas por termos chegado a um domínio onde a preocupação para com a vida perdeu sua validade. A coragem libera os homens de sua preocupação com a vida para a liberdade do mundo. A coragem é indispensável porque, em política, não a vida, mas sim o mundo está em jogo.

3

É óbvio que essa noção de interdependência entre liberdade e política coloca-se em contradição com as teorias sociais da Idade Moderna. Não decorre, infelizmente, que tenhamos tão somente de voltar a tradições e teorias mais antigas e pré-modernas. De fato, a maior dificuldade para alcançar uma compreensão do que é a liberdade emerge do fato de que um simples retorno à tradição, e particularmente ao que estamos habituados a chamar de grande tradição, não nos ajuda. Nem o conceito filosófico de liberdade, surgido pela primeira vez na Antiguidade tardia, no qual a liberdade tornou-se um fenômeno do pensamento mediante o qual o homem poderia, por assim dizer, se dissuadir do mundo, nem a noção cristã e moderna do livre-arbítrio tem qualquer fundamento na experiência política. Nossa tradição filosófica sustenta quase unanimemente que a liberdade começa onde os homens deixaram o âmbito da vida política, habituado pela maioria, e que ela não é experimentada em associação com outras pessoas, mas sim no relacionamento com o próprio eu – seja na forma de um diálogo interior, que desde Sócrates denominamos de pensamento, seja em um conflito dentro de mim mesmo, no antagonismo interior entre o que quereria fazer e o que faço, cuja cruel dialética desvelou, primeiro a Paulo e depois a Agostinho, os equívocos e a impotência do coração humano.

Para a história do problema da liberdade, a tradição cristã tornou-se de fato o fator decisivo. Quase que automaticamente equacionamos liberdade com livre-arbítrio, isto é, com uma faculdade virtualmente desconhecida para a Antiguidade clássica. Pois o arbítrio, como o descobriu o cristianismo, tem tão pouco em comum com as conhecidas capacidades para desejar, pretender e visar a algo que somente pediu atenção depois de ter entrado em conflito com elas. Se a liberdade não fosse realmente mais que um fenômeno do arbítrio, seríamos forçados a concluir que os antigos não conheciam a liberdade. Evidentemente isso é um absurdo, mas se alguém quisesse defendê-lo poderia argumentar algo que mencionei antes, a saber, que a ideia de liberdade não desempenhou nenhum papel na filosofia anterior a Agostinho. A razão para esse notável fato é que, tanto na Antiguidade grega como na romana, a liberdade era um conceito exclusivamente político, a quintessência, na verdade, da cidade-Estado e da cidadania. A nossa tradição filosófica de pensamento político, iniciando-se com Parmênides e Platão, fundava-se explicitamente em oposição a essa *polis* e à sua cidadania. O modo de vida escolhido pelo filósofo era visto em oposição ao *Bios politikós*, o modo político de vida. A liberdade, portanto, a própria ideia central da política como a entendiam os gregos, era uma ideia que, quase por definição, não podia ter acesso ao quadro da filosofia grega. É somente quando os cristãos primitivos, particularmente Paulo, descobriram uma espécie de liberdade que não tinha relação com a política que o conceito de liberdade pôde penetrar na história da filosofia. A liberdade tornou-se um dos problemas principais da filosofia quando foi vivenciada como alguma coisa que ocorria no relacionamento entre mim e mim mesmo, fora do relacionamento entre os homens. Livre-arbítrio e liberdade de noções tornam-se sinônimos[12], e a presença da liberdade era vivenciada em completa solidão, "onde nenhum homem pudesse obstar a ardente contenda em que me empenhara comigo mesmo", o mortal conflito que tinha lugar na "morada interior" da alma e na escura "câmara do coração"[13].

A Antiguidade clássica de modo algum era alheia ao fenômeno da solidão; ela sabia suficientemente bem que o homem solitário não é mais um, e sim dois em um, e que tem início um relacionamento entre mim e mim mesmo no momento em que, por algum motivo, se interrompeu o relacionamento entre mim e meu próximo. Além desse dualismo que é a condição existencial do pensamento, a filosofia clássica, desde Platão, insistira em um dualismo

---

12. Leibniz não faz senão sintetizar e articular a tradição cristã, ao escrever: "Die Frage, ob unserem Willen Freiheit zukommt, bedeutet eigentlich nichts anderes, als ob ihm Willen zukommt. Die Ausdrücke 'frei' und 'willensgemäss' besagen dasselbe." (*Schriften zur Metaphysik*, 1, "Bemerkungen zu den cartesischen Prinzipien". Zu Artikel 39).
13. Agostinho, *Confissões*, livro VIII, capítulo 8.

entre alma e corpo pelo qual a faculdade humana do movimento fora atribuída à alma, que moveria o corpo bem como a si mesma; e não chegava a extrapolar o âmbito do pensamento platônico a interpretação dessa faculdade como uma ascendência da alma sobre o corpo.

Contudo, a solidão agostiniana da "acesa contenda" dentro da própria alma era absolutamente desconhecida, pois a luta em que ele se empenhara não se dava entre a razão e a paixão, entre entendimento e *thymós*[14], isto é, entre duas diferentes faculdades humanas, mas era um conflito no interior da própria vontade. E essa dualidade no interior de uma mesma e idêntica faculdade fora conhecida como a característica do pensamento, como o diálogo que mantenho comigo mesmo. Em outras palavras, o "dois em um da" solidão que põe em movimento o processo do pensamento tem efeito exatamente o oposto na vontade: paralisa-a e encerra-a dentro de si mesma; o querer solitário é sempre *velle* e *nolle*, querer e não querer ao mesmo tempo.

O efeito paralisante que a vontade tem sobre si mesma é tanto mais surpreendente quanto sua própria essência consiste obviamente em mandar e ser obedecida. Parece, pois, uma "monstruosidade" o fato de o homem poder mandar a si mesmo e não ser obedecido, uma monstruosidade que só pode ser explicada pela presença simultânea de um "eu quero" e de um "eu não quero"[15]. Isso, contudo,

---

14. Encontramos frequentemente esse conflito em Eurípides. Assim, antes de assassinar seus filhos, diz Medeia: "e eu sei as maldades que estou prestes a cometer, mas θυμός (*thymós*) é mais forte que minhas deliberações" (1078s.); e Fedra (*Hipólito*, 376s) fala de veia semelhante. O ponto em questão é sempre que a razão, o conhecimento, o discernimento etc., são demasiado fracos para suportar o assalto do desejo, e talvez não seja acidental o fato de descarregar-se o conflito na alma das mulheres, menos sujeitas à influência do raciocínio que os homens.

15. "Na medida em que a mente ordena, o espírito deseja, e na medida em que a coisa ordenada não é feita, não deseja", como o colocou Agostinho, no famoso capítulo 9 do livro VIII das *Confissões*, que trata da vontade e de seu poder. Para Agostinho, era algo evidente "desejar" e "ordenar" serem uma mesma coisa.

já é uma interpretação de Agostinho; o fato histórico é que o fenômeno da vontade manifestou-se originalmente na experiência de querer e não fazer, de que existe uma coisa chamada "quero e não posso". A Antiguidade não desconhecia que existe um possível "sei mas não quero", mas sim que quero e posso não são a mesma coisa – *non hoc est velle, quod posse*[16]. Pois o "quero e posso" era, é claro, muito familiar para os antigos. Basta lembrarmos como Platão insistia em que só aqueles que sabiam como se governar tinham o direito de governar a outros e se livrarem da obrigação da obediência. E é verdade que o autocontrole continuou sendo uma das virtudes especificamente políticas, ainda que somente por constituir notável fenômeno de virtuosismo onde o "quero" e o "posso" se afinam a ponto de praticamente coincidirem.

Se a filosofia antiga tivesse conhecido um possível conflito entre o que eu posso e o que eu quero, certamente teria compreendido o fenômeno da liberdade como uma qualidade inerente ao "posso", ou, o que seria concebível, tê-la-ia definido como a coincidência do quero e do posso; com certeza, não a teria considerado como atributo do quero ou do devo. Essa afirmativa não é uma especulação vazia; mesmo o conflito euripidiano entre razão e θυμός (*thymós*), ambos simultaneamente presentes na alma, é um fenômeno relativamente tardio. Mais típica, e mais relevante dentro de nosso contexto, era a convicção de que a paixão pode chegar a razão dos homens, mas, uma vez que a razão tenha conseguido se fazer ouvir, não há paixão que impeça o homem de fazer aquilo que ele *sabe* que é certo. Essa convicção subjaz ainda à doutrina de Sócrates de que a virtude é uma espécie de conhecimento, e nosso pasmo ante alguém poder algum dia ter considerado a virtude como sendo "racional", capaz de ser aprendida e ensinada, emerge de nossa familiaridade como uma vontade que enfraquece a si mesma, que quer

16. Ibidem.

e não quer ao mesmo tempo, e não de uma compreensão superior da pretensa impotência da razão.

Em outras palavras, vontade, força de vontade e vontade de poder são para nós noções quase idênticas; a sede do poder é para nós a faculdade da vontade na forma como ela é vivenciada e conhecida pelo homem em seu relacionamento consigo mesmo. E por essa força de vontade, emasculamos não apenas nossas faculdades racionais e cognitivas, como também outras faculdades mais "práticas". Mas não é transparente, mesmo para nós, que, nas palavras de Píndaro, "este é o maior pesar: estar com os pés fora do certo e do belo que se conhece [forçado], pela necessidade?"[17] A necessidade que me impede de fazer o que sei e quero pode surgir do mundo, ou de meu próprio corpo, ou de uma insuficiência de talentos, dons e qualidades de que o homem dispõe por nascimento e sobre os quais ele tem tanto poder quanto sobre as demais circunstâncias; todos esses fatores, sem exclusão dos psicológicos, condicionam exteriormente o indivíduo no que diz respeito ao quero e ao sei, isto é, ao próprio ego; o poder que faz face a essas circunstâncias, que liberta, por assim dizer, o querer e o conhecer de sua sujeição à necessidade, é o posso. Somente quando o quero e o posso coincidem, a liberdade se consuma.

Existe também uma outra maneira de confrontar nossas noções habituais de livre-arbítrio, nascida de um transe religioso e formuladas em linguajar filosófico, com as experiências políticas mais antigas e estritamente políticas de liberdade. No reflorescer do pensamento político que acompanhou a ascensão da Idade Moderna, podemos distinguir entre os pensadores que podem verdadeiramente ser chamados de pais da "ciência" política, por terem obtido inspiração nas recentes descobertas das ciências naturais – cujo maior representante é Hobbes – e aqueles que, mais ou menos incólumes a esses desenvolvimentos tipicamente modernos,

17. *Ode Pítia*, IV, 287-289: φαντὶ δ'ἔμμεν
τοῦτ' ἀνιαρότατον καλὰ γινώσκοντ' ἀνάγκᾳ
ἐκτὸς ἔχειν πόδα.

voltaram-se ao pensamento político da Antiguidade, não devido a uma predileção qualquer pelo passado como tal, mas simplesmente porque a separação entre Igreja e Estado, entre religião e política, dera origem a um âmbito político e secular independente, tal como não se via desde a queda do Império Romano. O representante máximo desse secularismo político foi Montesquieu, que embora indiferente aos problemas de natureza estritamente filosófica, tinha profunda consciência do quanto a liberdade segundo os cristãos e os filósofos era um conceito de caráter inadequado para fins políticos. Para desvencilhar-se dele, distinguiu expressamente a liberdade política da filosófica, e a diferença consistia em que a filosofia não exige da liberdade mais que o exercício da vontade (*l'exercice de la volonté*), independentemente das circunstâncias e da consecução das metas que a vontade estabeleceu. Ao contrário, a liberdade política consiste em poder fazer o que se deve querer (*la liberté ne peut consister qu'à pouvoir faire ce que l'on doit vouloir* – a ênfase cai sobre *pouvoir*)[18]. Para Montesquieu, como para os antigos, era óbvio que um agente não podia mais ser chamado de livre quando lhe faltasse a capacidade para fazer – donde se torna irrelevante saber se essa falha é provocada por circunstâncias exteriores ou interiores.

Escolho o exemplo do autocontrole porque este é para nós claramente um fenômeno de vontade e de força de vontade. Os gregos, mais que qualquer outro povo, refletiram sobre a moderação e a necessidade de domar os corcéis da alma, e, contudo, nunca tomaram consciência da vontade como uma faculdade distinta, separada das demais capacidades humanas. Historicamente, os homens descobriram pela primeira vez a vontade ao vivenciar sua impotência, e não seu poder, dizendo com Paulo: "Pois o querer está presente em mim; como executar aquilo que é bom, não o descubro". É a mesma vontade da qual Agostinho se lamentava que não parecesse "monstruoso [a ela]

---

18. *Esprit des lois*, XII, 2 e XI, 3.

em parte querer, e em parte não querer"; e, embora ressaltando constituir isso uma "doença do espírito", admite também que tal doença é, por assim dizer, natural em um espírito possuído pela vontade: "Pois a vontade ordena que haja uma vontade, não ordena a nada além de si mesma... Se a vontade fosse íntegra, nem sequer ordenaria a si mesma que o fosse, pois já o seria"[19]. Em outras palavras, se o homem tem uma vontade, parece sempre como se houvesse duas vontades presentes no mesmo homem, lutando pelo poder sobre sua mente. Portanto, a vontade é poderosa e é impotente, é livre e não é livre.

Quando falamos de impotência e dos limites impostos à força de vontade, pensamos costumeiramente na falta de poder do homem face ao mundo circundante. Tem certa importância, pois, observar que nesses primeiros testemunhos a vontade não era derrotada por alguma força avassaladora da natureza ou das circunstâncias; a contenda levantada por seu aparecimento não era o conflito entre o indivíduo e a maioria, nem o antagonismo entre corpo e alma. Ao contrário, a relação entre corpo e espírito era, mesmo para Agostinho, o exemplo mais saliente do enorme poder inerente à vontade: "O espírito manda no corpo, e o corpo obedece instantaneamente; o espírito manda em si mesmo, e é desobedecido"[20]. O corpo representa nesse contexto o mundo exterior e não é de modo algum idêntico ao eu. É dentro do próprio eu, na "morada interior" (*interior domus*), onde Epicteto ainda acreditava que o homem fosse um senhor absoluto, que o conflito do homem consigo mesmo irrompe e a vontade é vencida. Descobriu-se a vontade de poder cristã como um órgão de autoliberação e, imediatamente, sua precariedade. É como se o "eu quero" paralisasse de imediato o "eu posso"; como se, no momento em que os homens *quisessem* a liberdade, eles perdessem a capacidade de *ser* livres. No acirrado

---

19. Agostinho, op. cit.
20. Ibidem.

conflito com os desejos e intenções mundanos dos quais o poder da vontade deveria liberar o eu, o mais provável ganhador era a opressão. Devido à incompetência da vontade, sua incapacidade para gerar um poder genuíno, sua constante derrota na luta com o eu, na qual o poder do eu-posso se exauria, a vontade de poder transformou-se de imediato em uma vontade de opressão. Só posso aqui aludir às fatais consequências, para a teoria política, desse equacionamento da liberdade com a capacidade humana da vontade; foi ele uma das causas pelas quais ainda hoje equacionamos quase automaticamente poder com opressão ou, no mínimo, como governo sobre outros.

Seja como for, o que comumente entendemos por vontade desse conflito entre um eu executante e um eu que quer, da experiência de "quero e *não* posso", o que significa que o quero, não importa o que seja desejado, permanece sujeito ao eu, ricocheteia sobre ele, aguilhoa-o, incita-o mais, ou é por ele destruído. Por mais longe que a vontade de poder possa alcançar, e mesmo que alguém possuído por ela comece a conquistar o mundo inteiro, o quero não pode jamais desvencilhar-se do eu; permanece sempre a ele ligado, e na verdade sob seu jugo. Essa submissão ao eu distingue o quero do penso, que também se dá de mim para mim, mas em cujo diálogo o "eu" não é o objeto da atividade do pensamento. O fato de o quero ter-se tornado tão ávido de poder, de a vontade e a vontade de poder se terem tornado praticamente idênticas, deve-se talvez porque tenham sido vivenciados, a princípio, em impotência. A tirania, de qualquer modo, a única forma de governo que brota diretamente do quero, deve sua insaciável crueldade a um egoísmo absolutamente ausente das utópicas tiranias da razão com que os filósofos acalentavam coagir os homens, e que eles concebiam com base no modelo do penso.

Afirmei que os filósofos começaram a mostrar interesse pelo problema da liberdade quando esta não era mais vivenciada no agir e na associação com outros, mas no querer e no relacionamento com o próprio eu; em resumo, quando a liberdade se tornou livre-arbítrio. Desde então, a liberdade tem sido um problema filosófico de primeira categoria, e, como tal, foi aplicada ao âmbito político, tornando-se assim, também, um problema político. Devido ao desvio filosófico da ação para a força de vontade, da liberdade como um estado de ser manifesto na ação para o *liberum arbitrium*, o ideal de liberdade deixou de ser o virtuosismo no sentido que mencionamos antes, tornando-se a soberania, o ideal de um livre-arbítrio, independente dos outros e eventualmente prevalecendo sobre eles. A ascendência filosófica de nossa habitual noção política de liberdade ainda se manifesta claramente nos escritores políticos do século XVIII, quando, por exemplo, Thomas Paine insistia em que "para ser livre é suficiente [ao homem] querê-lo", um enunciado aplicado por Lafayette ao Estado-nação: "Pour qu'une nation soit libre, il suffit qu'elle veuille l'être." (Para que uma nação seja livre, basta que o queira.)

Essas palavras ecoam, obviamente, no pensamento de Jean-Jacques Rousseau, o representante mais coerente da teoria da soberania derivada por ele diretamente da vontade, de modo a poder conceber o poder político à imagem estrita da força de vontade individual. Ele argumentou, contra Montesquieu, que o poder deve ser soberano, isto é, indivisível, pois "uma vontade dividida seria inconcebível". Ela não se esquivou às consequências desse individualismo extremo, sustentando que, em um Estado ideal, "os cidadãos não têm comunicação entre si", e que, para evitar facções, "cada cidadão deve pensar somente seus próprios pensamentos". Na realidade, a teoria de Rousseau vê-se refutada pela simples razão de que "é absurdo, para a vontade, prender-se ao futuro"[21]; uma comunidade efeti-

---

21. Ver os quatro primeiros capítulos do segundo livro de *O Contrato Social*. Entre os teóricos políticos modernos, Carl Schmitt é o mais capacitado defensor da noção de soberania. Ele reconhece claramente que a raiz da soberania é a vontade: soberano é aquele que deseja e ordena. Ver, especialmente, seu *Verfassungslehre*, München, 1928, p. 7s., 146.

vamente fundada sobre esta vontade soberana não seria erigida sobre areia, e sim sobre areia movediça. Todos os negócios políticos são e sempre foram transacionados dentro de um minucioso arcabouço de laços e obrigações para o futuro – como leis e constituições, tratados e alianças –, derivando todos, em última instância, da faculdade de prometer e de manter a promessa face às incertezas intrínsecas ao futuro. Além disso, um Estado em que não existe comunicação entre os cidadãos e onde cada homem pensa apenas seus próprios pensamentos é, por definição, uma tirania. Talvez em nenhum outro lugar o fato de as faculdades da vontade e da força de vontade constituírem, em si e por si mesmas, desligadas de quaisquer outras faculdades, uma capacidade não política e mesmo antipolítica seja tão claro como nos absurdos a que Rousseau foi conduzido e na curiosa euforia com que ele as aceitou.

Essa identificação de liberdade com soberania é talvez a consequência política mais perniciosa e perigosa da equação filosófica de liberdade com livre-arbítrio. Pois ela conduz à negação da liberdade humana – quando se percebe que os homens, façam o que fizerem, jamais serão soberanos –, ou à compreensão de que a liberdade de um só homem, de um grupo ou de um organismo político só pode ser adquirida ao preço da liberdade, isto é, da soberania, de todos os demais. No quadro dos conceitos filosóficos tradicionais, é de fato muito difícil entender como podem coexistir liberdade e não soberania, ou, para expressá-lo de outro modo, como a liberdade poderia ter sido dada a homens na condição de não soberania. Na verdade, é tão pouco realista negar a liberdade em virtude da não soberania humana como é perigoso crer que somente se pode ser livre – como indivíduo ou como grupo – sendo soberano. A famosa soberania dos organismos políticos sempre foi uma ilusão, a qual, além do mais, só pode ser mantida pelos instrumentos de violência, isto é, com meios essencialmente não políticos. Sob condições humanas, que são determinadas pelo fato de que não é o homem, mas são os homens que vivem sobre a terra, liberdade e soberania conservam tão pouca identidade que nem mesmo podem existir simultaneamente. Onde os homens aspiram a ser soberanos, como indivíduos ou como grupos organizados, devem se submeter à opressão da vontade, seja esta a vontade individual com a qual obrigo a mim mesmo, seja a "vontade geral" de um grupo organizado. Se os homens desejam ser livres, é precisamente à soberania que devem renunciar.

4

Como, por um lado, todo o problema da liberdade nos surge no horizonte de tradições cristãs, e por outro, de uma tradição filosófica originariamente antipolítica, é difícil percebermos que pode existir uma liberdade que não seja um atributo da vontade, mas sim um acessório do fazer e do agir. Regressemos, pois, mais uma vez, à Antiguidade, isto é, às suas tradições políticas e pré-filosóficas; e, certamente, não por amor à erudição e nem mesmo pela continuidade de nossa tradição, mas simplesmente porque uma liberdade vivenciada apenas no processo de ação e em nada mais – embora, é claro, a humanidade nunca tenha perdido inteiramente tal experiência – nunca mais foi articulada com a mesma clareza clássica.

Entretanto, por razões que já mencionamos e que não podemos discutir aqui, em nenhum lugar essa articulação é mais difícil de ser alcançada do que nos escritos dos filósofos. Levar-nos-ia longe demais, por assim dizer, tentar destilar conceitos adequados da literatura não filosófica – dos escritos poéticos, dramáticos, históricos e políticos –, cuja articulação eleva as experiências a uma esfera de esplendor que não é a do pensamento conceitual. E, para nossos fins, isso não é necessário. Pois qualquer coisa que a literatura antiga, tanto grega como latina, tenha a nos dizer acerca desses assuntos arraiga-se essencialmente no curioso fato de que ambas as línguas possuíam dois verbos para designar aquilo que chamamos uniformemente de "agir". As duas palavras gregas são ἄρχειν (*árkhein*): começar, conduzir e, por último, governar; e πράττειν (*práttein*): levar a cabo alguma coisa. Os verbos latinos correspondentes são *agere*: pôr alguma coisa em movimento; e *gerere*, que é de difícil tradução e que de certo modo exprime a continuação permanente e sustentadora de atos passados cujos resultados são as *res gestae*, os atos e eventos que chamamos de históricos. Em ambos os casos, a ação ocorre em duas etapas diferentes; sua primeira etapa é um começo mediante o qual algo de novo vem ao mundo. A palavra grega *árkhein*, que abarca o começar, o conduzir, o governar, ou seja, as qualidades proeminentes do homem livre, são testemunho de uma experiência na qual ser livre e a capacidade de começar algo novo coincidiam. Como o diríamos hoje em dia, a liberdade era vivenciada na espontaneidade. O significado multiforme de *árkhein* indica o seguinte: somente podiam começar algo de novo os que fossem governantes (isto é, pais de família que governassem sobre os escravos e a família) e se tivessem assim liberado das necessidades da vida para empresas em terras distantes ou para a cidadania na *polis*; em ambos os casos, eles não mais governavam, mas eram governantes entre governantes, movendo-se entre iguais, e cujo auxílio prestavam como líderes, para dar início a algo novo, para começar uma nova empresa; pois apenas com o auxílio de outrem o ἄρχων (*árkhon*), o governante, iniciador e líder, poderia realmente agir, *práttein*, levar a cabo o que quer que tivesse começado a fazer.

Em latim, ser livre e iniciar também guardam conexão entre si, embora de maneira diversa. A liberdade romana era um legado transmitido pelos fundadores de Roma ao povo romano; sua liberdade ligava-se ao início que seus antepassados haviam estabelecido ao fundar a cidade, cujos negócios os descendentes tinham de gerir, com cujas consequências precisavam arcar e cujos fundamentos cumpria "engrandecer". Todas essas eram, conjuntamente, as *res gestae* da República romana. A historiografia romana, pois, essencialmente tão política como a historiografia grega, nunca se contentou com a mera narrativa das grandes façanhas e eventos; ao contrário de Tucídides ou de Heródoto, os historiadores romanos sempre se sentiram presos ao início da história romana, pois esse início continha o elemento autêntico da liberdade romana, tornando, assim, política a sua história; partiam, seja lá o que tivessem de relatar, *ab urbe condita*, da fundação da cidade, garantia da liberdade romana.

Já disse que o conceito antigo de liberdade não desempenhou nenhum papel na filosofia grega justamente devido à sua origem exclusivamente política. É verdade que os escritores romanos, ocasionalmente, se rebelaram contra as tendências antipolíticas da escola socrática, mas sua curiosa falta de talento filosófico, ao que parece, os impediu de encontrar um conceito teórico de liberdade que fosse adequado às suas próprias experiências e às grandiosas instituições de liberdade presentes na *res publica* romana. Se a história das ideias fosse tão coerente como às vezes seus historiadores imaginam, deveríamos ter ainda menos esperança de encontrar uma ideia política válida de liberdade em Agostinho, o grande pensador cristão que de fato introduziu o livre-arbítrio de Paulo, juntamente com suas perplexidades, na história da filosofia. Entretanto, não encontramos em Agostinho apenas a discussão de liberdade como *liberum arbitrium*, embora essa discussão se tornasse decisiva para a tradição, mas também uma noção, concebida de modo inteiramente diverso, que surge, caracteristicamente, em seu único tratado político, *De Civitate Dei*. Em *A Cidade de Deus*, Agostinho, como é mais que natural, fala mais do pano de fundo das experiências especificamente romanas do que em qualquer outra de suas obras, e a liberdade é concebida aqui não como uma disposição humana íntima, mas como um caráter da existência humana no mundo. Não se trata tanto de que o homem possua a liberdade como de equacioná-lo, ou melhor, equacionar sua aparição no mundo, ao surgimento da liberdade no universo; o homem é livre porque ele é um começo e, assim, foi criado depois que o universo passara a existir: "[Initium] ut esset, creatus est homo, ante quem nemo fuit."[22] No nascimento de cada homem esse começo inicial é reafirmado, pois em cada caso vem a um mundo já existente alguma coisa nova que continuará a existir depois da morte de cada indivíduo. Porque é um começo, o homem pode começar; ser humano e ser livre são uma única e mesma coisa. Deus criou o homem para introduzir no mundo a faculdade de começar: a liberdade.

As fortes tendências antipolíticas do cristianismo primitivo são tão familiares que a noção de que um pensador cristão tenha sido o primeiro a formular as implicações filosóficas da ideia política antiga da liberdade nos soa quase paradoxal. A única explicação que vem à mente é que Agostinho era, sobre ser cristão, também um romano, e que, nessa parte de sua obra, formulou a experiência política central da Antiguidade romana, ou seja, que a liberdade *qua* começo se torna manifesta no ato de fundação. Estou convencida, no entanto, de que tal impressão se alteraria consideravelmente se as palavras de Jesus Cristo fossem tomadas mais a sério em suas implicações filosóficas. Encontramos nessas passagens uma extraordinária compreensão da liberdade, e em particular da potência inerente à liberdade humana; mas a capacidade humana que corresponde a essa potência, que nas palavras dos evangelhos é capaz de remover montanhas, não é a vontade, e sim a fé. A obra da fé, na verdade seu produto, é o que os evangelhos chamaram "milagres", uma palavra com muitas acepções no *Novo Testamento* e de difícil compreensão. Podemos negligenciar aqui as dificuldades e nos referir apenas às passagens em que os milagres

---

22. *A Cidade de Deus*, livro XII, capítulo 20.

não são claramente eventos sobrenaturais, mas somente o que todos os milagres, tanto os executados por homens como os efetuados por agentes divinos, devem ser sempre: interrupções de uma série qualquer de acontecimentos, de algum processo automático, em cujo contexto constituam o absolutamente inesperado.

Sem dúvida nenhuma a vida humana situada sobre a terra é cercada por processos automáticos: pelos processos terrestres naturais, por sua vez envolvidos por processos cósmicos e sendo nós mesmos impelidos por forças similares na medida em que fazemos parte também de uma natureza orgânica. Nossa vida política, além disso, a despeito de ser o reino da ação, faz parte também desses processos que denominamos históricos e que tendem a se tornar tão automáticos como os processos cósmicos ou naturais, embora tenham sido iniciados pelo homem. A verdade é que o automatismo é inerente a todos os processos, não importa qual possa ser sua origem: por isso, nenhum ato, nenhum evento isolado, pode jamais, de uma vez por todas, libertar e salvar um homem, uma nação ou a humanidade. É da natureza dos processos automáticos a que o homem está sujeito, porém no interior dos quais e contra os quais pode se afirmar através da ação, só poderem significar ruína para a vida humana. Uma vez que processos históricos e artificiais se tenham tornado automáticos, não são menos destruidores que os processos vitais naturais que dirigem nosso organismo e que em seus próprios parâmetros, isto é, biologicamente, conduzem do ser para o não-ser, do nascimento para a morte. As ciências históricas conhecem à saciedade casos de civilizações petrificadas e irremediavelmente decadentes nas quais a ruína parece predeterminada, como uma necessidade biológica, e como semelhantes processos históricos de estagnação podem arrastar-se e perdurar por séculos eles chegam a ocupar o maior espaço na história registrada; os períodos de existência livre foram sempre relativamente curtos na história da humanidade.

Permanece normalmente intacta nas épocas de petrificação e de ruína inevitável a faculdade da própria liberdade, a pura capacidade de começar, que anima, inspira todas as atividades humanas e constitui a fonte oculta de todas as coisas grandes e belas. Mas enquanto essa fonte permanece oculta, a liberdade não é uma realidade tangível e concreta; isto é, não é política. A liberdade pode ser confundida tão facilmente com um fenômeno essencialmente não político, porque a sua fonte permanece presente mesmo quando a vida política se tornou petrificada e a ação política, impotente para interromper processos automáticos; em tais circunstâncias, a liberdade não é vivenciada como um modo de ser com sua própria espécie de "virtude" e virtuosidade, mas como um dom supremo que somente o homem, dentre todas as criaturas terrenas, parece ter recebido, e cujos sinais e vestígios podemos encontrar em quase todas as suas atividades, mas que, não obstante, só se desenvolve com plenitude onde a ação tiver criado seu próprio espaço concreto onde possa, por assim dizer, sair de seu esconderijo e fazer sua aparição.

Todo ato, considerado, não da perspectiva do agente, mas do processo em cujo quadro de referência ele ocorre e cujo automatismo interrompe, é um "milagre" – isto é, algo que não poderia ser esperado. Se é verdade que ação e começo são essencialmente idênticos, segue-se que uma capacidade de realizar milagres deve ser incluída também na gama das faculdades humanas. Isso soa mais estranho do que é realmente. É da própria natureza de todo novo início o irromper no mundo como uma "improbabilidade infinita", e é, contudo, justo esse infinitamente improvável que constitui de fato a verdadeira trama de tudo o que denominamos real. Toda nossa existência se assenta, afinal, em uma cadeia de milagres, para usar desta expressão – o aparecimento da Terra, o desenvolvimento da vida orgânica sobre ela, a evolução do gênero humano a partir das espécies animais. Pois, do ponto de vista dos processos no universo e na natureza, e de suas probabilidades estatisticamente esmagadoras, a formação de vida orgânica a partir de processos inorgânicos, e por fim, o aparecimento da Terra a partir de processos cósmicos e a evolução do homem a partir dos processos da vida orgânica constituem todos "improbabilidades infinitas"; são "milagres" na linguagem do dia a dia. É em virtude desse elemento "milagroso" presente em toda realidade que os acontecimentos, por mais que sejam antecipados com temor ou esperança, nos causam comoção e surpresa uma vez se tenham consumado. O próprio impacto de um acontecimento nunca é inteiramente explicável; sua fatualidade transcende em princípio qualquer antecipação. A experiência que nos diz que os acontecimentos são milagres não é arbitrária nem sofisticada; ao contrário, ela é naturalíssima e quase, na verdade, uma trivialidade na vida comum. Sem essa experiência banal, o papel que a religião atribui a milagres sobrenaturais seria quase incompreensível.

Escolhi o exemplo dos processos naturais que são interrompidos pelo advento de uma "infinita improbabilidade" para mostrar que a maior parte daquilo que chamamos real na experiência comum veio a existir mediante coincidências que são mais estranhas que a ficção. É claro que o exemplo possui suas limitações, e não pode ser meramente aplicado ao âmbito dos assuntos humanos. Seria pura superstição aguardar milagres, o "infinitamente improvável", no contexto de processos históricos ou políticos automáticos, embora nem mesmo isso possa ser completamente eliminado. A história, em contraposição com a natureza, é repleta de eventos; aqui, o milagre do acidente e da infinita improbabilidade ocorre com tanta frequência que parece estranho até mesmo falar de milagres. Mas o motivo dessa frequência está simplesmente no fato de que os processos históricos são criados e constantemente interrompidos pela iniciativa humana, pelo *initium* que é o homem enquanto ser que age. Não é, pois, nem um pouco supersticioso, e até mesmo um aviso de realismo, procurar pelo imprevisível e pelo impredizível, estar preparado para quando vierem e esperar "milagres" na dimensão da política. E, com quanto mais força penderem os pratos da balança em favor do desastre, mais milagroso parecerá o ato que resulta na liberdade, pois é o desastre e não a salvação que acontece sempre automaticamente e que parece sempre, portanto, irresistível.

Objetivamente, isto é, vendo do lado de fora e sem levar em conta que o homem é um início e um iniciador, as possibilidades de que o amanhã seja como o hoje são sempre esmagadoras. Não exatamente tão esmagadoras, é verdade, mas quase tanto como as possibilidades de que *não* surgisse nunca uma Terra dentre as ocorrências cósmicas, de que *nenhuma* vida se desenvolvesse a partir de processos inorgânicos, e de que *não* emergisse homem algum da evolução da vida animal. A diferença decisiva entre as "infinitas improbabilidades" sobre as quais se baseia a realidade de nossa vida terrena e o caráter milagroso inerente aos eventos que estabelecem a realidade histórica está em que, na dimensão humana, conhecemos o autor dos "milagres". São homens que os realizam – homens que, por terem recebido o dúplice dom da liberdade e da ação, podem estabelecer uma realidade que lhes pertence de direito.

5. A CRISE NA EDUCAÇÃO

1

A crise geral que acometeu o mundo moderno em toda parte e em quase toda esfera da vida se manifesta diversamente em cada país, envolvendo áreas e assumindo formas diversas. Na América, um de seus aspectos mais característicos e sugestivos é a crise periódica na educação, que se tornou, no transcurso da última década pelo menos, um problema político de primeira grandeza, aparecendo quase diariamente no noticiário jornalístico. Sem dúvida, não é preciso grande imaginação para detectar os perigos de um declínio sempre crescente nos padrões elementares na totalidade do sistema escolar, e a seriedade do problema tem sido sublinhada apropriadamente pelos inúmeros esforços baldados das autoridades educacionais para deter a maré. Apesar disso, se compararmos essa crise na educação com as experiências políticas de outros países no século xx, com a agitação revolucionária que se sucedeu à Primeira Guerra Mundial, com os campos de concentração e de extermínio, ou mesmo com o profundo mal-estar que, não obstante as aparências contrárias de propriedade, se espalhou por toda a Europa a partir do término da Segunda Guerra Mundial, é um tanto difícil dar a uma crise na educação a seriedade devida. É de fato tentador considerá-la como um fenômeno local e sem conexão com as questões principais do século, pelo qual se deveriam responsabilizar determinadas peculiaridades da vida nos Estados Unidos que não encontrariam provavelmente contrapartida nas demais partes do mundo.

Se isso fosse verdadeiro, contudo, a crise em nosso sistema escolar não se teria tornado um problema político e as autoridades educacionais não teriam sido incapazes de lidar com ela a tempo. Certamente, há aqui mais que a enigmática questão de saber por que Joãozinho não sabe ler. Além disso, há sempre a tentação de crer que estamos tratando de problemas específicos confinados a fronteiras históricas e nacionais, importantes apenas para os imediatamente afetados. É justo essa crença que se tem demonstrado invariavelmente falsa em nossa época: pode-se admitir como uma regra geral neste século que qualquer coisa que seja possível em um país pode, em futuro previsível, ser do mesmo modo possível em todos os outros países.

À parte essas razões gerais que fariam parecer aconselhável, ao leigo, dar atenção a distúrbios em áreas acerca das quais, em sentido especializado, ele pode nada saber (e esse é, evidentemente, o meu caso ao tratar de uma crise na educação, posto que não sou educadora profissional), há outra razão ainda mais convincente para que ele se preocupe com uma situação problemática na qual ele não está imediatamente envolvido. É a oportunidade, proporcionada pelo próprio fato da crise – que dilacera fachadas e destrói preconceitos –, de explorar e investigar a essência da questão em tudo aquilo que foi posto a nu, e a essência da educação é a natalidade, o fato de que seres *nascem* para o mundo. O desaparecimento de preconceitos significa de modo simples que perdemos as respostas em que nos apoiávamos habitualmente sem querer perceber que a princípio elas constituíam respostas a questões. Uma crise nos obriga a voltar às questões mesmas e exige respostas novas ou velhas, mas de qualquer modo julgamentos diretos. Uma crise só se torna um desastre quando respondemos a ela com juízos pré-formados, isto é, com preconceitos. Uma atitude dessas não apenas aguça a crise como nos priva da experiência da realidade e da oportunidade por ela proporcionada à reflexão.

Por mais claramente que um problema geral possa se apresentar em uma crise, ainda assim é impossível chegar a isolar por inteiro o elemento universal das circunstâncias específicas em que ele aparece. Embora a crise na educação possa afetar todo o mundo, é significativo o fato de encontrarmos sua forma mais extrema na América, e a razão é que, talvez, apenas na América uma crise na educação poderia se tornar um fator na política. Na América, é indiscutível que a educação desempenha um papel diferente e, de forma incomparável, mais importante sob o ponto de vista político do que em outros países. Tecnicamente, é claro, a explicação reside no fato de que a América sempre foi uma terra de imigrantes; como é óbvio, a fusão extremamente difícil dos grupos étnicos mais diversos – nunca lograda no seu todo, mas superando de modo contínuo as expectativas – só pode ser cumprida mediante a instrução, educação e americanização dos filhos de imigrantes. Como para a maior parte dessas crianças o inglês não é a primeira língua, mas tem que ser aprendida na escola, esta obviamente deve assumir funções que, em um Estado-nação, seriam desempenhadas normalmente no lar.

Todavia, o mais decisivo para nossas considerações é o papel que a imigração contínua desempenha na consciência política e na estrutura psíquica do país. A América não é simplesmente um país colonial carecendo de imigrantes para povoar a Terra, embora independa deles em sua estrutura política. Para a América o fator determinante sempre foi o lema impresso em toda nota de dólar – *novus ordo seclorum*, Uma Nova Ordem do Mundo. Os imigrantes, os recém-chegados, são para o país uma garantia de que isso representa a nova ordem. O significado dessa nova ordem, dessa fundação de um novo mundo contra o antigo, foi e é a eliminação da pobreza e da opressão. Mas, ao mesmo tempo, sua grandeza consiste no fato de que, desde o início, essa nova ordem não se desligou do mundo exterior – como costumava suceder alhures na fundação de utopias – para confrontar-se com um modelo perfeito, e tampouco foi seu propósito impor pretensões imperiais ou ser pregada como um evangelho a outros. Em vez disso, sua relação com o mundo exterior caracterizou-se desde o início pelo fato de essa República, que planejava abolir a pobreza e a escravidão, ter dado boas-vindas a todos os pobres e escravizados do mundo. Nas palavras pronunciadas por John Adams em 1765 – isto é, antes da Declaração da Independência – "Sempre considerei a colonização da América como a abertura de um grandioso desígnio da providência para o esclarecimento e emancipação da parte escravizada do gênero humano sobre toda a terra". Esse foi o intento ou lei básica em conformidade com a qual a América começou sua existência histórica e política.

O entusiasmo extraordinário pelo que é novo, exibido em quase todos os aspectos da vida diária americana, e a concomitante confiança em uma "perfectibilidade ilimitada" – observada por Tocqueville como o credo do "homem sem instrução" comum, e que como tal precede de quase cem anos o desenvolvimento em outros países do Ocidente –, presumivelmente resultariam de qualquer maneira em uma atenção maior e em maior importância dadas aos recém-chegados por nascimento, isto é, as crianças, as quais, ao terem ultrapassado a infância e estarem prontas para ingressar na comunidade dos adultos como pessoas mais jovens, os gregos chamavam simplesmente όι νέοι (*ói neói*), os novos. Há o fato adicional, contudo, e que se tornou decisivo para o significado da educação, de que esse *páthos* do novo, embora consideravelmente anterior ao século XVIII, somente se desenvolveu conceitual e politicamente naquele século. Derivou-se dessa fonte, a princípio, um ideal educacional, impregnado de Rousseau e de fato diretamente influenciado por ele, no qual a educação tornou-se um instrumento da política, e a própria atividade política foi concebida como uma forma de educação.

O papel desempenhado pela educação em todas as utopias políticas, a partir dos tempos antigos, mostra o quanto parece natural iniciar um novo mundo com aqueles que são por nascimento e por natureza novos. No que toca à política, isso implica obviamente um grave equívoco: ao invés de juntar-se aos seus iguais, assumindo o esforço de persuasão e correndo o risco do fracasso, há a intervenção ditatorial, baseada na absoluta superioridade do adulto, e a tentativa de produzir o novo como um *fait accompli*, isto é, como se o novo já existisse. Por esse motivo na Europa, a crença de que se deve começar das crianças se se quer produzir novas condições permaneceu sendo principalmente o monopólio dos movimentos revolucionários de feitio tirânico que, ao chegarem ao poder, subtraem as crianças a seus pais e simplesmente as doutrinam. A educação não pode desempenhar papel nenhum na política, pois na política lidamos com aqueles que já estão educados. Seja lá quem queira educar adultos na realidade pretende agir como guardião e impedi-los de atividade política. Como não se pode educar adultos, a palavra "educação" soa mal em política; o que há é uma pretensa educação, enquanto o objetivo real é a coerção sem o uso da força. Quem desejar seriamente criar uma nova ordem política mediante a educação, isto é, nem através de força e coação, nem através da persuasão, se verá obrigado à pavorosa conclusão platônica: o banimento de todas as pessoas mais velhas do Estado a ser fundado. Mas mesmo às crianças que se quer educar para que sejam cidadãos de um amanhã utópico é negado, de fato, seu próprio papel futuro no organismo político, pois, sob o ponto de vista dos mais novos, seja lá o que o mundo adulto possa propor de novo é necessariamente mais velho do que eles mesmos. Pertence à própria natureza da condição humana o fato de que cada geração se transforma em um mundo antigo, de tal modo que preparar uma nova geração para um mundo novo só pode significar o desejo de arrancar das mãos dos recém-chegados sua própria oportunidade face ao novo.

Tudo isso de modo algum ocorre na América, e é justo isso que torna tão difícil julgar aqui corretamente esses problemas. O papel político que a educação efetivamente representa em uma terra de imigrantes, o fato de que as escolas não apenas servem para americanizar as crianças, mas afetam também a seus pais, e de que aqui as pessoas são de fato ajudadas a se desfazerem de um mundo antigo e a entrar em um novo mundo, tudo isso encoraja a ilusão de que um mundo novo está sendo construído mediante a educação das crianças. É claro que a verdadeira situação absolutamente não é esta. O mundo no qual são introduzidas as crianças, mesmo na América, é um mundo velho, isto é, um mundo preexistente, construído pelos vivos e pelos mortos, e só é novo para os que acabaram de penetrar nele pela imigração. Aqui, porém, a ilusão é mais forte do que a realidade, pois brota diretamente de uma experiência americana básica, qual seja, a de que é possível fundar uma nova ordem, e além disso, fundá-la com plena consciência de um *continuum* histórico, pois a frase "Novo Mundo" retira seu significado de Velho Mundo, que, embora admirável por outros motivos, foi rejeitado por não poder encontrar nenhuma solução para a pobreza e para a opressão.

Com respeito à própria educação, a ilusão emergente do *páthos* do novo produziu suas consequências mais sérias apenas em nosso próprio século. Antes de mais nada, possibilitou àquele complexo de modernas teorias educacionais originárias da Europa Central e que consistem de uma impressionante miscelânea de bom senso e absurdo levar a cabo, sob a divisa da educação progressista, uma radical revolução em todo o sistema educacional. Aquilo que na Europa permanecia sendo um experimento, testado aqui e ali em determinadas escolas e em instituições educacionais isoladas e depois estendeu gradualmente sua influência a alguns bairros, na América, há cerca de 25 anos, derrubou completamente, como que de um dia para o outro, todas as tradições e métodos estabelecidos de ensino e de aprendizagem. Não entrarei em detalhes, e deixo de fora as escolas particulares e, sobretudo, o sistema escolar paroquial católico-romano. O fato significativo é que, por causa de determinadas teorias, boas ou más, todas as regras do juízo humano normal foram postas de lado. Um procedimento como esse possui sempre um grande e pernicioso significado, sobretudo em um país que confia em tão larga escala no senso comum em sua vida política. Sempre que, em questões políticas, o juízo humano sadio fracassa ou renuncia à tentativa de fornecer respostas, nos deparamos com uma crise; pois essa espécie de juízo é, na realidade, aquele senso comum em virtude do qual nós e nossos cinco sentidos individuais estamos adaptados a um único mundo comum a todos nós, e com a ajuda do qual nele nos movemos. O desaparecimento do senso comum nos dias atuais é o sinal mais seguro da crise atual. Em toda crise, é destruída uma parte do mundo, alguma coisa comum a todos nós. A falência do senso comum aponta, como uma vara mágica, o lugar em que ocorreu esse desmoronamento.

Em todo caso, a resposta à questão "Por que Joãozinho não sabe ler?" ou à questão mais geral "Por que os níveis escolares da escola americana média encontram-se tão atrasados em relação aos padrões médios na totalidade dos países da Europa?" não é, infelizmente, apenas o fato de ser este um país jovem que não alcançou ainda os padrões do Velho Mundo, mas, ao contrário, o fato de ser este país, nesse campo particular, o mais "avançado" e moderno do mundo. E isso é verdadeiro em um duplo sentido: em parte alguma os problemas educacionais de uma sociedade de massas se tornaram tão agudos, e em nenhum outro lugar as teorias mais modernas no campo da pedagogia foram aceitas tão servil e indiscriminadamente. Desse modo, de um lado, a crise na educação americana anuncia a bancarrota da educação progressiva; e, de outro, apresenta um problema imensamente difícil por ter surgido sob as condições de uma sociedade de massas e em resposta às suas exigências.

A esse respeito, devemos ter em mente um outro fator mais geral que, é certo, não provocou a crise, mas que a agravou em notável intensidade, e que é o papel singular que o conceito de igualdade desempenha e sempre desempenhou na vida americana. Há nisso muito mais que a igualdade perante a lei, mais também que o nivelamento das distinções de classe, e mais ainda que o expresso na frase "igualdade de oportunidades", embora esta tenha uma maior importância em nosso contexto, dado que, no modo de ver americano, o direito à educação é um dos inalienáveis direitos cívicos. Este último foi decisivo para a estrutura do sistema de escolas públicas, porquanto escolas secundárias, no sentido europeu, constituem exceções. Como a frequência escolar obrigatória se estende à idade de dezesseis anos, toda criança deve chegar ao colégio, e o colégio é portanto, basicamente, uma espécie de continuação da escola primária. Em consequência dessa ausência de uma escola secundária, a preparação para o curso superior tem que ser proporcionada pelos próprios cursos superiores, cujos currículos padecem, por isso, de uma sobrecarga crônica, a qual afeta por sua vez a qualidade do trabalho ali realizado.

Poder-se-ia talvez pensar, à primeira vista, que essa anomalia pertence à própria natureza de uma sociedade de massas na qual a educação não é mais um privilégio das classes abastadas. Uma espiada na Inglaterra, onde, como todos sabem, a educação secundária também foi posta à disposição, em anos recentes, de todas as classes da população, mostrará que não é isso o que ocorre. Lá, ao fim da escola primária, tendo os estudantes a idade de onze anos, instituiu-se o temível exame que elimina quase dez por cento dos escolares qualificados para instrução superior. O rigor dessa seleção não foi aceito, mesmo na Inglaterra, sem protestos; na América, ele simplesmente teria sido impossível. A intenção na Inglaterra é a "meritocracia", que é obviamente mais uma vez o estabelecimento de uma oligarquia, dessa vez não de riqueza ou de nascimento, mas de talento. Mas isso significa, mesmo que o povo inglês não esteja inteiramente esclarecido a respeito, que, mesmo sob um governo socialista, o país continuará a ser governado como o tem sido desde tempos imemoriais, isto é, nem como monarquia nem como democracia, porém como oligarquia ou aristocracia – a última, caso se admita o ponto de vista de que os mais talentosos são também os melhores, o que não é de modo algum uma certeza. Na América, uma divisão quase física dessa espécie entre crianças muito ou pouco talentosas seria considerada intolerável. A meritocracia contradiz, tanto quanto qualquer outra oligarquia, o princípio da igualdade que rege uma democracia igualitária.

Assim, o que torna a crise educacional na América tão particularmente aguda é o temperamento político do país, que espontaneamente peleja para igualar ou apagar tanto quanto possível as diferenças entre jovens e velhos, entre talentosos e pouco talentosos, entre crianças e adultos e, particularmente, entre alunos e professores. É óbvio que um nivelamento desse tipo só pode ser efetivamente consumado às custas da autoridade do mestre ou às expensas daquele que é mais talentoso, dentre os estudantes. Entretanto, é igualmente óbvio, ao menos a qualquer pessoa que tenha tido algum contato com o sistema educacional americano, que essa dificuldade, enraizada na atitude política do país, possui também grandes vantagens, não apenas de tipo humano mas também educacionalmente falando; em todo caso, esses fatores gerais não podem explicar a crise em que nos encontramos presentemente, e tampouco justificam as medidas que a precipitaram.

2

Essas desastrosas medidas podem ser remontadas esquematicamente a três pressupostos básicos, todos mais do que familiares. O *primeiro* é o de que existe um mundo da criança e uma sociedade formada entre crianças, autônomos e que se deve, na medida do possível, permitir que elas governem. Os adultos aí estão apenas para auxiliar esse governo. A autoridade que diz às crianças individualmente o que fazer e o que não fazer repousa no próprio grupo de crianças – e isso, entre outras consequências, gera uma situação em que o adulto se considera impotente ante a criança individual e sem contato com ela. Ele apenas pode dizer-lhe que faça aquilo que lhe agrada e depois evitar que o pior aconteça. As relações reais e normais entre crianças e adultos, emergentes do fato de que pessoas de todas as idades se encontram sempre simultaneamente reunidas no mundo, são assim suspensas. Assim, é da essência desse primeiro pressuposto básico levar em conta somente o grupo, e não a criança individual.

Quanto à criança no grupo, sua situação, naturalmente, é bem pior que antes. A autoridade de um grupo, mesmo que este seja um grupo de crianças, é sempre consideravelmente mais forte e tirânica do que a mais severa autoridade de um indivíduo isolado. Se a olharmos do ponto de vista da criança individual, as chances desta de se rebelar ou fazer qualquer coisa por conta própria são praticamente nulas; ela não se encontra mais em uma luta bem desigual com uma pessoa que, é verdade, tem absoluta superioridade sobre ela, mas no combate a quem pode, no entanto, contar com a solidariedade das demais crianças, isto é, de sua própria classe; em vez disso, encontra-se na posição, por definição irremediável, de uma minoria de um em confronto com a absoluta maioria dos outros. Poucas pessoas adultas são capazes de suportar uma situação dessas, mesmo quando ela não é sustentada por meios de compulsão externos; as crianças são pura e simplesmente incapazes de fazê-lo.

Assim ao emancipar-se da autoridade dos adultos, a criança não foi libertada, e sim sujeita a uma autoridade muito mais terrível e verdadeiramente tirânica, que é a tirania da maioria. Em todo caso, o resultado foi serem as crianças, por assim dizer, banidas do mundo dos adultos. São elas ou jogadas a si mesmas ou entregues à tirania de seu próprio grupo, contra o qual, por sua superioridade numérica, elas não podem se rebelar, contra o qual, por serem crianças, não podem argumentar, e do qual não podem escapar para nenhum outro mundo por lhes ter sido barrado o mundo dos adultos. A reação das crianças a essa pressão tende a ser ou o conformismo ou a delinquência juvenil, e frequentemente é uma mistura de ambos.

O *segundo* pressuposto básico que veio à tona na presente crise tem a ver com o ensino. Sob a influência da psicologia moderna e dos princípios do pragmatismo, a pedagogia transformou-se em uma ciência do ensino em geral a ponto de se emancipar inteiramente da matéria efetiva a ser ensinada. Um professor, pensava-se, é um homem que pode simplesmente ensinar qualquer coisa; sua formação é no ensino, e não no domínio de qualquer assunto particular. Essa atitude, como logo veremos, está natural e intimamente ligada a um pressuposto básico acerca da aprendizagem. Além disso, ela resultou nas últimas décadas em um negligenciamento extremamente grave da formação dos professores em suas próprias matérias, particularmente nos colégios públicos. Como o professor não precisa conhecer sua própria matéria, não raro acontece encontrar-se apenas um passo à frente de sua classe em conhecimento. Por sua vez, isso significa que não apenas os estudantes são efetivamente abandonados a seus próprios recursos, mas também que a fonte mais legítima da autoridade do professor, como a pessoa que, seja dada a isso a forma que se queira, sabe mais e pode fazer mais que nós mesmos, não é mais eficaz. Dessa forma, o professor não autoritário, que gostaria de se abster de todos os métodos de compulsão por ser capaz de confiar apenas em sua própria autoridade, não pode mais existir.

Contudo, o papel pernicioso que representam na crise atual a pedagogia e as escolas de professores só se tornou possível devido a uma teoria moderna acerca da aprendizagem. Era muito simplesmente a aplicação do *terceiro* pressuposto básico em nosso contexto, um pressuposto que o mundo moderno defendeu durante séculos e que encontrou expressão conceitual sistemática no pragmatismo. Esse pressuposto básico é o de que só é possível conhecer e compreender aquilo que nós mesmos fizemos, e sua aplicação à educação é tão primária quanto óbvia: consiste em substituir, na medida do possível, o aprendizado pelo fazer. O motivo por que não foi atribuída nenhuma importância ao domínio que tenha o professor de sua matéria foi o desejo de levá-lo ao exercício contínuo da atividade de aprendizagem, de tal modo que ele não transmitisse, como se dizia, "conhecimento petrificado", mas, ao invés disso, demonstrasse constantemente como o saber é produzido. A intenção consciente não era a de ensinar conhecimentos, mas sim de inculcar uma habilidade, e o resultado foi uma espécie de transformação de instituições de ensino em instituições vocacionais que tiveram tanto êxito em ensinar a dirigir um automóvel ou a utilizar uma máquina de escrever, ou, o que é mais importante para a "arte" de viver, como ter êxito com outras pessoas e ser popular, quanto foram incapazes de fazer com que a criança adquirisse os pré-requisitos normais de um currículo padrão.

Entretanto, essa descrição é falha, não só porque exagera obviamente com o objetivo de repisar um argumento, mas também porque não leva em conta como, nesse processo, se atribuiu importância toda especial à diluição, levada tão longe quanto possível, da distinção entre brincadeira e trabalho – em favor do primeiro. O brincar era visto como o modo mais vivido e apropriado comportamento da criança no mundo, por ser a única forma de atividade que brota espontaneamente de sua existência enquanto criança. Somente o que pode ser aprendido mediante a brincadeira faz justiça a essa vivacidade. A atividade característica da criança, pensava-se, está no brincar; a aprendizagem no sentido antigo, forçando a criança a uma atitude de passividade, obrigava-a a abrir mão de sua própria iniciativa lúdica.

A conexão íntima entre essas duas coisas – a substituição da aprendizagem pelo fazer e do trabalho pelo brincar – pode ser ilustrada diretamente pelo ensino de línguas: a criança deve aprender falando, isto é, fazendo, e não pelo estudo da gramática e da sintaxe; em outras palavras, deve aprender um língua estrangeira da mesma maneira como, quando criancinha, aprendeu a sua própria língua: como que ao brincar e na continuidade ininterrupta da mera existência. Sem mencionar a questão de saber se isso é possível ou não – é possível, em escala limitada, somente quando se pode manter a criança o dia todo no ambiente de língua estrangeira –, é perfeitamente claro que esse processo tenta conscientemente manter a criança mais velha o mais possível ao nível da primeira infância. Aquilo que, por excelência, deveria preparar a criança para o mundo dos adultos, o hábito gradualmente adquirido de trabalhar e de não brincar, é extinto em favor da autonomia do mundo da infância.

Toda a conexão entre fazer e aprender, e qualquer que seja a validez da fórmula pragmática, sua aplicação à educação, isto é, ao modo de aprendizagem da criança, tende a tornar absoluto o mundo da infância exatamente da maneira como observamos no caso do primeiro pressuposto básico. Aqui também, sob o pretexto de respeitar a independência da criança, ela é excluída do mundo dos adultos e mantida artificialmente no seu próprio mundo, na medida em que este pode ser chamado de um mundo. Essa retenção da criança é artificial porque extingue o relacionamento natural entre adultos e crianças, o qual, entre outras coisas, consiste do ensino e da aprendizagem, e porque oculta ao mesmo tempo o fato de que a criança é um ser humano em desenvolvimento, de que a infância é uma etapa temporária, uma preparação para a condição adulta.

Na América, a crise atual resulta do reconhecimento do caráter destrutivo desses pressupostos básicos e de uma desesperada tentativa de reformar todo o sistema educacional, ou seja, de transformá-lo inteiramente. Ao fazê-lo, o que se está procurando de fato – exceto quanto aos planos de uma imensa ampliação das facilidades de educação nas ciências físicas e em tecnologia – não é mais que uma restauração: o ensino será conduzido de novo com autoridade; a brincadeira deverá ser interrompida durante as horas de aula, e o trabalho sério retomado; a ênfase será deslocada das habilidades extracurriculares para os conhecimentos prescritos no currículo; fala-se mesmo, por fim, de transformar os atuais currículos dos professores de modo que eles mesmos tenham de aprender algo antes de se converterem em negligentes para com as crianças.

Essas reformas propostas, que estão ainda em discussão e são de interesse puramente norte-americano, não precisam nos ocupar aqui. Não discutirei tampouco a questão mais técnica, embora talvez a longo prazo ainda mais importante, de como é possível reformular os currículos de escolas secundárias e elementares de todos os países de modo a prepará-las para as exigências inteiramente novas do mundo de hoje. O relevante para nossa argumentação é uma dupla questão. Quais foram os aspectos do mundo moderno e de sua crise que efetivamente se revelaram na crise educacional, isto é, quais são os motivos reais para que, durante décadas, se pudessem dizer e fazer coisas em contradição tão flagrante com o senso comum? Em segundo lugar, o que podemos aprender com essa crise acerca da essência da educação – não no sentido de que sempre se pode aprender com os erros o que não se deve fazer, mas sim refletindo sobre o papel que a educação desempenha em toda civilização, ou seja, sobre a obrigação que a existência de crianças impõe a toda sociedade humana? Começaremos com a segunda questão.

3

Uma crise na educação em qualquer época originaria sérias preocupações, mesmo se não refletisse, como ocorre no presente caso, uma crise e uma instabilidade mais gerais na sociedade moderna. A educação está entre as atividades mais elementares e necessárias da sociedade humana, que jamais permanece tal qual é, porém se renova continuamente através do nascimento, da vinda de novos seres humanos. Além disso, esses recém-chegados não estão acabados, mas em um estado de vir a ser. Assim, a criança, objeto da educação, possui para o educador um duplo aspecto: é nova em um mundo que lhe é estranho e se encontra em processo de formação; é um novo ser humano e é um ser humano em formação. Esse duplo aspecto não é de maneira alguma evidente por si mesmo, e não se aplica às formas de vida animais; corresponde a um duplo relacionamento, de um lado, o relacionamento com o mundo, e de outro, com a vida. A criança partilha o estado de vir a ser com todas as coisas vivas; com respeito à vida e seu desenvolvimento, a criança é um ser humano em processo de formação, do mesmo modo que um gatinho é um gato em processo de formação. Mas a criança só é nova em relação a um mundo que existia antes dela, que continuará após sua morte e no qual transcorrerá sua vida. Se a criança não fosse um recém-chegado nesse mundo humano, porém simplesmente uma criatura viva ainda inacabada, a educação seria apenas uma função da vida e não teria que consistir em nada além da preocupação para com a preservação da vida e do treinamento e na prática do viver que todos os animais assumem em relação a seus filhos.

Os pais humanos, contudo, não apenas trouxeram seus filhos à vida mediante a concepção e o nascimento, mas simultaneamente os introduziram em um mundo. Eles assumem na educação a responsabilidade, ao mesmo tempo, pela vida e desenvolvimento da criança e pela continuidade do mundo. Essas duas responsabilidades de modo algum coincidem; com efeito podem entrar em mútuo conflito. A responsabilidade pelo desenvolvimento da criança volta-se em certo sentido contra o mundo: a criança requer cuidado e proteção especiais para que nada de destrutivo lhe aconteça de parte do mundo. Porém, também o mundo necessita de proteção, para que não seja derrubado e destruído pelo assédio do novo que irrompe sobre ele a cada nova geração.

Dado que precisa ser protegida do mundo, o lugar tradicional da criança é a família, cujos membros adultos diariamente retornam do mundo exterior e se recolhem à segurança da vida privada entre quatro paredes. Essas quatro paredes, entre as quais a vida familiar privada das pessoas é vivida, constitui um escudo contra o mundo e, sobretudo, contra o aspecto público do mundo. Elas encerram um lugar seguro, sem o que nenhuma coisa viva pode florescer. Isso é verdade não somente para a vida da infância, mas para a vida humana em geral. Toda vez que esta é permanentemente exposta ao mundo sem a proteção da intimidade e da segurança, sua qualidade vital é destruída. No mundo público, comum a todos, as pessoas são levadas em conta, e assim também o trabalho, isto é, o trabalho de nossas mãos com que cada pessoa contribui para o mundo em comum; porém a vida *qua* vida não interessa aí. O mundo não lhe pode dar atenção, e ela deve ser oculta e protegida do mundo.

Tudo que vive, e não apenas a vida vegetativa, emerge das trevas e, por mais forte que seja sua tendência natural a orientar-se para a luz, mesmo assim precisa da segurança da escuridão para poder crescer. Com efeito, isso pode ser o motivo por que com tanta frequência crianças de pais famosos não dão em boa coisa. A fama penetra as quatro paredes e invade seu espaço privado, trazendo consigo, sobretudo nas condições de hoje, o clarão implacável do mundo público, inundando tudo nas vidas privadas dos implicados, de tal maneira que as crianças não têm mais um lugar seguro onde possam crescer. Ocorre, porém, exatamente a mesma destruição do espaço vivo real toda vez que se tenta fazer das próprias crianças uma espécie de mundo. Entre esses grupos de iguais surge então uma espécie de vida pública, e, sem levar absolutamente em conta o fato de que esta não é uma vida pública real e de que toda a tentativa é de certa forma uma fraude, permanece o fato de que as crianças – isto é, seres humanos em processo de formação, porém ainda não acabados – são assim forçadas a se expor à luz da existência pública.

Parece óbvio que a educação moderna, na medida em que procura estabelecer um mundo de crianças, destrói as condições necessárias ao desenvolvimento e crescimento vitais. Contudo, choca-nos como algo realmente estranho que tal dano ao desenvolvimento da criança seja o resultado da educação moderna, pois esta sustentava que seu único propósito era servir a criança, rebelando-se contra os métodos do passado porque não levavam suficientemente em consideração a natureza íntima da criança e suas necessidades. "O Século da Criança", como podemos lembrar, iria emancipar a criança e liberá-la dos padrões originados em um mundo adulto. Como pôde então acontecer que as mais elementares condições de vida necessárias para a criança crescer e se desenvolver fossem desprezadas ou simplesmente ignoradas? Como pôde acontecer que se expusesse a criança àquilo que, mais que qualquer outra coisa, caracterizava o mundo adulto, o seu aspecto público, logo após se ter chegado à conclusão de que o erro em toda a educação passada fora ver a criança como não sendo mais que um adulto em tamanho reduzido?

O motivo desse estranho estado de coisas nada tem a ver, diretamente, com a educação; deve antes ser procurado nos juízos e preconceitos acerca da natureza da vida privada e do mundo público e sua relação mútua, característicos da sociedade moderna desde o início dos tempos modernos e que os educadores, ao começarem relativamente tarde a modernizar a educação, aceitaram como postulados evidentes por si mesmos, sem consciência das consequências que deveriam acarretar necessariamente para a vida da criança. É uma peculiaridade da sociedade moderna, de modo algum uma coisa necessária, considerar a vida, isto é, a vida terrena dos indivíduos e da família, como o bem supremo; por essa razão, em contraste com todos os séculos anteriores, ela emancipou essa vida e todas as atividades envolvidas em sua preservação e enriquecimento do ocultamento da privatividade, expondo-a à luz do mundo público. É esse o sentido real da emancipação dos trabalhadores e das mulheres, não como pessoas, sem dúvida, mas na medida em que preenchem uma função necessária no processo vital da sociedade.

Os últimos a serem afetados por esse processo de emancipação foram as crianças, e aquilo mesmo que significara uma verdadeira liberação para os trabalhadores e mulheres – pois eles não eram somente trabalhadores e mulheres, mas também pessoas, tendo portanto direito ao mundo público, isto é, a verem e serem vistos, a falar e serem ouvidos – constituiu abandono e traição no caso das crianças, que ainda estão no estágio em que o simples fato da vida e do crescimento prepondera sobre o fator personalidade. Quanto mais completamente a sociedade moderna rejeita a distinção entre aquilo que é particular e aquilo que é público, entre o que somente pode florescer às escondidas e aquilo que precisa ser exibido a todos à plena luz do mundo público, ou seja, quanto mais ela introduz entre o privado e o público uma esfera social na qual o privado é transformado em público e vice-versa, mais difíceis torna as coisas para suas crianças, que pedem, por natureza, a segurança do que é às escondidas para não haver distúrbios em seu amadurecimento.

Por mais graves que possam ser essas violações das condições para o crescimento vital, é certo que elas não foram de todo intencionais; o objetivo central de todos os esforços da educação moderna foi o bem-estar da criança, fato esse que evidentemente não se torna menos verdadeiro caso os esforços feitos nem sempre tenham logrado êxito em promover o bem-estar da maneira esperada. A situação é inteiramente diversa na esfera das tarefas educacionais não mais dirigidas para a criança, porém à pessoa jovem, ao recém-chegado e forasteiro, nascido em um mundo já existente e que não conhece. Tais tarefas são primeira, mas não exclusivamente, responsabilidade das escolas; competem à sua alçada o ensino e a aprendizagem, e o fracasso neste campo é o problema mais urgente da América atualmente. O que jaz na base disso?

Normalmente a criança é introduzida ao mundo pela primeira vez através da escola. No entanto, a escola não é de modo algum o mundo e não deve fingir sê-lo; em vez disso, ela é a instituição que interpomos entre o domínio privado do lar e o mundo com o objetivo de fazer com que, de alguma forma, seja possível a transição da família para o mundo. Aqui, o comparecimento não é exigido pela família, e sim pelo Estado, isto é, o mundo público, e assim, em relação à criança, a escola representa em certo sentido o mundo, embora não seja ainda o mundo de fato. Nessa etapa da educação, sem dúvida, os adultos assumem mais uma vez uma responsabilidade pela criança, só que, agora, essa não é tanto a responsabilidade pelo bem-estar vital de uma coisa em crescimento como por aquilo que geralmente denominamos de livre desenvolvimento de qualidades e talentos pessoais. Isso, do ponto de vista geral e essencial, é a singularidade que distingue cada ser humano de todos os demais, a qualidade em virtude da qual ele não é apenas um forasteiro no mundo, mas alguma coisa que jamais esteve aí antes.

Na medida em que a criança não tem familiaridade com o mundo, deve-se introduzi-la aos poucos a ele; na medida em que ela é nova, deve-se cuidar para que essa coisa nova chegue à fruição em relação ao mundo como ele é. Em todo caso, todavia, o educador está aqui em relação ao jovem como representante de um mundo pelo qual deve assumir a responsabilidade, embora não o tenha feito e ainda que secreta ou abertamente possa querer que ele fosse diferente do que é. Essa responsabilidade não é imposta arbitrariamente aos educadores; ela está implícita no fato de que os jovens são introduzidos por adultos em um mundo em contínua mudança. Qualquer pessoa que se recuse a assumir a responsabilidade coletiva pelo mundo não deveria ter crianças, e é preciso proibi-la de tomar parte em sua educação.

Na educação, essa responsabilidade pelo mundo assume a forma de autoridade. A autoridade do educador e as qualificações do professor não são a mesma coisa. Embora certa qualificação seja indispensável para a autoridade, a qualificação, por maior que seja, nunca engendra por si só autoridade. A qualificação do professor consiste em conhecer o mundo e ser capaz de instruir os outros acerca deste, porém sua autoridade se assenta na responsabilidade que ele assume por este mundo. Face à criança, é como se ele fosse um representante de todos os habitantes adultos, apontando os detalhes e dizendo à criança: isso é o nosso mundo.

No entanto, sabemos todos como as coisas andam hoje em dia com respeito à autoridade. Qualquer que seja nossa atitude pessoal face a este problema, é óbvio que, na vida pública e política, a autoridade ou não representa mais nada – pois a violência e o terror exercidos pelos países totalitários evidentemente nada têm a ver com autoridade –, ou, no máximo, desempenha um papel altamente contestado. Todavia, isso simplesmente significa, em essência, que as pessoas não querem mais exigir ou confiar a ninguém o ato de assumir a responsabilidade por tudo o mais, pois sempre que a autoridade legítima existiu ela esteve associada com a responsabilidade pelo curso das coisas no mundo. Ao removermos a autoridade da vida política e pública, pode ser que isso signifique que, de agora em diante, se exija de todos igual responsabilidade pelo rumo do mundo. Mas isso também pode significar que as exigências do mundo e seus clamores por ordem estejam sendo consciente ou inconscientemente repudiados; toda e qualquer responsabilidade pelo mundo está sendo rejeitada, seja a responsabilidade de dar ordens, seja a de obedecê-las. Não resta dúvida de que, na perda moderna da autoridade, ambas as intenções desempenham um papel e têm muitas vezes, simultânea e inextricavelmente, trabalhado juntas.

Na educação, ao contrário, não pode haver tal ambiguidade face à perda hodierna de autoridade. As crianças não podem derrubar a autoridade educacional, como se estivessem sob a opressão de uma maioria adulta – embora mesmo esse absurdo tratamento das crianças como uma minoria oprimida carente de libertação tenha sido efetivamente submetido à prova na prática educacional moderna. A autoridade foi recusada pelos adultos, e isso pode significar apenas uma coisa: que os adultos se recusam a assumir a responsabilidade pelo mundo ao qual trouxeram as crianças.

Evidentemente, há uma conexão entre a perda de autoridade na vida pública e política e nos âmbitos privados e pré-políticos da família e da escola. Quanto mais radical se torna a desconfiança face à autoridade na esfera pública, mais aumenta, naturalmente, a probabilidade de que a esfera privada não permaneça incólume. Há o fato adicional, muito provavelmente decisivo, de que há tempos imemoriais nos acostumamos, em nossa tradição de pensamento político, a considerar a autoridade dos pais sobre os filhos e de professores sobre alunos como o modelo por cujo intermédio se compreendia a autoridade política. É justamente tal modelo, que pode ser encontrado já em Platão e Aristóteles, que confere tão extraordinária ambiguidade ao conceito de autoridade em política. Ele se baseia sobretudo em uma superioridade absoluta que jamais poderia existir entre adultos e que, do ponto de vista da dignidade humana, não deve nunca existir. Em segundo lugar, ao seguir o modelo da criação dos filhos, baseia-se em uma superioridade puramente temporária, tornando-se, pois, contraditório por si quando aplicado a relações que por natureza não são temporárias – como as relações entre governantes e governados. Decorre da natureza do problema – isto é, da natureza da atual crise de autoridade e da natureza de nosso pensamento político tradicional – que a perda de autoridade iniciada na esfera política deva terminar na esfera privada; obviamente não é acidental que o lugar em que a autoridade política foi solapada pela primeira vez, isto é, a América, seja onde a crise moderna da educação se faça sentir com maior intensidade.

A perda geral de autoridade, de fato, não poderia encontrar expressão mais radical do que sua intrusão na esfera pré-política, em que a autoridade parecia ser ditada pela própria natureza e independer de todas as mudanças históricas e condições políticas. Por outro lado, o homem moderno não poderia encontrar nenhuma expressão mais clara para sua insatisfação com o mundo, para seu desgosto com o estado de coisas, que sua recusa a assumir, em relação às crianças, a responsabilidade por tudo isso. É como se os pais dissessem todos os dias: nesse mundo, mesmo nós não estamos muito a salvo em casa; como se movimentar nele, o que saber, quais habilidades dominar, tudo isso também são mistérios par anos. Vocês devem tentar entender isso do jeito que puderem; em todo caso, vocês não têm o direito de exigir satisfações. Somos inocentes, lavamos as nossas mãos por vocês.

Essa atitude, é claro, nada tem a ver com o desejo revolucionário de uma nova ordem no mundo – *Novus Ordo Seclorum* – que outrora animou a América; mais que isso, é um sintoma daquele moderno estranhamento do mundo visível em toda parte, mas que se apresenta em forma particularmente radical e desesperada sob as condições de uma sociedade de massa. É verdade que as experiências pedagógicas modernas têm assumido – e não só na América – posições muito revolucionárias, o que ampliou até certo ponto a dificuldade de identificar a situação com clareza, provocando certo grau de confusão na discussão do problema. Em contradição com todos esses comportamentos, continua existindo o fato inquestionável de que, durante o período em que a América foi realmente animada por esse espírito revolucionário, ela jamais sonhou iniciar a nova ordem pela educação, permanecendo, ao contrário, conservadora em matéria educacional.

A fim de evitar mal-entendidos: parece-me que o conservadorismo, no sentido de conservação, faz parte da essência da atividade educacional, cuja tarefa é sempre abrigar e proteger alguma coisa – a criança contra o mundo, o mundo contra a criança, o novo contra o velho, o velho contra o novo. Mesmo a responsabilidade ampla pelo mundo que é aí assumida implica, é claro, uma atitude conservadora. Mas isso permanece válido apenas no âmbito da educação, ou melhor, nas relações entre adultos e crianças, e não no âmbito da política, onde agimos em meio a adultos e com iguais. Tal atitude conservadora, em política – aceitando o mundo como ele é, procurando somente preservar o *status quo* –, não pode senão levar à destruição, visto que o mundo, tanto no todo como em parte, é irrevogavelmente fadado à ruína pelo tempo, a menos que existam seres humanos determinados a intervir, a alterar, a criar aquilo que é novo. As palavras de Hamlet ("The time is out of joint. O cursed spite that ever I was born to set it right", "O tempo está fora dos eixos. Ó ódio maldito ter nascido para colocá-lo em ordem") são mais ou menos verídicas para cada nova geração, embora tenham adquirido talvez, desde o início de nosso século, uma validez mais persuasiva do que antes.

Basicamente, estamos sempre educando para um mundo que ou já está fora dos eixos ou para aí caminha, pois é essa a situação humana básica, em que o mundo é criado por mãos mortais e serve de lar aos mortais durante tempo limitado. O mundo, visto que feito por mortais, se desgasta, e, dado que seus habitantes mudam continuamente, corre o risco de tornar-se mortal como eles. Para preservar o mundo contra a mortalidade de seus criadores e habitantes, ele deve ser, continuamente, posto em ordem. O problema é simplesmente educar de tal modo que um pôr-em-ordem continue sendo de fato possível, ainda que não possa nunca, é claro, ser assegurado. Nossa esperança está pendente sempre do novo que cada geração traz; mas, precisamente porque baseamos nossa esperança apenas nisso, tudo destruiremos se tentarmos controlar os novos de tal modo que nós, os velhos, possamos ditar sua aparência futura. Exatamente em benefício daquilo que é novo e revolucionário em cada criança é que a educação precisa ser conservadora; ela deve preservar essa novidade e introduzi-la como algo novo em um mundo velho, que, por mais revolucionário que possa ser em suas ações, é sempre, do ponto de vista da geração seguinte, obsoleto e rente à destruição.

4

A verdadeira dificuldade na educação moderna está no fato de que, a despeito de toda a conversa da moda acerca de um novo conservadorismo, até mesmo aquele mínimo de conservação e de atitude conservadora sem o qual a educação simplesmente não é possível se torna, em nossos dias, sobremaneira difícil de atingir. Há sólidas razões para isso. A crise da autoridade na educação guarda a mais estreita conexão com a crise da tradição, ou seja, com a crise de nossa atitude face ao âmbito do passado. É sobremodo difícil para o educador arcar com esse aspecto da crise moderna, pois é de seu ofício servir como mediador entre o velho e o novo, de tal modo que sua própria profissão lhe exige um respeito extraordinário pelo passado. Durante muitos séculos, isto é, por todo o período da civilização romano-cristã, não foi necessário tomar consciência dessa qualidade particular de si próprio, pois a reverência ante o passado era parte essencial da mentalidade romana, e isso não foi modificado ou extinto pelo cristianismo, mas apenas deslocado sobre fundamentos diferentes.

Estava na essência da atitude romana (embora de maneira alguma isso fosse verdadeiro para qualquer civilização, ou mesmo para a tradição ocidental como um todo) considerar o passado *qua* passado como um modelo, os antepassados, em cada instância, como exemplos de conduta para seus descendentes; crer que toda grandeza jaz no que foi, e, portanto, que a mais excelente qualidade humana é a idade provecta; que o homem envelhecido, visto ser já quase um antepassado, pode servir de modelo para os vivos. Tudo isso se põe em contradição não só com nosso mundo e com a Idade Moderna, da Renascença em diante, mas, por exemplo, com a atitude grega diante da vida. Quando Goethe disse que envelhecer é "o gradativo retirar-se do mundo das aparências", sua observação era feita no espírito dos gregos, para os quais ser e aparência coincidiam. A atitude romana teria sido que justamente ao envelhecer e ao desaparecer gradativamente da comunidade dos mortais o homem atinge sua forma mais característica de existência, ainda que, em relação ao mundo das aparências, esteja em vias de desaparecer; isso porque somente agora ele se pode acercar da existência na qual ele será uma autoridade para os outros.

Contra o pano de fundo inabalado de uma tradição dessa natureza, na qual a educação possui uma função política (e esse caso era único), é de fato relativamente fácil fazer direito as coisas em matéria de educação, sem sequer fazer uma pausa para apreciar o que se está fazendo, tão completo é o acordo entre o *éthos* específico do princípio pedagógico e as convicções éticas e morais básicas da sociedade como um todo. Nas palavras de Políbio, educar era simplesmente "fazer-vos ver que sois inteiramente dignos de vossos antepassados", e nesse mister o educador podia ser um "companheiro de luta" ou um "companheiro de trabalho", porque também, embora em nível diverso, tenha atravessado a vida com os olhos grudados no passado. Companheirismo e autoridade não eram nesse caso senão dois aspectos da mesma substância, e a autoridade do mestre arraigava-se firmemente na autoridade inclusiva do passado enquanto tal. Hoje em dia, porém, não nos encontramos mais em tal posição; não faz muito sentido agirmos como se a situação fosse a mesma, como se apenas nos tivéssemos, por assim dizer, extraviado do caminho certo, sendo livres para, a qualquer momento, reencontrar o rumo. Isso significa que não se pode, seja lá onde a crise tenha ocorrido no mundo moderno, ir simplesmente em frente, e tampouco simplesmente voltar para trás. Tal retrocesso nunca nos levará a parte alguma, exceto à mesma situação da qual a crise acabou de surgir. O retorno não passaria de uma repetição da atividade – embora talvez em forma diferente, visto não haver limites às possibilidades de noções absurdas e caprichosas que são ataviadas como a última palavra em ciência. Por outro lado, a mera e irrefletida perseverança, seja pressionando para frente a crise, seja aderindo à rotina que acredita friamente que a crise não engolfará sua esfera particular de vida, só pode, visto que se rende ao curso do tempo, conduzir à ruína; para ser mais precisa, ela só pode aumentar o estranhamento do mundo pelo qual já somos ameaçados de todos os flancos. Ao considerar os princípios da educação temos de levar em conta esse processo de estranhamento do mundo; podemos até admitir que nos defrontamos aqui presumivelmente com um processo automático, sob a única condição de não esquecermos que está ao alcance do poder do pensamento e da ação humana interromper e deter tais processos.

O problema da educação no mundo moderno está no fato de, por sua natureza, não poder esta abrir mão nem da autoridade, nem da tradição, e ser obrigada, apesar disso, a caminhar em um mundo que não é estruturado nem pela autoridade nem mantido coeso pela tradição. Isso significa, entretanto, que não apenas professores e educadores, porém todos nós, na medida em que vivemos em um mundo junto à nossas crianças e aos jovens, devemos ter em relação a eles uma atitude radicalmente diversa da que guardamos um para com o outro. Cumpre divorciarmos decisivamente o âmbito da educação dos demais, e sobretudo do âmbito da vida pública e política, para aplicar exclusivamente a ele um conceito de autoridade e uma atitude face ao passado que lhe são apropriados mas não possuem validade geral, não devendo reclamar uma aplicação generalizada no mundo dos adultos.

Na prática, a primeira consequência disso seria um entendimento bem claro de que a função da escola é ensinar às crianças como o mundo é, e não instruí-las na arte de viver. Dado que o mundo é velho, sempre mais que elas mesmas, a aprendizagem volta-se inevitavelmente para o passado, não importa o quanto a vida seja transcorrida no presente. Em segundo lugar, a linha traçada entre crianças e adultos deveria significar que não se pode nem educar adultos nem tratar crianças como se elas fossem maduras; jamais se deveria permitir, porém, que tal linha se tornasse uma muralha a separar as crianças da comunidade adulta, como se não vivessem elas no mesmo mundo e como se a infância fosse um estado humano autônomo, capaz de viver por suas próprias leis. É impossível determinar mediante uma regra geral onde fica o limite entre a infância e a condição adulta em cada caso. Ela muda frequentemente, com respeito à idade, de país a país, de uma civilização a outra e também de indivíduo a indivíduo. A educação, contudo, ao contrário da aprendizagem, precisa ter um final previsível. Em nossa civilização esse final coincide provavelmente com o diploma colegial, não com a conclusão do curso secundário, pois o treinamento profissional nas universidades ou cursos técnicos, embora sempre tenha algo a ver com a educação, é, não obstante, em si mesmo uma espécie de especialização. Ele não visa mais a introduzir o jovem no mundo como um todo, mas sim em um segmento limitado e particular dele. Não se pode educar sem ao mesmo tempo ensinar; uma educação sem aprendizagem é vazia e, portanto, degenera, com muita facilidade, em retórica moral e emocional. É muito fácil, porém, ensinar sem educar, e pode-se aprender durante o dia todo sem por isso ser educado. Tudo isso são detalhes particulares, contudo, que na verdade devem ser entregues aos especialistas e pedagogos.

É pertinente aqui, e não podemos portanto delegar à ciência específica da pedagogia, a relação entre adultos e crianças em geral, ou, para colocá-lo em termos ainda mais gerais e exatos, nossa atitude face ao fato da natalidade: o fato de todos nós virmos ao mundo ao nascermos e de ser o mundo constantemente renovado mediante o nascimento. A educação é o ponto em que decidimos se amamos o mundo o bastante para assumirmos a responsabilidade por ele e, com tal gesto, salvá-lo da ruína que seria inevitável não fosse a renovação e a vinda dos novos e dos jovens. A educação é, também, onde decidimos se amamos nossas crianças o bastante para não expulsá-las de nosso mundo e abandoná-las a seus próprios recursos, e tampouco arrancar de suas mãos a oportunidade de empreender alguma coisa nova e imprevista para nós, preparando-as em vez disso com antecedência para a tarefa de renovar um mundo comum.

6. A CRISE NA CULTURA: SUA IMPORTÂNCIA SOCIAL E POLÍTICA

1

Faz agora mais de dez anos que presenciamos entre os intelectuais uma preocupação cada vez maior com o fenômeno relativamente novo da cultura de massa. O termo, em si, origina-se evidentemente do termo, não muito mais antigo, "sociedade de massas"; o pressuposto tácito subjacente a todas as discussões do assunto é que a cultura de massas, lógica e inevitavelmente, é a cultura de uma sociedade de massas. O fato mais importante acerca da curta história de ambos os termos é que, se ainda há alguns anos eram empregados com um enérgico senso de reprovação – implicando ser a sociedade de massas uma forma depravada de sociedade, e a cultura de massas, uma contradição em termos –, eles se tornaram hoje em dia respeitáveis, o tema de inúmeros estudos e projetos de pesquisa cujo efeito principal, como o salientou Harold Rosenberg, é "acrescentar ao *kitsch* uma dimensão intelectual". Essa "intelectualização do *kitsch*" é justificada com base em que a sociedade de massas, gostemos ou não, irá continuar conosco no futuro previsível; por conseguinte, sua "cultura", a "cultura popular [não pode] ser relegada ao populacho"[1]. A questão, no entanto, é saber se o que é legítimo para a sociedade de massas também o é para a cultura de massas, ou, em outras palavras, se a relação entre sociedade de massas e cultura será, *mutatis mutandis*, idêntica à relação anteriormente existente entre sociedade e cultura.

A questão da cultura de massas desperta, antes de mais nada, um outro problema mais fundamental, o da relação altamente problemática entre sociedade e cultura. Basta que recordemos até que ponto todo o movimento da arte moderna partiu de uma veemente rebelião do artista contra a sociedade como tal (e não contra uma sociedade de massas ainda desconhecida) para que tomemos consciência do quanto esse relacionamento inicial deve ter deixado a desejar, acautelando-nos assim contra a aspiração fácil de tantos críticos da cultura de massas por uma Idade de Ouro, uma sociedade boa e bem-educada. Essa aspiração é hoje em dia muito mais difundida na América do que na Europa pelo simples motivo de que a América, embora suficientemente familiarizada com o filisteísmo ignorante dos *nouveaux riches* (novos ricos), tem apenas um conhecimento superficial do filisteísmo cultural e educado, igualmente irritante, da sociedade europeia, onde a cultura adquiriu um valor de esnobismo e onde tornou-se questão de *status* ser educado o suficiente para apreciar a cultura; esta falta de experiência pode até mesmo explicar por que a pintura e a literatura americanas passaram subitamente a desempenhar papel

---

1. No ensaio brilhantemente espirituoso, Harold Rosenberg, Pop Culture: Kitsch Criticism, *The Tradition of the New*, New York, 1959.

tão decisivo no desenvolvimento da arte moderna e por que sua influência se faz sentir em países cuja vanguarda artística e intelectual tem adotado abertamente atitudes antiamericanas. Ela tem, porém, a desafortunada consequência de deixar passar despercebido, ou sem que sua importância sintomática seja compreendida, o profundo mal-estar que a própria palavra "cultura" tende a evocar precisamente entre aqueles que são seus representantes mais destacados.

A sociedade de massas, contudo – quer algum país em particular tenha atravessado ou não efetivamente todas as etapas nas quais a sociedade se desenvolveu desde o surgimento da Idade Moderna –, sobrevém nitidamente quando "a massa da população se incorpora à sociedade"[2]. E, visto que a sociedade, na acepção de "boa sociedade", compreendia aquelas parcelas da população que dispunham não somente de dinheiro, mas também de lazer, isto é, de tempo a devotar "à cultura", a sociedade de massas indica com efeito um novo estado de coisas no qual a massa da população foi a tal ponto liberada do fardo de trabalho fisicamente extenuante que passou a dispor também de lazer de sobra para a "cultura". Assim, sociedade de massas e cultura de massas parecem ser fenômenos inter-relacionados, porém seu denominador comum não é a massa, mas a sociedade na qual também as massas foram incorporadas. A sociedade de massas, tanto histórica como conceitualmente, foi precedida da sociedade, e sociedade não é um termo mais genérico do que sociedade de massas; pode também ser localizado e descrito historicamente; sem dúvida, é mais antigo que a sociedade de massas, mas não é mais velho que a Idade Moderna. De fato, todos os traços que a psicologia das multidões descobriu no homem da massa nesse ínterim: sua solidão – e solidão não é nem isolamento nem estar desacompanhado – a despeito de

---

2. Ver Edward Shils, Mass Society and Its Culture, *Daedalus*, Spring 1960; todo o número é dedicado à "Cultura de Massa e Meios de Massa".

sua adaptabilidade; sua excitabilidade e falta de padrões, sua capacidade de consumo aliada à inaptidão para julgar ou mesmo para distinguir e, sobretudo, seu egocentrismo e a fatídica alienação do mundo que desde Rousseau tem sido confundida com autoalienação; todos esses traços surgiram pela primeira vez na boa sociedade, onde não se tratava de massas, em termos numéricos.

A "boa" sociedade, na forma em que a conhecemos nos séculos XVIII e XIX, originou-se provavelmente das cortes europeias do período absolutista, e sobretudo da corte de Luís XIV, que soube reduzir tão bem a nobreza da França à insignificância política mediante o simples expediente de reuni-los em Versalhes, transformá-los em cortesãos e fazê-los se entreter mutuamente com as intrigas, tramas e bisbilhotices intermináveis engendradas inevitavelmente por essa perpétua festa. Assim, o verdadeiro precursor do romance, essa forma artística inteiramente moderna, não é tanto o romance picaresco de aventureiros e fidalgos como as *Mémoires* de Saint-Simon, ao mesmo tempo que o próprio romance antecipou nitidamente o surgimento tanto das ciências sociais como da psicologia, ambas ainda centradas em torno de conflitos entre a sociedade e o "indivíduo". O verdadeiro precursor do moderno homem da massa é esse indivíduo que foi definido e de fato descoberto por aqueles que, como Rousseau no século XVIII ou John Stuart Mill no século XIX, se encontraram em rebelião declarada contra a sociedade. Desde então, a história de um conflito entre a sociedade e seus indivíduos tem-se repetido com frequência, tanto na realidade como na ficção; o indivíduo moderno – e agora não mais tão moderno – constitui parte integrante da sociedade contra a qual ele procura se afirmar e que tira sempre o melhor de si.

Entretanto, existe uma importante diferença entre os primeiros estágios da sociedade e da sociedade de massas com respeito à situação do indivíduo. Enquanto a sociedade propriamente dita se restringia a determinadas classes da população, as probabilidades de que o indivíduo subsistisse às suas pressões eram bem grandes; elas se baseavam na presença simultânea, dentro da população, de outros estratos além da sociedade para os quais o indivíduo poderia escapar, e um dos motivos pelos quais esses indivíduos aderiam com frequência a partidos revolucionários era que descobriam, nos que não eram admitidos à sociedade, certos traços de humanidade que se haviam extinguido na sociedade. Mais uma vez, isso foi expresso no romance através da conhecida glorificação dos trabalhadores e dos proletários, mas, de maneira mais sutil, também no papel conferido aos homossexuais (em Proust, por exemplo) ou aos judeus, isto é, a grupos que a sociedade nunca absorvera completamente. O fato de que o *élan* revolucionário, em toda a extensão dos séculos xix e xx, tenha-se dirigido com tão maior violência contra a sociedade do que contra estados e governos não se deve tão somente à questão social no sentido do duplo transe de miséria e exploração. É suficiente lermos o relato da Revolução Francesa, e recordar até que ponto o próprio conceito de *le peuple* adquiriu suas conotações de um ultraje do "coração" – como Rousseau e mesmo Robespierre o teriam dito – contra a corrupção e a hipocrisia dos salões, para percebermos qual foi o verdadeiro papel da sociedade no transcurso do século xix. Boa parte do desespero dos indivíduos submetidos às condições da sociedade de massas se deve ao fato de hoje estarem estas vias de escape fechadas, já que a sociedade incorporou todos os estratos da população.

No entanto, não estamos aqui interessados no conflito entre o indivíduo e a sociedade, ainda que haja certa importância em observar que o derradeiro indivíduo que restou na sociedade de massas foi o artista. Nossa atenção recai sobre a cultura, ou melhor, sobre o que acontece à cultura sob as díspares condições da sociedade e da sociedade de massas, e portanto nosso interesse pelo artista não concerne tanto ao seu individualismo subjetivo como ao fato de ser ele, afinal, o autêntico produtor daqueles objetos que toda civilização deixa atrás de si como a quintessência e o testemunho duradouro do espírito que a animou. Justamente o fato de os produtores dos objetos culturais máximos, ou seja, as obras de arte, precisarem se voltar contra a sociedade, e o fato de todo o desenvolvimento da arte moderna – que provavelmente ficará, juntamente com o progresso científico, como uma das maiores realizações de nossa época – ter-se iniciado dessa hostilidade contra a sociedade, à qual permaneceu comprometido, demonstra a existência de um antagonismo entre sociedade e cultura anterior à ascensão da sociedade de massas.

O ônus que o artista, em contraposição ao revolucionário político, legou à sociedade foi sintetizado muito cedo, no final do século XVIII, numa única palavra, que tem sido, desde então, repetida e reinterpretada geração após geração. A palavra é "filisteísmo". Sua origem, um pouco mais antiga que seu emprego específico, não possui grande importância; ela foi utilizada a princípio, no jargão universitário alemão, para distinguir burgueses de togados; a associação bíblica já indicava, porém, um inimigo numericamente superior e em cujas mãos se pode cair. Quando foi utilizado pela primeira vez como termo – penso que pelo escritor alemão Clemens von Brentano, que escreveu uma sátira acerca do filisteu *bevor, in und nach der Geschichte* (antes, na e depois da história) –, designava uma mentalidade que julgava todas as coisas em termos de utilidade imediata e de "valores materiais", e que, por conseguinte, não tinha consideração alguma por objetos e ocupações inúteis tais como os implícitos na cultura e na arte. Tudo isso soa bem familiar ainda hoje em dia, e não deixa de ser interessante observar que mesmo termos de gíria atuais como "quadrado" já podem ser encontrados no opúsculo pioneiro de Brentano.

Se a questão tivesse permanecido aí, se a reprimenda principal dirigida contra a sociedade continuasse a ser sua falta de cultura e de interesse pela arte, o fenômeno com que lidamos seria consideravelmente menos complicado do que de fato o é; ao mesmo tempo, seria quase incompreensível o motivo por que a arte moderna se rebelou contra a "cultura", ao invés de lutar simples e abertamente por seus interesses próprios "culturais". O âmago da questão é que tal sorte de filisteísmo, consistindo simplesmente no ser "inculto" e banal, foi prontamente seguido de uma outra situação em que, ao contrário, a sociedade começou a se interessar também vivamente por todos os pretensos valores culturais. A sociedade começou a monopolizar a "cultura" em função de seus objetivos próprios, tais como posição social e *status*. Isso teve uma íntima conexão com a posição socialmente inferior das classes médias europeias, que se viram – tão logo adquiriram a riqueza e o lazer suficientes – em uma luta acirrada contra a aristocracia e o desprezo desta pela vulgaridade do mero afã de ganhar dinheiro. Nessa luta por posição social a cultura começou a desempenhar enorme papel como uma das armas, se não a mais apropriada, para progredir socialmente e para "educar-se", avançando das regiões inferiores, onde a realidade estaria situada, para as regiões superiores e suprarreais onde o belo e o espírito estariam em seu elemento. Essa fuga da realidade por intermédio da arte e da cultura é importante não só porque conferiu à fisionomia do filisteísmo culto ou educado suas feições mais características, como por ter sido, outrossim, provavelmente o fator decisivo na rebelião do artista contra seus novos protetores; eles pressentiram o perigo de serem banidos da realidade para uma esfera de tagarelice refinada, onde aquilo que faziam perderia todo sentido. Era um elogio meio dúbio o reconhecimento por parte de uma sociedade que se tornara tão "polida" que, por exemplo, durante a crise da batata inglesa, não se rebaixava ou corria o risco de se associar a tão desagradável realidade mediante o emprego normal da palavra, mas se referia daí em diante a esse vegetal muito comido dizendo "aquele tubérculo". Essa anedota contém como em epítome a definição do culto filisteu[3].

3. Devo a história a G.M. Young, *Victorian England: Portrait of an Age*, New York, 1954.

Não há dúvida de que está em jogo aqui muito mais que o estado psicológico do artista; é o *status* objetivo do mundo cultural, que, na medida em que contém coisas tangíveis – livros e pinturas, estátuas, edifícios e música – compreende e testemunha todo o passado registrado de países, nações e, por fim, da humanidade. Como tais, o único critério não social e autêntico para o julgamento desses objetos especificamente culturais é sua permanência relativa e mesmo sua eventual imortalidade. Somente o que durará através dos séculos pode se pretender em última instância um objeto cultural. O cerne da questão é que tão logo as obras imortais do passado se tornam objeto de refinamento social e individual e do *status* correspondente, perdem sua qualidade mais importante e elementar, qual seja, a de apoderar-se do leitor ou espectador, comovendo-o durante os séculos. A própria palavra "cultura" tornou-se suspeita precisamente porque indica a "busca de perfeição" que, para Matthew Arnold, se identificava com "busca de doçura e luz". As grandes obras de arte não são pior utilizadas ao servirem a fins de autoeducação ou de autoaperfeiçoamento do que ao se prestarem a qualquer outra finalidade; pode ser tão útil e legítimo contemplar uma pintura para aperfeiçoar o conhecimento que se possui de um determinado período como utilizá-la para tapar um buraco na parede. Em ambos os casos, o objeto artístico foi empregado para finalidades dissimuladas. Tudo está bem enquanto se permaneça ciente de que tais empregos, legítimos ou não, não constituem o relacionamento apropriado com a arte. Ler os clássicos não era incômodo para o filisteu educado, mas que ele o fizesse movido pelo desejo dissimulado de autoaprimoramento, continuando completamente alheio ao fato de que Shakespeare ou Platão pudessem ter a dizer-lhe coisas mais relevantes do que a maneira de se educar; o lamentável era que ele escapasse para uma região de "pura poesia" para manter a realidade fora de sua vida – coisas "prosaicas" como uma crise de batatas, por exemplo – ou para contemplá-las através de um véu de "doçura e luz".

Todos nós conhecemos os deploráveis produtos artísticos que tal atitude inspirou e dos quais se alimentou; em uma palavra, o *kitsch* do século XIX, cuja falta de senso de forma e estilo, tão interessante do ângulo histórico, guarda íntima conexão com a ruptura entre as artes e a realidade. A assombrosa recuperação das artes criativas em nosso século, e uma talvez menos aparente mas não menos real recuperação da grandeza do passado, começaram a se afirmar no momento em que a sociedade bem educada perdera seu domínio monopolizador sobre a cultura, juntamente com sua posição dominante na população como um todo. Antes acontecia, e continuou, é claro, a haver em certa extensão mesmo após a primeira aparição da arte moderna, na realidade, uma desintegração da cultura cujos "monumentos duradouros" são as estruturas neoclássicas, neogóticas e neorrenascentistas espalhadas por toda a Europa. Nessa desintegração, a cultura, ainda mais que outras realidades, se tornara aquilo que somente então as pessoas passaram a chamar de um "valor", isto é, uma mercadoria social que podia circular e se converter em moeda em troca de toda espécie de valores, sociais e individuais.

Em outras palavras, os objetos culturais foram de início desprezados como inúteis pelo filisteu até que o culto filisteu lançasse mão deles como meio circulante mediante o qual comprava uma posição mais elevada na sociedade ou adquiria um grau mais alto de autoestima – quer dizer, mais alto do que, em sua própria opinião, ele merecia, quer por natureza ou nascimento. Nesse processo os valores culturais eram tratados como outros valores quaisquer, eram aquilo que os valores sempre foram, valores de troca; e, ao passar de mão em mão, se desgastaram como moedas velhas. Eles perderam a faculdade que originariamente era peculiar a todos os objetos culturais, a faculdade de prender nossa atenção e de nos comover. Quando isso ocorreu, começaram a falar da "desvalorização dos valores" e o processo chegou a um fim com o "leilão de valores" (*Ausverkauf der Werte*) nos anos 1920 e 1930 na Alemanha, e nos anos 1940 e 1950 na França, em que se vendiam juntos "valores" culturais e morais.

Desde então o filisteísmo culto tem sido coisa do passado na Europa, e, enquanto se pode ver no "leilão de valores" o final melancólico da grande tradição ocidental, é ainda um problema em aberto saber o que é mais difícil: descobrir os grandes autores do passado sem auxílio de nenhuma tradição ou resgatá-los do entulho do filisteísmo educado. E a tarefa de preservar o passado sem o auxílio da tradição e, com frequência, até mesmo contra modelos e interpretações tradicionais, é a mesma para toda a civilização ocidental. A América e a Europa encontram-se intelectual embora não socialmente, na mesma situação: a linha da tradição está rompida, e temos de descobrir o passado por nós mesmos – isto é, ler seus autores como se ninguém os houvesse jamais lido antes. Nessa tarefa, a sociedade de massas constitui obstáculo muito menor que a boa sociedade educada, e suspeito de que esse tipo de leitura não foi raro na América do século XIX justamente porque essa terra ainda era aquele "ermo sem história" do qual tantos escritores e artistas americanos tentaram escapar. Talvez tenha algo a ver com isso o fato de que a ficção e a poesia americanas tenham encontrado com tamanha riqueza seu próprio caminho, desde Whitman e Melville. Seria realmente pouca sorte se emergisse, dos dilemas e aflições da cultura de massas e da sociedade de massas, um anseio de todo descabido e ocioso por um estado de coisas que não é melhor, porém apenas um pouquinho mais antiquado.

Talvez a principal diferença entre a sociedade e a sociedade de massas esteja em que a sociedade sentia necessidade de cultura, valorizava e desvalorizava objetos culturais ao transformá-los em mercadorias e usava e abusava deles em proveito de seus fins mesquinhos, porém não os "consumia". Mesmo em suas formas mais gastas esses objetos permaneciam sendo objetos e retinham um certo caráter objetivo; desintegravam-se até se parecerem a um montão de pedregulhos, mas não desapareciam.

Ao contrário, a sociedade de massas não precisa de cultura, mas de entretenimento, e os produtos oferecidos pela indústria de diversões são com efeito consumidos pela sociedade exatamente como quaisquer outros bens de consumo. Os produtos necessários à diversão servem ao processo vital da sociedade, ainda que possam não ser tão necessários para sua vida como o pão e a carne. Servem, como se diz, para passar o tempo, e o tempo vago que é "matado" não é tempo de lazer, estritamente falando – isto é, um tempo em que estejamos libertos *de* todos os cuidados e atividades requisitados pelo processo vital e livres portanto *para* o mundo e sua cultura –, ele é antes um tempo de sobra, que sobrou depois que o trabalho e o sono receberam seu quinhão. O tempo vago que o entretenimento deveria ocupar é um hiato no ciclo de trabalho condicionado biologicamente – no "metabolismo do homem com a natureza", como Marx costumava dizer.

Sob as condições modernas, esse hiato cresce constantemente; há cada vez mais tempo livre que cumpre ocupar com entretenimento, mas esse enorme acréscimo no tempo vago não altera a natureza do tempo. O lazer, assim como o trabalho e o sono, constitui, irrevogavelmente, parte do processo vital biológico. E a vida biológica constitui sempre, seja trabalhando ou em repouso, seja empenhada no consumo ou na recepção passiva do divertimento, um metabolismo que se alimenta de coisas devorando-as. As mercadorias que a indústria de divertimentos proporciona não são "coisas", objetos culturais cuja excelência é medida por sua capacidade de suportar o processo vital e de se tornarem pertences permanentes do mundo, e não deveriam ser julgadas em conformidade com tais padrões; elas tampouco são valores que existem para serem usados e trocados; são bens de consumo, destinados a serem gastos no uso, exatamente como quaisquer outros bens de consumo.

Panis et circensis realmente pertencem a uma mesma categoria; ambos são necessários à vida, para sua preservação e recuperação, e ambos desaparecem no decurso do processo vital – isto é, ambos devem ser constantemente produzidos e proporcionados, para que esse processo não cesse de todo. Os padrões por que ambos devem ser julgados são a novidade e ineditismo, e o extenso uso que damos a tais padrões hoje em dia para julgar tanto objetos culturais como artísticos, os quais se espera que permaneçam no mundo mesmo depois que nós o deixarmos, indica com clareza o grau com que a necessidade de entretenimento começou a ameaçar o mundo cultural. Contudo, o problema não provém realmente da sociedade de massas ou da indústria do entretenimento que satisfaz suas necessidades. Ao contrário, visto não querer cultura, mas apenas entretenimento, a sociedade de massas provavelmente é uma ameaça à cultura menor que o filisteísmo da boa sociedade; a despeito do mal-estar dos artistas e intelectuais descrita com frequência – talvez devido em parte à sua incapacidade de penetrar na fastidiosa futilidade dos entretenimentos de massa –, são precisamente as artes e as ciências, em contraposição a todas as questões políticas, que continuam a florescer. Em todo caso, enquanto a indústria do entretenimento produzir seus próprios bens de consumo, não podemos mais censurá-la pela não durabilidade de seus artigos, assim como não criticamos uma padaria por produzir bens que, sob pena de se estragarem, devem ser consumidos logo que são feitos. Sempre foi característico do filisteísmo culto desprezar o entretenimento e a diversão, pois nenhum, "valor" pode provir deles. A verdade é que todos nós precisamos de entretenimento e diversão de alguma forma, visto que estamos sujeitos ao grande ciclo vital, e não passa de pura hipocrisia ou esnobismo social negar que possamos nos divertir e entreter exatamente com as mesmas coisas que divertem e entretêm as massas de nossos semelhantes. No que respeita à sobrevivência da cultura, decerto ela está menos ameaçada por aqueles que preenchem o tempo livre com entretenimentos do que por aqueles que o ocupam com fortuitas artimanhas educacionais para melhorar sua posição social. Quanto à produtividade artística, não deve ser mais difícil resistir às maciças tentações da cultura de massas, ou ser posto fora dos eixos pelo alarido e impostura da sociedade de massas do que evitar as tentações mais sofisticadas e o alarido ainda mais insidioso dos esnobes cultos na sociedade refinada.

Infelizmente, o caso não é assim tão simples. A indústria do entretenimento se defronta com apetites pantagruélicos, e visto seus produtos desaparecerem com o consumo, ela precisa oferecer constantemente novas mercadorias. Nessa situação premente, os que produzem para os meios de comunicações de massa esgaravatam toda a gama da cultura passada e presente na ânsia de encontrar material aproveitável. Esse material, além do mais, não pode ser fornecido tal qual é; deve ser alterado para se tornar entretenimento, deve ser preparado para consumo fácil.

A cultura de massas passa a existir quando a sociedade de massas se apodera dos objetos culturais, e o perigo é de que o processo vital da sociedade (que como todos os processos biológicos arrasta insaciavelmente tudo que é disponível para o ciclo de seu metabolismo) venha literalmente a consumir os objetos culturais, que os coma e destrua. É óbvio, não estou me referindo à distribuição em massa. Quando livros ou quadros em forma de reprodução são lançados no mercado a baixo preço e atingem altas vendagens, isso não afeta a natureza dos objetos em questão. Mas sua natureza é afetada quando estes mesmos objetos são modificados – reescritos, condensados, compilados, reduzidos a *kitsch* na reprodução ou na adaptação para o cinema. Isso não significa que a cultura se difunda para as massas, mas que a cultura é destruída para produzir entretenimento. O resultado não é a desintegração, mas o empobrecimento, e os que o promovem ativamente não são os compositores da Tin Pan Alley[4], porém um

---

4. Bairro em que moram principalmente compositores ou editores de música popular; conjunto dos compositores ou editores de música popular (N. da T.).

tipo especial de intelectuais, com frequência lidos e informados, cuja função exclusiva é organizar, disseminar e modificar objetos culturais com o fim de persuadir as massas de que o *Hamlet* pode ser tão bom entretenimento como *My Fair Lady*, e, talvez, igualmente educativo. Muitos autores do passado sobreviveram a séculos de olvido e desconsideração, mas é duvidoso que sejam capazes de sobreviver a uma versão para entretenimento do que eles têm a dizer.

A cultura relaciona-se com objetos e é um fenômeno do mundo; o entretenimento relaciona-se com pessoas e é um fenômeno da vida. Um objeto é cultural na medida em que pode durar; sua durabilidade é o contrário mesmo da funcionalidade, que é a qualidade que faz com que ele novamente desapareça do mundo fenomênico ao ser usado e consumido. O grande usuário e consumidor de objetos é a própria vida, a vida do indivíduo e a vida da sociedade como um todo. A vida é indiferente à qualidade de um objeto enquanto tal; ela insiste em que toda coisa deve ser funcional, satisfazer alguma necessidade. A cultura é ameaçada quando todos os objetos e coisas seculares, produzidos pelo presente ou pelo passado, são tratados como meras funções para o processo vital da sociedade, como se aí estivessem somente para satisfazer a alguma necessidade – e nessa funcionalização é praticamente indiferente saber se as necessidades em questão são de ordem superior ou inferior. Noções tais como as de que as artes devam ser funcionais, de que as catedrais preenchem uma necessidade religiosa da sociedade, de que um quadro nasce da necessidade de autoexpressão do pintor como indivíduo e é procurado em vista de um desejo de autoaperfeiçoamento do espectador, noções dessa natureza guardam tão pouca conexão com a arte e são tão recentes historicamente que somos tentados simplesmente a pô-las de lado como preconceitos modernos. As catedrais foram construídas *ad maiorem gloriam Dei*; embora, como construções, sirvam decerto às necessidades da comunidade, sua elaborada beleza jamais pode ser explicada por tais necessidades, que poderiam ter sido servidas igualmente por um outro edifício qualquer. Sua beleza transcendia todas as necessidades e as fez durar através dos séculos; mas se a beleza, tanto a beleza de uma catedral como a de qualquer construção secular, transcende necessidades e funções, é certo que jamais transcende o mundo, ainda que o conteúdo da obra seja religioso. Ao contrário, é a própria beleza da arte religiosa que transforma conteúdos e preocupações religiosas e supramundanas em interesses e conteúdos seculares, sendo a distinção da arte religiosa o mero fato de ela "secularizar" – reificar e transformar em uma presença mundana "objetiva", tangível – aquilo que antes existia exteriormente ao mundo, pelo que é indiferente seguirmos a religião tradicional e localizarmos esse "exterior" no além, numa outra vida ou seguirmos as explicações modernas e localizamos nos mais recônditos recessos do coração humano.

Qualquer coisa, seja um objeto de uso, um bem de consumo ou uma obra de arte, possui uma forma mediante a qual aparece, e somente na medida em que algo possui uma forma podemos realmente considerá-lo como um objeto. Entre os objetos que não ocorrem na natureza, mas tão somente no mundo feito pelo homem, distinguimos objetos de uso e obras de arte, os quais possuem ambos uma certa permanência que vai desde a durabilidade comum até a potencial imortalidade no caso de obras de arte. Como tais, de um lado, elas se distinguem dos bens de consumo, cuja duração no mundo mal excede o tempo necessário ao seu preparo; e, de outro, dos produtos da ação, tais como eventos, feitos e palavras, os quais são em si mesmos tão transitórios que mal sobreviveriam à hora ou ao dia em que vieram ao mundo, não fossem preservados de início pela memória do homem, que os narra em histórias, e depois por suas faculdades de invenção. Do ponto de vista da mera durabilidade, as obras de arte são claramente superiores a todas as demais coisas; e, visto ficarem no mundo por mais tempo do que tudo o mais, são o que existe de mais mundano entre todas as coisas. Elas são, além disso, os únicos objetos sem qualquer função no processo vital da sociedade; estritamente falando, não são fabricadas para homens, mas antes para o mundo que está destinado a sobreviver ao período de vida dos mortais, ao entra e sai das gerações. Não apenas não são consumidas como bens de consumo e não são gastas como objetos de uso, mas são deliberadamente removidas do processo de consumo e uso e isoladas da esfera das necessidades da vida humana. Essa remoção pode ser conseguida de inúmeras maneiras; e somente quando é feita a cultura, no sentido específico, passa a existir.

A questão aqui não é saber se a mundanidade, a capacidade para fabricar e criar um mundo, constitui parte integrante da "natureza" humana. Sabemos da existência de povos sem mundo, como conhecemos homens estranhos ao mundo; a vida humana como tal requer um mundo unicamente na medida em que necessita de um lar sobre a terra durante sua estadia. Decerto, qualquer arranjo que os homens façam para proporcionar abrigo e pôr um telhado sobre suas cabeças – mesmo as tendas das tribos nômades – pode servir como um lar sobre a terra para aqueles que estejam vivos na ocasião; isso, porém, de modo algum implica que tais arranjos engendrem um mundo, para não falar de uma cultura. Esse lar terreno somente se torna um mundo no sentido próprio da palavra quando a totalidade das coisas fabricadas é organizada de modo a poder resistir ao processo vital consumidor das pessoas que o habitam, sobrevivendo assim a elas. Somente quando essa sobrevivência é assegurada falamos de cultura, e somente quando nos confrontamos com coisas que existem independentemente de todas as referências utilitárias e funcionais e cuja qualidade continua sempre a mesma, falamos de obras de arte.

Por esses motivos, qualquer discussão acerca de cultura deve de algum modo tomar como ponto de partida o fenômeno da arte. Ao passo que a objetividade de todos os objetos de que nos rodeamos repousa em terem uma forma através da qual aparecem, apenas as obras de arte são feitas para o fim único do aparecimento. O critério apropriado para julgar aparências é a beleza; se quiséssemos julgar objetos, ainda que objetos de uso comuns, unicamente por seu valor de uso e não também por sua aparência – isto é, por serem belos, feios ou algo de intermediário –, teríamos que arrancar fora nossos olhos. Contudo, para nos tornarmos cientes das aparências, cumpre primeiro sermos livres para estabelecer certa distância entre nós mesmos e o objeto, e quanto mais importante é a pura aparência de uma coisa, mais distância ela exige para sua apreciação adequada. Tal distância não pode surgir a menos que estejamos em condições de esquecer a nós mesmos, as preocupações, interesses e anseios de nossas vidas, de tal modo que não usurpemos aquilo que admiramos, mas deixemo-lo ser tal como o é, em sua aparência. Tal atitude de alegria desinteressada (para usar o termo kantiano, *uninteressiertes Wohlgefallen*) só pode ser vivida depois que as necessidades do organismo vivo já foram supridas, de modo que, liberados das necessidades da vida, os homens possam estar livres para o mundo.

Havia um problema com a sociedade em seus estágios iniciais, seus membros, mesmo quando conseguiam liberar-se das necessidades da vida, não podiam se libertar das preocupações que tinham muito a ver com eles mesmos, seus *status* e posição na sociedade e o reflexo disso em seus "eus" individualmente, mas não mantinham relação alguma com o mundo de objetos e de objetividade no qual se movimentavam. O problema relativamente novo da sociedade de massas talvez seja ainda mais grave, não devido às massas mesmas, mas porque tal sociedade é essencialmente uma sociedade de consumo em que as horas de lazer não são mais empregadas para o próprio aprimoramento ou para a aquisição de maior *status* social, porém para consumir cada vez mais e para entreter cada vez mais. E, visto não haver suficientes bens de consumo para satisfazer aos apetites crescentes de um processo cuja energia vital, não mais despendida na labuta e azáfama de um corpo no trabalho, precisa ser gasta no consumo, é como se a própria vida se esgotasse, valendo-se de coisas que jamais foram a ela destinadas. O resultado não é, decerto, a cultura de massas, que em termos estritos não existe, mas sim o entretenimento de massas, alimentando-se dos objetos culturais do mundo. Crer que tal sociedade há de se tornar mais "culta" com o correr do tempo e com a obra da educação constitui, penso eu, um engano inevitável. O fato é que uma sociedade de consumo não pode absolutamente saber como cuidar de um mundo e das coisas que pertencem de modo exclusivo ao espaço das aparências mundanas, visto que sua atitude central ante todos os objetos, a atitude do consumo, condena à ruína tudo em que toca.

2

Disse acima que uma discussão acerca da cultura se vê obrigada a tomar o fenômeno da arte como ponto de partida por serem as obras de arte objetos culturais por excelência. Todavia, embora cultura e arte estejam inter-relacionadas de maneira bem íntima, não são de modo algum a mesma coisa. A distinção não é de grande importância para a questão do que sucede à cultura sob as condições da sociedade e de sociedade de massas, mas é relevante, contudo, para o problema da natureza da cultura e de seu relacionamento face ao âmbito da política.

A cultura – palavra e conceito – é de origem romana. A palavra "cultura" origina-se de *colere* – cultivar, habitar, tomar conta, criar e preservar – e relaciona-se primordialmente com o trato do homem com a natureza, no sentido da lavoura e da preservação da natureza até que ela se torne adequada à habitação humana. Como tal, a palavra indica uma atitude de carinhoso cuidado e se coloca em aguda oposição a todo esforço de sujeitar a natureza à dominação do homem[5]. Em decorrência, não se aplica apenas ao amanho do solo, mas pode designar outrossim o "culto" aos deuses, o cuidado com aquilo que lhes pertence. Creio ter sido Cícero quem primeiro usou a palavra para questões do espírito e da alma. Ele fala de *excolere animum*, cultivar o espírito, e de *cultura animi* no mesmo sentido em que falamos ainda hoje de um espírito culto, só que não mais estamos cientes do pleno conteúdo metafórico de tal uso[6]. No que concerne ao uso romano, o ponto essencial era sempre a conexão da cultura com a natureza; cultura significava, originalmente, a agricultura, tida em alta conta em Roma em oposição às artes poéticas e de fabrico. Mesmo a *cultura animi* de Cícero, resultado da educação em filosofia e talvez, como se tem sugerido, cunhada para traduzir o grego *paideia*[7], significava exatamente o oposto de ser um fabricante ou criador de obras de arte. Foi em meio a um povo basicamente agricultor que o conceito de cultura surgiu pela primeira vez, e as conotações artísticas que poderiam ter tido conexão com essa cultura diziam respeito ao relacionamento incomparavelmente íntimo do povo latino com a natureza, à criação da famosa paisagem italiana. Segundo os romanos, a arte deveria surgir tão naturalmente como o campo; devia tender para a natureza; a fonte de toda poesia era enxergada no "canto que as folhas entoam para

---

5. A respeito da origem etimológica e do emprego do termo em latim, ver, além do *Thesaurus linguae latinae*, A. Walde, *Lateinisches Etymologisches Wörterbuch*, 1938, e A. Ertiout; A. Meillet, *Dictionnaire étymologique de la langue latine: Histoire des mots*, Paris, 1932. Para a história da palavra e do conceito desde a Antiguidade, ver Joseph Niedermann, *Kultur: Werden und Wandlungen des Begriffes und seiner Ersatzbegriffe von Cicero bis Herder*, Florença, 1941, *Biblioteca dell' Archivum Romanum*, v. 28.

6. Cícero, em suas *Tusculanas*, I, 13, diz explicitamente que a mente assemelha-se a um terreno que não pode ser produtivo sem cultivo adequado – declarando a seguir: "Cultura autem animi philosophia est".

7. Por Werner Jaeger, *Antike*, Berlin, 1928, v. 4.

si na verde solidão dos bosques"[8]. Contudo, embora esse possa ser um pensamento eminentemente poético, não é provável que a grande arte brotasse um dia daí. Não é bem a mentalidade de lavradores que produz arte.

A grande arte e poesia romana veio a existir sob o impacto da herança grega que os romanos, mas jamais os gregos, souberam como tomar sob cuidado e como preservar. O motivo por que não há nenhum equivalente grego para o conceito romano de cultura repousa na prevalência das artes de fabricação na civilização grega. Ao passo que os romanos tendiam a enxergar mesmo na arte uma espécie de agricultura, de cultivo da natureza, os gregos tendiam a considerar mesmo a agricultura como parte integrante da fabricação, incluída entre os artifícios "técnicos" ardilosos e hábeis com que o homem, mais imponente do que tudo que existe, doma e regra a natureza. Aquilo que nós, ainda sob o fascínio da herança romana, consideramos ser a mais natural e pacífica das atividades humanas, o preparo do solo, era compreendido pelos gregos como uma empresa arrojada e violenta em que, ano sim, ano não, a terra, inexaurível e infatigável, era perturbada e violada[9]. Os gregos não sabiam o que é cultura porque não cultivavam a natureza, mas em vez disso arrancavam do seio da terra os frutos que os deuses haviam ocultado dos homens (Hesíodo); intimamente relacionado com isso estava o fato de ser inteiramente alheia a eles a grande reverência romana para com o testemunho do passado enquanto tal, à qual devemos, não a mera preservação do legado grego, porém a própria continuidade de nossa tradição. Conjuntamente, cultura no sentido de tornar a natureza um lugar habitável para as pessoas e cultura no sentido de cuidar dos monumentos do passado ainda hoje determinam o conteúdo e o significado que temos em mente ao falarmos de cultura.

---

8. Ver T. Mommsen, *Römische Geschichte*, livro I, capítulo 14.
9. Ver o famoso coro em *Antígona*, 332s.

O significado da palavra "cultura", porém, dificilmente é esgotado por esses elementos estritamente romanos. Mesmo a *cultura animi* de Cícero sugere alguma coisa como gosto e, de maneira geral, sensibilidade à beleza, mas não naqueles que fabricam coisas belas, isto é, os próprios artistas, e sim nos espectadores, os que se movem entre elas. E, é claro, os gregos possuíam semelhante amor à beleza em grau extraordinário. Nesse sentido, compreendemos por cultura a atitude para com, ou melhor, o modo de relacionamento prescrito pelas civilizações com respeito às menos úteis e mais mundanas das coisas, as obras de artistas, poetas, músicos, filósofos e daí por diante. Se entendermos por cultura o modo de relacionamento do homem com as coisas do mundo, nesse caso podemos procurar compreender a cultura grega (enquanto distinta da arte grega) recordando um dito muito citado, relatado por Tucídides e atribuído a Péricles, que reza: φιλοκαλοῦμέν τε γὰρ μετ' εὐτελείας καὶ φιλοσοφοῦμεν ἄνευ μαλακίας (*philokaloumen te gar met' euteleias kai philosophoumen aneu malakias*, "Amamos a beleza com simplicidade e amamos a sabedoria sem pusilanimidade")[10]. A sentença, cabalmente simples, praticamente é um desafio à tradução. Aquilo que entendemos como disposições de ânimo ou qualidades, tais como o amor à beleza ou o amor à sabedoria (denominado filosofia) é aqui descrito como uma atividade, como se o "amar as coisas belas" não constituísse menos uma atividade do que o fazê-las. Além disso, nossa tradução dos termos predicativos por "precisão de mira" e "efeminação" não consegue expressar que ambos eram estritamente políticos, sendo a efeminação um vício bárbaro e a precisão de mira, a virtude do homem que sabe como agir. Péricles está, pois, dizendo alguma coisa como: "amamos a beleza dentro dos limites do juízo político, e filosofamos sem o vício bárbaro da efeminação".

---

10. Tucídides, *História da Guerra do Peloponeso*, II, 40.1.

Assim que o sentido dessas palavras, tão difícil de desprender de sua tradução trivial, começa a despontar para nós, há muito motivo para surpresa. Em primeiro lugar, ouvimos distintamente que é a *polis*, o domínio da política, quem determina os limites ao amor à sabedoria e à beleza, e visto que, como sabemos, os gregos pensavam ser a *polis* e a "política" (e de modo algum realizações artísticas superiores) o que os distinguia dos bárbaros, devemos concluir que tal diferença era também "cultural", uma diferença do seu modo de relacionamento com coisas "culturais", atitude diversa ante a beleza e a sabedoria, as quais só poderiam ser armadas dentro dos limites impostos pela instituição da *polis*. Em outras palavras, o que estava fadado aos bárbaros era uma espécie de super-refinamento, uma sensibilidade indiscriminada que não sabia como escolher – e não alguma primitiva falta de cultura, tal como a entendemos, e tampouco nenhuma qualidade específica das próprias entidades culturais. Talvez seja ainda mais surpreendente que a falta de virilidade, vício da efeminação, a que associaríamos com demasiado amor à beleza ou com esteticismo, seja aqui mencionada como o perigo específico da filosofia; o conhecimento de como mirar, ou, conforme dizemos nós, de como julgar, que esperaríamos fosse uma qualificação da filosofia, a que precisa saber como mirar à verdade, é aqui considerado necessário para o relacionamento com o belo.

Seria possível que a filosofia, na acepção grega – que começa com o "maravilhamento", *thaumádzein*, e termina (ao menos em Platão e Aristóteles) no mudo presenciamento de alguma verdade desvelada –, levasse à inatividade mais provavelmente que o amor à beleza? Por outro lado, seria possível que o amor à beleza permanecesse bárbaro a menos que acompanhado pela εὐτελεία (*euteleía*), pela faculdade de tomar como alvo o julgamento, o discernimento e a discriminação, em suma, por essa curiosa e imprecisa capacidade que chamamos de gosto? E, por fim, será possível que esse reto amor à beleza, o adequado modo de relacionamento com as coisas belas – a *cultura animi* que torna o homem apto a cuidar das coisas do mundo e atribuída por Cícero, em contraposição com os gregos, à filosofia –, tenha algo a ver com a política? Pertenceria o gosto à classe das faculdades políticas?

Para compreender os problemas levantados por tais questões importa ter em mente que cultura e arte não são a mesma coisa. Uma maneira de permanecer ciente da diferença entre elas é recordar que os mesmos homens que louvavam o amor ao belo e a cultura da mente partilhavam do profundo descrédito antigo pelos artistas e artesãos que fabricavam efetivamente as coisas que eram a seguir exibidas e admiradas. Ao contrário dos romanos, os gregos possuíam uma palavra para o filisteísmo, e essa palavra, muito curiosamente, deriva de uma palavra para artistas e artesãos, βάναυσος (*bánausos*); ser um filisteu, um homem de espírito "banáusico", indicava, assim como hoje em dia, uma mentalidade exclusivamente utilitarista, uma incapacidade para pensar em uma coisa e para julgá-la à parte de sua função ou utilidade. Contudo, o próprio artista, sendo um *bánausos*, de modo algum era excluído do reproche de filisteísmo; ao contrário, o filisteísmo era considerado como um vício cuja ocorrência seria mais de esperar naqueles que houvessem dominado uma *tékhne*, em fabricantes e artistas. Não havia, no entender dos gregos, nenhuma contradição entre o louvor do φιλοκαλεῖν (*philokaleín*), o amor à beleza, e o desprezo por aqueles que efetivamente produzissem o belo. A desconfiança e efetivo desprezo pelos artistas surgiram de considerações políticas: a fabricação de coisas, incluindo a produção de arte, não pertence ao âmbito das atividades políticas; põe-se, até, em oposição a elas. O principal motivo da desconfiança em todas as formas de fabricação é que esta é utilitária por sua própria natureza. A fabricação, mas não a ação ou a fala, sempre implica meios e fins; de fato, a categoria de meios e fins obtém sua legitimidade da esfera do fazer e do fabricar, em que um fim claramente reconhecível, o produto final, determina e organiza tudo que desempenha um papel no processo – o material, as ferramentas, a própria atividade e mesmo as pessoas que dele participam; tudo se torna meros meios dirigidos para o fim e justificados como tais. Os fabricadores não podem deixar de considerar todas as coisas como meios de seus fins ou, conforme seja o caso, julgando todas as coisas por sua utilidade específica. No momento em que esse ponto de vista é generalizado e estendido a outros domínios, fora da esfera da fabricação, produz-se a mentalidade banáusica. E os gregos suspeitavam, acertadamente, que tal filisteísmo ameaçava não somente o âmbito da política, como obviamente ocorre visto que ele ajuizará a ação com os mesmos padrões de utilidade válidos para a fabricação e exigirá que a ação vise a um fim predeterminado e que lhe seja permitido lançar mão de todos os meios que possam favorecer esse fim; pois ele ameaçava também o próprio âmbito cultural, visto levar a uma desvalorização das coisas enquanto coisas, as quais, se se permitir que prevaleça a mentalidade que às trouxe à existência, novamente serão julgadas consoante padrões de utilidade e, em consequência, perderão seu valor intrínseco e independente, degenerando por fim em meros meios.

Em outras palavras, a maior ameaça à existência da obra acabada emerge precisamente da mentalidade que a fez existir. Disso se segue que os padrões e regras que devem prevalecer necessariamente ao se erigir, construir e decorar o mundo de coisas em que nos locomovemos perdem sua validez e se tornam positivamente perigosos ao serem aplicados ao próprio mundo acabado.

Isso, decerto, não explica toda a história da relação entre política e arte. Roma, em seu período inicial, estava tão convencida de que artistas e poetas se dedicavam a um passatempo pueril que não se harmonizava com a *gravitas*, a seriedade e a dignidade, que simplesmente suprimiu quaisquer talentos artísticos que pudessem ter florescido na República antes da influência grega. Ao contrário, Atenas jamais liquidou o conflito entre política e arte inequivocamente em favor de uma ou de outra – o que, aliás, pode ser um dos motivos da extraordinária mostra de gênio artístico na Grécia clássica – e manteve vivo o conflito, não o rebaixando à indiferença mútua dos dois campos. Os gregos, por assim dizer, podiam afirmar ao mesmo tempo: "Aquele que não viu Zeus de Fídias em Olímpia viveu em vão" *e* "Pessoas como Fídias, ou seja, escultores, são inaptos para a cidadania." E Péricles, na mesma oração em que exalta o φιλοσοφεῖν (*philosophein*) e o *philokaleín* justos, o contato ativo com a sabedoria e a beleza, jacta-se de que Atenas saberá como colocar "Homero e sua laia" em seu devido lugar, de que a glória de suas façanhas será tão grande que a cidade poderá dispensar os artífices profissionais de glória, os poetas e artistas que reificam a palavra e o ato vivos, transformando-os e convertendo-os em coisas suficientemente permanentes para levarem a grandeza até a imortalidade da fama.

Somos hoje em dia mais propensos a crer que o âmbito da política e a participação ativa nos negócios públicos origina o filisteísmo e impede o desenvolvimento de um espírito culto que considere as coisas em seu verdadeiro valor, sem refletir em sua função e utilidade. Um dos motivos dessa mudança de ênfase é, naturalmente, – por razões que estão além destas considerações –, o fato de ter a mentalidade da fabricação invadido o âmbito político a ponto de darmos por certo que a ação, mais até que a fabricação, é determinada pela categoria de meios e fins. Essa situação, todavia, tem a vantagem de ter permitido a fabricantes e artistas darem vazão à sua própria visão desses assuntos e articularem sua hostilidade contra os homens de ação. Por trás dessa hostilidade há mais que a competição pela atenção pública. O problema é que o *Homo faber* não está, face ao âmbito público e sua publicidade, no mesmo relacionamento que as coisas que ele faz com sua aparência, configuração e forma. Para estar em posição de constantemente acrescentar coisas novas ao mundo já existente, deve ele mesmo isolar-se do público, precisa ser defendido e dissimulado dele. Por outro lado, atividades verdadeiramente políticas, o agir e o falar, não podem de forma alguma ser executadas sem a presença de outrem, sem o público, sem um espaço constituído pelo vulgo. A atividade do artista e do artífice é, pois, sujeita a condições muito diversas das que envolvem as atividades políticas, e é perfeitamente compreensível que o artista, tão logo comece a dirigir sua mente a coisas políticas, deva sentir a mesma desconfiança, pelo âmbito especificamente político e sua publicidade, que a *polis* experimentava face à mentalidade e condições da fabricação. É essa a verdadeira indisposição do artista, não pela sociedade, porém pela política, e seus escrúpulos e desconfiança da atividade política não são menos legítimos que a desconfiança dos homens de ação contra a mentalidade do *Homo faber*. Nesse ponto emerge o conflito entre arte e política, e tal conflito não pode nem deve ser solucionado.

O ponto em questão, no entanto, é que o conflito, dividindo em suas respectivas atividades o político e o artista, não mais se aplica quando voltamos nossa atenção da produção artística para seus produtos, para as próprias coisas que precisam encontrar um lugar no mundo. Essas coisas, obviamente, partilham com os "produtos" políticos, palavras e atos, a qualidade de requererem algum espaço público onde possam aparecer e ser vistas; elas só podem realizar seu ser próprio, que é a aparição, em um mundo comum a todos; no encobrimento da vida privada e da posse privada, objetos de arte não podem atingir sua própria validez inerente; ao contrário, requerem ser protegidos da possessividade de indivíduos – por isso, não importa que tal proteção assuma a forma de colocá-los em locais sagrados, em templos e igrejas, ou entregá-los ao cuidado de museus e de zeladores de monumentos, posto que o lugar onde os colocamos seja característico de nossa "cultura", isto é, nosso modo de comunicação com eles. Em termos gerais, a cultura indica que o domínio público, que é politicamente assegurado por homens de ação, oferece seu espaço de aparição àquelas coisas cuja essência é aparecer e ser belas. Em outras palavras, cultura indica que arte e política, não obstante seus conflitos e tensões, se inter-relacionam e até são dependentes. Vista contra o fundo das experiências políticas e de atividades que, entregues a si mesmas, vêm e vão sem deixar sobre o mundo nenhum vestígio, a beleza é a própria manifestação da perenidade. A efêmera grandeza da palavra e do ato pode durar sobre o mundo na medida em que se lhe confere beleza. Sem a beleza, isto é, a radiante glória na qual a imortalidade potencial é manifestada no mundo humano, toda vida humana seria fútil e nenhuma grandeza poderia perdurar.

O elemento comum que liga arte e política é serem, ambos, fenômenos do mundo público. A mediação entre o conflito do artista e o homem de ação é feita pela *cultura animi*, isto é, uma mente de tal modo educada e culta que se lhe pode confiar o cuidado e a preservação de um mundo de aparências cujo critério é a beleza. O motivo por que Cícero imputou tal cultura à educação filosófica foi a circunstância de, para ele, apenas os filósofos, amantes da sabedoria, se acercarem das coisas como meros "espectadores", sem nenhum desejo de adquirir algo para si mesmos; desse modo, podia associar os filósofos àqueles que, ao vir para os grandes jogos e festivais, nem ambicionavam "ganhar a gloriosa distinção de uma coroa", nem obter "ganho pela compra ou venda", mas eram atraídos pelo "espetáculo e observavam atentamente o que se fazia e como era feito". Como o diríamos hoje, eram completamente desinteressados e, por essa mesma razão, mais bem qualificados para julgar, mas também os mais fascinados pelo espetáculo em si. Cícero dava-lhes o nome de *maxime ingenuum*, o gênero nobilíssimo dos homens livres de nascimento, por aquilo que faziam: olhar por olhar, unicamente, era a ubérrima, *liberalissimum*, das ocupações[11].

11. Cícero, op. cit., V, 9.

A falta de melhor palavra que indicasse os elementos discriminadores, discernidores e a ajuizadores de um amor ativo à beleza –, a φιλοκαλεῖν μετ' εὐτελείας (*philokaleín met euteleías*) de que fala Péricles –, utilizei a palavra "gosto", e para justificá-lo destacando ao mesmo tempo a única atividade na qual, penso eu, a cultura se expressa como tal, gostaria de me apoiar na primeira parte da *Crítica do Juízo*, de Kant, que contém, enquanto "Crítica do Juízo Estético", talvez o maior e mais original aspecto da filosofia política de Kant. Ele contém, de qualquer modo, uma analítica do belo, basicamente do ponto de vista do espectador ajuizante, conforme o próprio título indica, e toma como ponto de partida o fenômeno do gosto, entendido como uma conexão ativa com o que é belo.

Para vermos a faculdade do juízo em sua perspectiva apropriada e compreendermos que ela implica uma atividade mais política que meramente teórica, cabe recordar em poucas palavras o que habitualmente se considera como sendo a filosofia política de Kant, ou seja, a *Crítica da Razão Prática*, a qual trata da faculdade legislativa da razão. O princípio da legislatura, como estabelecido no "imperativo categórico" – "age sempre de tal maneira que o princípio de tua ação possa se tornar uma lei universal" –, baseia-se na necessidade de pôr o pensamento racional em harmonia consigo mesmo. O ladrão, por exemplo, está na realidade em contradição consigo mesmo, visto não poder desejar que o princípio de sua ação, roubar a propriedade de outrem, se torne uma lei universal; uma lei desse tipo privá-lo-ia imediatamente de sua própria aquisição. Esse princípio, de harmonia com o próprio eu, é muito antigo; na verdade, descobriu-o Sócrates, cujo preceito central, conforme Platão o formulou, está contido nesta sentença: "Como sou um, para mim é melhor discordar de todos que estar em discórdia comigo mesmo."[12] Partindo dessa sentença, tanto a ética ocidental, com sua

---

12. Platão, *Górgias*, 482.

ênfase no acordo com a própria consciência, como a lógica, com sua ênfase no axioma da contradição, estabeleceram seus fundamentos.

Contudo, na *Crítica do Juízo*, Kant insistiu em um modo diverso de pensamento, ao qual não bastaria estar em concórdia com o próprio eu, e que consistia em ser capaz de "pensar no lugar de todas as demais pessoas" e ao qual denominou uma "mentalidade alargada" (*eine erweiterte Denkungsart*)[13]. A eficácia do juízo repousa em uma concordância potencial com outrem, e o processo pensante que é ativo no julgamento de algo não é, como o processo de pensamento do raciocínio puro, um diálogo comigo mesma, porém se encontra sempre e sobretudo, mesmo que eu esteja inteiramente só ao fazer minha escolha, em antecipada comunicação com outros com quem sei que devo afinal chegar a algum acordo. O juízo obtém sua validade específica desse acordo potencial. Por um lado, isso significa que esses juízos devem se libertar das "condições subjetivas pessoais", isto é, das idiossincrasias que determinam naturalmente o modo de ver de cada indivíduo na sua intimidade, e que são legítimas enquanto são apenas opiniões mantidas particularmente, mas que não são adequadas para ingressar em praça pública e perdem toda validade no domínio público. E esse modo alargado de pensar, que sabe, enquanto juízo, como transcender suas próprias limitações individuais, não pode, no entanto, funcionar em estrito isolamento ou solidão; ele necessita da presença de outros "em cujo lugar" cumpre pensar, cujas perspectivas deve levar em consideração e sem os quais ele nunca tem oportunidade de sequer chegar a operar. Como a lógica, para ser correta, depende da presença do eu, também o juízo, para ser válido, depende da presença de outros. Por isso, o juízo é dotado de certa validade específica, mas não é nunca universalmente válido. Suas pretensões a validade nunca se podem estender além dos outros em cujo lugar a pessoa

---

13. *Crítica do Juízo*, § 4.

que julga colocou-se para suas considerações. O juízo, diz Kant, é válido "para toda pessoa individual que julga"[14], mas a ênfase na sentença recai sobre "que julga"; ela não é válida para aqueles que não julgam ou para os que não são membros do domínio público onde aparecem os objetos do juízo.

Que a capacidade para julgar é uma faculdade especificamente política, exatamente no sentido denotado por Kant, a saber, a faculdade de ver as coisas não apenas do próprio ponto de vista mas na perspectiva de todos aqueles que porventura estejam presentes; que o juízo pode ser uma das faculdades fundamentais do homem enquanto ser político na medida em que lhe permite se orientar em um domínio público, no mundo comum: a compreensão disso é virtualmente tão antiga como a experiência política articulada. Os gregos davam a essa faculdade o nome de φρόνησις (*phrónesis*), ou discernimento, e consideravam-na a principal virtude ou excelência do político, em distinção da sabedoria do filósofo[15]. A diferença entre esse discernimento que julga e o pensamento especulativo está em que o primeiro se arraiga naquilo que costumamos chamar de senso comum, o qual o último constantemente transcende. O *common sense*, que os franceses tão sugestivamente chamam de "bom senso", *le bon sens* –, nos desvenda a natureza do mundo enquanto este é um mundo comum; a isso devemos o fato de nossos cinco sentidos e seus dados sensoriais, estritamente pessoais e "subjetivos", poderem ajustar-se a um mundo não subjetivo e "objetivo" que possuímos em comum e compartilhamos com outros. O julgamento é uma, se não a mais importante atividade em que ocorre esse "compartilhar o mundo".

Porém, é completamente inédito e até surpreendentemente novo nas proposições de Kant em *Crítica do Juízo*

---

14. Ibidem, Introdução, VII.
15. Aristóteles (*Ética a Nicômaco*, livro 6), que deliberadamente opôs o discernimento do estadista à sabedoria do filósofo, é provável, seguia a opinião pública da *polis* ateniense como frequentemente o fez em seus escritos políticos.

ter ele descoberto esse fenômeno, em toda sua grandeza, precisamente ao examinar o fenômeno do gosto e, portanto, a única espécie de juízos que, visto dizerem respeito meramente a questões estéticas, sempre se supôs jazerem além da esfera política, assim como do domínio da razão. Kant se viu perturbado pela pretensa arbitrariedade e subjetividade do *de gustibus non disputandum est* (que sem dúvida é inteiramente verdadeiro para idiossincrasias pessoais), por tal arbitrariedade ofender seu sentido político, não seu senso estético. Kant, que decerto não era supersensível às coisas belas, era profundamente consciente da qualidade pública da beleza; e era devido à relevância pública desta que ele insistia, em oposição ao adágio corriqueiro, em que os julgamentos de gosto são abertos a discussão, pois "esperamos que o mesmo prazer seja partilhado por outros" e em que o gosto pode ser sujeito a contenda, visto que "espera a concordância de todos os demais"[16]. O gosto, portanto, na medida em que, como qualquer outro juízo, apela ao senso comum, é o próprio oposto dos "sentimentos íntimos". Em juízos estéticos, tanto quanto em juízos políticos, toma-se uma decisão, e conquanto esta seja sempre determinada por uma certa subjetividade, também decorre, pelo mero fato de cada pessoa ocupar um lugar seu, do qual observa e julga o mundo, de o mundo mesmo ser um dado objetivo, algo de comum a todos os seus habitantes. A atividade do gosto decide como esse mundo, independentemente de sua utilidade e dos interesses vitais que tenhamos nele, deverá parecer e soar o que os homens verão e ouvirão nele. O gosto julga o mundo em sua aparência e temporalidade; seu interesse pelo mundo é puramente "desinteressado", o que significa que nem os interesses vitais do indivíduo, nem os interesses morais do eu estão aqui implicados. Para os juízos do gosto, o mundo é objeto primário, e não o homem, nem a vida do homem, nem seu eu.

16. *Crítica do Juízo*, §§ 6, 7 e 8.

Além disso, consideram-se em geral os julgamentos de gosto como arbitrários, visto não serem forçados no sentido em que fatos demonstráveis ou a verdade racionalmente provada nos forçam a acordo. Eles têm em comum com as opiniões políticas o serem persuasivos; a pessoa que julga – como diz Kant com muita beleza – apenas pode "suplicar a aquiescência de cada um dos demais", com a esperança de eventualmente chegar a um acordo com eles[17]. Esse "suplicar" ou persuadir corresponde estreitamente ao que os gregos chamavam πείθειν (*peíthein*), o discurso convincente e persuasivo tido por eles como a forma tipicamente política de falarem as pessoas umas às outras. A persuasão regulava as relações entre os cidadãos da *polis* porque excluía a violência física; sabiam os filósofos, porém, que ela se distinguia também de outra forma não violenta de coerção, a coerção pela verdade. A persuasão aparece em Aristóteles como o contrário de *dialégesthai*, o modo filosófico de falar, precisamente porque tal tipo de diálogo dizia respeito ao conhecimento e à descoberta da verdade, exigindo portanto um processo de prova. Nesse caso, cultura e política pertencem à mesma categoria porque não é o conhecimento ou a verdade o que está em jogo, mas sim o julgamento e a decisão, a judiciosa troca de opiniões sobre a esfera da vida pública e do mundo comum e a decisão quanto ao modo de ação a adotar nele, além do modo como deverá parecer doravante e que espécie de coisas nele hão de surgir.

Soa tão estranho classificar o gosto, a principal atividade cultural, entre as faculdades políticas do homem, que posso aduzir a essas considerações um outro fato muito mais familiar, porém menosprezado teoricamente. Todos nós sabemos muito bem com que rapidez as pessoas se reconhecem umas às outras e como podem, com segurança, sentir que se identificam ao descobrirem uma afinidade quando se trata do que agrada e do que desagrada. Da

---

17. Ibidem, § 19.

perspectiva dessa experiência comum, é como se o gosto não apenas decidisse como o mundo deve parecer, mas, outrossim, quem pertence a uma mesma classe de pessoas. Se pensamos nessa acepção de pertinência em termos políticos, somos tentados a enxergar no gosto essencialmente um princípio aristocrático de organização. Seu significado político, contudo, é talvez de maior alcance e ao mesmo tempo mais profundo. Sempre que os indivíduos julgam as coisas do mundo que lhes são comuns, há implícitas em seus juízos mais que essas mesmas coisas. Por seu modo de julgar, a pessoa revela também algo de si mesma, que pessoa ela é, e tal revelação, que é involuntária, ganha tanto mais em validade quanto se liberou das idiossincrasias meramente individuais. Ora, é precisamente o domínio do agir e do falar, isto é, o domínio político em termos de atividades, aquele no qual essa qualidade pessoal se põe em evidência em público, no qual o "quem fulano é" se manifesta mais que as qualidades e talentos individuais que ele possa possuir. A esse respeito, o domínio político novamente se opõe ao domínio no qual vivem e fazem seu trabalho o artista e o fabricante e no qual, em última instância, o que conta é a qualidade, os talentos do fabricante e a qualidade das coisas que ele fabrica. O gosto, porém, não julga simplesmente essa qualidade. Ao contrário, a qualidade está além da discussão, ela não é menos coercivamente evidente que a verdade e se situa além das decisões do juízo e além da necessidade de persuasão e de solicitação de acordo, embora haja épocas de decadência artística e cultural em que restam poucos que sejam ainda receptivos à autovidência da qualidade. O gosto enquanto uma atividade da mente realmente culta – *cultura animi* – somente vem à cena quando a consciência-de-qualidade se encontra amplamente difundida, o belo de verdade sendo facilmente reconhecível; é que o gosto discrimina e decide entre qualidades. Enquanto tal, o gosto e seu julgamento sempre atento das coisas do mundo impõe-se limites contra um amor indiscriminado e imoderado do meramente belo; ele introduz, no âmbito da fabricação e da qualidade, o fator pessoal, isto é, confere-lhe uma significação humanística. O gosto humaniza o mundo do belo ao não ser por ele engolfado; cuida do belo à sua própria maneira "pessoal" e produz assim uma "cultura".

O humanismo é evidentemente de origem romana, assim como a cultura; mais uma vez, não há em língua grega nenhuma palavra correspondente ao latim *humanitas*[18]. Não será, pois, impróprio que – concluindo essas observações – eu escolha um exemplo romano para ilustrar o sentido em que o gosto é a capacidade política que verdadeiramente humaniza o belo e cria uma cultura. Há uma frase excêntrica de Cícero que soa como que deliberadamente arquitetada para ir de encontro ao então corrente lugar-comum romano: *Amicus Socrates, amicus Plato, sed magis aestimanda veritas* (Sócrates me é querido, Platão me é querido, mas mais estimada é a verdade). Esse velho adágio, quer se concorde com ele ou não, deve ter ofendido o senso romano de *humanitas*, da integridade da pessoa como pessoa; porque, o valor humano e a eminência pessoal juntamente com a amizade sacrificam-se à primazia de uma verdade absoluta. De qualquer modo, nada poderia estar mais distante do ideal de uma verdade absoluta e coerciva do que aquilo que Cícero tem a dizer: *Errare mehercule malo cum Platone... quam cum istis (sec. Pythagoraeis) vera sentire*: "Perante os céus, prefiro extraviar-me com Platão do que ter concepções

---

18. Para a história da palavra e do conceito, ver J. Niedermann, op. cit.; Rudolf Pfeiffer, *Humanitas Erasmiana*, 1931, Studien der Bibliothek Warburg, n. 22; e Richard Harder, *Nachträgliches zu Humanitas, Kleine Schriften*, München, 1960. O vocábulo foi empregado para traduzir o grego φιλανθρπία (*philanthropía*), termo utilizado originariamente para deuses e governantes, e, portanto, com conotações muito diversas. *Humanitas*, como Cícero a compreendia, relacionava-se intimamente com a antiga virtude romana de *clementia* e, como tal, mantinha certa oposição como o romano *gravitas*. Era, sem dúvida, a marca do homem educado, porém, o que é relevante em nosso contexto, segundo se admitia era o estudo da arte e da literatura, mais que o da filosofia, que deveria resultar em "humanidade".

verdadeiras com seus oponentes"[19]. A tradução apaga uma certa ambiguidade do texto; a sentença pode significar: Antes prefiro extraviar-me com a racionalidade platônica do que "sentir" (*sentire*) a verdade com a irracionalidade pitagórica. Essa interpretação é, contudo, improvável em vista da resposta dada no diálogo: "Ego enim ipse cum eodem isto non invitus erraverim" (Eu mesmo não relutaria em extraviar-me em tal companhia), onde a ênfase incide na pessoa com quem nos extraviamos. Assim, parece-me seguro seguir a tradução e, nesse caso, a sentença diz claramente: é uma questão de gosto preferir a companhia de Platão e de seus pensamentos, mesmo que isso nos extravie da verdade. Afirmação muito ousada, ultrajantemente ousada até, sobretudo por se referir à verdade; é óbvio que o mesmo poderia ser dito e decidido com respeito à beleza, a qual não é menos constrangedora que a verdade para aqueles que educaram tanto seus sentidos como a maioria de nós exercitou a mente. De fato, para o autêntico humanista, Cícero diz que nem as verdades do cientista, nem a verdade do filósofo, podem ser absolutas; o humanista, portanto, não é um especialista, exerce uma faculdade de julgamento e de gosto que está além da coerção que nos impõe cada especialidade. A *humanitas* romana aplicava-se a homens que eram livres sob todos os aspectos, e para quem a questão da liberdade, de ser livre de coerção, era a decisiva – mesmo na filosofia, mesmo na ciência, mesmo nas artes. Diz Cícero: "No que concerne à minha associação com homens e coisas, recuso-me a ser coagido, ainda que pela verdade e pela beleza."[20]

---

19. Cícero, op. cit., I, 39-40. Acompanho a tradução de J.E. King, na Loeb's Classical Library.
20. Cícero fala com inspiração similar em *De Legibus*, 3, 1: Louva Ático, *cuius et vita et oratio consecuta mihi videtur difficillimam illam societatem gravitatis cum humanitate* – "cuja vida e fala a mim parecem ter atingido essa dificílima combinação de gravidade com humanidade" – pelo que, como Harder (op. cit.) observa, a gravidade de Ático consiste em aderir com dignidade à filosofia de Epicuro, ao passo que

Esse humanismo é o resultado da *cultura animi*, de uma atitude que sabe como preservar, admirar e cuidar das coisas do mundo. Ele tem, como tal, a tarefa de servir de árbitro e mediador entre as atividades puramente políticas e puramente fabris, que se opõem umas às outras de vários modos. Enquanto humanistas, podemos nos elevar acima desses conflitos entre o político e o artista, do mesmo modo como nos podemos elevar em liberdade acima das especialidades que todos aprendemos e exercemos. Podemos elevar-nos acima da especialização e do filisteísmo de toda natureza na proporção em que aprendamos como exercitar livremente nosso gosto. Saberemos então como replicar àqueles que com tanta frequência nos dizem que Platão ou algum outro grande autor do passado foi superado; seremos capazes de compreender que, mesmo se toda a crítica a Platão estiver correta, Platão ainda será melhor companhia que seus críticos. De qualquer maneira, podemos recordar aquilo que os romanos – o primeiro povo a encarar seriamente a cultura, à nossa maneira – pensavam dever ser uma pessoa culta: alguém que soubesse como escolher sua companhia entre homens, entre coisas e entre pensamentos, tanto no presente como no passado.

---

sua humanidade é revelada por sua reverência por Platão, o que prova sua liberdade interna.

7. VERDADE E POLÍTICA

Este ensaio é resultado da pseudocontrovérsia que se seguiu à publicação de Eichmann em Jerusalém. *Seu objetivo é esclarecer dois problemas diferentes, embora relacionados, dos quais eu não tinha me dado conta e cuja importância parecia extrapolar a discussão. O primeiro diz respeito à questão de ser ou não sempre legítimo dizer a verdade – acreditei sem restrições em* fiat veritas, et pereat mundus?*; o segundo surgiu em meio à espantosa quantidade de mentiras utilizadas na "controvérsia" – mentiras sobre o que eu escrevi, por um lado, e sobre os fatos que relatei, por outro. Nas reflexões que se seguem, tentarei enfrentar os dois problemas. Elas também podem servir de exemplo ao que ocorre com um tema extremamente atual, quando conduzido até àquela lacuna entre o passado e o futuro – que talvez seja o lugar mais apropriado a toda reflexão. O leitor pode encontrar uma sucinta consideração preliminar sobre essa lacuna no prefácio deste livro.*

1

O tema destas reflexões é um lugar-comum. Jamais alguém pôs em dúvida que verdade e política não se dão muito bem uma com a outra, e até hoje ninguém, que eu saiba, incluiu entre as virtudes políticas a sinceridade. Sempre se consideraram as mentiras como ferramentas necessárias e justificáveis ao ofício não só do político ou do demagogo, como também do estadista. Por que é assim? Por um lado, o que isso significa para a natureza e dignidade do âmbito político? E, por outro, para a natureza e dignidade da verdade e da veracidade? É da essência mesma da verdade o ser impotente e da essência mesma do poder o ser embusteiro? E que espécie de realidade a verdade possui, se é impotente no âmbito público, que, mais que qualquer outra esfera da vida humana, assegura a realidade da existência a homens sujeitos a nascimento e morte – isto é, a seres que sabem ter surgido do não-ser e que, após um breve intervalo, novamente nele desaparecerão? Por fim, não será a verdade impotente tão desprezível como o poder que não dá atenção à verdade? Essas questões são incômodas, porém emergem necessariamente de nossas convicções correntes sobre esse assunto.

Isso que empresta a esse lugar-comum sua grande plausibilidade pode ainda ser resumido no velho adágio latino *fiat iustitia, et pereat mundus* (faça-se justiça, mesmo se o mundo perecer). A não ser por seu provável autor no século XVI, Fernando I, sucessor de Carlos V, ninguém o utilizou, exceto como uma indagação retórica: A justiça deve ser feita quando está em jogo a sobrevivência do mundo? E o único grande pensador que ousou contrariar a índole da questão foi Immanuel Kant, que explicou corajosamente que o "ditado proverbial [...] significa em linguagem chã: 'A justiça prevalecerá, mesmo que todos os patifes do mundo pereçam em consequência'". Já que os homens não considerariam compensador viver num mundo absolutamente privado de justiça, esse "direito humano deve ser tido como sagrado, sem consideração de quanto sacrifício é exigido dos poderes [...] e sem levar em conta quais consequências físicas possam disto advir"[1].

Mas não é absurda essa resposta? Não precede o zelo pela existência claramente a tudo mais – mesmo à virtude e a todos os princípios? Não é óbvio que eles se tornam apenas quimeras quando o mundo, único lugar onde se podem manifestar, se encontra em perigo? Não tinha razão o século XVII, ao declarar quase unanimemente que nenhuma comunidade era obrigada a reconhecer, nas palavras de Spinoza, "lei alguma acima da segurança de [seu] próprio domínio"?[2] Pois, certamente, todo princípio que transcende a mera existência pode ser posto no lugar da justiça, e se colocamos em seu lugar a verdade – "Fiat veritas, et pereat mundus"– o velho ditado soa ainda mais plausível. Se entendemos a ação política em termos da categoria de meios-e-fins, podemos até chegar à conclusão, paradoxal apenas na aparência, de que mentir pode muito bem servir ao estabelecimento ou salvaguarda das condições para a busca da verdade – como há muito salientou Hobbes, cuja implacável lógica nunca deixa de levar a argumentação até aos extremos em que o absurdo se torna óbvio[3]. E as mentiras, visto serem em

---

1. *Eternal Peace*, Apêndice I.
2. Cito o *Tratado Político* de Spinoza por ser digno de nota que mesmo Spinoza, para quem a *libertas philosophandi* era o verdadeiro fim do governo, tenha tomado posição tão radical.
3. Em *Leviatã* (capítulo 46), Hobbes explica que "a desobediência pode ser legitimamente punida, naqueles que, contra as leis, ensinam até mesmo a verdadeira filosofia". Pois não é "o lazer a mãe da filosofia; e a *Commonwealth* a mãe da paz e do lazer?". E não ocorre que a *Commonwealth* agirá em benefício da filosofia, ao suprimir uma verdade que abala a paz? Por conseguinte, o contador da verdade, para cooperar em uma empreitada tão necessária para sua própria paz de corpo e alma, decide escrever o que ele sabe "ser falsa filosofia". Hobbes suspeitou Aristóteles de fazê-lo: este, segundo Hobbes, "escreveu-o como algo consoante à religião [grega] e dela corroborador; temendo o destino de Sócrates". Nunca ocorreu a Hobbes que toda a busca da verdade seria autodestrutiva, caso suas condições só pudessem ser garantidas ▶

geral utilizadas como substitutos de meios mais violentos, podem ser consideradas instrumento relativamente inofensivo no arsenal da ação política.

Reconsiderando o velho ditado latino, percebemos pois, não sem certa surpresa, que o sacrifício da verdade para a sobrevivência do mundo seria mais fútil do que o sacrifício de qualquer outro princípio ou virtude. Enquanto podemos nos recusar a indagar se a vida ainda seria digna de ser vivida em um mundo destituído de noções tais como justiça e liberdade, o mesmo, curiosamente, não é possível com respeito à ideia de verdade, aparentemente tão menos política. Está em jogo a sobrevivência, a perseverança na existência (*in suo esse perseverare*), e nenhum mundo humano destinado a perdurar após o breve período de vida dos mortais seria capaz de sobreviver sem que os homens estivessem propensos a fazer aquilo que Heródoto foi o primeiro a realizar de modo consciente – a saber, *légein tá eónta*, dizer o que é. Nenhuma permanência, nenhuma perseverança da existência podem ser concebidas sem homens decididos a testemunhar aquilo que é e que lhes aparece porque é.

A história do conflito entre moral e política é antiga e complexa, e nada seria ganho com simplificação ou denúncia moral. No transcurso da história, os que perseguem e os que contam a verdade tiveram consciência dos riscos de sua atividade; enquanto não interferiam no curso do mundo, eram cobertos de zombarias, porém aquele que forçasse seus concidadãos a levá-lo a sério, procurando pô-los a salvo da falsidade e ilusão, encontrava-se em perigo de vida: "Se eles pudessem pôr as mãos em [tal] homem [...] o matariam", diz Platão na derradeira

▷ por deliberadas falsidades. Então, de fato, todos poderiam revelar-se mentirosos como o Aristóteles de Hobbes. Ao contrário dessa ficção da fantasia lógica de Hobbes, o verdadeiro Aristóteles era, sem dúvida, sensível o suficiente para abandonar Atenas ao chegar a temer o destino de Sócrates; não era pervertido a ponto de escrever aquilo que sabia ser falso, nem estúpido o bastante para resolver seu problema de sobrevivência destruindo tudo aquilo que defendia.

sentença da alegoria da caverna. O conflito platônico entre o que conta a verdade e os cidadãos não pode ser explicado pelo adágio latino ou por qualquer das subsequentes teorias que, implícita ou explicitamente, justificam a mentira, entre outras transgressões, quando está em jogo a sobrevivência da cidade. Não se menciona nenhum inimigo na história de Platão; o povo vive pacificamente na caverna sem outra companhia, meros espectadores de imagens, sem estarem envolvidos em nenhuma ação e, portanto, ameaçados por ninguém. Os membros dessa comunidade não têm razão de espécie alguma para olhar a verdade e os contadores da verdade como seus piores inimigos, e Platão não oferece explicação de seu perverso amor pela falsidade e engano. Se pudéssemos confrontá-lo com um de seus colegas sucessores na filosofia política – a saber, com Hobbes, que sustentava que apenas "a verdade que não se opõe nem ao lucro nem ao prazer humano é a todos os homens bem-vinda" (uma afirmação óbvia, que contudo Hobbes considerou suficientemente importante para servir de fecho ao seu *Leviatã*) –, Platão poderia estar de acordo quanto ao lucro e ao prazer, mas não com a asserção de que existe algum tipo de verdade bem-vinda a todos os homens. Hobbes, mas não Platão, consolava-se com a existência da verdade indiferente, "assuntos" com os quais "os homens não se importam" – isto é, a verdade matemática, "a doutrina das linhas e figuras", que "não se interpõe a nenhuma ambição, proveito ou apetite humano". Como escreveu Hobbes, "Não duvido que, se fosse algo contrário ao direito de soberania de algum homem, ou aos benefícios de homens que têm o poder, que os três ângulos de um triângulo sejam equivalentes a dois ângulos de um quadrado, não duvido que essa doutrina tivesse sido não controvertida, mas suprimida, ainda que pelo incêndio de todos os livros de geometria, na medida das forças e da capacidade do interessado"[4].

4. T. Hobbes, op. cit., capítulo 11.

Há, sem dúvida, uma decisiva diferença entre o axioma matemático de Hobbes e o modelo autêntico para a conduta humana que o filósofo de Platão deve trazer de volta de sua jornada pelo céu das ideias, embora Platão, que acreditava abrirem as verdades matemáticas os olhos da mente para todas as verdades, a ignorasse. O exemplo de Hobbes parece-nos relativamente inócuo; inclinamo-nos a admitir que o espírito humano será sempre capaz de reproduzir proposições axiomáticas tais como "os três ângulos de um triângulo são iguais a dois ângulos de um quadrado", e concluímos que a "queima de todos os compêndios de geometria" não seria radicalmente eficaz. O perigo seria consideravelmente maior com respeito a proposições científicas; houvesse a história tomado um curso diferente, todo o moderno progresso científico, de Galileu a Einstein, poderia não ter acontecido. E, certamente, as verdades dessa espécie mais vulneráveis seriam aqueles cursos de pensamento extremamente diversificados e sempre ímpares – de que a doutrina das ideias de Platão é um exemplo eminente – mediante as quais os homens, desde tempos bem antigos, têm procurado pensar racionalmente além dos limites do conhecimento humano.

A Idade Moderna, que acredita não ser a verdade nem dada nem revelada, mas produzida pelo espírito humano, tem, desde Leibniz, remetido as verdades matemáticas, científicas e filosóficas às espécies comuns de verdade racional, enquanto distintas da verdade fatual. Utilizarei essa distinção por conveniência, sem discutir sua legitimidade intrínseca. Ao querer descobrir que dano é o poder político capaz de infligir à verdade, investigamos essa matéria mais por motivos políticos que filosóficos, e por isso permitimo-nos desconsiderar a questão do que é a verdade, contentando-nos com tomar a palavra no sentido em que os homens comumente a entendem. E se agora pensamos nas verdades modestas tais como o papel, durante a Revolução Russa, de um homem cujo nome era Trótski, que não aparece em nenhum dos livros de história russa soviéticos, imediatamente tomamos consciência do quanto são mais vulneráveis do que todas as espécies de verdade racional juntas.

Mais ainda, visto que fatos e eventos – o resultado invariável de homens que vivem e agem conjuntamente – constituem a verdadeira textura do domínio político, é evidentemente com a verdade fatual que nos ocupamos sobretudo aqui. A dominação (para falar a linguagem de Hobbes), quando ataca a verdade racional, por assim dizer excede seu domínio, ao passo que combate em seu próprio terreno ao falsificar ou negar fatos mentirosamente. As possibilidades de que a verdade fatual sobreviva ao assédio do poder são de fato por demais escassas; aquela está sempre sob o perigo de ser ardilosamente eliminada do mundo, não por um período apenas mas, potencialmente, para sempre. Fatos e eventos são entidades infinitamente mais frágeis que axiomas, descobertas e teorias – ainda que os mais desvairadamente especulativos – produzidos pelo cérebro humano; ocorrem no campo das ocupações dos homens, em sempiterna mudança, em cujo fluxo não há nada mais permanente do que a permanência, reconhecidamente relativa, da estrutura da mente humana. Uma vez perdidos, nenhum esforço racional os trará jamais de volta. Talvez as probabilidades de que a matemática euclidiana ou a teoria da relatividade de Einstein – para não mencionar a filosofia de Platão – fossem reproduzidas a tempo caso seus autores tivessem sido impedidos de legá-las à posteridade não sejam tampouco muito boas, todavia, são infinitamente maiores que a probabilidade de um fato de importância, esquecido ou, mais provavelmente, dissimulado pela mentira, ser algum dia redescoberto.

2

Embora as verdades de maior importância política sejam fatuais, o conflito entre verdade e política foi descoberto e articulado pela primeira vez com respeito à verdade racional. O contrário de uma asserção racionalmente verdadeira é ou erro e ignorância, como nas ciências, ou ilusão e opinião, como na filosofia. A falsidade deliberada, a mentira cabal, somente entra em cena no domínio das afirmações fatuais; e parece significativo, e um tanto estranho, que, no longo debate acerca desse antagonismo entre verdade e política, desde Platão até Hobbes, ninguém, aparentemente, tenha jamais acreditado em que a mentira organizada, tal como a conhecemos hoje em dia, pudesse ser uma arma adequada contra a verdade. Em Platão, o que narra a verdade corre perigo de vida, e em Hobbes, onde é transformado em um autor, é ameaçado com a queima de seus livros; a mendacidade não constitui um desfecho. É antes o sofista e o néscio do que o mentiroso quem ocupa o pensamento de Platão, e, quando este distingue o erro da mentira – isto é, a "*pseudos* involuntária da voluntária" – ele é, peculiarmente, muito mais severo com os que "chafurdam na ignorância suína" do que com os mentirosos[5]. Seria por que a mentira organizada, dominando a esfera pública, enquanto distinta do mentiroso particular que tenta a sorte por sua própria conta, fosse ainda desconhecida? Ou isso tem algo a ver com o notável fato de

5. Espero que ninguém mais venha me dizer que Platão foi o inventor da "mentira branca". Essa crença baseou-se em sua leitura errônea de uma passagem crucial (414C) em *A República*, onde Platão fala de um de seus mitos – um "conto fenício" – como um *pseudos*. Visto que a mesma palavra grega significa "ficção", "erro" e "mentira", conforme o contexto – quando Platão quer distinguir erro de mentira, a língua grega obriga-o a falar de *pseudos* "involuntário" e "voluntário" –, o texto pode ser vertido, com Comford, como "ousado voo da invenção" ou também ser lido, com Eric Voegelin (*Order and History: Plato and Aristotle*, Baton Rouge: Lousiana State University, 1957, v. 3, p. 106) como satírico em intenção; sob hipótese alguma poderá ser compreendido como uma recomendação à mentira, como a entendemos. É claro que Platão foi tolerante a respeito de mentiras ocasionais para enganar ao inimigo ou a insanos – *A República*, 382; são elas "úteis [...] à maneira de remédios [...] não sendo manipuladas por ninguém que não um médico", e o médico da *polis* é o governante (388). Ao contrário da alegoria da caverna, porém, não há nenhum princípio envolvido nessas passagens.

que, com exceção do zoroastrismo, nenhuma das grandes religiões inclui a mentira como tal, enquanto distinta do "prestar falso testemunho", em seus catálogos de pecados graves? Somente com a ascensão da moralidade puritana, que coincide com o surgimento da ciência organizada, cujo progresso teve que se assegurar sobre o solo firme da absoluta veracidade e fidedignidade de todo cientista, foram as mentiras consideradas ofensas sérias.

Seja como for, o conflito entre verdade e política surgiu do ponto de vista histórico de dois modos de vida diametralmente opostos – a vida do filósofo, tal como interpretada em primeiro lugar por Parmênides e, depois, por Platão, e o modo de vida do cidadão. Às flexíveis opiniões do cidadão acerca dos assuntos humanos, os quais por si próprios estão em fluxo constante, contrapunha o filósofo a verdade acerca daquelas coisas que eram por sua própria natureza sempiternas e das quais, portanto, se podiam derivar princípios que estabilizassem os assuntos humanos. Por conseguinte, o contrário da verdade era apenas a opinião, equacionada com a ilusão; e foi esse degradamento da opinião o que conferiu ao conflito sua pungência política; pois é a opinião, e não a verdade, que pertence à classe dos pré-requisitos indispensáveis a todo poder. "Todo governo assenta-se sobre a opinião", disse James Madison, e nem mesmo o mais autocrático tirano ou governante pode alçar-se algum dia ao poder, e muito menos conservá-lo, sem o apoio daqueles que têm modo de pensar análogo. Ao mesmo tempo, na esfera dos assuntos humanos, toda pretensão a uma verdade absoluta, cuja validade não requeira apoio do lado da opinião, atinge na própria raiz toda a política e todos os governos. Esse antagonismo entre verdade e opinião foi elaborado por Platão (especialmente no *Górgias*) como o antagonismo entre a comunicação em forma de "diálogo", que é o discurso adequado à verdade filosófica, e em forma de "retórica", através da qual o demagogo, como hoje diríamos, persuade a multidão.

Podem-se encontrar ainda vestígios desse conflito original nos primeiros estágios da Idade Moderna, embora dificilmente no mundo em que vivemos. Em Hobbes, por exemplo, lemos ainda acerca de uma oposição de duas "faculdades contrárias": "o raciocínio sólido" e a "eloquência vigorosa", o primeiro sendo "fundado em princípios de verdade, e a outra em opiniões [...] e em paixões e interesses dos homens, que são diferentes e mutáveis"[6]. Mais de um século depois, na Idade do Esclarecimento, esses vestígios haviam praticamente desaparecido, posto que não de todo e, onde os antigos antagonismos ainda sobreviviam, deslocara-se a ênfase. Nos termos da filosofia pré-moderna, o magnificente "Sage jeder, was ihm Wahrheit dünkt, und die Wahrheit selbst sei Gott empfohlen" (Deixai que cada homem diga aquilo que acredita ser verdade, e seja a verdade mesma encomendada a deus), de Lessing, significaria simplesmente: O homem não está à altura da verdade, e todas as suas verdades – pobre coitado! – são *dóksai*, meras opiniões. Para Lessing, ao contrário, ela significava: Rendamos graças a Deus porque não conhecemos a verdade. Mesmo onde a nota de júbilo – a percepção de que para os homens, vivendo em companhia, a inexaurível riqueza do discurso romano é infinitamente mais importante e significativa do que jamais poderá sê-lo qualquer verdade única – está ausente, a consciência do quanto a razão humana é frágil tem prevalecido desde o século XVIII sem dar margem a queixa ou lamentação. Podemos encontrá-la na grandiosa *Crítica da Razão Pura*, de Kant, onde a razão é levada a reconhecer suas próprias limitações, assim como podemos escutá-la nas palavras de Madison, que mais de uma vez ressaltou ser "a razão do homem, como o próprio homem, tímida e cautelosa quando a sós, e adquirindo firmeza e confiança em proporção ao número dos que se lhe associam"[7].

---

6. *Leviatã*, Conclusão.
7. *The Federalist*, n. 49.

Considerações dessa espécie, muito mais que noções sobre os direitos do indivíduo à auto expressão, desempenharam papel decisivo na batalha, finalmente mais ou menos vitoriosa, para obter liberdade de pensamento para a palavra falada e impressa.

Assim, Spinoza, que ainda acreditava na infalibilidade da razão humana e frequentemente é louvado como um paladino da liberdade de pensamento e de expressão, sustentava que "todo homem é, por direito natural e inalienável, senhor de seus próprios pensamentos" e que "o entendimento de cada homem a ele pertence, e os cérebros são tão diversos como as preferências", do que concluía "ser melhor assegurar o que não se pode abolir" e só poderem as leis proibitivas do pensamento livre resultar em "pensarem os homens uma coisa e dizerem outra", e consequentemente "na corrupção da boa fé" e "no fomento da [...] perfídia". Contudo, Spinoza não exige a liberdade de expressão em nenhum lugar, e o argumento de que a razão humana necessita de comunicação com outrem e, portanto, de publicidade em seu próprio proveito, prima pela ausência. Ele chega a contar a necessidade de comunicação que tem o homem, sua incapacidade de ocultar seus pensamentos e manter-se em silêncio, entre as "fraquezas comuns" de que o filósofo não compartilha[8]. Ao contrário, afirma Kant: "o poder externo que priva o homem da liberdade de comunicar publicamente seus pensamentos *priva-o ao mesmo tempo de sua liberdade de pensar*" (grifo nosso), e a única garantia para a "exatidão" de nosso pensamento está na circunstância de que "pensamos, por assim dizer, em comunhão com outrem, aos quais comunicamos nossos pensamentos assim como nos comunicam os seus". Por ser falível, a razão humana só pode funcionar se o homem pode fazer-lhe "uso público", e isso é igualmente verdadeiro para aqueles que, ainda em estado de "tutela", sejam incapazes de usar suas mentes "sem a orientação de

---

8. *Tratado Teológico-Político*, c. 20.

alguém", e para o "estudioso", que necessita de que "todo o público leitor" examine e controle seus resultados[9].

Nesse contexto, a questão do número mencionada por Madison tem especial importância. O deslocamento da verdade racional para a opinião implica uma mudança do homem no singular para os homens no plural, e isso significa um desvio de um domínio em que, diz Madison, nada conta a não ser o "raciocínio sólido" de uma mente para uma esfera onde "a força da opinião" é determinada pela confiança do indivíduo "no número dos que ele supõe que nutram as mesmas opiniões" – um número, aliás, que não é necessariamente limitado ao dos próprios contemporâneos. Madison distingue ainda essa vida no plural, que é a vida do cidadão, da vida do filósofo, por quem considerações desse tipo "devem ser rejeitadas"; a distinção, porém, não tem consequência prática, pois "uma nação de filósofos é tão pouco de esperar quanto a raça filosófica de reis desejada por Platão"[10]. Podemos notar, de passagem, que a própria noção de "uma nação de filósofos" teria sido uma contradição em termos para Platão, cuja filosofia política por inteiro, inclusive seus traços expressamente tirânicos, assenta-se sobre a convicção de que a verdade não pode ser obtida nem comunicada entre a massa.

No mundo em que vivemos, os derradeiros vestígios desse antigo antagonismo entre a verdade do filósofo e as opiniões da praça pública desapareceram. Nem a verdade da religião revelada, a qual os pensadores políticos do século XVII ainda tratavam como grande malefício, nem a verdade do filósofo, desvelada ao homem solitário, interfere mais nos negócios do mundo. Com respeito à primeira, a separação entre Igreja e Estado trouxe-nos a paz; e, quanto à última, há muito deixou de reclamar direitos – a menos que se tomem as modernas ideologias a sério como filosofias, o que é com efeito difícil, já que

9. Ver "What is Enlightenment?" e "Was heisst sich im Denken orientieren?"
10. *The Federalist*, n. 49.

seus partidários proclamam-nas abertamente armas políticas e consideram irrelevante toda a questão da verdade e veracidade. Pensando em termos da tradição, é possível que nos sintamos autorizados a concluir, desse estado de coisas, que o antigo conflito finalmente foi resolvido, e sobretudo que sua causa original, o embate da verdade racional com a opinião, desapareceu.

Estranhamente, porém, não é isso que acontece, pois o embate da verdade fatual com política que hoje testemunhamos em tão larga escala tem – ao menos quanto a alguns aspectos – feições muito parecidas. Ao passo que, provavelmente, nenhuma época passada tolerou tantas opiniões diversas sobre assuntos religiosos ou filosóficos, a verdade fatual, se porventura opõe-se ao lucro ou prazer de um determinado grupo, é acolhida hoje em dia com maior hostilidade que nunca. Sem dúvida, os segredos de Estado sempre existiram; todo governo precisa classificar determinadas informações, subtraí-las da percepção pública, e os que revelam segredos autênticos foram sempre tratados como traidores. Não é com isso que me preocupo aqui. Os fatos que procuro pensar são conhecidos publicamente, e, não obstante, o mesmo público que os conhece pode, com êxito e frequência, espontaneamente, transformar em tabu sua discussão pública, tratando-os como se fossem aquilo que não são – isto é, segredos. Assim, parece um fenômeno curioso que sua asserção se mostre tão perigosa como, por exemplo, a pregação do ateísmo ou alguma outra heresia em épocas passadas, e a importância desse fenômeno é realçada quando o encontramos também em países que são dominados tiranicamente por um governo ideológico. (Mesmo na Alemanha de Hitler e na Rússia de Stálin, era mais perigoso falar de campos de concentração e extermínio, cuja existência não era nenhum segredo, que emitir concepções "heréticas" acerca de antissemitismo, racismo e comunismo.) Parece ainda mais perturbador que, na medida em que as verdades fatuais inoportunas são toleradas nos países livres, com frequência elas são, de modo consciente ou inconsciente, transformadas em opiniões – como se o fato do apoio da Alemanha a Hitler, ou o colapso da França ante as forças alemãs em 1940, ou a política do Vaticano durante a Segunda Guerra Mundial não fossem questão de registro histórico e, sim, de opinião. Visto que essas verdades fatuais se relacionam com problemas de imediata relevância política, aqui há mais coisa em jogo do que a tensão, talvez inevitável, entre dois modos de vida no quadro de referência de uma realidade comum e comumente reconhecida. Aqui, está em jogo essa mesma realidade comum e fatual, e isso é com efeito um problema político de primeira categoria. E, visto que a verdade fatual, embora muito menos aberta à discussão do que a verdade filosófica, e tão obviamente, ao alcance de todos, parece sofrer com frequência um destino similar quando exposta em praça pública – a saber, para ser contradita não por mentiras e falsidades deliberadas, mas pela opinião – pode ser compensador reabrir a antiga e aparentemente obsoleta questão da verdade *versus* opinião.

Assim, segundo o contador da verdade, a tendência a transformar o fato em opinião, a borrar a linha divisória que os separa, não é menos motivo para perplexidade do que o transe em que se encontrava outrora o contador da verdade, tão vividamente expresso na alegoria da caverna, na qual o filósofo, de retorno de sua jornada solitária ao céu das ideias sempiternas, tenta comunicar sua verdade à multidão, com o resultado de que desaparece na diversidade dos modos de ver que são ilusões para o filósofo, e é rebaixada ao nível incerto da opinião, de modo que agora, de volta à caverna, a própria verdade apresenta-se debaixo do disfarce da *dókei moi* (parece-me) – a mesma *dóksai* que ele esperará deixar para trás de uma vez por todas. Contudo, o relator da verdade fatual está ainda mais deslocado. Ele não retorna de nenhuma jornada por regiões além do âmbito dos negócios humanos, e não se pode consolar com o pensamento de que se tornou um estrangeiro nesse mundo. De modo semelhante, não temos nenhum direito de nos consolarmos com a noção de que sua verdade, se verdade há de ser, não é desse mundo. Se suas simples afirmações fatuais não são aceitas – as verdades vistas e testemunhadas com os olhos do corpo, e não com os olhos da mente –, surge a suspeita de que pode estar na natureza do âmbito político negar ou perverter a verdade de toda espécie, como se os homens fossem incapazes de chegar a bom termo com sua tenaz, clamorosa e obstinada teimosia. Se fosse esse o caso, a situação pareceria ainda mais desesperada do que supôs Platão, pois a verdade de Platão, encontrada e realizada na solidão, transcende, por definição, o âmbito da maioria, o mundo dos negócios humanos. (Pode-se compreender que o filósofo, em seu isolamento, ceda à tentação de utilizar sua verdade como um padrão a ser imposto sobre os assuntos humanos; isto é, a equacionar a transcendência inerente à verdade filosófica com a espécie de "transcendência" muito diferente pela qual barras de medir e outros padrões de medida são separados da multidão de objetos que devem medir, e pode-se compreender igualmente que a multidão resista a esse padrão, visto que ele deriva na realidade de uma esfera que é alheia ao âmbito dos negócios humanos e cuja conexão com este só se justifica por uma confusão.) Ao penetrar na praça pública, a verdade filosófica altera sua natureza e se torna opinião, pois ocorreu uma autêntica μετάβασις εἰς ἄλλο γένος (*metabasis eis allo genos*, "transformação em outro gênero"), uma modificação que não é meramente de uma espécie de raciocínio para outra, mas de um modo de existência humana para outro.

Ao invés disso, a verdade fatual relaciona-se sempre com outras pessoas: ela diz respeito a eventos e circunstâncias nas quais muitos são envolvidos; é estabelecida por testemunhas e depende de comprovação; existe apenas na medida em que se fala sobre ela, mesmo quando ocorre no domínio da intimidade. É política por natureza. Fatos e opiniões, embora possam ser mantidos separados, não são antagônicos um ao outro; eles pertencem ao mesmo domínio. Fatos informam opiniões, e as opiniões, inspiradas por diferentes interesses e paixões, podem diferir amplamente e ainda serem legítimas no que respeita à sua verdade fatual. A liberdade de opinião é uma farsa, a não ser que a informação fatual seja garantida e que os próprios fatos não sejam questionados. Em outras palavras, a verdade fatual informa o pensamento político, exatamente como a verdade racional informa a especulação filosófica.

Mas os fatos realmente existem, independentes de opinião e interpretação? Não demonstraram gerações de historiadores e filósofos da história a impossibilidade da determinação de fatos sem interpretação, visto ser preciso selecioná-los de um caos de puros acontecimentos (e decerto os princípios de escolha não são dados fatuais) e depois adequá-los a uma história que só pode ser narrada em uma certa perspectiva, que nada tem a ver com a ocorrência original? Sem dúvida, esta e muitas outras perplexidades inerentes às ciências históricas são reais, mas não constituem argumento contra a existência de matéria fatual, e tampouco podem servir como justificativa para apagar as linhas divisórias entre fato, opinião e interpretação, ou como desculpa para o historiador manipular os fatos a seu bel-prazer. Mesmo se admitirmos que cada geração tem o direito de escrever sua própria história, não admitimos mais nada além de ter ela o direito de rearranjar os fatos de acordo com sua própria perspectiva; não admitimos o direito de tocar na própria matéria fatual. Para ilustrar esse ponto, e como uma desculpa para não continuar a repisar esse tema: durante a década de 1920, conforme conta a história, Clemenceau, pouco antes de sua morte, travava uma conversa amigável com um representante da República de Weimar sobre a questão da culpa pela eclosão da Primeira Guerra Mundial, que perguntou: "O que, em sua opinião, pensarão os historiadores futuros desse tema espinhoso e controverso?" Respondeu Clemenceau: "Não sei. Mas tenho certeza de que eles não dirão que a Bélgica invadiu a Alemanha."

Aqui, estamos interessados em dados dessa espécie, brutalmente elementares e cuja indestrutibilidade tem sido admitida tacitamente até mesmo pelos seguidores mais extremados e rebuscados do historicismo.

É verdade que seria preciso bem mais do que os caprichos de historiadores para eliminar da memória o fato de que, na noite de 4 de agosto de 1914, tropas alemãs cruzaram a fronteira da Bélgica; seria necessário nada menos que o monopólio do poder sobre todo o mundo civilizado. Mas tal monopólio de poder está longe de ser inconcebível, e não é difícil imaginar qual seria a sorte da verdade fatual se os interesses do poder, nacionais ou sociais, tivessem a última palavra em tais assuntos. Isso reconduz-nos à nossa suspeita de que pode ser da natureza do domínio político estar em guerra com a verdade em todas as suas formas, e, por conseguinte, à questão de saber por que mesmo um empenho com a verdade fatual é sentido como uma atitude antipolítica.

3

Quando disse que a verdade fatual, em oposição à racional, não é antagônica com a opinião, enunciei uma meia-verdade. Todas as verdades – não somente as várias espécies de verdade racional, mas também a verdade fatual – são opostas à opinião em seu modo de *asseverar a validade*. A verdade carrega dentro de si mesma um elemento de coerção, e as tendências com frequência tirânicas, tão deploravelmente óbvias entre contadores da verdade, podem ser causadas menos por uma fraqueza de caráter do que pela exigência de viver habitualmente sob uma espécie de compulsão. Asserções como "Os três ângulos de um triângulo são iguais aos dois ângulos de um quadrado", "A Terra move-se em torno do Sol", "É melhor sofrer o mal do que praticar o mal", "Em agosto de 1919, a Alemanha invadiu a Bélgica" diferem muito na maneira como se chegou a elas, porém, uma vez percebidas como verdadeiras e declaradas como tal, elas possuem em comum o fato de estarem além de acordo, disputa, opinião ou consentimento. Para aqueles que as aceitam, elas não são alteradas pelas multidões ou pela ausência de multidões que acolham a mesma proposição; a persuasão ou dissuasão é inútil, pois o conteúdo da asserção não é de natureza persuasiva, mas sim coerciva. (Desse modo, Platão, no *Timeu*, traça uma linha entre os homens capazes de perceber a verdade e aqueles aos quais acontece defenderem opiniões corretas. Nos primeiros, o órgão para a percepção da verdade [*noús*] é despertado mediante instrução, que naturalmente implica em desigualdade e, pode-se dizer, constitui uma forma branda de coerção, ao passo que os últimos foram meramente persuadidos. As concepções dos primeiros, diz Platão, são irremovíveis, enquanto os últimos sempre podem ser persuadidos a alterar seu modo de ver)[11]. Mercier de la Rivière observou uma vez acerca da verdade matemática algo que se aplica a todas as espécies de verdade: "Euclide est un véritable despote; et les vérités géométriques qu'il nous a transmises, sont des lois véritablement despotiques." (Euclides é um verdadeiro déspota; e as verdades geométricas que ele nos transmitiu são leis verdadeiramente despóticas.) Dentro de espírito bem semelhante, Grotius, cerca de cem anos antes, insistira – quando queria limitar o poder do príncipe absoluto – em que "mesmo Deus não pode fazer com que duas vezes dois não seja quatro". Ele invocava a força coerciva da verdade contra o poder político; ele não estava interessado nas limitações implícitas à onipotência divina. Essas duas observações ilustram como a verdade parece em perspectiva puramente política, do ponto de vista do poder, e a questão é se o poder poderia e deveria ser controlado não apenas por uma constituição, uma lista de direitos, e por uma multiplicidade de poderes, como no

---

11. *Timeu*, 51D-52.

sistema de controles e equilíbrios em que, nas palavras de Montesquieu, "le pouvoir arrête le pouvoir" (o poder interrompe o poder) – isto é, por fatores que emergem e fazem parte do reino político propriamente dito –, mas por algo que emerge do exterior, que tem origem fora do âmbito político e é tão independente das aspirações e desejos dos cidadãos como da vontade do pior tirano.

Sob o ponto de vista da política, a verdade tem um caráter despótico. Ela é, portanto, odiada por tiranos, que temem com razão a competição de uma força coerciva que não podem monopolizar, e desfruta de um estado um tanto precário aos olhos de governos que se assentam sobre o consentimento e abominam a coerção. Os fatos estão além de acordo e consentimento, e toda conversa sobre eles – toda troca de opiniões baseada em informações corretas – em nada contribuirá para seu estabelecimento. Podem-se discutir opiniões inoportunas, rejeitá-las ou chegar a um compromisso sobre elas, porém fatos indesejáveis possuem a enfurecedora pertinácia de nada poder demovê-los a não ser mentiras cabais. O estorvo é que a verdade fatual, como qualquer outra verdade, pretende peremptoriamente ser reconhecida e proscreve o debate, e o debate constitui a própria essência da vida política. Os modos de pensamento e de comunicação que tratam com a verdade, quando vistos da perspectiva política, são necessariamente tiranizadores; eles não levam em conta as opiniões das demais pessoas, e tomá-las em consideração é característico de todo pensamento estritamente político.

O pensamento político é representativo. Formo uma opinião considerando um dado tema de diversos pontos de vista, trazendo à minha mente as posições dos que estão ausentes; isto é, eu os represento. Esse processo de representação não adota cegamente as concepções efetivas dos que se encontram em algum outro lugar, e por conseguinte contempla o mundo de uma perspectiva diferente; não é uma questão de empatia, como se eu procurasse ser ou sentir como alguma outra pessoa, nem de contar narizes e aderir a uma maioria, mas de ser e pensar em minha própria identidade onde efetivamente não me encontro. Quanto mais posições de pessoas eu tiver presente em minha mente ao ponderar um dado problema, e quanto melhor puder imaginar como eu sentiria e pensaria se estivesse em seu lugar, mais forte será minha capacidade de pensamento representativo e mais válidas minhas conclusões finais, minha opinião. (É essa capacidade de uma "mentalidade alargada" que habilita os homens a julgarem; como tal, ela foi descoberta por Kant na primeira parte de sua *Crítica do Juízo*, embora ele não reconhecesse as implicações políticas e morais de sua descoberta.) O próprio processo da formação de opinião é determinado por aqueles em cujo lugar alguém pensa e utiliza sua própria mente, e a única condição para esse exercício da imaginação é o desinteresse, a liberação dos interesses privados pessoais. Por isso, mesmo se evito toda companhia ou me encontro completamente isolado ao formar uma opinião, não estou simplesmente junto apenas a mim mesmo, na solidão da meditação filosófica; permaneço nesse mundo de interdependência universal, onde posso fazer-me representante de todos os demais. É claro que posso recusar-me a fazê-lo e formar uma opinião que leva em consideração apenas meus próprios interesses ou os interesses do grupo ao qual pertenço; com efeito, nada é mais comum, mesmo entre pessoas altamente sofisticadas, do que a cega obstinação que se manifesta na falta de imaginação e na incapacidade de julgar. Mas a autêntica qualidade de uma opinião, como de um julgamento, depende do grau de sua imparcialidade.

Nenhuma opinião é evidente por si. Em matéria de opinião, mas não em matéria de verdade, nosso pensamento é verdadeiramente discursivo, correndo, por assim dizer, de um lugar para outro, de uma parte do mundo para outra, através de todas as espécies de concepções conflitantes, até por fim ascender dessas particularidades a alguma generalidade imparcial. Em comparação com esse processo, no qual um tema particular é forçado ao campo aberto em que se pode mostrar de todos os lados, em todas as perspectivas possíveis, até ser inundado e trespassado pela luz plena da compreensão humana, a asserção de uma verdade possui uma peculiar opacidade. A verdade racional ilumina o entendimento humano, e a verdade fatual deve informar opiniões, mas essas verdades, embora nunca sejam obscuras, tampouco são transparentes, e é de sua própria natureza resistir à ulterior elucidação, como é da natureza da luz resistir à iluminação.

Além disso, em nenhum lugar essa opacidade é mais patente e irritante do que ao nos confrontarmos com fatos e verdades fatuais, pois os fatos não têm razão conclusiva alguma, qualquer que seja, para serem o que são; eles poderiam, sempre, ter sido de outra forma, e essa aborrecida contingência é literalmente ilimitada. Era devido à acidentalidade dos fatos que a filosofia pré-moderna recusava-se a levar a sério o âmbito dos assuntos humanos, que é permeado de fatualidade, ou a acreditar que alguma verdade significativa pudesse algum dia ser descoberta na "melancólica casualidade" (Kant) de uma sequência de eventos que constitui o curso desse mundo. Tampouco nenhuma filosofia moderna da história conseguiu fazer as pazes com a intratável e empedernida pertinácia da cabal fatualidade; os filósofos modernos conjuraram todos os tipos de necessidade, desde a necessidade dialética de um espírito universal ou de condições materiais às necessidades de uma pretensamente imutável e conhecida natureza humana, com vistas a apagar os derradeiros vestígios do manifestamente arbitrário "poderia ter sido de outra forma" (que constitui o preço da liberdade) do único domínio em que os homens são verdadeiramente livres. É verdade que em retrospecto – isto é, em perspectiva histórica –, toda sequência de eventos aparece como se não pudesse ter acontecido de outra forma, mas isso é uma ilusão de óptica, ou melhor, existencial: nada poderia jamais acontecer se, por definição, a realidade não matasse todas as demais potencialidades inerentes a uma dada situação.

Em outras palavras, a verdade fatual não é mais evidente por si do que a opinião, e essa pode ser uma das razões pelas quais os que sustentam opiniões julgam relativamente fácil desacreditar a verdade fatual como simplesmente uma outra opinião. Além disso, a evidência fatual é estabelecida através de confirmações por testemunhas oculares – notoriamente não fidedignas – e por registros, documentos, e monumentos, os quais podem, todos, ser suspeitos de falsificação. No caso de uma disputa, apenas outra testemunha, mas não alguma terceira e superior instância, pode ser invocada, e, geralmente, chega-se a uma conclusão por meio de uma maioria; isto é, do mesmo modo que se concluem disputas de opinião – um procedimento inteiramente insatisfatório, visto que não há nada que impeça uma maioria de testemunhas de serem falsas testemunhas. Ao contrário, sob determinadas circunstâncias, o sentimento de pertencer a uma maioria pode até encorajar o falso testemunho. Em outras palavras, na medida em que a verdade fatual se expõe à hostilidade dos defensores de opiniões, ela é no mínimo tão vulnerável quanto a verdade filosófica racional.

Observei antes que, em alguns aspectos, o contador da verdade fatual encontra-se mais deslocado que o filósofo de Platão – que sua verdade não tem nenhuma origem transcendente e nem mesmo possui as qualidades relativamente transcendentes de princípios políticos tais como a liberdade, a justiça, a honra e a coragem, os quais inspiram todos a ação humana e nela se manifestam. Veremos agora que essa desvantagem tem consequências mais graves do que pensávamos; a saber, consequências que não dizem respeito somente à pessoa do contador da verdade, mas, o que é mais importante, às probabilidades de que sua verdade sobreviva. A inspiração da ação humana e a manifestação por meio dela podem não ser capazes de competir com a evidência coercitiva da verdade, mas podem competir, como veremos, com a persuasividade inerente à opinião.

Tomei a proposição de Sócrates de que "É melhor sofrer o mal do que praticá-lo" como um exemplo de uma asserção filosófica que concerne à conduta humana e que tem, portanto, implicações políticas. Em parte, o motivo foi que essa afirmativa ter se tornado o início do pensamento ético ocidental, e, em parte, pelo que sei, ter permanecido como a única proposição ética que se pode derivar diretamente da experiência especificamente filosófica. (O imperativo categórico de Kant, o único competidor nesse campo, poderia ser despido de seus ingredientes judaico-cristãos, responsáveis por sua formulação como um imperativo, e não como uma simples proposição. Seu princípio subjacente é o axioma da não contradição – o ladrão contradiz-se, pois quer conservar bens roubados como sua propriedade –, e esse axioma deve sua validade às condições de pensamento que Sócrates foi o primeiro a descobrir.)

Volta e meia os diálogos platônicos dizem-nos o quanto a asserção de Sócrates (uma proposição e não um imperativo) soava paradoxal; como era refutada na praça pública onde opiniões se defrontavam e como Sócrates era incapaz de prová-la e de demonstrá-la satisfatoriamente, não somente para seus adversários como também para seus amigos e discípulos. (A mais dramática dessas passagens encontra-se no início de *A República*[12]. Sócrates, tendo tentado em vão convencer seu adversário Trasímaco de que a justiça é melhor que a injustiça, ouve de seus discípulos, Glauco e Adimanto, que sua demonstração estava longe de convencer. Sócrates admira-lhes a observação: "Deve haver de fato alguma qualidade divina em vossa natureza, se podeis defender com tamanha eloquência a causa da injustiça e, no entanto, não estardes convencidos de que ela é melhor que a justiça". Em outras palavras,

---

12. Ver *A República* 367. Comparar também com *Críton* 49 D: "Pois sei que apenas alguns homens defendem, ou defenderão algum dia, essa opinião. Entre aqueles que o fazem e os que não o fazem não pode haver comum acordo; necessariamente olharão uns aos outros com desprezo por seus diferentes propósitos".

eles estavam convictos antes de iniciada a argumentação, e tudo o que foi dito para sustentar a verdade da proposição não apenas fracassou em persuadir o não convicto como nem mesmo teve força para certificar suas convicções.) Tudo que se pode dizer em sua defesa, encontramos nos diversos diálogos platônicos. O principal argumento afirma que para o homem, *sendo um*, é melhor estar em desavença com o mundo inteiro do que em discórdia e contradição consigo mesmo[13] – um argumento que, de fato, é compulsivo para o filósofo, cujo pensamento se caracteriza, segundo Platão, por um silencioso diálogo consigo mesmo, e cuja existência depende, pois, de uma comunicação continuamente articulada consigo mesmo, de um cindir em dois o um que ele *é* todavia; isso porque uma contradição básica entre os dois parceiros que conduzem o diálogo reflexivo destruiria as próprias condições do filosofar[14]. Ou, visto que o pensamento é o diálogo silencioso conduzido de mim para comigo, devo ser cuidadoso para manter intacta a integridade desse parceiro; de outra maneira, com certeza perderia inteiramente a capacidade de pensamento.

Para o filósofo – ou melhor, para o homem enquanto ser pensante – essa proposição ética não é menos compulsiva que a verdade matemática. Para o homem enquanto cidadão, contudo, um ser ativo preocupado mais com o mundo e a felicidade pública que com seu próprio bem-estar – inclusive, por exemplo, sua "alma imortal" cuja "saúde" deveria ter precedência sobre as necessidades de um corpo perecível –, a asserção de Sócrates não é de

13. Ver *Górgias* 482, onde Sócrates diz a Cálicles, seu oponente, que ele "nunca estará de acordo consigo mesmo, mas, por toda sua vida, irá contradizer-se". Acrescenta então: "Preferiria eu que o mundo inteiro não estivesse de acordo comigo e falasse contra mim a que eu, *que sou um só*, esteja em desacordo comigo mesmo e fale autocontraditoriamente".
14. Para uma definição do pensamento como o diálogo silencioso entre eu e eu mesmo, ver, especialmente, *Teeteto* 189-190, e *Sofista* 263-264. É bem dentro dessa tradição que Aristóteles chama o amigo com o qual falamos em forma de diálogo de *autos alios*, outros eu.

modo algum verdadeira. Têm-se apontado amiúde as consequências desastrosas que recaem em toda comunidade que comece a seguir com todo o zelo preceitos éticos originários do homem no singular: sejam eles socráticos, platônicos ou cristãos. Muito antes de Maquiavel recomendar que se protegesse o âmbito político dos princípios puros da fé cristã (aqueles que se recusam a resistir ao mal permitem que o perverso "faça quanto mal lhe aprouver"), Aristóteles advertia que não se desse a palavra ao filósofo em questões políticas, em nenhuma hipótese. (A homens que, por razões profissionais, devem ser indiferentes "ao que é bom para si mesmos", não se pode confiar muito bem aquilo que é bom para os outros, e muito menos o "bem comum", os interesses terra a terra da comunidade.)[15]

Visto que a verdade filosófica diz respeito ao homem em sua singularidade, é, por natureza, não política. Se, não obstante, o filósofo desejar que sua verdade predomine sobre as opiniões do vulgo, sofrerá derrota e provavelmente concluirá disso que a verdade é impotente – um truísmo que tem tanto sentido como se o matemático, incapaz de encontrar a quadratura do círculo, deplorasse o fato de um círculo não ser um quadrado. Ele pode ser tentado então, como Platão, a se fazer ouvir por algum tirano com inclinação para a filosofia, e no caso, felizmente muito improvável, de êxito, ele poderia erigir uma daquelas tiranias da "verdade" que conhecemos, sobretudo, pelas várias utopias políticas e que são, é claro, tão tirânicas em termos políticos como as demais formas de despotismo. Na eventualidade, ligeiramente menos improvável, de que sua verdade predominasse sem o auxílio da violência, simplesmente porque, por acaso, os homens coincidissem nela, ele teria obtido uma vitória de Pirro, porquanto a verdade deveria seu predomínio, nesse caso, não à sua própria qualidade compulsiva, e sim ao acordo da multidão, que poderia mudar de ideia no dia seguinte

---

15. *Ética a Nicómaco*, livro 6, especialmente 1140b9 e 1141b4.

e convir em alguma outra coisa; aquilo que fora verdade filosófica ter-se-ia tornado mera opinião.

Contudo, dado que a verdade filosófica carrega consigo um elemento de coerção, ela pode tentar o político sob determinadas condições, assim como o poder da opinião pode tentar o filósofo. Dessa forma, na Declaração de Independência, Jefferson declara que certas "verdades são evidentes por si mesmas", pois desejava colocar o consenso básico entre os homens da revolução acima de discussão e de argumentação; como axiomas matemáticos, elas deveriam expressar "crenças humanas" que "não dependessem, de seu próprio arbítrio, mas guiassem involuntariamente a evidência proposta à sua mente"[16]. Ao dizer, porém, "*Sustentamos* que essas verdades são evidentes por si mesmas", ele admitia, embora talvez sem ter consciência disso, que a asserção "Todos os homens são criados iguais" não é evidente por si mesma, mas exige acordo e consentimento – essa igualdade, para ser politicamente relevante, é questão de opinião, e não "a verdade". Por outro lado, existem asserções filosóficas ou religiosas que correspondem a essa opinião – tais como o fato de todos os homens serem iguais perante Deus ou perante a morte, ou na medida em que pertencem todos à mesma espécie de *animal rationale* – mas nenhuma delas jamais teve qualquer consequência política ou prática, pois o denominador comum, Deus, a morte ou a natureza, transcendia e permanecia exterior ao domínio no qual se dava o trato humano. Tais "verdades" não se encontram entre os homens, mas acima deles, e não se encontra nada do gênero por trás do consenso a respeito da igualdade, moderno ou antigo – sobretudo o grego. Não é evidente por si mesmo, e tampouco se pode prová-lo que todos os homens sejam criados iguais. Sustentamos essa opinião porque a liberdade só é possível entre iguais, e acreditamos

---

16. Ver o "Draft Preamble to the Virginia Bill Establishing Religious Freedom" de Jefferson.

que as alegrias e recompensas de uma convivência livre sejam preferíveis aos prazeres duvidosos da detenção de domínio. Tais preferências são da máxima importância política, e existem poucas coisas pelas quais os homens se distinguem uns dos outros tão profundamente como por elas. Sua qualidade humana, somos tentados a dizer, e por certo a qualidade de toda espécie de comunicação entre eles, depende de tais opções. Contudo, expressam um caso de opinião e não de verdade – como Jefferson o admitiu, um tanto de mau grado. Sua validade depende do livre acordo e assentimento; chegamos a elas mediante o pensamento representativo e discursivo; elas são comunicadas por intermédio de persuasão e dissuasão.

A proposição socrática "É melhor sofrer o mal que praticá-lo" não é uma opinião, mas se pretende verdade, e embora se possa duvidar que tenha tido algum dia consequências políticas diretas, seu impacto sobre a conduta prática enquanto preceito ético é inegável; só os mandamentos religiosos, que são absolutamente obrigatórios para a comunidade de crentes, podem pretender maior reconhecimento. Tal fato não se coloca em direta contradição com a importância geralmente aceita da verdade filosófica? E, como sabemos pelos diálogos platônicos o quanto a asserção de Sócrates continuava sendo pouco persuasiva para amigos e inimigos sempre que ele tentava comprová-la, devemos nos perguntar como pôde vir a obter o seu alto grau de validade. Obviamente, isso se deve a uma espécie de persuasão um tanto excepcional; Sócrates decidiu empenhar sua vida por sua verdade – dar um exemplo, não quando compareceu ao tribunal de Atenas, mas ao recusar-se a fugir à sentença de morte. Esse ensinamento por meio de exemplo é, com efeito, a única forma de "persuasão" de que a verdade filosófica é capaz sem perversão ou distorção[17]; ao mesmo tempo, a ver-

17. É esse o motivo da observação de F. Nietzsche em "Schopenhauer als Erzieher": "Ich mache mir aus einem Philosophen gerade so viel, als er imstande ist, ein Beispiel zu geben".

dade filosófica só pode se tornar "prática" e inspirar a ação sem violar as regras do âmbito político quando consegue manifestar-se sob o disfarce de um exemplo. É a única oportunidade de que um princípio ético seja simultaneamente verificado e validado. Assim, por exemplo, para verificar a noção de coragem, devemos recordar o exemplo de Aquiles, e para verificar a noção de bondade inclinamo-nos a pensar em Jesus Cristo ou São Francisco; esses exemplos ensinam ou persuadem através da inspiração, de tal modo que, sempre que procuramos realizar um ato de coragem ou de bondade, é como se imitássemos alguma outra pessoa – a *invitatio Christi*, ou qualquer que seja o caso. Observou-se muitas vezes que, como disse Jefferson, "imprime-se um vivido e duradouro senso de dever filial na mente de um filho ou filha com maior eficácia mediante a leitura do *Rei Lear* do que com todos os áridos tomos de ética e teologia que já se escreveram"[18], e que, como disse Kant, "preceitos gerais aprendidos aos pés de sacerdotes ou de filósofos, ou mesmo obtidos com recursos pessoais, nunca são tão eficientes como um exemplo de virtude ou santidade"[19]. O motivo, como Kant explica, é que precisamos sempre de "intuições [...] para verificar a realidade de nossos conceitos". "Se eles são puros conceitos do entendimento", tais como o conceito do triângulo, "as intuições recebem o nome de esquemas", tais como o triângulo ideal, apenas percebido pelo espírito e, contudo, indispensável ao reconhecimento de triângulos reais; se, porém, os conceitos são práticos, relativos à conduta, "as intuições chamam-se *exemplos*"[20]. E ao contrário dos esquemas que nossa mente produz por seu livre-arbítrio mediante a imaginação, esses exemplos originam-se da história e da poesia, através das quais, como Jefferson ressaltou, "abre-se para nosso uso um campo de imaginação" completamente diverso.

18. Em uma carta a W. Smith, 13 de novembro de 1787.
19. *Crítica do Juízo*, Parágrafo 32.
20. Ibidem, Parágrafo 59.

Essa transformação de uma asserção teórica ou especulativa em verdade exemplar – uma transformação de que somente a filosofia moral é capaz – é para o filósofo uma experiência de fronteira; ao dar um exemplo e "persuadir" a multidão pelo único caminho de que dispõe, ele começou a agir. Hoje em dia, quando dificilmente uma asserção filosófica, por ousada que seja, será levada a sério a ponto de ameaçar a vida do filósofo, até mesmo essa rara oportunidade de validar politicamente uma verdade filosófica desapareceu. Em nosso contexto, porém, é importante notar que tal possibilidade efetivamente existe para o que conta a verdade racional; pois, em nenhuma circunstância, ela existe para o que conta a verdade fatual, que nesse aspecto, assim como em outros, está em má situação. Não somente não contêm as asserções fatuais nenhum princípio a partir do qual os homens possam agir e que possam, desse modo, se manifestar no mundo, como seu próprio conteúdo desafia esse tipo de verificação. Um contador de verdades fatuais, na improvável eventualidade de desejar empenhar sua via por um fato específico, alcançaria algo como um malogro. O que se tornaria manifesto em seu ato seria sua coragem ou, talvez, sua tenacidade; não, porém, a verdade do que tinha a dizer, ou mesmo sua própria veracidade. Por que não se aferraria um mentiroso às suas mentiras com grande coragem, sobretudo em política, onde ele poderia estar motivado pelo patriotismo ou algum outro tipo de legítima parcialidade grupal?

4

A marca distintiva da verdade fatual consiste em que seu contrário não é o erro, nem a ilusão, nem a opinião, nenhum dos quais se reflete sobre a veracidade pessoal, e sim a falsidade deliberada, a mentira. É claro que o erro é possível e mesmo comum com respeito à verdade fatual, caso em que ela não difere de modo algum da verdade científica ou racional.

Mas o problema é que, com relação a fatos, há uma outra alternativa, e esta, a falsidade deliberada, não pertence ao mesmo gênero que as proposições, as quais, certas ou equivocadas, não pretendem nada além de dizer o que é ou como alguma coisa que é me parece. Uma afirmação fatual – a Alemanha invadiu a Bélgica em agosto de 1914 – só adquire implicações políticas ao ser colocada em um contexto interpretativo. Mas a proposição oposta, que Clemenceau, ainda sem familiaridade com a arte de reescrever a história, acreditou ser absurda, não necessita de nenhum contexto para ter significado político. É uma nítida tentativa de alterar o registro histórico e, como tal, uma forma de *ação*. O mesmo ocorre quando o mentiroso, sem poder para fazer com que sua falsidade convença, não insiste sobre a verdade bíblica de sua asserção, mas pretende ser esta sua "opinião", à qual reclama direito constitucional. Frequentemente o fazem grupos subversivos e, em um público imaturo politicamente, a confusão resultante pode ser considerável. O apagamento da linha divisória entre verdade fatual e opinião é uma das inúmeras formas que o mentir pode assumir, todas elas formas de ação.

O mentiroso é um homem de ação, ao passo que o que conta a verdade, quer ele diga a verdade fatual ou racional, notoriamente não o é. Se o que fala a verdade fatual quiser desempenhar um papel político e portanto ser persuasivo, o mais das vezes terá que entrar em digressões consideráveis para explicar por que sua verdade particular atende aos melhores interesses de algum grupo. E, do mesmo modo como o filósofo obtém uma vitória de Pirro quando sua verdade se torna uma opinião dominante entre defensores de opiniões, o que conta a verdade fatual, ao penetrar no âmbito político e ao identificar-se com interesses parciais e com a formação do poder, harmoniza-se com a única qualidade que poderia ter tornado plausível sua verdade, a saber, sua veracidade pessoal, assegurada pela imparcialidade, integridade e independência. Dificilmente haverá uma figura política mais passível de suspeição justificada do que o contador da verdade profissional que descobriu alguma feliz coincidência entre a verdade e o interesse. Ao contrário, o mentiroso não carece de uma acomodação equívoca semelhante para aparecer no palco político; ele tem a grande vantagem de estar sempre, por assim dizer, em meio a ele. Ele é um ator por natureza; diz o que não é por desejar que as coisas sejam diferentes daquilo que são – isto é, quer transformar o mundo. Ele tira partido da inegável afinidade de nossa capacidade de ação, de transformar a realidade, com a misteriosa faculdade que nos capacita a *dizer* "O sol brilha" quando chove a cântaros. Caso estivéssemos tão condicionados por inteiro em nosso comportamento como o desejariam certas filosofias, jamais seríamos capazes de realizar esse pequeno milagre. Em outras palavras, a capacidade de mentirmos – mas não necessariamente a de dizermos a verdade – é dos poucos dados óbvios e demonstráveis que confirmam a liberdade humana. O simples fato de podermos mudar as circunstâncias sob as quais vivemos se deve ao fato de sermos relativamente livres delas, e dessa liberdade é que se abusa, pervertendo-a através da mendacidade. Se, para o historiador profissional, cair na armadilha da necessidade e negar implicitamente a liberação de ação é uma tentação pouco menos que irresistível, para o político profissional é quase igualmente irresistível superestimar as possibilidades dessa liberdade e, implicitamente, tolerar a negação ou distorção mentirosa dos fatos.

No que diz respeito à ação, a mentira organizada é sem dúvida um fenômeno marginal; o problema é que seu oposto, o mero enunciado de fatos, não conduz a nenhuma espécie de ação e tende até, em condições normais, à aceitação das coisas como são. (Isso não significa, é claro, negar que a revelação de fatos possa ser legitimamente utilizada por organizações políticas ou que, sob determinadas circunstâncias, questões fatuais trazidas à atenção pública não venham a encorajar e fortificar consideravelmente as reivindicações de grupos étnicos e sociais.) Jamais se incluiu a veracidade entre as virtudes políticas, pois ela de fato pouco contribui para esta transformação do mundo e das circunstâncias, que é uma das mais legítimas atividades políticas. Somente quando uma comunidade adere ao mentir organizado por princípio, e não apenas em relação a particularidades, a veracidade como tal, sem o apoio das forças distorsivas do poderio e do interesse, se torna fator político de primeira ordem. Onde todos mentem acerca de tudo que é importante, aquele que conta a verdade começa a agir, quer o saiba ou não; ele se comprometeu também com os negócios políticos, pois, na improvável eventualidade de que sobreviva, terá dado um primeiro passo para a transformação do mundo.

Nessa situação, contudo, logo se verá, novamente, em incômoda desvantagem. Mencionei antes o caráter contingente dos fatos, os quais poderiam sempre ter sido de outro modo e, portanto, não possuem por si mesmos nenhum traço de evidência ou plausibilidade perante a mente humana. Como o mentiroso é livre para moldar os seus "fatos" adequando-os ao proveito e ao prazer, ou mesmo às meras expectativas de sua audiência, o mais provável é que ele seja mais convincente do que o que conta a verdade. De fato, normalmente ele terá a plausibilidade a seu lado; sua exposição soará por assim dizer mais lógica, visto ter desaparecido indulgentemente o elemento de imprevisibilidade – uma das características conspícuas de todo evento. Não é somente a verdade racional que, na frase hegeliana, conflita com o senso comum; com muita frequência a realidade desagrada a integridade do senso comum tanto quanto prejudica o proveito e o prazer.

Devemos agora voltar nossa atenção para o fenômeno relativamente recente da manipulação em massa de fatos e opiniões, como se tornou evidente no reescrever a história, na criação de imagens e na política governamental efetiva. A tradicional mentira política, tão proeminente na história da diplomacia e da arte política, referia-se, quer a segredos autênticos, a dados que nunca se haviam tornado públicos, ou a intenções, que, de qualquer maneira, não possuem o mesmo grau de segurança que fatos acabados; como tudo aquilo que decorre meramente em nosso íntimo, as intenções não passam de potencialidades, e o que tencionava ser uma mentira sempre pode se revelar verdadeiro no final.

Ao invés disso, a mentira política moderna lida eficientemente com coisas que em absoluto constituem segredos, mas são conhecidas praticamente por todo mundo. Isso é óbvio no caso em que a história reescrita sob os olhos daqueles que a testemunharam, mas é igualmente verdadeiro na criação de imagens de toda espécie, na qual todo fato conhecido e estabelecido pode do mesmo modo ser negado ou negligenciado caso possa vir a prejudicar a imagem; pois uma imagem, ao contrário de um retrato à moda antiga, não deve bajular a realidade, mas oferecer-lhe um substituto adequado. E, em consequência das técnicas modernas e dos meios de comunicação de massa, esse substituto está, é claro, muito mais sob as vistas do público que o original em qualquer época. Finalmente, confrontamo-nos com estadistas altamente respeitáveis, como de Gaulle e Adenauer, que conseguiram erigir sua política básica sobre pseudofatos evidentes, tais como estar a França incluída entre os vitoriosos da última guerra e ser, portanto, uma das grandes potências, e como "a barbárie do nacional-socialismo afetou apenas uma fração relativamente diminuta do país"[21]. Todas essas mentiras, quer seus autores o saibam ou não, abrigam um germe de violência; a mentira organizada tende sempre a destruir aquilo que ela decidiu negar, embora somente os governos totalitários tenham adotado conscientemente a mentira como o

---

21. Para a França, ver o excelente De Gaulle: Pose and Policy, *Foreign Affairs*, jul. 1965. A citação de Adenauer é de suas *Memoirs 1945-1953*, Chicago, 1966, p. 89, onde, contudo, ele coloca essa noção nos cérebros das autoridades da ocupação. No entanto, ele repetiu a sua essência muitas vezes, enquanto chanceler.

primeiro passo para o assassinato. Quando Trótski escutou que nunca desempenhara nenhum papel na Revolução Russa, deve ter tomado consciência de que sua sentença de morte fora assinada. Evidentemente, é muito mais fácil eliminar uma figura pública da história se, ao mesmo tempo, ela puder ser eliminada do mundo dos vivos. Em outras palavras, a diferença entre a mentira tradicional e a moderna acarretará, na maior parte das vezes, a diferença entre ocultar e destruir.

Além do mais, a mentira tradicional referia-se apenas a particularidades e nunca visava a iludir, literalmente, todas as pessoas; ela se dirigia ao inimigo e visava a iludir apenas a ele. Essas duas limitações restringiam tanto o dano infligido à verdade que, para nós, em retrospecto, ele pode parecer quase inócuo. Visto que os fatos sempre ocorrem em um contexto, uma mentira particular – isto é, uma falsidade que não faz nenhuma tentativa de mudar todo o contexto – abre, por assim dizer, uma falha na trama de fatualidade. Como qualquer historiador sabe, pode-se localizar uma mentira notando incongruências, falhas ou junções em lugares remendados. Enquanto a textura como um todo for preservada intacta, a mentira cedo ou tarde se mostrará como por espontânea vontade. A segunda limitação diz respeito aos que se encontram a serviço da atividade de iludir. Estes pertenciam, em regra, ao círculo restrito de estadistas e diplomatas, que, entre eles mesmos, ainda sabiam como preservar a verdade e podiam fazê-lo. Não era provável que fossem vítimas de suas próprias falsidades, e podiam enganar outros sem enganar a si mesmos. Essas duas circunstâncias atenuantes da velha arte de mentir estão notoriamente ausentes da manipulação de fatos com que nos deparamos hoje em dia.

Qual é, pois, o significado dessas limitações e por que temos razão ao chamá-las circunstâncias atenuantes? Por que a autoilusão se tornou um instrumento indispensável ao ofício de fazer imagens, e por que deveria ser pior, tanto para o mundo como para o próprio mentiroso, que ele fosse enganado por suas próprias mentiras em vez de meramente enganar os outros? Que melhor desculpa moral poderia oferecer um mentiroso que a circunstância de sua aversão à mentira ser grande a ponto de ter ele de convencer-se antes de poder mentir aos demais? E, como Antônio em *A Tempestade*, ter precisado fazer "de sua memória uma pecadora, para dar crédito à própria mentira"? Por fim, o que é talvez mais perturbador, se as mentiras políticas modernas são tão grandes que requerem um rearranjo completo de toda a trama fatual, a criação de outra realidade, por assim dizer, na qual elas se encaixem sem remendos, falhas ou rachaduras, exatamente como os fatos se encaixavam em seu próprio contexto original, o que impede essas novas histórias, imagens e pseudofatos de se tornarem um substituto adequado para a realidade e fatualidade?

Uma anedota medieval mostra o quanto pode ser difícil mentir para os outros sem mentir a si próprio. Trata-se de uma história sobre o que aconteceu certa noite em uma cidade em cuja torre de vigia se encontrava de serviço, noite e dia, um sentinela que deveria advertir o povo da aproximação do inimigo. O sentinela era um homem dado a peças de mau gosto e, naquela noite, soou o alarme só para assustar um pouco a gente da cidade. Seu êxito foi espetacular: todos se lançaram às muralhas, e o último a fazê-lo foi o próprio sentinela. O conto sugere até que ponto nossa apreensão da realidade depende de nosso compartilhamento do mundo com nossos semelhantes, e quanta força de caráter é necessária para se ater a algo, mentira ou verdade, que não seja compartilhado. Em outras palavras, quanto mais bem-sucedido for um mentiroso, maior é a probabilidade de que ele seja vítima de suas próprias invencionices. Além disso, se o gracejador em erro está no mesmo barco que suas vítimas, parecerá imensamente superior, em merecimento de confiança, em relação ao mentiroso empedernido que se permite gozar sua travessura de fora. Somente o autoengano pode criar uma aura de veracidade, e em um debate a respeito de fatos o único fator persuasivo que ocasionalmente tem possibilidades de prevalecer contra o prazer, o medo e o lucro é a aparência pessoal.

O preconceito moral corriqueiro tende a ser um tanto severo com respeito ao mentir a sangue-frio, ao passo que a arte com frequência extremamente desenvolvida da autoilusão é em geral encarada com grande tolerância e permissividade. Entre os poucos exemplos da literatura que se podem citar contra essa avaliação corriqueira se encontra a famosa cena do mosteiro, no início de *Os Irmãos Karamázov*. O pai, mentiroso inveterado, indaga ao *stárets*: "E que devo fazer para obter a salvação?" Ao que o *stárets* replica: "Antes de tudo, jamais mintas a ti mesmo!" Dostoiévski não acrescenta nenhuma explicação ou desenvolvimento. Argumentos em favor da asserção – "É melhor mentires a outrem que enganares a ti mesmo" – teriam de ressaltar que o mentiroso a sangue-frio permanece ciente da distinção entre verdade e falsidade, de modo que a verdade por ele ocultada dos demais não foi ainda completamente eliminada do mundo; ela encontrou nele seu derradeiro refúgio. O dano causado à realidade nem é completo nem final, e, ao mesmo tempo, o prejuízo ocasionado ao mentiroso tampouco é completo ou final. Ele mentiu, mas ainda não é um mentiroso. Tanto ele como o mundo que ele enganou não estão além da "salvação" – para empregar a linguagem do *stárets*.

Essa inteireza e finalidade potencial, ignoradas nas épocas anteriores, constituem os perigos que emergem da moderna manipulação dos fatos. Mesmo no mundo livre, onde o governo não monopolizou o poder de decidir e dizer o que é e o que não é fatualidade, gigantescas organizações de interesses generalizaram uma espécie de mentalidade de *raison d'État* que, antigamente, se restringia ao trato de negócios estrangeiros e, em seus piores excessos, a situações de perigo claro e imediato. E a propaganda nacional ao nível governamental aprendeu mais do que alguns truques da prática comercial e dos métodos da Madison Avenue. As imagens criadas para consumo doméstico, ao contrário das mentiras dirigidas a adversários estrangeiros, podem tornar-se uma realidade para todos e sobretudo para os seus próprios criadores, os quais se avassalam, ainda no ato de preparar seus "produtos", pelo mero pensamento da quantidade potencial de suas vítimas. Sem dúvida, os originadores da imagem mentirosa que "inspiram" os persuasores ocultos sabem, todavia, que desejam enganar um inimigo ao nível social ou nacional, porém o resultado é que todo um grupo de pessoas e mesmo nações inteiras podem orientar-se por uma teia de ilusões à qual seus líderes desejaram sujeitar seus oponentes.

O que acontece então segue-se quase automaticamente. O esforço principal tanto do grupo enganado como dos próprios enganadores tenderá a se dirigir no sentido de manter a imagem de propaganda intacta, e esta é menos ameaçada pelo inimigo e por interesses hostis concretos do que por aqueles que, dentro do próprio grupo, lograram escapar a seu fascínio e insistem em falar sobre fatos ou ocorrências que não se encaixam na imagem. A história contemporânea está repleta de exemplos em que os que diziam a verdade fatual eram considerados mais perigosos e até mesmo mais hostis que os verdadeiros adversários. Esses argumentos contra a autoilusão não devem ser confundidos com os protestos de "idealistas", seja qual for seu mérito, contra a mentira como sendo má em princípio e contra a secular arte de iludir o inimigo. Politicamente, o ponto fundamental é que a arte moderna de autoilusão tende a transformar uma questão externa em um problema interno, de modo que um conflito internacional ou intergrupal torna, num efeito bumerangue, ao palco da política doméstica. As autoilusões praticadas por ambos os lados no período da Guerra Fria são inúmeras demais para serem apontadas, mas constituem obviamente um caso pertinente. Os críticos conservadores da sociedade de massas têm sublinhado com frequência os perigos que essa forma de governo acarreta para as questões internacionais – sem, todavia, mencionarem os perigos peculiares às monarquias ou oligarquias. A força de seus argumentos baseia-se no fato inegável de que, sob condições plenamente democráticas, iludir sem se autoiludir é pouco menos que impossível.

Sob o sistema atual de comunicação mundial, cobrindo um vasto número de nações independentes, não existe em parte alguma uma potência próxima de ser grande o bastante para tornar sua "imagem" irrefutável. As imagens têm, pois, uma probabilidade de vida relativamente curta; é de crer que sejam desacreditadas não apenas quando a fraude for derrubada e a realidade reaparecer em público, mas antes mesmo que isso aconteça, pois constantemente fragmentos de fatos perturbam e desengrenam a guerra de propaganda entre imagens conflitantes. Todavia, esse não é o único meio, ou mesmo o mais significativo, mediante o qual a realidade se vinga daqueles que ousam desafiá-la. A expectativa de vida das imagens a custo poderia ser ampliada sensivelmente, mesmo sob um governo mundial ou outra versão qualquer da *Pax Romana*. A melhor forma de ilustrar isso são os sistemas, relativamente aparentados, de governos totalitários e ditaduras de partido único, os quais são claramente, com grande dianteira, os órgãos mais eficientes quanto ao abrigo das ideologias e imagens do impacto da realidade e da verdade. (E essas correções da história nunca são feitas sem maiores problemas. Lemos, em um memorando de 1935 encontrado no Arquivo Smolénsk, acerca das incontáveis dificuldades que obstruem esse tipo de empreendimento. O que, por exemplo, "deveria ser feito com os discursos de Zinóvev, Kámenev, Rikov, Bukhárin et al., em congressos do partido, reuniões plenárias do comitê central, no Komintern, no Congresso dos Soviets etc.? Que fazer de antologias sobre o marxismo... escritas ou organizadas em colaboração por Lênin, Zinóvev..., e outros? E os escritos de Lênin editados por Kámenev?... O que se deveria fazer nos casos em que Trótski... tivesse escrito um artigo em um número da *Internacional Comunista*? Todo ele deveria ser confiscado?"[22]. São questões de fato embaraçosas, às quais o arquivo não dá resposta.) O problema deles é que precisavam alterar constantemente as falsificações que ofereciam em substituição à história real; as circunstâncias, ao se modificarem, exigem a substituição de um compêndio de história por outro, a troca de páginas em enciclopédias e obras de consulta, o desaparecimento de certos nomes em favor de outros, ignorados ou pouco conhecidos até então. Embora essa instabilidade continuada não dê indicações sobre o que possa ser a verdade, ela é em si mesma um indício expressivo do caráter mentiroso das afirmações públicas referentes ao mundo dos fatos. Notou-se muitas vezes que, a longo prazo, o resultado mais certo da lavagem cerebral é uma curiosa espécie de cinismo – uma absoluta recusa a acreditar na verdade de qualquer coisa, por mais bem estabelecida que ela possa ser. Em outras palavras, o resultado de uma substituição coerente e total da verdade dos fatos por mentiras não é passarem estas a ser aceitas como verdade, e a verdade ser difamada como mentira, porém um processo de destruição do sentido mediante o qual nos orientamos no mundo real – incluindo-se entre os meios mentais para esse fim a categoria de oposição entre verdade e falsidade.

Não há remédio para esse problema. Ela não é senão o reverso da perturbadora contingência de toda realidade fatual. Como todas as coisas que ocorreram efetivamente no âmbito dos assuntos humanos poderiam ter sido igualmente de outro modo, as possibilidades da mentira são ilimitadas, e é isso a causa de sua derrocada. Só o mentiroso ocasional acreditará ser possível aferrar-se a uma falsidade determinada com coerência inabalável; aqueles que ajustam as imagens e histórias às circunstâncias em

---

22. Parte do arquivo foi publicado em Merle Fainsod, *Smolensk Under Soviet Rule*, Cambridge: Harvard University Press, 1958. Ver p. 374.

mudança permanente se verão flutuando sobre o largo horizonte da potencialidade, à deriva, de uma possibilidade para outra, incapazes de sustentar qualquer de suas próprias invencionices. Longe de conseguir um substituto adequado para a realidade e a fatualidade, eles transformaram os fatos e ocorrências novamente na potencialidade da qual haviam saído inicialmente. E o sinal mais seguro da fatualidade de fatos e ocorrências é precisamente seu empedernido "estar-aí", cuja inerente contingência desafia em última instância toda e qualquer tentativa de explanação concludente. Ao contrário, sempre é possível explicar as imagens e emprestar-lhe plausibilidade – isso lhes confere uma vantagem momentânea em relação à verdade fatual –, mas elas jamais podem competir em estabilidade com aquilo que é simplesmente porque calhou que fosse assim e não de outra maneira. Esse é o motivo por que a mentira coerente, em termos metafóricos, arranca o chão de sob nossos pés, sem fornecer nenhuma outra base em que nos postemos. (Nas palavras de Montaigne: "Se a falsidade, como a verdade, tivesse apenas uma face, saberíamos melhor onde estamos, pois tomaríamos então por certo o contrário do que o mentiroso nos dissesse. Mas o reverso da verdade tem mil formas e um campo ilimitado.") A experiência de um movimento trêmulo e titubeante de tudo aquilo em que nos apoiamos para nosso senso de direção e realidade é uma das experiências mais comuns e mais vividas dos homens sob um regime totalitário.

Por conseguinte, a afinidade inegável da mentira com a ação e com a alteração do mundo – em síntese, com a política – é limitada pela própria natureza das coisas que são expostas à faculdade de ação do homem. O criador de imagens convicto cai em erro ao acreditar que pode antecipar as transformações mentindo sobre questões fatuais que todos desejam de qualquer forma eliminar. A construção das aldeias de Potiômkin, tão caras aos políticos e propagandistas de países subdesenvolvidos, nunca leva ao estabelecimento da coisa concreta, mas apenas a uma proliferação e aperfeiçoamento do fazer crer. Não é o passado, e toda verdade fatual diz respeito evidentemente ao passado, nem o presente, na medida em que este é o resultado do passado, porém o futuro que está aberto à ação. Se o passado e o presente são tratados como partes do futuro – isto é, levados de volta a seu antigo estado de potencialidade – o âmbito político priva-se não só de sua principal força estabilizadora como do ponto de partida para transformar, para iniciar algo novo. Então, inicia-se a constante mudança e confusão em absoluta esterilidade, característica de tantas nações jovens que tiveram a má fortuna de nascer na era da propaganda.

É óbvio que os fatos não estão seguros nas mãos do poder, porém o ponto em questão aqui é que o poder, por sua própria natureza, nunca pôde produzir um substituto para a segura estabilidade da realidade fatual, que por ser passada adquiriu uma dimensão situada além de nosso alcance. Os fatos afirmam-se por serem inflexíveis – sua fragilidade se combina estranhamente com uma grande elasticidade, a mesma irreversibilidade que constitui a marca distintiva de toda ação humana. Em sua inflexibilidade os fatos são superiores ao poder; são menos transitórios que as formações de poder que surgem ao se reunirem os homens com um objetivo, mas desaparecem tão logo o mesmo seja realizado ou abandonado. Esse caráter transitório torna o poder um instrumento pouquíssimo digno de confiança para efetivar qualquer espécie de permanência e, portanto, não apenas a verdade e os fatos são inseguros em suas mãos como também a inverdade e os pseudofatos. A atitude política diante dos fatos deve, com efeito, trilhar a estreita senda que se situa entre o perigo de tomá-los como resultados de algum desenvolvimento necessário – que os homens não poderiam impedir e sobre os quais, portanto, eles nada podem fazer –, e o risco de negá-los, de tentar maquinar sua eliminação do mundo.

5

Para concluir, retorno às questões que levantei ao iniciar essas reflexões. A verdade, posto que impotente e sempre perdedora em um choque frontal com o poder, possui uma força que lhe é própria: seja lá o que possam idear aqueles que detêm o poder, eles são incapazes de descobrir ou excogitar um substituto viável para ela. A persuasão e a violência podem destruir a verdade, não substituí--la. E isso se aplica tanto à verdade racional ou religiosa como, mais obviamente, à verdade fatual. Considerar a política da perspectiva da verdade, como fiz aqui, significa situar-se em uma posição exterior ao âmbito político. Essa posição é a do que conta a verdade, que a põe em risco – e com ela a validade daquilo que tem a dizer – se tenta interferir diretamente nos assuntos humanos e falar a linguagem da persuasão ou da violência. É para essa posição e sua importância no domínio da política que devemos voltar agora nossa atenção.

O ponto de vista exterior ao domínio político – isto é, à comunidade à qual pertencemos e ao convívio de nossos semelhantes – caracteriza-se nitidamente como um dos vários modos de existência solitária. Entre os modos existenciais de dizer a verdade notabilizam-se a solidão do filósofo, o isolamento do cientista e do artista, a imparcialidade do historiador e do juiz e a independência do descobridor de fatos, da testemunha e do relator. (Essa imparcialidade difere daquela da opinião competente e representativa, mencionada anteriormente, visto que é, não adquirida dentro do domínio político, e sim inerente à posição exterior requerida para tais ocupações.) Esses modos de existência solitária diferem em muitos aspectos, porém, têm em comum a circunstância de, enquanto qualquer deles perdurar, não ser possível nenhum compromisso político e nenhuma aderência a uma causa. É claro que são comuns a todos os homens; constituem modos de existência humana enquanto tais. Somente quando um deles é adotado como uma maneira de viver – e mesmo então a vida nunca é vivida em completa solidão, isolamento ou independência – torna-se provável que entre em conflito com as exigências do político.

É inteiramente natural que nos tornemos conscientes da natureza não política e mesmo, em potencial, antipolítica da verdade – *Fiat veritas, et pereat mundus* – apenas na ocorrência de conflito, e tenho até agora acentuado esse lado da questão. Contudo, isso de modo algum pode esgotar toda a história. Não são abrangidas certas instituições públicas, por mais estabelecidas e apoiadas pelos poderes que sejam, nas quais, contrariamente a todas as regras políticas, a verdade e a veracidade sempre constituíram o critério soberano da linguagem e do esforço. Entre estas se distingue o poder judiciário, que, seja como ramo do governo, seja como administração direta da justiça, é protegido ciosamente do poderio social e político, bem como todas as instituições de ensino superior às quais o Estado confia a educação de seus futuros cidadãos. Na medida em que a Academia recordar suas origens antigas, ela deverá saber que foi fundada pelo oponente da *polis* mais decidido e influente. O sonho platônico, decerto, não se tornou verdadeiro: a Academia nunca veio a ser uma contrassociedade, e em parte alguma ouvimos falar de qualquer tentativa de tomada do poder pelas universidades. Tornou-se verdadeiro, porém, aquilo que Platão jamais sonhou: o domínio político reconheceu necessitar de uma outra instituição exterior à luta pelo poder, além da imparcialidade requisitada pela aplicação da justiça; não é de grande importância o fato de estarem esses locais de ensino superior em mãos privadas ou públicas, pois não só a sua integridade, como sua própria existência, dependem, seja como for, da boa vontade do governo.

Verdades bem desagradáveis têm saído das universidades, e sentenças bem indesejáveis muitas vezes têm sido emitidas de um tribunal; essas instituições, como outros refúgios da verdade, permaneceram expostas a todos os perigos provenientes do poderio político e social. Todavia, as probabilidades de que a verdade prevaleça em público são, naturalmente, aumentadas em grande escala pela mera existência de tais lugares e pela organização de estudiosos independentes, supostamente desinteressados, a eles associados. Dificilmente se pode negar que, ao menos em países governados constitucionalmente, o domínio político tem reconhecido, mesmo em caso de conflito, seu interesse na existência de homens e instituições sob os quais ele não detenha nenhum poder.

Hoje, essa importância autenticamente política da instituição acadêmica é facilmente despercebida devido à proeminência de suas faculdades profissionais e à evolução de suas repartições dedicadas à ciência natural, onde, inesperadamente, a pesquisa pura forneceu tantos resultados decisivos que se demonstrou em larga escala vital para a sociedade. Nenhuma pessoa pode, em absoluto, negar a utilidade social e técnica das universidades, porém essa importância não é política. As ciências históricas e as humanidades, que têm a obrigação de descobrir, conservar sob guarda e interpretar a verdade dos fatos e os documentos humanos, têm relevância politicamente maior. O dizer a verdade dos fatos abrange muito mais que a informação diária suprida pelos jornalistas, posto que sem eles nunca poderíamos nos orientar em um mundo em contínua mudança e, no sentido mais literal possível, nunca saberíamos onde nos encontraríamos. É claro que isso é da mais imediata importância política; porém, se a imprensa tiver de se tornar algum dia realmente o "quarto poder", ela precisará ser protegida do poder governamental e da pressão social com zelo ainda maior que o poder judiciário, pois a importantíssima função política de fornecer informações é exercida, em termos estritos, exteriormente ao domínio político; não envolve, ou não deveria envolver nenhuma ação ou decisão.

A realidade é diferente da totalidade dos fatos e ocorrências e mais que essa totalidade, a qual, de qualquer modo, é inaveriguável. Aquele que diz o que é – *légei tá eónta* – sempre narra uma história, e nessa história os fatos particulares perdem sua contingência e adquirem algum sentido humanamente compreensível. É perfeitamente verdadeiro que "todas as desgraças podem ser suportadas se você as colocar em uma história ou narrar uma história a respeito delas", nas palavras de Isak Dinesen, que não somente foi uma das maiores contadoras de histórias de nossa época, mas também – e ela foi quase única quanto a esse aspecto – sabia o que estava fazendo. Ela poderia ter acrescentado que também a alegria e a felicidade somente se tornam toleráveis e significativas para os homens quando eles podem falar sobre elas e contá-las em forma de uma história. Na medida em que o contador da verdade dos fatos é também um contador de histórias, ele efetiva aquela "reconciliação com a realidade" que era compreendida por Hegel, o filósofo da história *par excellence*, como o fim último de todo pensamento filosófico e que, de fato, tem sido o motor secreto de toda historiografia que transcende a mera erudição. A transformação da matéria-prima de pura ocorrência, que o historiador, assim como o ficcionista (de modo algum, um bom romance é uma simples excogitação ou invenção de pura fantasia), deve efetivar, é bem análoga à transfiguração pelo poeta dos estados ou atividades do coração – do pesar em lamentos ou do júbilo em louvor. Podemos ver na função política do poeta, com Aristóteles, a operação de uma catarse, uma purificação ou purgação de todas as emoções que pudessem impedir os homens de agir. A função política do contador de histórias – historiador ou novelista – é ensinar a aceitação das coisas tais como são. Dessa aceitação, que também poderia ser chamada veracidade, surge a faculdade do julgamento que, novamente com as palavras de Isak Denisen, "no fim, teremos o privilégio de apreciar e reapreciar. E é isso o que se nomeia Dia do Julgamento".

Não há dúvida de que todas essas funções de relevância política são desempenhadas de fora do âmbito político.

Elas requerem descompromisso e imparcialidade, isenção do interesse pessoal no pensamento e no julgamento. A busca desinteressada da verdade tem uma longa história; caracteristicamente, sua origem precede todas as nossas tradições teóricas e científicas, incluindo nossa tradição de pensamento filosófico e político. Penso que se pode remontá-la ao momento em que Homero decidiu cantar os efeitos dos troianos não menos que os dos aqueus, e louvar a glória de Heitor, o inimigo e o homem derrotado, não menos que a glória de Aquiles, o herói de seu povo. Isso jamais acontecera em parte alguma antes: nenhuma outra civilização, por mais esplêndida que fosse, fora capaz de olhar com iguais olhos o amigo e o adversário, a vitória e a derrota – que desde Homero não se têm reconhecido como medidas últimas do julgamento dos homens, muito embora sejam definitivas para os destinos das suas vidas. A imparcialidade homérica ecoa através de toda a história grega, e inspirou o primeiro grande contador da verdade fatual, o qual tornou-se o pai da história: Heródoto diz-nos já nas primeiras sentenças de suas histórias ter-se decidido a impedir "os grandes e portentosos feitos dos gregos *e* dos bárbaros de perderem seu devido galardão de glória". Essa é a raiz de toda a chamada objetividade – essa curiosa paixão, desconhecida exteriormente à civilização ocidental, pela integridade intelectual a qualquer preço. Sem ela, ciência alguma jamais poderia ter existido.

Como tratei aqui da política da perspectiva da verdade, e portanto de um ponto de vista externo ao âmbito político, deixei de mencionar, ainda que de passagem, a grandeza e a dignidade daquilo que ocorre em seu interior. Falei como se o âmbito político não fosse mais do que um campo de batalha de interesses parciais e antagônicos, onde nada contasse, senão prazer e lucro, partidarismo e anseio por domínio. Em resumo, tratei da política como se eu também acreditasse que todas as questões públicas são governadas por interesse e pelo poder, e que não haveria sequer um âmbito político caso não fôssemos obrigados a cuidar das necessidades da vida. O motivo dessa deformação é que a verdade fatual entra em conflito com o político apenas a esse baixíssimo nível dos assuntos humanos, exatamente como a verdade filosófica de Platão conflitava com o político ao nível consideravelmente mais elevado da opinião e da concórdia. Dessa perspectiva, continuamos inscientes do verdadeiro conteúdo da vida política – da recompensadora alegria que surge de estar na companhia de nossos semelhantes, de agir conjuntamente e aparecer em público; de nos inserirmos no mundo pela palavra e pelas ações, adquirindo e sustentando assim nossa identidade pessoal e iniciando algo inteiramente novo. Contudo, eu queria mostrar aqui que toda essa esfera, não obstante sua grandeza, é limitada – ela não abarca a totalidade da existência do homem e do mundo. Ela é limitada por aquelas coisas que os homens não podem modificar à sua vontade. E é somente respeitando seus próprios limites que esse domínio, onde temos a liberdade de agir e de modificar, pode permanecer intacto, preservando sua integridade e mantendo suas promessas. Conceitualmente, podemos chamar de verdade aquilo que não podemos modificar; metaforicamente, ela é o solo sobre o qual nos colocamos de pé e o céu que se estende acima de nós.

8. A CONQUISTA DO ESPAÇO E A ESTATURA HUMANA

"A conquista do espaço pelo homem aumentou ou diminuiu sua estatura?"[1] A questão levantada dirige-se ao leigo e não ao cientista, e inspira-se na preocupação do humanista para com o homem, distintamente da preocupação do físico com a realidade do mundo físico. Compreender a realidade física parece exigir não apenas a renúncia a uma visão de mundo antropocêntrica ou geocêntrica, como também uma eliminação radical de todos os princípios e elementos antropomórficos que surgem seja do mundo dado aos cinco sentidos humanos, seja das

---

[1]. A questão foi formulada para um "Simpósio Sobre o Espaço", pelos organizadores de *Great Ideas Today* (1963), com ênfase especial no que "a exploração do espaço está fazendo à concepção do homem acerca de si mesmo e à condição do homem. A questão não diz respeito ao homem como cientista, nem como produtor ou consumidor, mas sim como *humano*".

categorias inerentes à mente humana. A questão admite que o homem é o ser mais alto que conhecemos, pressuposto herdado dos romanos, cuja *humanitas* era tão alheia à mentalidade dos gregos que estes nem sequer possuíam uma palavra que a designasse. (O motivo da ausência da palavra *humanitas* na língua e no pensamento grego estava em que os gregos, ao contrário dos romanos, nunca pensaram que o homem fosse o mais alto ser existente. Aristóteles chama a esta crença *atopos*, "absurdo")[2]. Essa visão do homem é ainda mais alheia ao cientista, para quem o homem não é mais do que um caso especial da vida orgânica, e seu *habitat* – a Terra, juntamente com as leis a ela ligadas –, nada mais que um caso limítrofe especial de leis absolutas e universais, isto é, leis que governam a imensidão do universo. Decerto o cientista não se pode permitir indagar: que consequências resultarão das minhas investigações para a estatura (ou, nesse sentido, para o futuro) do homem? A glória da ciência moderna foi ter sido ela capaz de emancipar-se completamente de todas as semelhantes preocupações antropocêntricas, isto é, verdadeiramente humanísticas.

A questão aqui proposta, na medida em que se dirige ao leigo, deve ser respondida (se é que ela pode ser respondida) em termos do senso comum e em linguagem cotidiana. Não é de crer que a resposta convença ao cientista, visto que ele foi obrigado, sob a pressão de fatos e experiências, a renunciar à percepção sensória e, por conseguinte, ao senso comum, através do qual coordenamos a percepção de nossos cinco sentidos na consciência total da realidade. Ele foi levado também a renunciar à linguagem normal, que mesmo em seus refinamentos conceituais mais elaborados continua inextricavelmente ligada ao mundo dos sentidos e a nosso senso comum. Para o cientista, o homem nada mais é do que um observador do universo em suas múltiplas manifestações. O progresso da ciência

2. *Ética a Nicômaco*, livro VI, capítulo 7, 1141a20s.

moderna demonstrou, de modo bem convincente, a que ponto esse universo observado – tanto o infinitamente pequeno como o infinitamente grande – escapa não apenas à grosseira percepção humana, como mesmo aos instrumentos extremamente engenhosos que se construíram para o seu aprimoramento. Os dados com que a pesquisa física moderna lida assemelham-se a "misterioso(s) mensageiro(s) do mundo real"[3]. Estritamente falando, eles não são fenômenos e aparências visto que não os encontramos em parte alguma, nem em nosso mundo cotidiano nem no laboratório; sabemos de sua presença apenas porque afetam nossos instrumentos de mensuração de determinada maneira. E esse efeito, na sugestiva imagem de Eddington, pode "ter tanta semelhança" com aquilo que eles são "quanto um número telefônico com um assinante"[4]. O ponto crucial é que Eddington, sem a mínima hesitação, admite que esses dados físicos emergem de um "mundo real", mais real por implicação, que aquele em que vivemos; o problema é que algo *físico* está presente, porém jamais aparece.

O objetivo da ciência moderna, que eventualmente levou-nos literalmente à lua, não é mais "aumentar e ordenar" as experiências humanas (como Niels Bohr[5], ainda ligado a um vocabulário que sua própria obra ajudara a tornar obsoleto, o descreveu); é muito mais descobrir o que existe *por detrás* dos fenômenos naturais tais como se revelam aos sentidos e à mente do homem. Se o cientista tivesse refletido acerca da natureza do aparelho sensório e mental humano, se houvesse levantado questões tais como *Qual é a natureza do homem e qual deve ser sua estatura? Qual é o objetivo da ciência e por que o homem persegue o conhecimento?*, ou mesmo *O que é a vida, e o*

---

3. Max Planck, *The Universe in the Light of Modern Physics*, 1929. Citado de *Great Ideas Today*, 1962, p. 494.
4. Citado por John William N. Sullivan, *Limitations of Science*, New York: Mentor, 1949, p. 141.
5. Ver N. Bohr, *Atomic Physics and Human Knowledge*, New York, 1958, p. 88.

que distingue a vida humana da vida animal?, ele nunca teria chegado onde a ciência moderna está hoje. As respostas a essas questões teriam agido como definições e, por conseguinte, como limitações a seus esforços. Nas palavras de Niels Bohr: "Somente renunciando a uma explicação da vida no sentido comum ganhamos a possibilidade de levar em consideração suas características."[6]

A circunstância de que a questão aqui proposta não faz nenhum sentido para o cientista *qua* cientista não é em absoluto argumento contra ela. A questão desafia o leigo e o humanista a julgarem o que o cientista está fazendo por dizer respeito a todos os homens, e naturalmente a esse debate devem aderir os próprios cientistas, na medida em que são concidadãos. Todas as respostas dadas nesse debate, porém, quer venham do leigo, do filósofo ou do cientista, são não científicas (embora não sejam anticientíficas); elas nunca podem ser demonstradamente verdadeiras ou falsas. Sua verdade assemelha-se mais à validade do assentimento que à validade compulsória das asserções científicas. Mesmo quando as respostas são dadas por filósofos cujo modo de vida é a solidão, elas são obtidas através de uma troca de opiniões entre muitos homens, a maioria dos quais pode não mais encontrar-se entre os vivos. Tal verdade jamais poderá exigir uma aquiescência geral, porém com frequência sobrevive às asserções compulsórias e demonstravelmente verdadeiras das ciências, as quais, sobretudo em época recente, têm uma desconfortável inclinação a nunca permanecerem fixas, embora sejam e precisem ser, a qualquer momento dado, válidas para todos. Em outras palavras, noções tais como vida, homem, ciência, conhecimento, são pré-científicas por definição, e a questão é saber se o desenvolvimento efetivo da ciência, que conduziu à conquista do espaço terrestre e à invasão do espaço sideral, mudou estas noções a tal ponto que deixaram de possuir

---

6. Ibidem, p. 76.

sentido. Pois o ponto em questão, obviamente, é que a ciência moderna – não importa quais suas origens e objetivos originais – modificou e reconstruiu o mundo em que vivemos de modo tão radical que se poderia argumentar que o leigo e o humanista, ainda confiando em seu senso comum e se comunicando na linguagem cotidiana, perderam contato com a realidade; que eles compreendem somente o que parece, mas não o que está por detrás das aparências (como tentar entender uma árvore sem tomar em consideração suas raízes); e que suas questões e ansiedades são simplesmente causadas por ignorância e são, portanto, irrelevantes. Como pode alguém duvidar de que uma ciência que capacita o homem a conquistar o espaço e a ir à lua tenha aumentado sua estatura?

Esse tipo de atalho à questão seria de fato bastante tentador se fosse verdade que chegamos a viver em um mundo "compreendido" somente por cientistas. Estes estariam então na posição de uma "elite" cujo conhecimento superior lhes permitiria governar o "vulgo", a saber, todos os não cientistas, leigos do ponto de vista do cientista – fossem eles humanistas, eruditos ou filósofos, todos aqueles, em resumo, que levantam questões pré-científicas por ignorância.

Essa divisão entre o cientista e o leigo, contudo, está muito distante da verdade. O fato não está meramente em que o cientista despende mais da metade de sua vida no mesmo mundo de percepção sensorial, de senso comum e linguagem cotidiana que seus concidadãos, mas em que ele chegou, em seu próprio campo privilegiado de atividade, a um ponto no qual as questões e ansiedades ingênuas do leigo se fizeram sentir com grande vigor, embora de maneira diversa. O cientista não apenas deixou para trás de si o leigo com sua compreensão limitada; ele deixou para trás uma parte de si mesmo e de seu próprio poder de compreensão, que é ainda compreensão humana, ao ir trabalhar no laboratório e começar a comunicar-se em linguagem matemática. Max Planck tinha razão, e o milagre da ciência moderna é, de fato, que essa ciência possa ter sido purgada "de todos os elementos antropomórficos", pois a purgação foi feita por homens[7]. As perplexidades teóricas com que se deparou a nova ciência não antropocêntrica e não geocêntrica (ou heliocêntrica), porque seus dados recusarem-se a se ordenar por qualquer das categorias mentais naturais do cérebro humano, são assaz conhecidas. Com as palavras de Erwin Schrödinger, o novo universo que tentamos "conquistar" não só é "praticamente inacessível, porém nem mesmo pensável", pois "qualquer coisa que pensemos estará errada; talvez não exatamente tão destituída de sentido como um 'círculo triangular', porém muito mais que um 'leão alado'"[8].

Existem outras dificuldades de natureza menos teórica. Os cérebros eletrônicos compartilham com todas as demais máquinas a capacidade de fazer o trabalho do homem melhor e mais rapidamente que o homem. O fato de suplantarem ou ampliarem a capacidade cerebral humana em vez da força de trabalho não provoca nenhuma perplexidade àqueles que sabem distinguir entre o "intelecto" necessário para jogar bem damas ou xadrez e a mente humana[9]. Isso, na verdade, somente prova que potência de trabalho e potência cerebral pertencem à mesma categoria, e que aquilo que chamamos de inteligência e podemos medir em termos de QI dificilmente tem a ver com a qualidade da mente humana mais que o

---

7. M. Planck, op. cit., p. 503.
8. Ver idem, *Science and Humanism*, London, 1951, p. 25-26.
9. John Gilmore, em uma carta acerbamente crítica, quando esse artigo apareceu pela primeira vez em 1963, coloca o problema de maneira bastante elegante: "Durante os últimos anos temos, de fato, conseguido preparar programas para computadores que capacitam essas máquinas a exibir um comportamento que qualquer pessoa não familiarizada com o ordenamento dos programas descreveria sem hesitação como inteligente, até mesmo como altamente inteligente. Alex Bernstein, por exemplo, elaborou um programa que torna uma máquina capaz de jogar damas espetacularmente bem. Em particular, ela pode jogar damas melhor do que Bernstein. Essa façanha é notável; contudo, é de Bernstein, e não da máquina". Eu havia sido induzida em erro por uma observação de George Gamow e modifiquei meu texto. Ver infra nota 10.

ser sua indispensável *conditio sine qua non*. Há, porém, cientistas que afirmam poderem os computadores fazer "o que um cérebro humano não pode *compreender*"[10] e essa é uma proposição inteiramente diversa e alarmante; pois a compreensão é de fato uma função da mente e nunca o resultado automático da potência cerebral. Caso fosse verdade – e não simples caso de mal-entendido de um cientista consigo mesmo – que estamos rodeados de máquinas cujas operações não podemos compreender, embora as tenhamos projetado e construído, isso significaria que as perplexidades teóricas das ciências naturais ao mais alto nível invadiram nosso mundo do dia a dia. Mesmo, porém, que permaneçamos no quadro de referência estritamente teórico, os paradoxos que começaram a atormentar os grandes cientistas são suficientemente sérios para alarmar o leigo. Considerando isso, o "atraso" sempre mencionado das ciências sociais com relação às ciências naturais ou do desenvolvimento político do homem quanto à técnica científica não passa de atraente, porém irrelevante tema nesse debate; somente pode desviar a atenção do problema principal, que consiste em o homem poder *jazer*, e com êxito, o que ele não pode compreender e expressar na linguagem humana cotidiana. É digno de nota que entre os cientistas tenha sido basicamente a geração mais velha – homens como Einstein e Planck, Niels Bohr e Schrödinger – que se preocupou mais agudamente com esse estado de coisas que fora criado sobretudo por sua própria obra. Eles ainda estavam firmemente arraigados a uma tradição que exigia que as teorias científicas preenchessem certos requisitos humanísticos tais como simplicidade, beleza e harmonia. Acreditava-se ainda que uma teoria devesse ser "satisfatória", a saber, satisfatória à razão humana no sentido de servir para "salvar os fenômenos", para explicar todos os fatos observados. Mesmo

---

10. George Gamow, Physical Sciences and Technology, *Great Ideas Today*, 1962, p. 207. Grifo nosso.

hoje, ouvimos ainda que "os físicos modernos inclinam-se a crer na validade da relatividade geral por motivos estéticos, porque ela é muito elegante matematicamente e tão agradável filosoficamente"[11]. É bem conhecida a extrema relutância de Einstein a sacrificar o princípio da causalidade conforme o exigia a teoria quântica de Planck; sua principal objeção, obviamente, era que, com ele, toda e qualquer legalidade estaria prestes a ir-se do universo; seria como se deus conduzisse o mundo "jogando dados". Visto que suas próprias descobertas, segundo Niels Bohr, tinham surgido mediante uma "remodelação e generalização [de] todo o edifício da física clássica [...] emprestando à nossa imagem do mundo uma unidade que superava todas as expectativas anteriores", parece mais que natural Einstein ter tentado chegar a um acordo com as novas teorias de seus colegas e sucessores através "da busca de uma concepção mais completa", através de uma generalização nova e superior[12]. Max Planck pôde assim chamar a teoria da relatividade "o acabamento e apogeu da estrutura da física clássica", seu verdadeiro "coroamento". Mas o próprio Planck, embora estivesse plenamente ciente de que a teoria quântica, em contraste com a teoria da relatividade, significava um completo rompimento com a teoria física clássica, sustentava ser "essencial para o desenvolvimento saudável da física, que, entre os postulados dessa ciência, reconhecêssemos não apenas a existência de leis em geral, mas também o caráter estritamente causal dessas leis"[13].

Todavia, Niels Bohr foi mais longe. Para ele, causalidade, determinismo e necessidade de leis pertenciam às categorias do "nosso quadro conceitual necessariamente preconcebido", e ele não mais se assustava ao encontrar "nos fenômenos atômicos regularidades de tipo inteiramente

---

11. Sergio de Benedetti, conforme citado por Walter Sullivan, Physical Sciences and Technology, *Great Ideas Today*, 1961, p. 198.
12. N. Bohr, op. cit., p. 70 e 61, respectivamente.
13. M. Planck, op. cit., p. 493, 517 e 514, respectivamente.

novo, resistindo à descrição pictórica e determinística"[14]. O problema é que algo resistente à descrição em termos de "preconceitos" da mente humana resiste à descrição em toda maneira concebível de linguagem humana; não poderá mais ser descrito de nenhum modo, e está sendo expresso, mas não descrito, em processos matemáticos. Bohr ainda acalentava esperanças de que, visto "nenhuma experiência ser definível sem um quadro de referência lógico", essas experiências novas encontrassem em tempo seu lugar graças a "uma ampliação apropriada da estrutura conceitual" que removeria também todos os atuais paradoxos e "aparentes desarmonias"[15]. Receio, porém, que essa esperança seja desapontada. As categorias e ideias da razão humana originam-se em última instância na experiência sensorial humana, e todos os termos que descrevem nossas capacidades mentais, bem como boa parte de nossa linguagem conceitual, derivam do mundo dos sentidos e são utilizados metaforicamente. Além disso, o cérebro humano que, segundo se acredita, efetua nosso pensar, é tão terrestre e ligado a nosso planeta como qualquer outra parte do corpo humano. Foi precisamente mediante uma abstração dessas condições terrestres, através do apelo a um poder de imaginação e abstração que alçaria, por assim dizer, a mente humana acima do campo gravitacional terrestre, e que o contemplaria do alto, em algum ponto do universo, que a ciência moderna realizou sua proeza mais gloriosa e ao mesmo tempo mais desconcertante.

Em 1929, pouco antes do advento da revolução atômica, assinalado pela fissão atômica e pela esperança de conquista do espaço universal, Planck exigia que os resultados obtidos por processos matemáticos fossem "retraduzidos na linguagem do mundo de nossos sentidos para que pudessem nos ser de alguma valia". Nas três décadas transcorridas desde que essas palavras foram

---

14. N. Bohr, op. cit., p. 31 e 71, respectivamente.
15. Ibidem, p. 82.

escritas, uma tradução deste tipo tornou-se menos possível ainda, enquanto a perda de contato entre visão física do mundo e o mundo dos sentidos tornou-se ainda mais proeminente. Porém – e isso, em nosso contexto, é ainda mais alarmante – isso de modo nenhum significou que os resultados dessa nova ciência não tivessem serventia prática, ou que a nova visão do mundo, conforme previu Planck para o caso de fracassar a retradução na linguagem ordinária: "não fosse mais que uma bolha de sabão, prestes a se desfazer ao primeiro sopro de vento"[16]. Ao contrário, somos tentados a dizê-lo, é muito mais provável que o planeta por nós habitado evapore como fumaça em consequência de teorias que são inteiramente apartadas do mundo dos sentidos, resistindo à descrição em linguagem humana, do que mesmo um *furacão* faça com que as teorias estourem como uma bolha de sabão.

Penso que é seguro dizer que nada era mais alheio às mentes dos cientistas que desencadearam o mais radical e rápido processo revolucionário jamais visto pelo mundo, que qualquer pretensão ao poder. Nada era mais remoto do que um desejo qualquer de "conquistar o espaço" e de ir à lua. Tampouco foram eles espicaçados por uma curiosidade oculta, no sentido de uma *temptatio oculorum*. Foi, com efeito, sua busca da "verdadeira realidade" que os levou a perderem a confiança nas aparências, nos fenômenos como se revelam por seu próprio acordo com o sentido e a razão humana. Eles se inspiravam em um extraordinário amor pela harmonia e pela legalidade que lhes ensinava que teriam de sair de qualquer sequência ou série de ocorrências meramente dada, caso quisessem descobrir a beleza e ordem gerais reinantes no todo, isto é, o universo. Isso pode explicar por que eles pareceram se angustiar menos pelo fato de suas descobertas servirem para a invenção de perigosíssimos engenhos do que pelo despedaçamento de todos os seus mais acalentados

---

16. M. Planck, op. cit., p. 509 e 505, respectivamente.

ideais de necessidade e de legalidade. Esses ideais foram perdidos quando os cientistas descobriram que na matéria não há nada indivisível, que não existem α-tomos, que vivemos em um universo ilimitado e em expansão; que o acaso parece reinar inconteste sempre que essa "verdadeira realidade", o mundo físico, se retira inteiramente do alcance dos sentidos humanos e de todos os instrumentos com os quais a imprecisão destes foi refinada. Disso parece seguir-se que causalidade, necessidade e legalidade são categorias inerentes ao cérebro humano e aplicáveis somente às experiências do senso comum de criaturas terrestres. Tudo que tais criaturas demandam parece faltar-lhes tão logo saem do alcance de seu *habitat* terrestre.

A moderna aventura científica começou com reflexões nunca pensadas antes (Copérnico imaginou que estivesse "postado no sol [...] observando os planetas")[17] e com objetos nunca vistos antes (o telescópio de Galileu atravessou a distância entre a terra e o céu e liberou os segredos das estrelas à cognição humana "com toda a certeza da evidência dos sentidos")[18]. Ela atingiu sua expressão clássica com a lei da gravitação de Newton, na qual a mesma equação abrange os movimentos dos corpos celestiais e o movimento de objetos terrestres. De fato, Einstein apenas generalizou essa ciência da Idade Moderna ao introduzir um "observador suspenso livremente no espaço" e não apenas em um ponto definido como o sol, e provou que não só Copérnico, mas também Newton, ainda exigiam "que o universo devesse ter uma espécie de centro", embora esse centro, sem dúvida, não fosse mais a terra[19]. Na verdade, é inteiramente óbvio que a mais vigorosa motivação intelectual do cientista foi o "anseio por generalização" de Einstein, e que, se eles

17. Ver J. Bronowski, *Science and Human Values*, New York, 1956, p. 22.
18. Ver *The Starry Messenger*, tradução citada de *Discoveries and Opinions of Galileo*, New York, 1957, p. 28.
19. Ver Albert Einstein, *Relativity: The Special and General Theory*, (1905 e 1916), citado em *Great Ideas Today*, 1961, p. 452 e 465, respectivamente.

apelavam a alguma espécie de poder, era ao inter-relacionado e formidável poder da abstração e da imaginação. Mesmo hoje, quando bilhões de dólares são gastos ano após ano em projetos extremamente "úteis" que são o resultado imediato dos progressos da ciência teórica pura, e quando o poder efetivo de países e governos depende da atuação de milhares de pesquisadores, ainda é provável que o físico veja altaneiramente todos esses cientistas espaciais como meros "encanadores"[20].

Contudo, a triste verdade é que a perda de contato entre o mundo dos sentidos e das aparências e a visão de mundo física não foi restabelecida pelo cientista puro, mas pelos "encanadores". Os técnicos, que hoje abrangem a avassaladora maioria de todos os "pesquisadores", tornaram acessíveis os resultados dos cientistas. E, mesmo que o cientista ainda seja assaltado por paradoxos e pelas perplexidades mais aturdidoras, o próprio fato de toda uma tecnologia ter podido desenvolver-se com seus resultados demonstra a "boa qualidade" de suas hipóteses e teorias mais de modo mais convincente do que puderam fazê-lo até então quaisquer observações ou experiências apenas científicas. É perfeitamente verdadeiro que o próprio cientista não deseje ir à lua; ele sabe que, para seus propósitos, espaçonaves sem controle manual, transportando os melhores instrumentos que o engenho humano possa inventar, darão conta da tarefa de explorar a superfície da lua muito melhor do que dúzias de astronautas. E, todavia, uma efetiva transformação do mundo humano, a conquista do espaço ou como quisermos chamá-lo somente se realiza quando se atiram ao universo veículos espaciais manejados pelo homem, de maneira que o próprio homem possa ir aonde até hoje apenas a imaginação humana e seu poder de abstração podiam se estender. Com certeza, tudo que planejamos fazer agora é explorar o universo que nos circunda de imediato, o lugar

---

20. W. Sullivan, op. cit., p. 189.

infinitamente pequeno que a raça humana poderá alcançar mesmo que viaje à velocidade da luz. Em vista do período de vida do homem – a única limitação absoluta que resta no momento – é absolutamente improvável que algum dia avancemos muito mais. Mas mesmo para essa tarefa limitada temos de abandonar o mundo de nossos sentidos e corpos, não só na imaginação, como na realidade.

É como se o "observador suspenso no espaço livre", imaginado por Einstein, – decerto a criação da mente humana e de seu poder de abstração – fosse seguido por um observador corpóreo que devesse se comportar como se ele não passasse de um fruto da abstração e da imaginação. É a esse ponto que todas as perplexidades teóricas da nova visão física do mundo intrometem-se como realidades no mundo cotidiano do homem e desarranjam seu senso comum "natural", isto é, terreno. Ele se defrontaria na realidade, por exemplo, com o famoso "paradoxo dos gêneros", de Einstein, que admite hipoteticamente que "um irmão gêmeo que parte para uma viagem espacial, na qual viaja a uma considerável fração da velocidade da luz, encontraria, ao retornar, seu irmão terreno ou mais velho que ele ou pouco mais que uma recordação apagada na memória de seus descendentes"[21]. Visto que, embora muitos físicos tenham considerado esse paradoxo difícil de engolir, o "paradoxo dos relógios", no qual ele se baseia, parece ter sido experimentalmente verificado, de modo que a única alternativa a ele seria a suposição de que a vida presa à terra permanece, sob todas as circunstâncias, ligada a uma concepção de tempo que, conforme se pode demonstrar, não é uma "realidade verdadeira", mas sim mera aparência. Atingimos o estágio no qual a radical dúvida cartesiana face à realidade como tal, a primeira resposta filosófica à descoberta da ciência na Idade Moderna, pode tornar-se sujeita a experiências físicas que eliminariam sumariamente o famoso consolo de

---

21. Ibidem, p. 202.

Descartes – "Duvido, logo existo" –, e sua convicção de que, qualquer que seja o estado da realidade e da verdade como dadas aos sentidos e à razão, não é possível que você "duvide de sua dúvida e continue incerto de duvidar"[22].

A magnitude da empreitada espacial parece-me estar além de discussão, e todas as objeções erguidas contra ela ao nível puramente utilitário – o fato de ser demasiado dispendiosa, de que o dinheiro seria gasto melhor na educação e no aperfeiçoamento dos cidadãos, na guerra à pobreza e à doença, ou em quaisquer outras finalidades meritórias que nos possam acudir à mente – soam para mim meio absurdas, em desarmonia com as coisas que estão em jogo e cujas consequências parecem ser hoje em dia totalmente imprevisíveis. Além disso, há outra razão por que penso serem impertinentes esses argumentos. São eles especialmente inaplicáveis, visto que a própria empresa só poderia sobrevir mediante um estupendo desenvolvimento das aptidões científicas do homem. A própria integridade da ciência exige que não apenas as considerações utilitárias, mas igualmente a reflexão sobre a estatura do homem, sejam deixadas em suspenso. Não resultou cada avanço da ciência, desde a época de Copérnico, quase automaticamente em decréscimo na sua estatura? E será mais que um sofisma o argumento repetido a esmo de que foi o homem quem conseguiu rebaixar-se na sua busca de verdade, provando assim de novo sua superioridade e até aumentando sua estatura? Talvez isso se revele dessa maneira. De qualquer modo, o homem, na medida em que é um cientista, não se incomoda quanto à sua estatura no universo ou acerca de sua posição na escada evolutiva da vida animal; essa "indiferença" é seu orgulho e glória. O simples fato de os cientistas terem efetuado a fissão do átomo sem

---

22. Cito o diálogo de Descartes "A Procura da Verdade Pela Luz da Natureza", onde sua posição central quanto a esse problema da dúvida é mais evidenciada do que nos *Princípios*. Ver *Philosophical Works*, edição de E.S. Haldane e G.R.T. Ross, London, 1931, v. 1, p. 324 e 315.

qualquer hesitação, assim que souberam como fazê-lo, embora percebessem muito bem as enormes potencialidades destrutivas de sua ação, demonstra que o cientista *qua* cientista não se incomoda sequer com a sobrevivência da raça humana sobre a terra ou, o que disto decorre, com a sobrevivência do próprio planeta.

Todas as associações do tipo "Átomos para a Paz", todas as advertências contra a utilização imprudente do novo poder, e mesmo os remorsos de consciência que muitos cientistas sentiram quando as primeiras bombas caíram sobre Hiroshima e Nagasaki não podem obscurecer esse fato simples e elementar. Em todos esses esforços os cientistas não agiram como cientistas, mas enquanto cidadãos, e se sua voz detém mais autoridade que a do leigo, é tão só por estarem de posse de informações mais precisas. Só se poderiam aventar argumentos válidos e plausíveis contra a "conquista do espaço" se eles mostrassem que toda a empresa poderia ser de modo a autoderrotar-se em seus próprios termos.

Existem alguns indícios de que, de fato, isso poderia ocorrer. Se excluirmos da consideração a duração da vida humana, que sob hipótese alguma (mesmo que a biologia consiga estendê-la significativamente e que o homem seja capaz de viajar à velocidade da luz) permitiria ao homem a exploração de mais que seu meio circundante imediato, na imensidão do universo, a indicação mais importante de que ela poderia ser autoinvalidadora consiste na descoberta do princípio da incerteza, por Heisenberg. Heisenberg provou conclusivamente haver um limite definido e final à exatidão de toda e qualquer mensuração que se possa obter, mediante instrumentos concebidos pelo homem, daqueles "misteriosos mensageiros do mundo real". O princípio da indeterminação "afirma existirem certos pares de quantidades, como a posição e velocidade de uma partícula, que se relacionam de tal modo que a determinação de uma delas com crescente precisão acarreta necessariamente a determinação da outra com menor precisão"[23]. Heisenberg conclui desse fato que "nós decidimos, pela seleção do tipo de observação empregado, quais os aspectos da natureza que deverão ser determinados e quais os que serão apagados"[24]. Afirma que "o resultado novo mais importante da física nuclear foi o reconhecimento da possibilidade de aplicar tipos de leis naturais inteiramente diversos, sem contradição, a um único e mesmo evento físico. Isso se deve ao fato de só possuírem sentido, no interior de um sistema de leis baseadas em determinadas ideias fundamentais, certos modos bem definidos de formular questões, sendo um sistema semelhante, assim, separado de outros que dão margem à colocação de questões diversas"[25]. Disso concluiu que a moderna procura da "realidade verdadeira" por trás das meras aparências, que produziu o mundo no qual vivemos e resultou na revolução atômica, levou a uma situação nas próprias ciências, na qual o homem perdeu a objetividade

---

23. Devo essa definição à carta de John Gilmore mencionada na nota 9 supra. O senhor Gilmore, porém, não crê que isso imponha limitações ao conhecimento do físico em sua prática. Penso que as proposições "populares" do próprio Heisenberg apoiam-se nessa questão. Mas de forma alguma isso põe fim à controvérsia. O senhor Gilmore, assim como o senhor Denver Lindley, acredita que os grandes cientistas podem perfeitamente estar enganados, quando se trata de avaliar filosoficamente sua própria obra. Os senhores Gilmore e Lindley acusam-me de utilizar as afirmações dos cientistas sem submetê-las a crítica, como se eles pudessem falar a respeito das implicações de sua obra com a mesma autoridade com que versam sobre suas matérias propriamente ditas. ("Sua confiança nas grandes figuras da comunidade científica é comovente", diz o sr. Gilmore.) Esse argumento, penso eu, é válido; nenhum cientista, não importa quão eminente, pode jamais reivindicar para as "implicações filosóficas" que ele ou alguém mais descobre em seu trabalho ou em suas asserções sobre este, a mesma correção que poderiam pretender para as próprias descobertas. A verdade filosófica, seja o que ela for, certamente não é verdade científica. Ainda assim, é difícil acreditar que Planck e Einstein, Niels Bohr, Schrödinger e Heisenberg, todos eles intrigados e grandemente preocupados acerca das consequências e implicações gerais de sua obra como cientistas, tivessem sido, todos, vítimas das ilusões da autoincompreensão.
24. Em *Philosophic Problems of Nuclear Science*, New York, 1952, p. 73.
25. Ibidem, p. 24.

do mundo natural, de tal modo que, em sua perseguição da "realidade objetiva", subitamente descobriu que sempre "se confronta apenas consigo mesmo"[26].

As observações de Heisenberg parecem-me transcender muito o campo do afã estritamente científico, tornando-se pungentes ao serem aplicadas à tecnologia desenvolvida a partir da ciência moderna. Cada progresso da ciência nas últimas décadas, tão logo foi absorvido pela tecnologia e assim introduzido no mundo fatual em que vivemos nossas vidas cotidianas, trouxe consigo uma verdadeira avalanche de instrumentos fabulosos e maquinarias cada vez mais engenhosas. Tudo isso torna a cada dia mais improvável que o homem venha a encontrar no mundo ao seu redor algo que não seja artificial e que não seja, por conseguinte, ele mesmo em diferente disfarce. O astronauta, arremessado ao espaço sideral e aprisionado em sua cabine atulhada de instrumentos, na qual qualquer contato físico efetivo com o meio ambiente significaria morte imediata, poderia muito bem ser tomado como a encarnação simbólica do homem de Heisenberg – o homem que terá tanto menos possibilidades de se deparar com algo que não ele mesmo e objetos artificiais quanto mais ardentemente desejar eliminar toda e qualquer consideração antropocêntrica de seu encontro com o mundo não humano que o rodeia.

É nesse ponto, parece-me, que a preocupação do humanista com o homem e sua estatura é cortada pelo cientista. É como se as ciências tivessem feito aquilo que as humanidades jamais poderiam ter realizado, a saber, provar de maneira demonstrável a validade de seu objeto. A situação, tal como se apresenta hoje, assemelha-se curiosamente a uma confirmação minuciosa de uma observação de Franz Kafka, escrita bem ao início desse processo: "O homem – diz ele – encontrou o ponto de Arquimedes,

---

26. Werner Heisenberg, *The Physicist's Conception of Nature*, New York, 1958, p. 24.

porém utilizou-o contra si mesmo; era-lhe permitido encontrá-lo, parece, somente sob esta condição". A conquista do espaço, a procura de um ponto fora da Terra do qual fosse possível movê-la, desequilibrar – digamos assim – o planeta inteiro, de modo algum é consequência acidental da ciência da Idade Moderna. Esta, desde seus primórdios, não foi uma ciência "natural", e sim uma ciência universal; não era uma física, e sim uma astrofísica que contemplava a Terra do alto de um ponto no universo. Em termos desse processo, a tentativa de conquistar o espaço significa que o homem espera ser capaz de viajar até o ponto arquimediano por ele antecipado pela pura capacidade de abstração e imaginação. Contudo, ao fazê-lo, ele perderá necessariamente sua vantagem. Tudo que ele pode encontrar é o ponto arquimediano com referência à Terra, porém, uma vez aí chegado e tendo adquirido esse poder absoluto sobre seu *habitat* terrestre, ele precisará de um novo ponto arquimediano, e assim *ad infinitum*. Em outras palavras, o homem apenas pode se perder na imensidão do universo, pois o único verdadeiro ponto arquimediano seria o vazio absoluto, além do universo.

Todavia, mesmo que o homem reconheça que possa haver limites absolutos à sua procura por conhecimento, e que seria prudente suspeitar de semelhantes limitações sempre que se evidenciar poder o cientista fazer mais do que ele é capaz de compreender, e mesmo que ele perceba que não pode "conquistar o espaço", e sim, na melhor das hipóteses, fazer algumas descobertas em nosso sistema solar, a jornada no espaço e para o ponto arquimediano com referência à Terra está longe de constituir uma empresa inócua ou indiscutivelmente triunfante. Ela poderia aumentar a estatura do homem na medida em que o homem, ao contrário de outros seres vivos, deseja ter como lar um "território" tão vasto quanto possível. Nesse caso, ele somente tomaria posse daquilo que é seu, embora levasse um longo tempo para descobri-lo. As novas possessões, como toda propriedade, deveriam ser limitadas, e uma vez que o limite fosse atingido e estabelecidas as limitações, a nova visão de mundo que concebivelmente delas poderia nascer, seria, mais uma vez, de molde geocêntrico e antropomórfico, se bem que não no antigo sentido de estar a Terra situada no centro do universo e de ser o homem o ser mais alto existente. Ela seria geocêntrica no sentido de que a Terra, e não o universo, é o centro e a morada dos homens mortais, e seria antropomórfica na acepção de que o homem incluiria sua própria mortalidade fatual entre as condições elementares indispensáveis para que seus esforços científicos sejam possíveis.

No momento, as perspectivas de que a presente crise da ciência e da tecnologia modernas desenvolvam-se e solucionem-se de modo tão plenamente benéfico não parecem ser sobretudo boas. Chegamos à nossa atual capacidade para "conquistar o espaço" mediante a nova aptidão de manejar a natureza de um ponto no universo exterior à Terra. Ora, é isso o que efetivamente fazemos ao liberarmos processos energéticos que ordinariamente dão-se apenas no sol, ou ao tentarmos iniciar em um tubo de ensaio os processos da evolução cósmica, ou construir máquinas para a produção e controle de energias desconhecidas no âmbito doméstico da natureza terrestre. Sem que, por enquanto, ocupemos efetivamente o ponto em que Arquimedes ambicionara se colocar, descobrimos uma maneira de agir sobre a Terra como se dispuséssemos da natureza terrestre a partir de seu exterior, do ponto do "observador suspenso livremente no espaço", de Einstein. Se, desse ponto, olhamos para o que se passa na Terra e para as diversas atividades dos homens, isto é, se aplicamos o ponto arquimediano a nós mesmos, essas atividades nos parecerão então, de fato, nada mais que "comportamento manifesto", que podemos estudar com os mesmos métodos que utilizamos no estudo do comportamento de ratos. Vistos a suficiente distância, os carros em que viajamos e que, o sabemos, nós mesmos os construímos, parecerão como se fossem, como disse certa vez Heisenberg, "uma parte tão irredutível de nós mesmos como a concha do caracol o é para seu ocupante". Todo nosso orgulho pelo que podemos fazer desaparecerá em uma espécie de mutação da raça humana; a totalidade da tecnologia, vista desse ponto, de fato não mais parece ser "o resultado de um esforço humano consciente para estender os poderes materiais do homem, mas antes um processo biológico em larga escala"[27]. Sob tais circunstâncias, a fala e a linguagem cotidiana de fato não mais seriam uma expressão plena de sentido que transcende o comportamento mesmo que apenas o expresse, e seria substituída, com mais vantagem, pelo formalismo extremo e em si mesmo destituído de sentido dos símbolos matemáticos.

A conquista do espaço e a ciência que a tornou possível acercaram-se perigosamente desse ponto. Se tiverem algum dia de alcançá-lo, seriamente, a estatura do homem não apenas estaria rebaixada face a todos os padrões que conhecemos, mas teria sido destruída.

27. Ibidem, p. 18-19.

POSFÁCIO:
DA DIGNIDADE DA POLÍTICA:
SOBRE HANNAH ARENDT

Between Past and Future (Entre o Passado e o Futuro) é, entre os livros de Hannah Arendt, aquele onde pulsa simultaneamente o conjunto de inquietações a partir do qual esta admirável representante da cultura de Weimar ilumina, para usar uma de suas expressões prediletas, a reflexão política do século xx. Nele se contém, praticamente, ainda que de forma um tanto dispersa, todo o temário de sua obra. Constitui-se, portanto, num excelente e metodologicamente útil ponto de partida para uma tentativa de interpretação e organização do seu pensamento, porque uma leitura de Hannah Arendt implica num certo esforço de decodificação, já que as linhas de ordenação de seu pensamento não são óbvias e não se encontram apenas nos seus enunciados mas, também, nas inquietações que estruturam os seus trabalhos.

A Lacuna entre o Passado e o Futuro:
O Esfacelamento da Tradição

> Seres entre dos águas marginales
> de ayer y de mahana:
> es esto lo que hicieron de nosotros.
>
> JOSÉ EMÍLIO PACHECO,
> *Transparência de los Enigmas.*

Between Past and Future, cuja última edição, revista e ampliada, é de 1968, começa por examinar a lacuna entre o passado e o futuro – a crise profunda do mundo contemporâneo – que se traduz no campo intelectual, pelo esfacelamento da tradição. Evidentemente, Hannah Arendt adquiriu consciência desta lacuna com a irrupção do surto totalitário, cujas raízes e características examinou em *Origens do Totalitarismo*, de 1951. "Os homens normais não sabem que tudo é possível", observa David Rousset em frase que serviu de epígrafe a este livro e que talvez sintetize uma de suas conclusões. De fato, o fenômeno totalitário revelou que não existem limites às deformações da natureza humana e que a organização burocrática de massas, baseada no terror e na ideologia, criou novas formas de governo e dominação, cuja perversidade nem sequer tem grandeza, conforme nos aponta Hannah Arendt ao examinar a banalidade do mal no relato que fez do processo em *Eichmann em Jerusalém: Um Relato Sobre a Banalidade do Mal*, de 1963.

Diante deste fenômeno, os padrões morais e as categorias políticas que compunham a continuidade histórica da tradição ocidental se tornaram inadequados não só para fornecer regras para a ação – problema clássico colocado por Platão – ou para entender a realidade histórica e os acontecimentos que criaram o mundo moderno – que foi a proposta hegeliana – mas, também, para inserir as perguntas relevantes no quadro de referência da perplexidade contemporânea[1]. Em outras palavras, o esfacelamento da tradição implicou na perda de sabedoria, isto é, para falar com Karl W. Deutsch, na dificuldade de discernir, num contexto, as classes de perguntas que devem ser feitas[2].

Marx, Kierkegaard e Nietzsche anteciparam, no campo do pensamento, este esgarçamento da tradição, tendo Hegel como ponto de partida. De fato, Hegel foi o primeiro que se afastou de todos os sistemas de autoridade, pois, ao vislumbrar o desdobrar completo da história mundial numa unidade dialética, minou a autoridade de todas as tradições, sustentando a sua posição apenas na linha da própria continuidade histórica. De mais a mais, a história da filosofia ocidental, que tinha seu alicerce no conflito bipolar entre o mundo das aparências e o mundo das ideias verdadeiras, perdeu parte do seu significado quando Hegel procurou demonstrar a identidade ontológica da ideia e da matéria em movimento dialético – o real é racional e o racional é real – desgastando, consequentemente, o sentido clássico da aporia imanência *versus* transcendência[3]. Marx, Kierkegaard e Nietzsche, diante desse impasse, preocuparam-se novamente com a qualidade do humano e perceberam pontos básicos do conflito entre a contemporaneidade e a tradição.

Kierkegaard salienta o aspecto concreto do homem como sofredor, em oposição ao conceito tradicional do homem como ser racional. Desta maneira, subverte a relação tradicional entre fé e razão, pois a sua dúvida não se resolve pelo *cogito* cartesiano mas, sim, pelo salto racionalmente absurdo da dúvida para fé[4]. A propósito, essa perda do senso comum, que traz a falta de confiança no que nos

---

1. Hannah Arendt, *Between Past and Future: Eight Exercises in Political Thought*, New York: Viking, 1968, p. 8-9, 13-14; no capítulo 1, "Tradition and the Modern Age", p. 26.
2. Karl W. Deutsch, On Political Theory and Political Action, *American Political Science Review*, v. 65, May 1971, p. 12-13; 16-17.
3. H. Arendt, op. cit., p. 28, 37-39.
4. Ibidem, p. 29 e 35; H. Arendt, *The Human Condition*, New York: Doubleday, 1959, p. 249-254.

circunda, foi realçada pelos resultados da *ciência contemporânea*. De fato, a perspectiva da ciência, como observa Hannah Arendt, parte da rejeição do senso comum e da linguagem comum para poder descobrir o que se esconde atrás dos fenômenos naturais. O progresso da ciência implicou numa linguagem cuja formalização crescente esvaziou de sentido a nossa percepção concreta e, ademais, não só converteu, através da mediação técnica, o nosso meio ambiente em objetos criados pelo homem, como também conseguiu modificar, por meio da ação humana, o desencadeamento dos próprios processos da natureza, como o evidencia a fissão do átomo. Destarte, diluiu-se a tradicional distinção entre natureza e cultura, e o homem, quando se confronta com a "realidade objetiva", não encontra mais a natureza, mas se desencontra consigo mesmo, isto é, com objetos e processos que criou e desencadeou, que funcionam, mas não entende por que é incapaz de explicá-los em linguagem comum[5].

Nietzsche também se opôs ao conceito tradicional do homem como ser racional, insistindo na produtividade da vida e na vontade de poder do homem. Entretanto, o sensualismo da vida só faz sentido no quadro de referência da subversão ao suprassensual e ao transcendente. Daí o niilismo, pois a posição de Nietzsche – "um portador de valores graças ao qual o conhecimento se encarna e flui no gesto da vida", nas palavras de Antônio Cândido –, esbarra na incompatibilidade entre a contestação a valores transcendentais, elaborados pela tradição e classicamente utilizados para medir a ação humana, e a sociedade moderna que dissolveu esses padrões, transformando-os em valores "funcionais", isto é, em entidades de troca[6]. Tais aspectos da sociedade moderna, que Hannah Arendt examinou

---

5. *Between Past and Future*, p. 60-63 e p. 265-280; *The Human Condition*, p. 4.
6. *Between Past and Future*, p. 30, 32, 33; Antonio Cândido, *O Observador Literário*, São Paulo: Conselho Estadual de Cultura, 1959, p. 77; ▶ ▷ sobre o problema da bipolaridade dos valores ver Miguel Reale, *Filosofia do Direito*, 4. ed., São Paulo: Saraiva, 1965, p. 157-186.

longamente em *A Condição Humana*, de 1958, encontram particular aplicação no exame que ela faz da *cultura de massas*. De fato, se no século XX o filistinismo da classe média em ascensão fez da cultura um instrumento de mobilidade social – uma mercadoria social – iniciando a desvalorização dos valores, a sociedade de massas contemporânea levou esse processo adiante ao consumir cultura na forma de diversão. O entretenimento, o que se consome nas horas livres entre o trabalho e o descanso, está ligado ao processo biológico vital, e, como processo biológico, o seu metabolismo consiste na alimentação de coisas. O risco desse processo reside no fato de que a indústria do entretenimento está confrontada com apetites imensos e os processos vitais da sociedade de massas poderão vir a consumir todos os objetos culturais, deglutindo-os e destruindo-os. A sociedade de massas, que se orientou para uma atitude de consumo, dificilmente modificará esta tendência devoradora, e o ócio e a *cultura animi* de que falava Cícero, que recompunham na tradição ocidental o *balancez* entre entretenimento e cultura, não constituem uma resposta adequada para a perplexidade de um niilismo que, em vez de enfrentar valores vigorosos criados pela cultura, se esvai no contato indigno com a diversão[7].

Numa outra perspectiva, Marx asseverou igualmente a incompatibilidade entre o pensamento clássico e as condições políticas da modernidade trazidos pela Revolução Francesa e pela Revolução Industrial. A análise de Marx explodiu a tradição através da radicalidade presente em alguns de seus conceitos básicos, a saber: 1. *o trabalho cria o homem*, o que equivale a dizer que o homem cria a si mesmo pelo trabalho e que, portanto, a sua diferença específica é ser *animal laborans* e não *animal rationale*. Não é preciso salientar que essa posição implica num ataque a Deus, como criador do homem, numa reavaliação do trabalho que até então fora uma atividade desprezada em termos

---

7. *Between Past and Future*, p. 197-211.

da problemática filosófico-política e numa afronta à tradicional dignidade da razão; 2. *a violência é a porteira da história*, o que significa uma contestação à faculdade específica do homem, segundo os gregos, que seria a de conduzir os negócios da *polis* através da capacidade dos homens livres de se persuadirem pela palavra. A violência, no contexto clássico, seria uma *ultima ratio*, aplicável apenas na relação entre os bárbaros, onde imperava a coerção – e por isso eram bárbaros – e com os escravos forçados a trabalharem – e por isso sua atividade não era digna, pois não implicava no uso dialógico da palavra; 3. e, finalmente, a *atualização da filosofia na política*, que implica no fim de um ciclo do pensamento, iniciado quando um filósofo – Platão – se afastou da política para retornar a ela impondo os seus padrões, e encerrado quando um filósofo – Marx – se afastou da filosofia para realizá-la na política. Este salto de Marx, da filosofia para a política, trouxe, de acordo com Hannah Arendt, profundas modificações ao conceito de história, que merecem ser sucintamente resenhadas para uma devida avaliação da ruptura entre a modernidade e a tradição[8].

De acordo com os gregos, a circularidade da vida biológica conferia à natureza o seu caráter de imortalidade, em oposição à mortalidade concreta dos homens. Entretanto, o tempo retilíneo de uma vida individual, onde o presente não repete o passado e cada instante é único e diferente – "que as pessoas não estão sempre iguais, ainda não foram terminadas – mas que elas vão sempre mudando", como diria Guimarães Rosa[9] – pode abrigar feitos e acontecimentos que, por sua singularidade, merecem ser conservados. A função da história seria a de registrar os feitos e acontecimentos garantindo, dessa maneira, a imortalidade do homem na terra – "Por estender co'a fama a curta vida", como nos ensina Camões[10]. Tal visão da história foi

---

8. Ibidem, p. 17, 21-23, 32.
9. *Grande Sertão: Veredas*, 2. ed., Rio de Janeiro: José Olympio, 1958, p. 24.
10. *Os Lusíadas*, Canto III, 64.

modificada quando Vico enfrentou o problema da distinção entre processos naturais e históricos. De acordo com Vico, a natureza é feita por Deus, e só Ele pode compreender os seus processos. Entretanto, a história é feita pelo homem, que pode, consequentemente, entender os processos que desencadeou. Em outras palavras, e para usar a formulação de Ortega y Gasset: a história é o sistema das experiências humanas. A natureza do homem é a sua história – as suas *res gestae* – e o sistematismo das *rerum gestarum* abre a possibilidade da *cognitio rerum gestarum*[11].

Entretanto, para Vico e para Hegel, a importância da história é teórica. É uma visão *a posteriori* dos acontecimentos, na qual o historiador, porque observou a totalidade do processo, pode abarcar o seu sentido. Nas palavras de Hegel, no prefácio que escreveu a *Princípios da Filosofia do Direito*: "A coruja de Minerva voa só no cair da tarde, quando uma forma de vida já envelheceu." Marx, ao propor a atualização da filosofia na política, politizou e pensou o conceito de história a partir do surgimento da indústria, subvertendo o seu significado teórico. De fato, a filosofia política de Marx se baseava não numa análise da ação, mas na preocupação hegeliana com a história, só que a história deixou de ser uma compreensão do passado para ser uma projeção do futuro. Em outras palavras, a história passou a ser um modelo, cuja contemplação fornece regras para ação. A finalidade da história é a atualização da ideia de liberdade. Esse processo pode ser revelado pelas leis da dialética, e o seu conteúdo é a luta de classes. Entretanto, esse processo é análogo ao da fabricação industrial: tem começo, meio e fim, que é a fabricação da sociedade perfeita. Destarte, cancela-se a imortalidade dos feitos e das ações humanas porque o processo, quando se encerrar, tornará irrelevante tudo quanto o antecedeu. Na sociedade sem classes, os feitos

---

11. Giambattista Vico, Senzione terza, *Scienza Nuova*, em *Opere*, a cura di Fausto Nicolini, Milano: Ricciardi, 1963, § 331; José Ortega y Gasset, Historia Como Sistema, *Obras Completas*, t. 6, Madrid: Revista de Occidente, 1964, p. 41-44.

terão o mesmo significado que as tábuas e os pregos para uma mesa acabada[12]. Essa superposição da teoria e da ação dissolveu o significado tradicional de ambas, tanto nos termos do próprio Marx quanto nas tendências do pensamento contemporâneo. De fato, a análise de Marx, levada às suas últimas consequências, esbarra numa situação paradoxal, pois a atualização da filosofia na política – a sociedade utópica – implicará no fim do trabalho, com o advento do ócio, no fim da violência, com o desaparecimento do Estado e no fim do pensamento quando este tiver se realizado na história. Daí o desencontro entre os conceitos que envolvem a glorificação do *animal laborans*, da violência e da atualização da filosofia e a visão utópica final de uma sociedade sem Estado, sem trabalho e sem classes[13].

Sem dúvida, uma inquietação excessiva com estes paradoxos não nos deve atormentar, porque os dias de uma sociedade, tal como foi preconizada por Marx na sua visão utópica, não parecem estar à vista. Entretanto, o impacto de Marx, conjuntamente com o de Kierkegaard e Nietzsche, nas tendências do pensamento contemporâneo, foi definitivo e por isso deve ser salientado na análise da ruptura com a tradição.

A contestação de Marx, Kierkegaard e Nietzsche à tradição, por ser um ato desse tipo, ainda se integrava na própria tradição, por isso, talvez, conseguiram eles manter no horizonte de suas formulações uma aspiração de totalidade. Entretanto, o seu esforço, que ajudou a derrocada da tradição, trouxe também o desaparecimento de uma visão totalizadora. Uma rápida referência ao conceito contemporâneo de modelos nas ciências sociais, notadamente na economia e, mais recentemente, na ciência política, comprova esta observação e a ela se soma toda a evolução da ciência. Esta delimitação, implícita na ideia de modelo, que também muitas vezes contém nítidos objetivos

---

12. *Between Past and Future*, p. 41-44, 57-60, 77-80.
13. Ibidem, p. 17-25.

operacionais, carreou *a mudança da noção de teoria*. De fato, esta deixou de ser, como o era tradicionalmente, um sistema de verdades interligadas que não foram feitas e construídas, mas dadas para os sentidos e a razão, para se transformar – como na ciência moderna – numa hipótese de trabalho que se modifica de acordo com os seus resultados e cuja validez depende não de uma revelação de verdade, mas pelo fato de funcionar[14]. Ora, tudo pode eventualmente funcionar – e a experiência do totalitarismo comprova no mundo dos fatos a tendência das orientações do pensamento antes relatada[15]. Daí a circularidade da relação entre fatos e teorias que recoloca o sentido da ação política, uma vez que implica num contexto para o qual a tradição não tem nem padrões para julgá-la – graças à perda do senso comum e à dissolução de valores – nem perguntas para explicá-la – em virtude da noção contemporânea de teoria. Movimentar-se na perplexidade do impasse teórico, que traduz todo o alcance da lacuna entre o passado e o futuro e que equivale à perda da sabedoria, é o objetivo da reflexão política de Hannah Arendt.

O Espaço da Palavra e da Ação

> *Es quimera pensar en una sociedad que reconcilie al poema y ai acta, que sea palabra viva e palabra vivida, creación de la comunidad y comunidad creadora?*
>
> OCTAVIO PAZ,
> *Los Signos en Rotación.*

Diante desse beco sem saída, a reflexão de Hannah Arendt se encaminha para uma indagação sobre as características da ação política para verificar se ela pode ser apreendida e entendida dentro de um esquema onde a circularidade

14. Ibidem, p. 39.
15. Ibidem, p. 86-90.

da relação entre fatos e teorias não seja tão infrutífera. Creio que se pode dizer que essa reflexão começa por descartar a relação entre política e certas formas de conhecimento. Para Hannah Arendt, o campo da política não é o da razão pura – como queria Platão – nem o da razão prática– como aparentemente, segundo ela, se pensa que teria sido a posição de Kant, pois em ambos os casos os modos de asserção do conhecimento têm, para usar uma distinção de Tércio Sampaio Ferraz Jr., uma estrutura discursiva monológica[16]. As verdades matemática e científica se caracterizam por conter um elemento interno de coerção que as torna indiscutíveis. A evidência racional ou a prova empírica implicam na submissão. A filosófica, a moral e a própria verdade revelada também têm uma estrutura monológica, pois dizem respeito ao homem na sua singularidade. De fato, como aponta Hannah Arendt, ao falar da crítica da razão prática, o imperativo categórico coloca a necessidade de estar o pensamento racional de acordo consigo mesmo, princípio que Sócrates já descobrira ao afirmar: "Se sou um, é melhor estar em desacordo com o mundo do que estar em desacordo comigo mesmo. Daí a origem da ética ocidental – concordar com a própria consciência – e da lógica ocidental – o princípio da não contradição"[17]. A política, entretanto, como aponta Arendt, se insere num outro contexto e o seu campo é o do pensamento no plural. Na interpretação de Hannah Arendt, Kant, na *Crítica do Juízo*, salienta uma maneira de pensar no plural, que consiste em ser capaz de pensar no lugar e na posição dós outros em vez de estar de acordo consigo mesmo. É o que Kant chama de"mentalidade alargada"[18]. O alcance e a força do juízo da mentalidade alargada estão na concordância potencial com os outros. A sua área de

---

16. Tércio Sampaio Ferraz Jr., Justiça e Tópica Jurídica, *Estúdios de Derecho*, v. 29, n. 77, Marzo 1970, p. 183-194.
17. *Between Past and Future*, p. 219-220, 240, 244-245; ver *Górgias*, 482.
18. Kant, § 40: Taste as a Kind of Sensus Communis, *Works: The Critique of Judgement*, Chicago: Encyclopaedia Britannica, 1952.

jurisdição não é a do pensamento puro, do diálogo do eu consigo mesmo, mas sim a do diálogo com os outros com os quais devo chegar a um acordo. Esse juízo, portanto, não tem validade universal, mas, sim, validade específica, limitada às pessoas com as quais dialogo para chegar a um acordo. Este diálogo requer um espaço – o espaço da palavra e da ação – que constitui o mundo público onde surgem estes tipos de juízo. Habilidade política, o *insight*, é a capacidade de perceber e formular estes juízos, que não é a mesma coisa que a sabedoria dos filósofos, como nos aponta Aristóteles no Livro VI da *Ética de Nicômaco*, pois se trata de um pensamento tópico, que se extrai de opiniões e não de proposições universais[19]. Conforme se verifica, o modo de asserção da política, nesta perspectiva, implica num elemento de persuasão – "AH governments rest on opinion", como aponta James Madison – que confere ao discurso político, para retomar a distinção de Tércio Sampaio Ferraz Jr., uma estrutura dialógica, cuja validade não é universal[20]. Entre parêntesis, é interessante observar que o esforço de conferir à política uma validade universal, baseada na evidência, é uma das consequências do pensamento de Descartes, segundo nos aponta De Jouvenel, contra a qual Vico, calcado em Aristóteles, se insurgira ao salientar a diferença entre o campo da ciência e o tipo de raciocínio prudencial e tópico necessário para o conhecimento e para a ação política[21]. Neste sentido, a reflexão de Hannah Arendt elide o impasse do pensamento contemporâneo, retomando uma linha de tradição que, diante da circularidade da relação entre fatos e teorias, readquire um sentido que ficara ofuscado

19. T.S. Ferraz Jr., op. cit.; e também La Noción Aristotelica de Justicia, *Atlantida*, v. 8, n. 38, Marzo-Abril 1969, p. 166-194; Theodor Viehweg, *Tópica e Giurisprodenza*, Milano: Giuffrè, 1962.

20. *Between Past and Future*, p. 219-223; p. 233-249; Clinton Rossiter (ed.), *The Federalist Papers*, New York: Mentor, 1961, n. 49.

21. Bertrand de Jouvenel, *Sovereignty*, Chicago: The University of Chicago Press, 1963, p. 217-230; Giambattista Vico, II Método degli Studi del Tempo Nostro (1708), *Opere*.

e afastado enquanto perdurou uma aspiração de totalidade sistemática. Desta retomada resulta uma revisão de conceitos, de grande utilidade, que merecem ser examinados, a começar pela relação entre verdade e política.

A natureza dialógica da política propõe o problema da verdade factual, que informa a estrutura deste diálogo. Com efeito, se a política se situa no campo da opinião, o problema da verdade factual – que é a verdade da política, uma vez que as outras verdades são monológicas – se resume à circunstância que, sendo verdade, ela não pode ser modificada, mas a sua maneira de asserção é a da opinião. Toda a sequência de fatos poderia ter sido diferente porque o campo do possível é sempre maior que o campo do real. A verdade factual não é evidente nem necessária, e o que lhe atribui a natureza de verdade efetiva é que os fatos ocorreram de uma determinada maneira e não de outra. Destarte, o problema da verdade factual é que o seu oposto pode ser não apenas o erro mas também a mentira. Ora, a mentira, nos sistemas políticos tradicionais, era limitada porque, sendo limitada a participação política, ela não implicava normalmente em autoilusão – os que a manipulavam sabiam distinguir a verdade da mentira. Entretanto, no mundo contemporâneo, estas distinções tendem a desaparecer porque as novas técnicas de comunicação, somadas à incorporação das massas nos sistemas políticos, levaram a novas modalidades de manipulação de opinião. Uma delas é o *image-making*, que não é um embelezamento da realidade mas um seu substitutivo. Neste sentido, basta comparar as declarações oficiais do governo americano a respeito da guerra do Vietnã com as revelações dos *Pentagon Papers*. Vale a pena, também, registrar, para ressaltar o fenômeno, mesmo quando a seriedade na substituição da realidade possa ter sido maior, que o pressuposto da política De Gaulle foi a vitória da França na Segunda Guerra Mundial e o seu consequente status de grande potência, ou a orientação de Adenauer, na reconstrução política da Alemanha, calcada na imagem de que o Nazismo foi um movimento minoritário. Outra modalidade de manipulação de opinião é o reescrever da História não em termos de interpretação, mas de deliberada exclusão de fatos – Trotsky, por exemplo, nos compêndios soviéticos, não participou da Revolução Russa. Esse tipo de manipulação, que implicou na reabertura do campo de possibilidade para o passado, impede que a História desempenhe a sua função, pois o repertório de opções é o campo do futuro e o papel da História é registrar os feitos e acontecimentos decorrentes da política, a partir dos quais se entreabre a estabilidade do possível agir futuro. Esta situação gera o ceticismo, pois a persuasão e a violência podem destruir a verdade factual, mas não a substituem, porque os seus fluxos carreiam uma instabilidade permanente. Daí a importância de alguns mecanismos de defesa da verdade factual, criados pelas sociedades modernas, fora do seu sistema político, mas indispensáveis para a sua sobrevivência, como a universidade autônoma e o judiciário independente. Daí, também, o fenômeno da violência contemporânea, sobretudo no momento atual norte-americano ou na Europa de 1968, em cuja raiz se encontra, como aponta Hannah Arendt em *On Violence* (1970), uma reação contra a hipocrisia da manipulação de opinião e um apetite pela ação que recoloca o problema da liberdade[22].

A liberdade, no campo da política, é um problema central, para não dizer um axioma, a partir do qual agimos. Entretanto, no campo do pensamento o pressuposto a partir do qual raciocinamos é exatamente oposto: nada vem do nada (*nihil sine causa*). De fato, num exame teórico sobre uma determinada ação, ela parece normalmente resultar, conjunta ou separadamente, ou da causalidade da motivação íntima dos seus protagonistas ou do princípio

---

22. *Between Past and Future*, p. 227-264; H. Arendt, *On Violence*, New York: Harcourt, Brace and World, 1970, p. 65-66s; idem, Lying in Politics, *The New York Review of Book*, v. 17, n. 8, Nov. 18th, 1971, p. 30-39; New York Times, *The Pentagon Papers*, New York: Bantam, 1971.

geral de causalidade que regula o mundo externo dentro do qual se inserem estes protagonistas. Esta dicotomia, diz Hannah Arendt, é aparente e só surge quando se identifica política e pensamento, obscurecendo-se desta maneira o fenômeno da liberdade. O campo do pensamento é o do diálogo do eu consigo mesmo, que provoca as grandes perguntas metafísicas e onde o livre-arbítrio se insere como centro da razão prática de Kant. O campo da política é o do diálogo no plural que surge no espaço da palavra e da ação – o mundo público – cuja existência permite o aparecimento da liberdade. De fato, a consciência da presença ou da ausência da liberdade ocorre na interação com os outros e não no diálogo metafísico do eu consigo mesmo. Por isso, para Hannah Arendt, a assim chamada liberdade interior é derivativa, pois pressupõe, ou uma retração forçada de um mundo público encolhido onde a liberdade é negada, – que são os tempos obscuros por ela tão bem salientados numa coletânea de ensaios significativamente intitulados *Men in Dark Times* (1968) – ou uma retração deliberada da *Vita Activa* para a reclusão, sem dúvida digna, da *Vita Contemplativa*. Política e liberdade, portanto, são coincidentes, porém só se articulam quando existe mundo público. A ação, apesar de requerer vontade e intelecto, a eles não se reduz. Resulta de outros princípios, muito bem percebidos por Maquiavel na *virtú*, com a qual o homem responde às oportunidades que o mundo lhe oferece na forma de *fortuna*. Seu sentido é dado pela palavra *virtuosidade*, que liga a política às *performing-arts*, na medida em que entreabre as conexões entre a ação e os virtuoses, cuja realização se dá durante e na execução de sua arte. Isso não quer dizer que a política seja arte no sentido convencional de arte criativa – o estado como uma obra-prima coletiva – pois tradicionalmente as artes criativas, ao contrário da política, levam à obra, assinalada por uma existência independente. De fato, ainda que modernamente a linhagem de Mallarmé busque substituir a obra acabada pela obra aberta onde, para lembrar

Octavio Paz e Haroldo de Campos, os signos em rotação se situam no horizonte do provável[23], essa existência independente implica na concentração maior dos momentos de liberdade no próprio processo de criação. Depois do lance de dados, o autor se vê limitado pela própria obra de quem se torna filho e espelho, como aponta Valéry numa passagem comentada por Hannah Arendt[24] e que serve para ilustrar como a obra, mesmo aberta, esconde em parte a visibilidade dos momentos de liberdade de seu criador e limita o número de possibilidades de liberdade do leitor. A política se situa num outro campo e, consequentemente, não conduz nem à fabricação da obra, nem às limitações ou à durabilidade dela decorrentes. É por isso que as instituições políticas, ainda que tenham sido superiormente elaboradas, não têm existência independente. Estão sujeitas e dependem de outros e sucessivos atos para subsistirem, pois o Estado não é um produto do pensamento mas, sim, da ação[25]. Ação que exige a vida pública, para que a possível coincidência entre palavra viva e palavra vivida possa surgir e assegurar a sobrevivência das instituições através da criatividade.

Se a política é um produto da ação, o que significa agir? Agir deriva dos verbos latinos *agere* – pôr em movimento, fazer avançar – e *gerere* – trazer, criar – cujo sentido, para esta análise, pode ser captado pelo seu particípio passado *gestum*, de onde se origina *gesta*. Agir, portanto, traduz um movimentar-se para trazer gestas. O sentido original de *agere* exprime atividade no seu exercício contínuo, em oposição a *facere*, que exprime atividade executada num determinado instante. Estas denotações distintas enfatizam as diferenças acima mencionadas entre a criatividade da

---

23. Octavio Paz, *El Arca y la Lira*, 2. ed., México: Fondo de Cultura Económica, 1967; Haroldo de Campos, *A Arte no Horizonte do Provável*, São Paulo: Perspectiva, 1969.
24. *The Human Condition*, p. 190, 355.
25. *Between Past and Future*, p. 143-146, 151-154; *The Human Condition*, p. 185.

obra de arte e a criatividade da ação política – esta última assinalada pelo exercício contínuo da liberdade pública, que faz avançar e viver as instituições. Os novos feitos e acontecimentos que resultam da ação se inserem num contexto cujo sentido nos é fornecido pelo conceito de autoridade[26]. Autoridade deriva do verbo latino *augere* – aumentar, acrescentar – e, como observa Hannah Arendt, foram os romanos que nos deram tanto o conceito quanto a palavra. De fato, os gregos procuraram estabelecer um fundamento para a vida pública que não fosse apenas a argumentação ou a força, mas tanto Platão quanto Aristóteles se utilizaram de conceitos pré-políticos para a análise do problema ao transferirem, por analogia, para o campo da política as relações pais-filhos, senhor-escravo, pastor-rebanho, etc., que não eram relações entre iguais como as que devem nortear a vida política[27]. A busca deste fundamento é, sem dúvida, complicada porque autoridade envolve obediência, e, no entanto, exclui coerção, pois quando ocorre o emprego da força, da violência, não existe autoridade. Por outro lado, por envolver obediência, autoridade se situa no campo da hierarquia e, consequentemente, exclui a persuasão igualitária que anima o diálogo político[28]. Apesar desta dificuldade, este fundamento é indispensável porque, num determinado momento, o processo político exige uma escolha entre diversos argumentos. Este momento, que é o momento do poder, resulta do agir em conjunto que, no entanto, requer, para ser estável, legitimidade. Esta legitimidade deriva do início da ação conjunta, cujo desdobramento assinala a existência de uma comunidade política[29]. O início da ação conjunta – a fundação – con-

26. *Between Past and Future*, p. 165-167; F.R. dos Santos Saraiva, *Novíssimo Dicionário Latino-Português*, 5 ed., Rio de Janeiro: Garnier, [s./d.]; Felix Gaffiot, *Dictionaire Illustre Latin-Français*, Paris: Hachette, 1934; Alfred Ernout; Antoine Meillet, *Dictionnaire étymologiqué de la langue latine*, Paris: Klincksieck, 1951.
27. *Between Past and Future*, p. 118.
28. Ibidem, p. 92-93.
29. *On Violence*, p. 52.

fere autoridade ao poder. No contexto do conceito romano, cujo grande achado foi o de ter ancorado o conceito de autoridade no fato político do início da ação conjunta, o que a ação política faz é acrescentar, através dos feitos e acontecimentos, importância à fundação da comunidade política e vida às suas instituições. É por isso que em Roma o poder estava com o povo, mas a autoridade residia no Senado, dotado de *gravitas* e incumbido de zelar pela continuidade da fundação de Roma. Nas palavras de Cícero, *cum potestas in populo auctoritas in Senatu sit* (o poder está no povo, a autoridade está no senado)[30]: A persistência deste conceito pode ser rastreada na distinção entre a autoridade dos papas e o poder real, durante a Idade Média, que atesta a romanização da Igreja e que atendia a esta mesma necessidade de conferir e também limitar o poder pela autoridade[31]. Na Idade Moderna, a separação da Igreja e do Estado diluiu esta distinção, mas Maquiavel retomou a tradição romana, através do conceito de razão de estado, cuja autoridade derivava da expansão no espaço e duração no tempo de uma comunidade política. Não é preciso lembrar a importância do conceito de razão de Estado, mas vale a pena recordar que foi um conceito teórico decisivo para legitimar a formação dos Estados Nacionais e, consequentemente, um elemento importante na conformação histórica do mundo atual[32].

Feitos estes registros, o que cabe perguntar é qual é a relevância do conceito de autoridade numa época onde ela se desagrega até mesmo no processo educacional, onde a crise da tradição, como aponta Hannah Arendt, impede que se estruture educação e autoridade para a escola poder servir de ponte entre o mundo privado da

---

30. *Between Past and Future*, p. 120-124.
31. Ibidem, p. 125-128.
32. Ibidem, p. 136-138; ver Friedrich Meinecke, *Machiavellism: The Doctrine of Raison d'Etat and its Place in Modern History*, London: Routledge and Kegan Paul, 1962.

casa e o mundo público dos adultos?[33] Sua relevância se encontra na frequência do fenômeno revolucionário que, a partir da experiência das revoluções francesa e americana, buscou instituir pelo ato da fundação, que separa o não-mais (o passado) do ainda-não (o futuro), uma *novus ordo saeculorum* que legitime a comunidade política e preencha a lacuna entre o passado e o futuro. De fato, como observa Hannah Arendt em *On Revolution* (1963), a palavra princípio envolve tanto origem quanto preceito, e estes significados, no ato da fundação, não estão apenas relacionados, mas são coexistentes. O princípio (início) da ação conjunta estabelece os princípios (preceitos) que inspiram os feitos e acontecimentos da ação futura. Este fato – "O começo não é apenas metade do todo mas alcança o fim", como aponta Políbio – sugere, como diz Hannah Arendt, o princípio da verdade factual que, estruturando a liberdade pública, informa o discurso dialógico da política[34]. O fenômeno revolucionário, neste sentido, representa uma retomada da tradição romana, só que a redescoberta da experiência da fundação deixou de ser um evento passado – *ab urbe condita* – e passou a constituir uma possibilidade presente ou futura cuja ocorrência pode justificar o emprego da violência. Essa justificativa, que se encontra em Maquiavel e Robespierre, aponta um dos problemas do mundo contemporâneo, pois se de um lado a experiência da fundação tem provocado o gosto pela liberdade pública, por outro lado a sua violência constitutiva engloba uma tendência à supressão desta mesma liberdade que a legitimou. A trágica ironia da tradição revolucionária moderna reside precisamente neste fato: as novas ordens, também por causa do impacto dos problemas sociais contemporâneos, não conseguiram, a não ser intermitentemente, implantar a *constitutio libertatis*, que justificou a sua fundação. Em outras palavras,

33. H. Arendt, *Between Past and Future*, p. 173-196.
34. Ibidem, p. 140; H. Arendt, *On Revolution*, New York: Viking, 1965, p. 179-215.

as revoluções não conseguiram assegurar a felicidade pública porque não mantiveram um espaço público onde a liberdade como virtuosidade pudesse permanentemente aparecer na coincidência entre ação, palavra viva e palavra vivida[35]. À tarefa de iluminar e restaurar a importância deste mundo público, tão obscurecido na vida contemporânea, quer pelo desdobramento lamentável do fenômeno revolucionário, quer pela decadência dos regimes políticos, dedicou-se Hannah Arendt:

> Se é função da esfera pública lançar luz sobre os assuntos dos homens, proporcionando um espaço de aparências em que eles possam revelar, em atos e palavras, para o bem ou para o mal, quem são e do que são capazes, então a escuridão chega quando essa luz se extingue pela "falta de credibilidade" e pelo "governo invisível", por um discurso que não expõe nada, antes varre tudo para debaixo do tapete, por exortações, morais ou não, que sob o pretexto de defender velhas verdades, degrada toda verdade a uma trivialidade sem sentido.[36].

Esse trecho extremamente revelador do porquê da crença da liberdade em Hannah Arendt nos permite lembrar uma de suas afinidades com Rosa Luxemburgo, sobre quem escreveu importante ensaio apontando, no contexto da tradição revolucionária, a ênfase solitária de Rosa Luxemburgo em defesa da necessidade absoluta, em todas as circunstâncias, tanto da liberdade individual quanto da liberdade pública[37]. Esse trecho sugere, igualmente, uma conexão

---

35. *Between Past and Future*, p. 138-141; ver em *On Revolution*, os capítulos 2, 3, 4, 6.
36. If it is the function of the public realm to throw light on the affairs of men by providing a space of appearances in which they can show in deed and word, for better and worse, who they are and what they can do, then darkness has come when this light is extinguished by "credibility gaps" and "invisible government", by speech that does not disclose what it is but sweeps it under the carpet, by exhortations, moral and otherwise, that under the pretext of upholding old truths, degrade all truth to meaningless triviality" H. Arendt, *Men in Dark Times*, New York: Harcourt, Brace and World, 1968. p. VIII.
37. Ibidem, p. 52.

com Jaspers, relevante para a compreensão de estrutura lógica do raciocínio de Hannah Arendt. Um dos conceitos básicos do pensamento de Jaspers é a comunicação ilimitada e sem fronteiras (*Grenzenlose Kommunikation*) que, segundo ele, é a única forma de revelação da verdade, na concomitância indissolúvel entre razão e *existenz*. A comunicação ilimitada e sem fronteiras, fundamento de uma filosofia da humanidade, pressupõe – em oposição a uma filosofia do homem, que parte do diálogo solitário do eu consigo mesmo – o diálogo com os outros[38]. A comunicação ilimitada e sem fronteiras, portanto, não exprime a verdade, mas a instaura e se liga claramente com a asserção que Hannah Arendt faz da natureza dialógica da política, cujo encadeamento com o problema da ação e com o conceito de autoridade tentei demonstrar. Esta crença na comunicação confere à obra de Arendt um caráter aberto, muito distante das imputações dogmáticas que lhe foram atribuídas por alguns de seus críticos. Graças a este caráter aberto, as prerrogativas da política, enquanto área fundamental da experiência humana, recuperam vigência ainda que isto se dê apenas no campo da opinião consistente. Neste sentido, creio que o pensamento da autorat, pela sua eloquente capacidade de reflexão abstrata sobre o problema concreto, pela retomada de uma das linhas da tradição e pela consequente revisão de conceitos que acarretou, representa uma redescoberta da sabedoria. O tema da liberdade readquire, neste contexto, toda a sua importância – apesar da experiência do totalitarismo, do impasse do pensamento contemporâneo, da trivialidade da administração das coisas e da escuridão dos *credibility gaps* e *invisible government*. Pessoalmente, sinto uma grande afinidade com este privilegiamento do tema da liberdade, cuja importância procurei ressaltar através de outros ângulos, seja pelo estudo das condições de racionalidade da decisão administrativa no planejamento governamental

38. Ibidem, p. 81-94.

brasileiro, seja pelo estudo do pensamento de Octavio Paz, para quem a sobrevivência da política está ligada ao esforço de conversão da sociedade em poesia, pelo exercício criativo da liberdade. Se, como diz Jaspers – e para concluir com este mestre de Hannah Arendt – o fim de uma política autêntica suspende o interesse pela política[39], impedir o fim de uma política autêntica constitui o grande tema unificador da reflexão política de Hannah Arendt, que nos permite vislumbrar, mesmo no vazio da lacuna entre o passado e o futuro, toda a força e o vigor da dignidade da política.

Janeiro de 1972
Celso Lafer

---

39. Karl Jaspers, *Autobiographie philosophique*, Paris: Aubier, 1963, p. 123.

ÍNDICE ONOMÁSTICO

Adams, John 211, 212, 260.
Adão 37, 124, 133.
Adenauer, Konrad 353, 402.
Adimanto 343.
Agostinho 12, 122, 123, 132, 133, 201, 207, 224, 226, 238, 239, 240, 241, 243, 244, 250, 251.
Alcínoo 207.
Anastácio I, imperador 201.
Aquiles 98, 104, 348, 366.
Aquino, Tomás de 210.
Aristóteles 63, 65, 66, 70, 93, 96, 97, 99, 119, 130, 131, 137, 172, 173, 174, 175, 179, 180, 184, 187, 188, 189, 190, 192, 206, 226, 278, 306, 314, 316, 323, 324, 344, 345, 365, 370, 401, 406.
Arnold, Matthew 292.
Arquimedes 385, 387.
Assy, Bethânia 40.
Augusto 174, 200.

Baillie, John 129.
Barrow, R.H. 200.

Beiner, Ronald 39.
Benjamin, Walter 28, 37.
Berkowitz, Roger 25.
Bernstein, Alex 374.
Blücher, Henrich 25.
Bobbio, Norberto 32.
Bohr, Niels 371, 372, 375, 376, 377, 384.
Bonaparte, Napoleão 143.
Brentano, Clemens von 290.
Bronowski, Jacob 379.
Bukhárin, Nikolai 358.
Burckhardt, Jacob 64, 97.

Cálicles 205, 344.
Calígula, Caio 174.
Calvino, Italo 32.
Camões. Luis de 35, 36, 396.
Campos, Haroldo de 31, 405.
Camus, Albert 45.
Canovan, Margareth 29.
Carlos I, rei da Inglaterra 230.
Carlos V 322.
Char, René 27, 45, 46, 49, 50, 51, 52.
Churchill, Winston 237.

Cícero, Marco Túlio 36, 91, 130, 194, 196, 206, 217, 303, 305, 307, 311, 318, 319, 395, 407.
Cipião 217.
Clemenceau, Georges 336, 350.
Clemente de Alexandria 207.
Cochrane, C.N. 91, 92, 123.
Constantino, o Grande 199.
Copérnico, Nicolau 110, 379, 382.
Cornford, F.M. 86.
Cristo, Jesus 123, 124, 125, 199, 200, 204, 210, 251, 348.
Cullman, Oscar 125.

Dal Lago, Alessandro 35.
De Gaulle, Charles 353.
De Jouvenel, Bertrand 401.
Descartes, René 77, 78, 88, 108, 110, 111, 128, 382, 401.
Deus 69, 89, 108, 112, 129, 138, 150, 181, 199, 200, 208, 210, 211, 212, 250, 251, 330, 338, 346, 395, 397.
Deutsch, Karl W. 393.
Dinesen, Isak 365.
Dio Cássio 171.
Dionísio, o Exíguo 125.
Dods, Marcus 206.
Dostoiévski, Fiódor N. 78, 356.
Droysen, Johannes G. 103, 107, 136.
Duarte, André 39.
Duns Scotus, John 232.

Eddington, Sir Arthur S. 371.
Einstein, Albert 326, 327, 375, 376, 379, 381, 384, 387.
Engels, Friedrich 66, 68.
Epicteto 226, 227, 244.
Epicuro 319.
Ernout, A. 406.
Eurípides 240.

Fainsod, Merle 359.
Faulkner, William 12, 54.
Fernando I 322.
Francisco, São 348.
Frank, Eric 125.
Friedrich, Carl J. 176, 196.
Fritz, Kurt von 175, 177, 180, 184.

Gaffiot, Felix 406.
Galileu 102, 110, 326, 379.
Gamow, George 374, 375.

Gassendi, Pierre 110.
Gaus, Gunther 33.
Gelásio I, papa 201.
Gentz, Friedrich 143.
Gilmore, John 374, 384.
Glauco 205, 343.
Goethe, Johann W. von 144, 281.
Gregório de Nissa 203.
Gregório, o Grande 211.
Grotius, Hugo 129, 338.
Guimarães Rosa, João 396.
Guinsburg, Jacó 21.

Haldane, E.S. 382.
Hamlet 279.
Harder, Richard 206, 318, 319.
Hegel, Georg W. 51, 52, 55, 64, 71, 74, 75, 76, 77, 78, 85, 87, 88, 89, 125, 126, 128, 135, 138, 142, 144, 145, 146, 148, 365, 393, 397.
Heidegger, Martin 12, 80, 149, 182, 183.
Heine, Heinrich 211.
Heisenberg, Werner K. 102, 149, 383, 384, 385, 388.
Heitor 104, 106, 194, 366.
Heráclito 92, 98.
Herder, Johann C. von 127, 144, 303.
Heródoto 91, 92, 96, 97, 100, 105, 121, 130, 250, 324, 366.
Hesíodo 98, 304.
Hitler, Adolf 210, 333, 334.
Hobbes, Thomas 69, 110, 111, 128, 134, 136, 137, 163, 203, 229, 230, 242, 323, 324, 325, 326, 327, 328, 330.
Homero 86, 87, 97, 100, 104, 131, 198, 309, 366.
Hook, Sidney 85.

Jaeger, Werner 179, 189, 208, 303.
Jano 11, 12, 19, 194.
Jardim, Eduardo 32.
Jaspers, Karl 410, 411.
Jefferson, Thomas 346, 347, 348.
Jesus. *Ver* Cristo, Jesus.

Kafka, Franz 50, 51, 53, 54, 55, 56, 57, 58, 385.
Kámenev, Lev 358.
Kant, Immanuel 39, 90, 111, 143, 144, 145, 146, 147, 176, 180, 222, 223, 312, 313, 314, 315, 316, 322, 330, 331, 340, 341, 343, 348, 400, 404.

Kepler, Johann 110.
Kierkegaard, Sören 72, 74, 75, 76, 77, 78, 79, 80, 84, 85, 87, 89, 159, 393, 398.
King, J.E. 319.
Kohn, Jerome 11, 22, 23, 25, 33.
Koyré, Alexandre 102.
Kristeller, Paul O. 131.

Lafayette, Marie Joseph (marquês de) 246.
Lattimore, Richmond 131.
Leibniz, Gottfried 239, 326.
Lênin 65, 67, 220, 358.
Lessing, Gotthold E. 19, 141, 330.
Lindley, Denver 95, 384.
Lívio, Tito 194.
Ludz, Ursula 38.
Luís XIV, rei da França 288.
Lutero, Martinho 110, 203.
Luxemburgo, Rosa 409.

Macpherson 37.
Madison, James 329, 330, 332, 357, 401.
Mallarmé 404.
Malraux, André 52.
Maquiavel, Nicolau 35, 36, 69, 214, 215, 216, 217, 218, 219, 220, 233, 345, 404, 407, 408.
Maritain, Jacques 183.
Marx, Karl 63, 64, 65, 66, 67, 68, 69, 70, 71, 72, 74, 75, 76, 77, 78, 79, 80, 81, 82, 83, 84, 85, 87, 88, 89, 90, 128, 138, 139, 140, 142, 143, 145, 146, 218, 295, 393, 395, 396, 397, 398.
McCarthy, Mary 38.
Medeia 240.
Meillet, A. 303, 406.
Meinecke, Friedrich 103, 126, 407.
Melville, Herman 294.
Mercier de la Rivière, Paul 338.
Mersenne, Marin 110.
Mill, John Stuart 213, 226, 236, 288.
Minerva 194, 397.
Mnemósine 95.
Mommsen, Theodor 123, 174, 196, 197, 304.
Montesquieu, Charles L. 35, 36, 196, 229, 232, 233, 243, 246, 339.
Muir, Edwin 50.
Muir, Willa 50.

Murray, Gilbert 92.

Newton, Isaac 379.
Niedermann, Joseph 303, 318.
Nietzsche, Friedrich 66, 72, 74, 75, 76, 77, 78, 79, 81, 83, 84, 85, 87, 89, 93, 110, 131, 145, 147, 347, 393, 394, 398.

Oakeshott, Michael 27, 28.
Orígenes 203, 207.
Orosius 123.
Ortega y Gasset, José 397.
Otto, W.F. 112.

Pacheco, Emílio José 392.
Paine, Thomas 246.
Parekh, Bikku 35.
Parmênides 55, 98, 198, 239, 329.
Pascal, Blaise 159.
Paulo 224, 238, 239, 243, 250.
Paz, Octavio 31, 32, 399, 405, 411.
Péricles 131, 305, 309, 312.
Peterson, Erik 200.
Pfeiffer, Rudolf 318.
Píndaro 131, 174, 242.
Pitágoras 318.
Planck, Max 222, 371, 373, 374, 375, 376, 377, 378, 384.
Platão 37, 52, 63, 64, 65, 71, 72, 76, 78, 85, 86, 87, 90, 92, 93, 98, 99, 100, 126, 139, 157, 165, 172, 173, 174, 175, 176, 177, 178, 179, 180, 181, 182, 183, 184, 185, 186, 187, 188, 190, 192, 198, 200, 202, 204, 205, 206, 207, 208, 209, 211, 213, 214, 218, 239, 241, 278, 292, 306, 312, 318, 319, 320, 325, 326, 327, 328, 329, 332, 335, 338, 342, 344, 345, 363, 367, 392, 396, 400, 406.
Plínio 195.
Plotino 224.
Plutarco 197, 206.
Poeschl, Viktor 194.
Políbio 130, 282, 408.
Potiômkin, Grigóri 360.
Proust, Marcel 289.

Randall Jr., John H. 131.
Ranke, Leopold von 103.
Reinhardt, Karl 92.
Rikov, Aleksei 358.

Índice Onomástico 417

Rilke, Rainer Maria 95.
Robespierre, Maximilien 212, 217, 218, 220, 289, 408.
Rômulo 197.
Rosenberg, Harold 286.
Ross, G.R.T. 382.
Ross, W.D. 131.
Rousseau, Jean-Jacques 143, 246, 247, 261, 288, 289.
Rousset, David 392.

Saint-Simon, Louis (duque de) 288.
Sampaio Ferraz Jr., Tércio 400, 401.
Saraiva, F.R. dos Santos 394, 406.
Sartre, Jean-Paul 52.
Satã 203, 204.
Schmitt, Carl 246.
Schrödinger, Erwin 110, 374, 375, 384.
Shakespeare, William 231, 292.
Shils, Edward 287.
Smith, W. 348.
Sócrates 14, 98, 132, 176, 185, 187, 205, 238, 241, 312, 323, 324, 343, 344, 347, 400.
Sófocles 94, 172.
Spinoza, Baruch 229, 323, 331.
Stálin, Joseph 210, 333.
Sullivan, John William N. 371, 376, 380.

Tertuliano 207, 210.
Tibério 174.
Tocqueville, Alexis de 15, 35, 36, 49, 50, 137, 138, 260.
Trasímaco 343.
Trótski, León 326, 354, 359.
Tucídides 100, 105, 106, 131, 250, 305.

Ulisses 97, 207.

Valéry, Paul 405.
Vico, Giovanni B. 104, 111, 112, 113, 114, 137, 138, 144, 146, 397, 401.
Viehweg, Theodor 401.
Virgílio 194.
Voegelin, Eric 202, 328.

Walde, A. 303.
Wallon, H. 174.
Whitehead, Alfred N. 118.
Whitman, Walt 294.
Wilson, Edmund 72.
Wind, Edgar 102.

Young-Bruehl, Elizabeth 22, 24.
Young, G.M. 291.

Zeus 309.
Zinóvev, Grigóri 358.

Este livro foi impresso na cidade de Guarulhos,
nas oficinas da Vox Gráfica ,
para a Editora Perspectiva